★北京市高等教育精品教材★

广告学 教程

（第三版）

李宝元　编著

人民邮电出版社

北　京

图书在版编目（CIP）数据

广告学教程 / 李宝元编著. — 3版. —北京：人民邮电出版社，2010.2（2020.9重印）

ISBN 978-7-115-22052-3

I. ①广… II. ①李… III. ①广告学—教材 IV. ①F713.80

中国版本图书馆CIP数据核字（2009）第233545号

内 容 提 要

本书共分为4篇，分别是广告基础知识、广告运作框架、广告操作实务和广告宏观环境。全书内容结构安排合理，知识讲解深入细致。本书重点突出，脉络清晰，特别在每章首设计了学习目标引导和逻辑架构图示，在每章尾设计了复习思考问题和综合案例演练，以强化读者对本书知识的吸收和运用。

本书引用了大量广告学界最新的学术研究文献和丰富多彩的案例素材，语言生动、形式活泼，时效性、操作性强。适合各高校广告专业师生以及从事广告业的人士阅读参考。

广告学教程（第三版）

◆ 编　　著　李宝元

　　责任编辑　李宝琳

　　执行编辑　代新梅

◆ 人民邮电出版社出版发行　　北京市丰台区成寿寺路 11 号
　　邮编　100164　电子邮件　315@ptpress.com.cn
　　网址　http://www.ptpress.com.cn

　　北京隆昌伟业印刷有限公司印刷

◆ 开本：787×1092　1/16
　　印张：22.5　　　　　　　　2010 年 2 月第 3 版
　　字数：530 千字　　　　　　2020 年 9 月北京第 17 次印刷

ISBN 978-7-115-22052-3

定　价：40.00元

读者服务热线：(010) 81055656　印装质量热线：(010) 81055316
反盗版热线：(010) 81055315

第三版修订说明

《广告学教程》（第二版）自2004年9月出版以来，先后重印十余次，深受广大读者的欢迎。随着时间的推移，广告业飞速发展，广告实践和理论与时俱进，教学需求不断提升，教学内容也随之需要更新，故修订出版《广告学教程》第三版已成为当务之急。

第三版章节体系仍维持"四篇12章"的基本构架，主要在如下几个方面做了修订：（1）各章节目和小节目做了简洁醒目的处理，个别章节体例做了合理化调整；（2）为了便于读者阅读和理解，在每章前加上了简短的"学习目标引导"语，并绘制了"逻辑架构图示"，同时在每章后增加了"复习思考问题"和"综合案例演练"两个学习练习栏目，以达到内容和结构上的前后呼应；（3）对内文中穿插的相关专栏诸如"典型案例"、"相关链接"、"学术档案"等做了删减、撤并和更新；（4）根据广告业实践最新进展及相关学术研究前沿成果，调整、更新、补充和完善了案例材料及相关内容。

同样，在本版修订过程中，编者进一步参阅和引用了广告学界大量的最新学术研究文献和丰富多彩的案例素材。对于引用的学术文献资料，编者尽可能按照学术规范——注明出处；对于有关专门著作及其他教科书关于一般性原理和方法层面的借鉴性参阅，编者未能严格注释；对于所有直接或间接参阅的文献资料，除在书末统一附录"参考文献"注明外，还在每章末有针对性地附上"本章主要参考文献"，当然，这也有指引学生进一步深入阅读的意图。

与本书匹配的PPT教学课件，由北京师范大学经济与工商管理学院副教授张平淡博士全权负责，并在我的研究生黄韬与郑杰的辅助下制作完成。如有需要课件的老师可与出版社方面联系，免费提供。此外，我的研究生杨晋、牟维和袁继华同学辅助我做了部分资料的收集工作，向他们表示谢意！真诚地欢迎亲爱的读者朋友反馈批评意见！

来信请寄至：byli@163.com

李宝元

2009年8月于北京

原版前言

《广告学教程》主要是为了适应高等院校工商管理专业广告学必修课教学需要而编写的，也可以作为有志于从事广告职业的人士学习广告学的参考书。借助本书，读者可以全面系统地学习掌握有关的广告学基本知识、广告经营运作原理以及有关广告的基础操作技艺。

全书除引论外，共分四篇12章，其基本内容体系安排如下。

第一篇，广告基础知识，包括1、2两章。这一篇首先从纵的方面，简要梳理和介绍广告发展的历史脉络及现状；然后从横的方面，归纳介绍关于广告的基本理论体系。

第二篇，广告运作框架，包括3、4、5、6四章。这一篇首先从广告公司角度系统阐述广告经营的基本运作机制，然后分别从广告媒体、广告主和广告受众的角度，对广告媒体特点、广告目标选择及广告传播心理做全面系统分析和介绍。

第三篇，广告业务操作。包括7、8、9、10四章。这一篇进一步从广告公司业务作业层面，介绍广告策划、创意和制作，以及广告效果测定等广告业务方面的基本操作技艺。

第四篇，广告宏观环境。包括11、12两章，这一篇从宏观角度，首先探讨广告的法规政策环境，政府规制管理以及广告社会伦理价值规范方面的有关问题；然后，在全球化的背景下，审视国际广告业的发展现状和未来趋向，探索跨文化广告经营管理的一些问题。

为了提高教学效果和学习效率，本书将广告学的基本理论与方法，紧密结合生动有趣的广告实例加以讲解，努力做到情景交融、图文并茂、形象生动。在内容体系安排上，根据广告活动运作的内在逻辑关系，分篇按章设置教学内容，努力做到条理清晰、重点突出、环环相扣、循序渐进。每章前面有"导语"、后面有"小结"，并附有"复习思考题"、"自测题"和"学习参考书目"；书后附有"自测题参考答案"，供读者检查测试自己的学习效果。

本教程的成书与既有研究成果的继承分不开。在编写过程中，笔者参阅了大量已有的广告学有关文献，许多实例数据和研究文献来自于近两年的《中国广告》杂志和《国际广告》杂志。所参考文献，凡属专门引述的，我们都注明了出处，其他情况在章后和书后附注"参考书目"或"参考文献"，以尊重作者对广告学教学的劳动和贡献；在这里，也特向有关文献的作者谨致谢意！

在本书编写过程中，得到了北京师范大学经济学院、网络教育学院的领导和老师的鼓励、指导和帮助。感谢谢维和、李翀、孙川和刘松柏教授在教学方面给予的指导和激励，感谢冯文荣与关海燕两位老师及网络学院其他工作人员的直接支持和热情帮助，也要感谢詹君仲教授与王同勋教授两位老前辈的指导和关爱，还要感谢杜友维、刘鼎铨、张玉书、张瑞敏、葛玉良和武美芳等老师的帮助。硕士研究生韩蓉荟、赵妍与梁茂蕾同学进行了大量的教学辅助工作，聂晶同学帮助搜集和提供了有关电视广告的教学材料，也在此特致谢意！

此外，本书能这样快速地与读者见面，还与企业管理出版社的阎书会先生、《前线》杂志社的王逢明博士特别是人民邮电出版社的贾福新先生的努力帮助是分不开的。本书的编写是在时间极其紧迫的情况下进行的，加之笔者水平所限，差错在所难免，谨请读者朋友指正和海涵。

李宝元

2002年1月于北京

本书逻辑框架篇章结构图

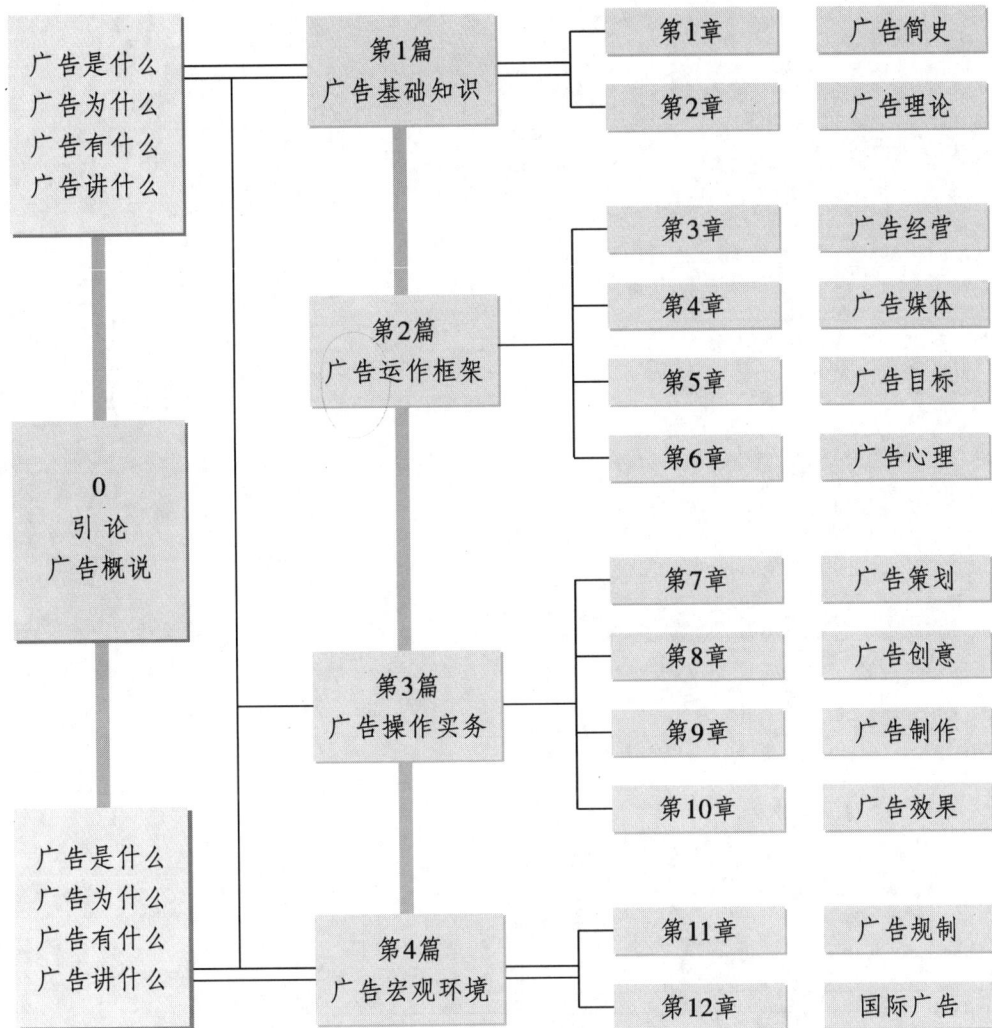

广告是什么
广告为什么
广告有什么
广告讲什么

第1篇
广告基础知识

第1章 —— 广告简史

第2章 —— 广告理论

0
引　论
广告概说

第2篇
广告运作框架

第3章 —— 广告经营

第4章 —— 广告媒体

第5章 —— 广告目标

第6章 —— 广告心理

第3篇
广告操作实务

第7章 —— 广告策划

第8章 —— 广告创意

第9章 —— 广告制作

第10章 —— 广告效果

广告是什么
广告为什么
广告有什么
广告讲什么

第4篇
广告宏观环境

第11章 —— 广告规制

第12章 —— 国际广告

目 录

Part One 第1篇 广告基础知识

Part Two 第 2 篇　广告运作框架

Part Three 第3篇 广告操作实务

Part Four　第4篇　广告宏观环境

各章专栏

0 引论 ||||||||||||||||||||||||||||||||||||||||||||||||||||||||||||||||||||||||||||||||

广 告 概 说

□ **学习目标引导** 广告是借助公共媒体的营销宣传术。广告最基本、直接的功能就是通过经济地广泛传播商品劳务信息，"促购促销"。广告已渗透到现代社会经济的各个角落，融入每个人的日常生活，具有很大的社会影响力。广告是一把双刃剑，有正面也有负面，有所为也有所不为。企业的经营管理只有广告是远远不够的。广告作为市场经济信息中介活动，其运作机理是相当复杂的，涉及内容极其广泛。概括地说，广告的运作过程如下：在一定的社会文化背景和政府政策法规及规制规章制度管理（广告环境）下，各厂商（广告主）委托广告公司（广告商）策划和制作广告作品，然后通过大众传媒（广告媒体）将特定营销信息传达给广大消费者（广告受众）。社会文化政治经济条件是广告生存和发展的社会生态环境。

□ **逻辑架构图示**

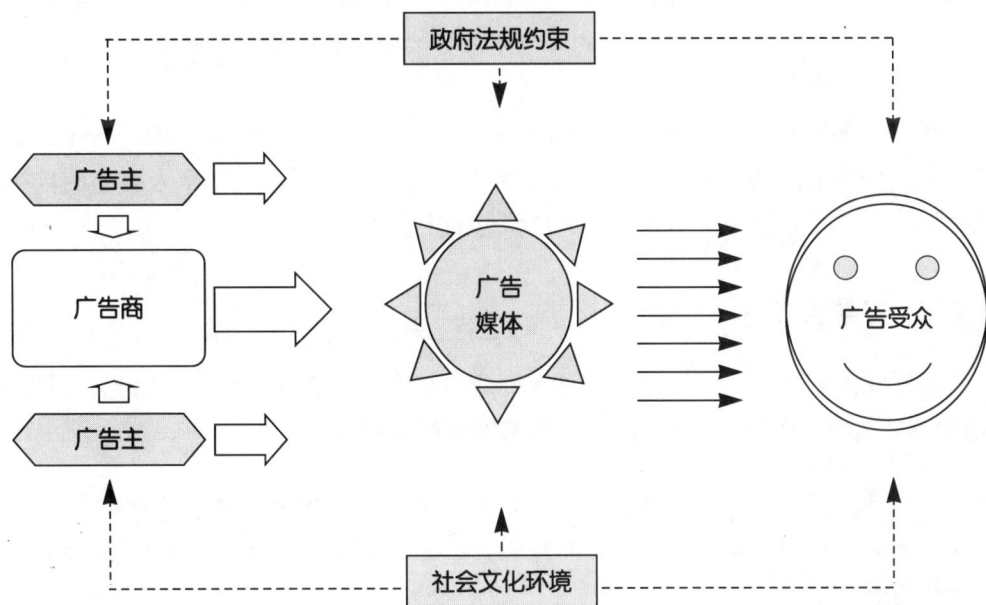

1

0.1 ▷ 广告是什么

0.1.1 广告词语意义

广告一词的拉丁文是Advertere，其意思是"大喊大叫，以引起注意"。中古英语时代（约公元1300—1475年）演变为Advertise，其含义衍化为"通知别人某件事，以引起他人注意"。直到17世纪末，英国开始了大规模的商业活动，静态意义的"Advertisement"和动态活动意义的"Advertising"分别特指"广告作品"和"广告活动"。

中文"广告"一词广义可以看作是"广而告之"的简语；狭义是指非义务性的商业宣传活动或宣传载体（宣传品）。

0.1.2 广告专家释义

关于广告的定义，最简洁者，应该是被誉为"现代广告之父"的阿尔伯特·拉斯克（Albert·D.Lasker，1880—1952）给广告所下的定义：广告就是"印在纸上的推销术"（Sales-ship in Print）。不过，他的定义显然有时代局限性。

麦肯（McCANN-ERICHSON）是多年从事可口可乐广告策划活动的代理商，其司徽图案"Truth Well Told"（**善诠涵意，巧传真实**），即认为"广告就是以震撼人心的方式表现出来的**销售点子**（Selling Idea)"。此语简洁凝练地表达了现代商业广告所蕴涵的核心意义。

美国市场营销协会（AMA）对广告给出如下定义：广告是由特定的出资者（即广告主），通常以付费的方式，通过各种传播媒体，对商品、劳务或观念等所做的任何形式的"**非人员介绍及推广**"（Nonpersonel Presentation and Promotion）。这是现今最流行，也是被业内人士普遍认可的广告定义。

台湾广告学专家樊志育对广告的释义为："广告者，系讯息中明示的广告主，将商品、劳务或特定的观念，为了使其对广告主采取有利的行为，所做的非个人有偿的传播。"这显然是对广告"洋"定义所作的具有本土特色的中文表述。

0.1.3 广告要义简析

遵循形式逻辑规范，借鉴众家意见，照应当代商业广告现实，我们以为，最简洁、最恰当的广告定义当为：**广告是"借助公共媒体的营销宣传术"。**

——广告，广告，广而告之。"广"者，借助公共传播媒体也；"告"即传播信息，既可以是有关商品和服务方面的（商业广告）信息，也可以是社会公益观念方面的（公益广告）信息等。

——"术"者，技术、艺术也。是一种技术就要以科学性和理论性为基础，形成系统而实用的学问；是艺术就要有形象化的表达，包括音、色、图等各种艺术手法。

——"营销"突出其付费的特性，说明广告的商业性、经营性以及营利性；"宣传"顾及和涵盖了公益性广告；此二词同时又能体现广告活动的动态意义。

所以，广告最完整而简洁的定义就是"借助公共媒体的营销宣传术"。

精要提示

广告作为一种借助公共媒体的营销宣传术，要"善诠涵意，巧传真实"。

0.2　广告为什么

0.2.1　为营销而广告

广告最基本的、最直接的经济功能就是"促购促销"。广告可以规模经济地传播有关商品、服务或观念方面的信息，在需要大规模推广的情况下，它能够以较低的成本费用达到较好的经营传播效果。

在谈到广告的商业传播功能时，有广告专家曾引述麦格劳希尔（McGraw-Hill）实验室的一项调查资料：1985年在美国要通过面对面销售使商品消息传达给一个消费者，平均每家公司要花费220美元以上；据此算来，若将220美元乘以观看"超级保龄球"节目的1亿多观众，这个费用高达220亿美元；但如果借助广告，只要花上75万美元即可在这个节目中做一次30秒的广告，同样可以将产品信息传播给1亿人。可见，广告在商业宣传上具有显著的规模经济效益。

关于广告在市场经济中的作用，有人将其比作台球游戏中的开始一击。广告可以启动市场营销活动，影响企业经营，引导刺激消费需求，带动市场机制正常运行。

0.2.2　为人人而广告

广告已成为现代人生活必不可少的组成部分。特别是在现代都市生活中，每个人都难逃广告的影响；广告已渗入每一个人的生活，弥漫于每一个人的生活时空，几乎成为人们赖以生存、成长和发展的一种"天然环境"或"人工景观"。

在日常生活中，经常能听到人们非难："我讨厌广告"，"我从不看广告"，"我从不信广告"。但事实上，往往是"不喜欢也喜欢"，"不看也看"，"不信也信"，"不受影响也受影响"。广告的作用是潜移默化的，广告的影响是无处不在的。广告人很自信：如果真的有一天世界上没有了广告，人们的生活不知会成为什么样子！

广告并非是一种"只为企业赚钱"的工具,广告具有"公共品"(Public Goods)的性质,广告活动在很大程度上属于公共领域。真正的广告,借用林肯(Lincoln, A.)的话,是"**人人的广告,应人人而广告,为人人而广告**"。广告是为社会大众"跳舞",但要戴着社会大众为它制作的"镣铐"来跳。只有符合社会受众作为消费者的购买欲求,作为从业者的求职谋生需要,作为男人、女人、青年人、成人、老人、工人、农民、商人等不同社会角色的是非观念或审美心理,广告才能真正有所作为,获得其应有的成就;否则,广告将一事无成。

广告能为人们传授新知识、新技术、新观念、新文化,广告能美化生活环境,广告有利于精神文明建设。

0.2.3 广告有所不为

广告是一把双刃剑,有正面有负面,有所为有所不能为。

广告不是包治百病的万灵丹,广告只是企业营销(包括产品、价格、流通、促销四要素即"4P")在促销领域的一个局部性因素。正如网络企业阿里巴巴的总裁马云所说:"如果钱可以由广告弄来,那我们还整企业干什么?"

在企业实际经营中,试图纯粹玩广告游戏,以广告炒做代替企业经营,那么在关键时候,广告不仅救不了企业的命,恰恰相反,企业往往会因为广告而葬送性命。关于这一点,有以下两个典型事例:1995年,山东秦池酒厂第一次夺得中央电视台标王时推出的广告语是"永远的绿色,永远的秦池",但当秦池第二次以3.2亿元的天价再次夺标时,却成为"短命的标王";1997年年底,广东爱多公司继秦池之后荣登标王宝座,不久,"我们一直在努力"的爱多却很快成为"哀多"。一个是国有企业的秦池,一个是民营企业的爱多,其结局却是惊人的相似——同样是源于争夺中央电视台广告标王,同样是两年内迅速衰落。

对广大老百姓来说,作为公共品的广告同时也具有很大的"外部负效应"。

有人认为:"90%甚至更多的广告,其实是就两种毫无差别的东西展开喋喋不休的争论。"如果没有或缺乏必要的、有效的规制,广告可能会导致和加剧不正当、不公平竞争。

广告在很大程度上会左右人们的行为。广告可能利用其特殊的潜意识影响、间接情感诉求及其他劝解说服手法等误导消费者,使消费者违背自己的意愿甚至损害自己的利益购买某种商品或服务。

很多广告内容属于"少儿不宜",相当多的性别用品广告令人尴尬、反感。大部分广告由于喧哗、冗长、反复,或是有令人不快的声音、音乐或人物,或是有愚蠢、虚假、无聊或压抑性的内容,对人们的日常生活造成很大的负面影响。

此外,广告对人们的价值观和生活方式的影响也有很多负效应。

精要提示

真正的广告是"人人的广告,应人人而广告,为人人而广告",但广告最基本的、最直接的经济功能就是大规模促购促销。广告是一把双刃剑,有所为有所不能为,强而为之则自取其辱。

0.3 广告有什么

0.3.1 广告主

广告主（Advertiser），亦称广告客户，是指出资做广告的主体，包括企业、事业单位和团体，甚至个人。

广告主首先是决定广告目标和广告信息内容的主体。一则广告无论是为了促进商品或劳务销售，还是为了树立公司形象，抑或是为了招聘人才，其具体内容要求如何都要由广告主"做主"。

其次，广告主是广告经费的承担者。任何广告都是"谁受益、谁付费"的。当然，广告主也是广告的责任主体，广告主要对其所做广告的一切法律后果负责。

0.3.2 广告商

广告商（Advertising Agency），即广告公司，是广告业务的经营者，是专门从事广告代理、策划、设计、制作等业务的企业，其职员通常自称或被称作"广告人"。

广告商在广告活动中扮演的是代理人的角色。面对广告主，他要以"主人"的意志为转移；面对广告受众，他又要对广大消费者负责。因此他往往处于"戴着镣铐跳舞"的尴尬境地。

广告业是很多青年人趋之若鹜的职业。但据介绍，美国纽约麦迪逊大道（如电影之好莱坞、股票之华尔街）的广告人中，一些重要人物要比美国成人平均少活10岁。看来，立志从事广告业，须有充分的思想准备和献身精神。

0.3.3 广告媒体

广告媒体（Advertising Media），即传播广告信息的媒介物，是从事广告发布业务的机构或主体。

广告媒体主要包括：**印刷广告媒体**（报纸、杂志等）；**电子广告媒体**（广播、电视、网络等）；**展示广告媒体**（橱窗、展销会等）；**户外广告媒体**（霓虹灯、招牌）等。实际上，几乎所有具有传播功能的介物都可以作为广告媒体。

报纸、杂志、广播、电视为传统四大广告媒体。计算机网络是新经济时代新兴的一种强势广告媒体。

0.3.4 广告受众

广告受众（Advertising Audience），即广告信息的接受者，是广告信息传播和影响的对象，是广告诉求的目标群体，是广告所营销商品和服务的需求者、购买者和消费者。

广告受众的范围可大可小，可视企业营销计划和市场划分情况而定。

有针对性地确定目标受众是广告传播成败的一个关键因素。

精要提示

概括地说，广告业运作流程如下：在一定社会文化背景和政府政策法规及规制管理（广告环境）下，各厂商（广告主）委托广告公司（广告商）策划和制作广告作品，然后通过大众传媒（广告媒体）将特定的营销信息传达给广大消费者（广告受众）。

0.4 广告讲什么

0.4.1 广告学科简介

理论是实践的概括和总结。广告学自然也是广告实践的理论化概括和总结，也是伴随着人类广告活动的发展演变而逐渐形成和完善的。

广告是一项久远、普遍而复杂的社会经济活动，对于广告实践活动规律性的认识和归纳，自然要涉及管理学、心理学、社会学、传播学、美学等社会学科，还要用到光电材料、计算机技术等自然科学技术知识，以及文艺、美术、摄影等艺术手法。因此，就其性质而言，广告学是一门综合性的应用学科，既是一门关于广告经营活动规律性的学科，又是一门关于广告作业技艺性的艺术或技术。

早期有关广告的学术研究主要侧重于历史经验的梳理和总结，或就广告活动的某一层面进行专题性探讨。例如，早在1866年有两位美国学者劳沃德（J. Larwood）和哈特（C. 哈特）就出版了关于路牌广告史方面的著作；1874年美国学者辛普森（H. Sampson）出版了综合性的广告史论著；1900年盖尔（H. Gale）写成《广告心理学》一书。广告学的集大成经典著作，首推时任美国西北大学校长、心理学家瓦尔特·狄尔·斯科特（Scott,W. D.）于1903年出版的一部名为《广告学原理》的专著，该书初步奠定了广告学作为独立学科的基础架构。从此，随着广告业的蓬勃发展，广告学研究也不断深化、细化，现在已发展为庞大的学科体系。

早在20世纪初，广告学就被介绍引入到中国。1918年北京大学新闻系就开设了有关广告学的课程。中国学者有关广告学的著作，有蒋裕泉编写的《实用广告学》（商务印书馆，上海，1925年）；甘永龙编译的《广告须知》（商务印书馆，上海，1927年）；刘葆儒著的《广告学》（中华书局，上海，1930年）；孙孝钧编写的《广告经济学》（南京书店，1931年）；苏上达撰写的《广告学概论》（商务印书馆，上海，1934年）；叶心佛著的《广告实施学》（中国广告学社，1935年）等。

新中国成立后，有关广告学的著述不多。大规模地引进和学习现代广告学是在改革开放以后。

0.4.2 本教程内容体系

《广告学教程》主要是为高等院校工商管理专业广告学教学需要而编写的，目的是为本学科学生或有志于从事广告职业的人士提供一本入门性或基础性的学习用书，借助本书，读者可以全面了解并系统掌握有关广告学的基本知识、广告经营运作原理以及有关广告的基础操作技艺。本书基本内容体系安排如下。

第一篇　广告基础知识。包括第1、2两章。这一篇首先从纵的方面，简要介绍广告发展的历史脉络及现状；然后从横的方面，介绍现代广告的基本理论体系。通过这一篇的学习，读者可以初步了解有关广告的一些必要的背景情况、常识及基础知识。

第二篇　广告运作框架。包括第3、4、5、6四章。这一篇首先从广告公司的角度系统阐述广告经营的基本运作机制，然后分别从广告媒体、广告主和广告受众的角度，对广告媒体特点、广告目标选择及广告传播心理做全面、系统的分析和介绍。通过这一篇的学习，读者可以对广告活动的基本要素和运作原理有一个较全面、较系统的把握和理解。

第三篇　广告操作实务。包括第7、8、9、10四章。这一篇进一步从广告公司业务作业层面介绍广告策划、创意和制作以及广告效果测定等基本操作技艺。通过这一篇的学习，读者可以掌握有关广告业务实际操作方面的基本知识和技能，这对于从业实践具有直接的、重要的职业教育意义。

第四篇　广告宏观环境。包括第11、12两章。这一篇从宏观角度，首先探讨广告的法规政策环境、政府规制管理以及广告社会伦理价值规范方面的有关问题；然后，在全球化的背景下，审视国际广告业的发展现状和未来趋向，探索跨文化广告经营管理的一些问题。通过这一篇的学习，读者可以清楚了解关于广告规制和国际广告的基本情况，特别是可以深入理解和重点把握有关广告的法规政策、跨文化经营惯例及相关问题。

0.4.3 学习方法提示

广告学是致用之学，学习广告学要注意理论联系实际，注重实践操作技能训练。学习广告学比学习其他学科有一个非常有利的条件，就是可以在日常生活中随时随地地学习，广告就在你身边，要养成利用自己所学知识观察、思考、分析广告以及练习做广告的好习惯。常言道"处处留心皆学问"，注重实际、勤于观察、多维思考，这也是广告人应具备的基本素质。

其次，**按照学习节拍，循序渐进，在掌握"三基本"（基本概念、基本理论、基本方法）的基础上，对有关业务技能方面的内容联系实际模拟操作**。在每章后面附有推荐参考文献、复习思考问题和综合案例演练，以此为指导可增强学习效果。

此外，每节末附有"精要提示"，内文根据需要随机穿插相关专栏。这样，可以使读者进一步了解广告业的实际运作和发展情况，扩展知识面和信息量，学到一些广告人的理论感言和实践体验，从而增加学习实感，增加学习乐趣。

精要提示

　　广告学内容体系由四部分组成：（1）广告基础知识，由广告简史和广告理论两章组成；（2）广告运作框架，由广告经营、广告媒体、广告目标和广告心理四章组成；（3）广告业务操作，由广告策划、广告创意、广告制作和广告效果四章组成；（4）广告宏观环境，由广告规制和国际广告两章组成，这样四篇12章便组成了一个完整的体系。

❑ 复习思考问题

　　（1）试解释"广告"的中外文词语意义，有哪些是相通的，有哪些是存在歧义的？

　　（2）将广告定义为"借助公共媒体的营销宣传术"，你认为确切吗？请给出自己的定义。

　　（3）广告必要、重要吗？我们可以过没有广告的生活吗？广告是怎样影响人们的生活的？

　　（4）为什么说"广告是一把双刃剑"？在现实生活中广告有哪些负面影响？

　　（5）你对广告学科的内容体系有一个总体了解吗？请简要叙述之。

❑ 综合案例演练

永远的绿色　　短命的秦池

◇ 两孔相斗，启蒙秦池上青天

　　美国商战史上曾有一个可口可乐与百事可乐相争的故事，这两大饮料公司相争的结果是强者越强、弱者亦强，成为商战史上的一例佳话。早几年，山东的孔府家酒厂和孔府宴酒厂也有一个"两孔相争，共同繁荣"的故事。

　　孔府家酒厂在山东曲阜，孔子的故里，他们率先打出"孔府家酒"的品牌；之后，远在200公里以外的山东渔台的酒厂又打出了"孔府宴酒"的品牌。孔府家告孔府宴商标侵权，两家酒厂的官司打得不亦乐乎。后地方政府出面调停，结果是象征性地赔偿一元钱了事。

　　在官司上没占着便宜，孔府家酒厂决定在舆论上抢占先机。他们开始在各大媒体上打广告，号称花费百万请出当时在《北京人在纽约》中担任女主角的王姬拍出浓浓情意的"回家篇"广告；请写手写出《半部论语打天下》，证明他们代表正宗的孔家文化。

　　面对孔府家酒厂的巨大压力，孔府宴酒厂一时无以应对。后来经过反复讨论，孔府宴酒厂开始在中央电视台试探性地投广告，谁知这一投竟一发不可收，演出了"只要有孔府家的地方就有孔府宴，有孔府宴的地方就有孔府家"的精彩一幕。此时国内酒类企业基本上还处于"酒香不怕巷子深"的状态，只有孔府家和孔府宴争奇斗艳，两家酒厂的产品畅销全国各地。

　　1994年底，中央电视台为缓解供需矛盾，别出心裁地搞了一个黄金段位广告招标活动。孔府家与孔府宴的争夺在这里达到极致。这届招标会，孔府宴出价3 079万元，挤掉所有竞争对手成为"标王"。从此，"标王"一词不胫而走，成为具有极大轰动效应的一个称谓。在其后的一年里，孔府宴酒厂利税额增长了6倍。此时孔府家的情形也算不错，态度也比较平和。

孔府家和孔府宴酒厂的一举一动都在鲁家兄弟秦池人的眼下。此时秦池刚刚扭亏，雄心勃勃但十分明智地做出判断，此时应是"巧借青云上青天"的最好时机，秦池一定会一炮打响。

◇ 广告救驾，从此走上"标王"不归路

秦池酒厂位于山东临朐，由于"朐"是个生僻字，早年秦池人外出推销秦池酒，在自我介绍时少不了要费一番周折，后来干脆统一了说法："临朐，你们知道吗？电影《南征北战》就是在我们后山拍的。"这在一定程度上造就了秦池人朴素的品牌意识。

时值山东本省孔府家与孔府宴争奇斗艳，秦池决定到东北打下一片天地。1993年12月，寒风瑟瑟，厂长姬长孔怀揣50万元，带了两个业务员来到沈阳，他们采用两条腿走路的经销方法：一是靠政府推荐；一是靠广告宣传。他们先找到当地的技术监督局，主动要求对产品的质量进行检测鉴定，并因优异的质量获得了隆重推荐。紧接着，他们又花费3天时间，请当地电视台拍摄制作了一条广告：一个老板模样的人，手持"大哥大"；身后跟着两个随从，步入一家餐厅；服务员问"老板喝什么酒？"回答是"当然是秦池"；酒端上来之后，画面上出现几个人情绪高涨地一饮而尽的场面。这条广告的制作费是1 000元，是秦池酒厂历史上的第一条正式广告。

这之后不过20天的时间内，姬长孔把身上带来的50万元全部拿出来播出这条广告和做其他促销活动。50万元对于当时年销售额不到200万元的秦池酒厂来说，简直是一场豪赌。那些日子，姬长孔整天提心吊胆。广告播出后不久的一天，姬长孔在沈阳街头无意发现一人用自行车推着一箱秦池酒，不禁喜出望外，他好奇地追上去问："你为什么买秦池酒？"那人回答："广告里天天都是，买回家尝尝。"这样的回答对姬长孔来说简直是一针强心剂，当即问那人要下地址，回头又给人家送了两瓶秦池酒。

20天后，秦池酒在沈阳出现脱销，当地报纸称："三位山东大汉，怀揣50万元，19天敲开沈阳大门。"这以后，秦池人对于广告便格外钟情。后来还曾请扮演蒋介石的著名演员和著名小品演员巩汉林做过两次广告。每次广告几乎都产生了巨大的效益，这使得他们有理由瞄上中央电视台的招标大会，坚信那是他们新的制高点。

◇ 四"六"决出，标王春风得意时

1995年11月8日，中央电视台举行第二届黄金段位广告招标。

当孔府家和孔府宴相继报出6 100万元和6 300万元时，场上爆发出雷鸣般的掌声，以为他们非"标王"和"二标王"莫属。但秦池志在必得，他们投了6 666万元。

当记者蜂拥而至包围上来时，从未见到这等场面的秦池人一时显得有些不知所措。几乎在场的所有记者当时对秦池都一无所知，问："你们的年产值是多少？利税是多少？"姬长孔的回答显然不是准备好了的应题之作："我们年产值是4亿元，利税是1亿元。"这以后，媒体出来的报道就是："秦池拿出利税额的近70%做广告，他们疯了吗？"

实际上4亿元还只是个目标数值，当时秦池的年产值只有3亿元，且刚刚扭亏。1996年第一季度，秦池就实现销售收入3亿元，年底结算，共实现销售收入9.8亿元，创造了一个企业神话。

◇ **蝉联标王，秦池危机浮出水面**

1996年年底，秦池参加次年中央电视台第三届黄金时段广告竞标，以3.2亿元的天价蝉联标王。比第二名多出一个多亿，令业内人士瞠目结舌，大跌眼镜。同时人们对"标王"的品牌形象产生了怀疑。

1997年年底，中央电视台举行第四届广告招标。虽然本次招标白酒企业已被逐出竞技场，但"秦池"作为两届"标王"的得主，仍受到各方的广泛关注。人们希望得到有关秦池的真实消息，并小心揣摩着秦池之后的"标王"会有怎样的舆论动向。

虽然此次中央电视台的政策是1998年的"标王"及黄金段位广告时间不再允许酒类企业竞标，但秦池依然在12条广告片中投了6 700万元，为12条贴片广告投放之首。秦池人明白，在这样一个被众多媒体关注的时刻，一旦"露怯"，必会招致更大的危机。

但是，时过境迁，此时的秦池实际已经没有能力再投6 700万元了。1998年春节前后，中央电视台播放四大古典名著的最后一部电视剧《水浒传》，各企业为争上价格高达每秒1万元的贴片广告几乎打破了头。秦池因为有"6 700万"的标在前，它的广告排了这部电视剧的第2条。但是，这几乎是秦池在中央电视台播出广告的最后辉煌。3月末，姬长孔南下成都，在最后一次帮助秦池圆满地开完一年一度的春季糖业酒类食品交易会后，离开秦池。这以后，秦池就停掉了他们在中央电视台的一切广告。

从某种程度上说，姬长孔一贯奉行的营销政策被否定了。

◇ **小报掀巨浪，秦池梦断标王路**

作为一个靠营销拉动市场的企业，广告无疑是秦池运行状况的晴雨表。不再看到秦池广告的媒体随即敏锐地察觉："秦池是不是不行了？"1997年全年，秦池投向中央电视台的所有广告费用为4 800万元，不仅与"3.2亿"差之千里，甚至比1996年他们投向中央电视台的6 666万元还要少。在第二次夺标后1997年的头三个月，秦池共完成销售收入4亿元，随后4—5月的销售收入为1亿元，这以后，5—12月的销售收入几乎为零。

1998年5月，四川一家报纸刊出一篇很小的报道《鲁酒几朵金花风光不再》，说的就是秦池、孔府家、孔府宴等酒厂在中央电视台撤掉广告，企业日子不太好过的事情。秦池几乎在一夜之间突然倒塌，是媒体摧垮了秦池吗？

姬长孔在1998年3月宣布离开秦池时，厂内厂外的许多人对此都感到很突然。姬长孔性格刚毅，意志坚强，在秦池有"精神领袖"之称。虽然秦池陷入困境，但姬长孔几乎从未透露过他要走的念头。姬长孔走得也很匆忙，以致甘苦多年，最后甚至连一个最简单的送别宴会也没有。临行前，姬长孔心情复杂地丢下一句话："秦池是一个瘸子。"他的解释是："秦池一直是在用单腿走路，完全依靠广告拉动，但从未真正地重视品牌的美誉度，维护品牌美誉度的管理工作也没跟上，以致各种管理漏洞如同管涌，千里大堤一夜崩溃。"姬长孔总结说："说来说去，造成秦池目前这种状况的只有两个字：管理。"

1997年3月成都春季糖酒交易会期间，尽管秦池受媒体不利报道影响，但此前的销售形势还是一片大好。本次交易会期间，秦池数天之内在成都的广告投入就达600万元，大街小巷，天上地下，秦池的广告无处不在。17日晚上，秦池耗资80万元在成都摆下"豪门宴"，宴请全国各地的经销商。此情此景，每一个与秦池接触的人看到后无不感到热血沸腾。

亢龙有悔。此时此刻，谁也没想到，一个巨大的危机正向秦池袭来。3月末，有经销商反映：秦池酒瓶盖发黄发烂，并且散发出恶臭，刺鼻恶心，很多消费者要求退货。但这种现象并未引起管理者的高度重视。后来，"瓶盖危机"全面告急，全国各个省市的经销商都急急忙忙地通知厂家，要求采取紧急措施，否则后果不堪设想。此时，摆在秦池人面前有两条路，要么听之任之，要么按国际通行的做法收回全部残次产品。然而，收回残次产品意味着仅此一项就将损失数千万元。秦池后来采取了前种做法，3个月以后秦池的销售收入一落千丈，4月份的销售收入为惯性销售1个亿，5—12份的销售收入几乎为零。

发生"恶性事件"并非偶然。夺得"标王"以后，市场上不断有捷报传来，后来的物料采购、生产管理与相应的监督机制就被忽视了，从而埋下巨大隐患。那一批全国范围内出现变质、发出恶臭的瓶盖就是从质量完全得不到保证的个体户那里购得的。在"恶性事件"发生以后，再去找那个个体户"算账"时，人早就杳无踪迹了。

"标王"的光环带来的不仅仅是市场上的胜利，也给企业进一步加强管理提供了新的机遇和发出了挑战。然而，秦池并没有摆脱一般企业的寻常之路，在快速膨胀般地增长过程中，旧的矛盾没有解决，新的问题又纷至沓来，终于出现了"管涌现象"，千里大堤一溃不可收拾。在秦池，对管理者权限没有制约，每个人的责、权、利也都不清晰，浪费和回扣现象严重，奖惩不明，任人惟亲……总之，经营不善的企业的一切弊病这里都有。

◇ 秦池落败，广告"载舟亦覆舟"

应当承认，秦池在1996年第一次夺标是非常成功的，当时秦池还只是山东一家名不见经传的小酒厂，要想获得大发展，关键在于"取势"。秦池第一次成为"标王"，可谓是不惜血本，但凭此一举造成巨大的新闻效应，全国销售局面豁然开朗，秦池人的确表现出了精明和气魄。"标王"现象是中国特定时期的特殊产物，这种机遇对企业来说是稍纵即逝，而曾经很贫困的秦池人抓住了这个机遇。

秦池第二年重走老路，是一个战略失误。秦池第二次夺标，未经过科学系统的分析预算就喊出3.2亿多元的天价，比第二名多出1个多亿，并且广告额同王卓胜厂长办公桌上的电话号码相同，这一行为应当说是在沈阳开拓市场的那种豪赌思维的延续。尽管姬长孔不承认第二次夺标是个失误，但消费者和市场却是公正的。秦池二次夺标后，很多人都感到不可思议：你秦池花3.2亿元做广告，我喝一瓶得摊多少？太不划算，不喝了！

目前，中国经济已经进入品牌竞争时代。但是，究竟什么是真正的品牌化经营，恐怕许多企业，尤其是一些处于转型时期的中小企业，对此存在着较大的认识误区，认为只靠策划广告就可以建立一个忠诚的消费群体，以至于给秦池老总留下这么个印象："我只要在中央电视台开进一辆桑塔纳，就能开出一辆奥迪来。"

品牌是一种体现特定产品的外观特征、内涵特征、社会意义特征的有机综合体。如果以消费者为目标，可将品牌分解为三个组成部分：知名度、忠诚度、美誉度。秦池第一次夺标便打出了全国性的知名度，消费者也因此对产品有了初次消费的忠诚意向，但是如何把这种初步的忠诚转变为永久的忠诚，则是关乎企业长远生存发展的实质所在。因此，在获得了浅层的品牌知名度后，企业必须扎扎实实地做好整体战略，包括营销、财务、人事、产品开发、服务体系、质量保证体系、企业文化塑造等各个方面的工作，以期建立消费者永久可靠的忠诚度和产品物有所值的美誉度。不幸的是，我们的"标王"其魄力和能力仅用在了广告炒作上，忘了企业经营管理最根本的任务。

仅就广告宣传本身来说，也绝不是每天在中央电视台播一个五秒钟的广告就能奏效的，它与广告定位创意、媒介的选择以及广告发布的策略等都是紧密相联的。例如，淡季应该在广告中传达什么信息？旺季又该如何？对南方和北方应不应有所区别？不能以为一则广告以相同的频率，在相同的时刻从年头播到年尾就了事，秦池就算花费了大量资金，也没有起到相应的广告效果。秦池在广告策略上的失误值得很多企业反思。

资料来源：张忠，《标王为何衰亡》，载于《首都经济瞭望》2000年（总111期）。

提示： 从秦池案例中，你对广告及其作用有什么感悟？

本章主要参考文献

樊志育著．广告学原理．上海：上海人民出版社，1999

1

第 1 篇 Part One

广告基础知识

　　本篇的两章分别介绍了广告的发展历史和广告基本理论。首先，从纵向简要介绍广告发展的历史脉络及现状；然后从横向介绍现代广告的基本理论框架体系。通过这一篇内容的学习，读者可以掌握有关广告实践与理论的背景、常识及基础知识。

第 1 章

广 告 简 史

□ **学习目标引导**　广告作为商品供求信息传播的中介和手段，其历史源远流长。既为信息传播，广告的发展就与信息供求及其社会形式的演变密不可分。仅从媒体的标志性演变角度看，广告发展的脉络大致如下：从最初以实物中介、口头叫卖和商标牌号为主要形式的古代广告时期，发展到以报刊杂志等平面媒介为主体的近代广告时期，直至以广播电视等电子信息网络为强势媒体的现代广告时期。世界广告发展史大致可以分为四个阶段：从远古广告产生到1450年，为以口头、招牌、文字广告为主要形式的古代广告时期；1450—1850年，为以印刷广告为主体形式的近代广告时期；1850—1920年，为近现代广告过渡时期，广告传媒大众化步伐加快，广告活动迅速形成规模经济；1920年以后，进入现代广告业蓬勃发展的历史时期。中国广告发展史可以分为三个阶段：鸦片战争前可笼统归为古代广告时期，广告媒体形式主要是口头、招牌及零散的印刷标语等；鸦片战争至新中国成立为近代广告时期，其最显著标志是报刊广告的出现，印刷媒体规模化和大众化广告业初具规模；新中国成立后60年分前后两段，前30年计划经济体制下广告处于受约束、限制和严格行政控制的沉寂状态，后30年现代广告业得到快速引进、恢复和发展。本章拟将中外广告史整合起来，分古代、近代和现代三大阶段概要描述广告发展脉络。

□ **逻辑架构图示**

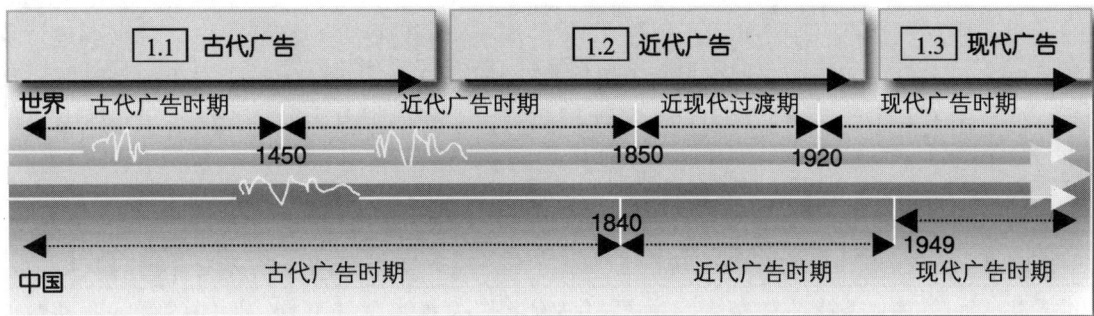

1.1 古代广告

1.1.1 原始广告

人类社会出现第三次社会大分工后，进入了原始社会商品生产和交换的时代，形成了不从事生产、专门从事商品交换的商人阶级，为了扩大商品销售市场，招徕顾客的"广告"便应运而生。

早在古希腊、古罗马时期，一些沿海城市的商业比较发达，已有叫卖、陈列、音响、文图、诗歌和商店招牌等多种广告形式。中国作为文明古国，早在夏商周时期，伴随着各种商品交换活动，口头、实物、标记性的广告就已经出现。

由于受经济条件的限制，古代的广告形式简单，技术手段也很落后。然而，许多古老的广告形式至今仍在一些地方继续使用并发挥着作用。古代广告的形式主要有口头广告、音响广告、实物广告、旗帜广告、悬物广告、招牌广告、彩楼广告和粗糙的印刷广告，等等。

1.1.2 口头叫卖广告

口头"叫卖"可以说是最原始、最简单也是至今仍最常见的广告形式。

在古代的雅典，流行过类似四行诗形式的口头广告。例如，当时曾有这样一则推销化妆品的广告：

为了两眸晶莹，为了面颊绯红，

为了人老珠不黄，也为了合理的价钱，

每个在行的女人都会——

购买埃斯克里普托制造的化妆品。

相传，辅佐周文王建立霸业的姜太公，在未被起用时曾隐居市井，操屠宰之业，他在铺子里"鼓刀扬声"，高声叫卖以招徕主顾。中国古代的叫卖广告很发达，也出现过诗歌形式的口头广告，商贩叫卖时往往唱出不同的腔调，使人一听便知小贩在卖何种商品。如今，偶尔在大街小巷听到的具有特殊韵味的叫卖声，例如，扬州调的"磨剪子来锵菜刀"，还是远古遗风。

商贩叫卖往往利用工具敲打发出音响来代替口头叫卖，例如，收废品的人鸣锣为号，招徕顾客，这也是自古就有的一种广告形式。《诗经》中曾有商人在卖麦芽糖时吹箫为号的记载。南宋时，茶摊往往敲响盏唱卖，以响盏作为音响广告工具。旧时各行各业商贩似乎都有自己特殊的广告音响工具，例如，布贩子摇拨浪鼓，货郎敲小铜锣，补锅的敲大铜锣，卖油的敲油梆子，等等，不胜枚举。这种原始的音响广告至今偶尔还能听到。

公元1141年，法国的贝星州出现了一个由12人组成的口头广告组织，并得到国王路易斯七世的特许，他们与商店签订合同，收取报酬，进行广告宣传活动。后来小商贩把这种广告式的吆喝配上曲调广为传唱，1258年国王发布《叫卖人法则》对此加以规范。例如，有这样一则贩卖扁桃的小调：

生活艰难，道路坎坷！
好心人啊，你在何方？
发发善心，行行好吧！
甜美扁桃，扁桃甜美！

1.1.3 文字商标广告的起源

据历史研究证明，**世界上最早的文字广告是现存于英国博物馆、写在羊皮纸上的广告，这是从埃及尼罗河畔的古城底比斯发掘出土的文物**。这则广告是古埃及奴隶社会时期（公元前1550—前1080年）一名奴隶主悬赏缉拿逃奴的广告，内容如下：

奴隶谢姆（sham）从织布店主人哈布处逃走，坦诚善良的市民们，请协助按布告所说将其带回。他身高5英尺2英寸，面红目褐，有告知其下落者，奉送金环一只；将其带回店者，愿奉送金环一副。

——能按您的愿望织出最好布料的织布师 哈布

公元前79年的一天上午，古罗马维苏威火山口喷发，照亮了整个意大利南端，熊熊岩浆如排山倒海之势由山顶直泻而下，使繁荣一时的庞贝城埋于地下，2 500多居民葬身其中。这场悲剧给后人保留下了当时庞贝镇的历史（1738年被筑路工人发现）。从文物发掘中发现，当时图画广告、招牌广告、文字广告到处可见（有1 600多处），其内容有推销商品、文艺演出和寻人启示、政治竞选等。

商标广告和文字广告几乎同时出现，在已发现的古希腊和古罗马时期的陶器、金器、灯具上都刻有文字或图案的标记。这种实物广告逐渐演变为象征性的商业标记。例如，在中世纪的英国，一个盾形的纹章表示客栈；三个修女刺绣图案表示布店；一只手臂挥锤表示金匠作坊；三只鸽子一只节杖表示纺线厂。

1.1.4 中国古代招牌广告

招牌悬挂在店门前，能起广告的作用，也是古代广告的一种形式。中国古代用旗帜作广告招牌相当普遍，尤以酒旗最多，以至诗人有"酒旗风"之说。这种旗帜又叫**幌子**。远在春秋战国时期的韩非子，就在其《外储说右上》中有过对酒旗的记载："宋人有沽酒者，升概甚平，遇客甚谨，为酒甚美，悬帜甚高。"时至今日，北方地区仍有以酒旗作为小酒店招牌的。中国古代的幌子形式多样，例如花毯、银楼、帽铺、毡铺、成衣铺、浆洗作坊、皮件铺、小五金、酒标、香油奶茶，等等（如图1-1所示），体现出浓郁的民族风俗和生活气息。

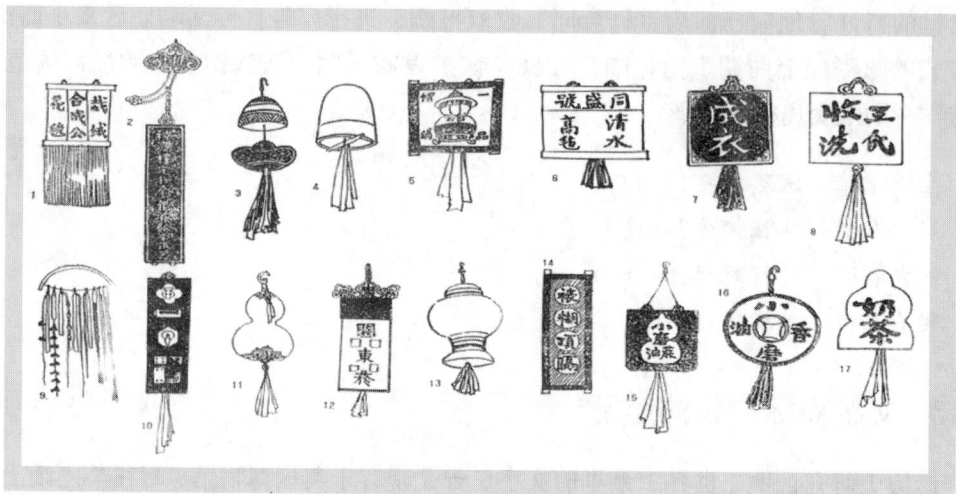

图1-1　中国古代的幌子

　　一些商号店铺，尤其是经营饮食的小店，往往在门前悬挂与其经营特征相关的物品（例如山货野味）或习惯性标志（例如灯笼）作为广告。这种习俗有很悠久的历史。《史记·司马相如列传》记载"相如买一酒舍沽酒，而令文君当垆"，就是在酒店前垒土为垆，安放酒瓮，卖酒者坐在垆边卖酒，"舍"就是以"垆"作为酒店的标志。其他店铺也有这样的情景，例如中药店前悬挂的药葫芦、铁匠铺前悬挂的锄头镰刀等。

　　招牌有横额、竖牌和挂板之分，一般用文字写出店名，也有图文并用的，例如铁匠铺的广告除写上店名外，还画上钳、刀等图案。时至今日，不分中外，凡是商店、企业都有招牌。

　　从宋代张择端的名画《清明上河图》（如图1-2所示）中，可以看到当时汴京繁华的市景和众多店铺林立的广告招牌。据观察，画面上仅汴州城东门外附近十字路口，就有各种横匾、竖标、广告牌30余块。

图1-2　清明上河图（局部）

　　著名的全聚德烤鸭店，始创于1844年，原先是一家干鲜果店的招牌字号，叫"德聚全"，其意思是"以德聚全，以德取财"。1862年商店易主，老板杨全仁见招牌字号中"全"字与其名暗合，于是把牌号倒过来以"全聚德"为自己的招牌字号，取其"全仁聚德、财源茂盛"之意。

　　对联广告是一种具有中国特色的广告形式。例如旅店对联："未晚先投宿，鸡鸣早看天。"明清时代，酒楼用对联较多，例如九江浔阳楼就有一副这样的对联："世间无此酒，天下有名楼。"相传，明太祖朱元璋是撰写对联广告的第一人。他曾为一户不识字的阉猪人家写了一副对联："双手劈开生死路，一刀割断是非根。"这可以说是一副幽默风趣、具有浓郁行业特点的广告。明弘治年间，杭州西湖边上有一家父女开的酒馆，因经营不善，生意萧条。著名书法家祝枝山游西湖时到此饮酒，顺手写一副对联"东不管西不管，我管酒馆；

兴也罢衰也罢,请罢喝罢",轰动全城,观赏者不断,酒店生意便兴隆起来。

古代商店已有彩楼,它的实质是商店的门面装潢,使商店的装饰门面别具一格,便于人们识别,起到招牌广告的作用。旧时彩楼广告主要用在酒店,《东京梦华录》中介绍宋时汴京酒店时写道:"凡京师酒店,门首皆彩楼、欢门。"彩楼是永久性的广告设施,一般在节日时重新加以修饰。

精要提示

古代广告主要以口头叫卖、商标招牌为主要媒介和形式。西方在古希腊和古罗马时期,中国在夏商周时期,伴随着商品交换活动的广泛开展,就已经出现各种形式的原始商业广告。中国封建社会长达数千年,民间商业活动虽受官方抑制但从未停止过,尤其是在太平盛世,各种商贾或沿街叫卖,或临街林立广告招牌,各种商号旗帜幌子招展,一派繁荣景象。但总体来说,由于经济发展水平所限,古代广告媒介原始、形式简单、制作技术落后,并未独立成业。

1.2 近代广告

1.2.1 印刷广告缘起

中国是造纸和印刷术的故乡,也是印刷广告的源头。东汉蔡伦发明造纸术,宋代庆历年间(1041—1048)毕昇发明活字印刷术。中国最先发明雕版印刷工艺。据考证,雕版印刷工艺始于隋朝,在唐朝开始流行,到宋代时技艺已极为精湛。随后,具有近代广告特点的印刷广告即在中国出现,印刷广告的出现使中西方广告的发展都进入一个新的阶段。

现存最早的印刷广告是北宋时期(公元960—1127年)济南刘家针铺的铜板印刷广告(如图1-3所示)。广告为铜版雕刻,宽12.5厘米、高13厘米。铜板四寸见方,上面雕刻有"济南刘家功夫针铺"的字样,中间是白兔抱铁杵捣药的图案,在图案的左右各有四字:"认门前白兔儿为记。"在铜板的下半部刻有说明商品质地和销售办法的文

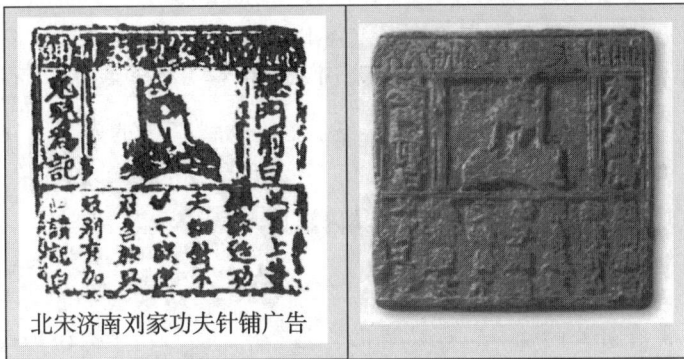

北宋济南刘家功夫针铺广告

图1-3 世界上最早的印刷广告

字："收买上等钢条，造功夫细针，不误宅院使用；客转为贩，别有加饶。请记白。"该铜板现存于上海博物馆，据考证，这是迄今为止所发现的世界上最早的印刷广告物。

明弘治年间（1498年），剧本《奇妙全相西厢记》底页刊的一则广告在印刷广告史上值得一记。这则广告的文案是：

"……本坊谨依经书重写绘图，参订编大字本，唱与图合，使寓于客邸，行于舟中，闲游坐客，得此一览始终，歌唱了然，爽人心境。"

1.2.2 近代西方印刷广告

1450年，德国人约翰尼斯·古登堡（Johannes Gutenberg，1400—1468）首创铅活字印刷术，标志着人类广告史进入以印刷广告为主体形式的新时代。1450—1850年间，西方报纸媒体及报纸广告大行其道，杂志广告出现，广告业发展初具规模。

1472年（又说是1473年、1477年或1480年），英国出现了**最早的书刊印刷品广告。**英国第一位出版人威廉·坎克斯顿（William Caxton）创办印刷所，印出第一本英文书（系法译英小说集）及其推销广告，并将其沿伦敦大街在教堂门口张贴。广告长17.5cm，宽12.5cm，内容如下：

"倘任何人，不论教内或教外人士，愿意取得适用于桑斯伯莱大教堂的仪式书籍，而其所用字体又与本广告所使用相同者，请移驾至西斯特附近购买，价格低廉，出售处有盾形标记，自上至下有一红条纵标以为辨识。"

17世纪欧洲工业革命后，报纸媒体大行其道。世界上最早定期出版的印刷报纸是1609年在法国斯特拉斯堡发刊的，名为《登广告的公共杂志》（*Journal General d. Affichesin Paris*）。1620年9月，12名清教徒以寻找信仰自由新天地为由，乘五月花号船离开普利茅斯港前往美洲大陆，随之将欧洲的商号、招牌、报纸和广告传单等一起带到了美国。1622年，**第一份英文报纸**《每周新闻》在伦敦出版。

世界上最早的报纸广告从何时起，史学界尚有争议。一说是1622年《每周新闻》上的一则书籍广告，一说是1625年英国《信使报》上的一则图书出版广告；而广告历史学家亨利·桑普逊（英原名）则认为，1650年英国《每周新闻》在"国会诉讼程序"栏目刊载的一则"寻马悬赏启事"是名副其实的最早的报纸广告。

1631年，才华出众的德奥夫拉斯特·勒诺杜创办了**法国第一份官方报纸**，并把报纸与"商业美女"结合起来，开创了法国报纸广告的先河。1666年，《伦敦报》正式开辟报纸广告专栏。1675年，一份名叫"*Public Aduice*"的英国报刊登了一则咖啡广告，能很好地反映当时商品广告的情形，其内容如下：

"在旧交易所后边的巴少鲁秘街上，有一种名叫'咖啡'的饮料。这是一种对健康非常有好处的饮料，有助消化、提精神、使人精神愉快的作用。它还对眼睛溃烂、感冒咳嗽、身体虚弱、头痛、水肿、风湿、坏血病、淋巴腺肿大等其他很多方面有疗效。每日清晨和下午三时出售。"

1704年，**美国创办发行了第一份报纸**《波士顿新闻通讯》，并发布了一则向广告商们推荐以报纸作为宣传媒介的广告，其文大意如下："本报纸向所有需要出售或出租房屋、土地、物品、船只及其他货物和需要寻找潜逃佣人、被盗或丢失货物的人出租版面，刊登广告。"这则广告是大发明家富兰克林制作的，标题巨大，四周留着宽边，引人注目。

到1830年，美国已有报纸1 200种，其中65种为日报；英国在1837年有400种，日刊出广告8万余条。但这一时期（1830—1860年）报纸发行量有限，售价也较低（当时称作"便士报"），广告影响较小。

1.2.3 近代世界广告业

在英国，17世纪中叶的资产阶级革命和18世纪进行的工业革命极大地促进了社会政治、经济的快速发展，也促使了近代报刊业蓬勃发展，广告业务量也随之大大增加，这使英国一度成为世界广告活动的中心。但到了19世纪，由于美国的崛起，世界广告中心逐步转移到美洲大陆。

伴随报纸业的发展，近代广告代理业也快速发展起来。早在1488年，法国散文家蒙太尼（Montalgne）就提出一则倡议："任何人想出售珍珠，想找个仆人或伴侣去巴黎旅游，可以把他（她）的想法及要求向一位负责这项事务的官员提出。"这一倡议对于建立为客户办理广告及服务业务的专门机构即后来的广告公司来说，很有思想启蒙意义。1610年，英国国王詹姆斯一世让两个骑士建立了**第一家广告代理店**。1612年，法国创立"高格德尔"广告代理店。

本杰明·富兰克林（Benjamin Franklin）被奉为"现代广告的保护神"。1722年，年仅16岁的富兰克林在波士顿协助其哥哥出版《新英格兰报》，由此开始了其报社伙计及广告人的职业生涯。1729年，富兰克林迁居费城，开始创办出版《宾夕法尼亚新闻报》，既是出版商和编辑，又是广告作家和广告经纪人。在创刊号的第一版上，他将广告栏设在报头社论之前，首次刊登了一则推销肥皂的广告。此外，他还在报纸的广告栏刊登各种广告，诸如酒、茶、咖啡及食品广告，寻人寻物广告，服装、建材广告，船期广告，还有他自己的发明广告。他亲自为广告栏排版，广告表现手法轻松愉快，深受读者喜爱。不久，这家报纸在发行量和广告量方面均跃居全美首位。

随着广告业的发展，英国政府加强了对广告的管理。1712年，英政府对报馆征收沉重的印花税，除了每份报纸课税4便士外，又开征广告特税，无论广告大小，只要见报，每份报纸课税3先令6便士。广告特税的开征，在一定程度上限制了报纸广告的自由发展，但同时也促进了广告表现手法的革新。例如，当时有一则很著名的沃伦鞋油插图广告便达到了很高的艺术水平。广告上部画了一双用沃伦鞋油擦过的光亮皮鞋，一只猫正吃惊地怒视着皮鞋上自己的影子，从而凸显其鞋油质量之好。此广告久登不衰，在英伦三岛各报登了20年之久。

1749年，在伦敦几家报纸上刊出的一则广告曾酿出一桩事故，成为广告史上不朽的传奇故事。当时，有两位绅士因为对广告的可信程度意见相左而打赌。一位是蒙塔古公爵，他认为几乎可以通过广告向大家宣传一切内容，人们必定坚信不移；他的朋友切斯特菲尔德勋爵则认为广告不会绝对地使人们相信，他说，如果刊登这样一则广告，说某剧院有一场演出，演员可以踩在高跷上演奏当代的任何乐器，还能钻进一只普通的葡萄酒瓶子里唱歌，那是绝对不会有人相信的。两人争论未果，决定让事实来证明谁是谁非。于是，几天后，一则这样的广告果真在伦敦的几家报纸上出现，引起了人们的关注。结果证明蒙塔古公爵的观点是正确的，人们纷纷涌向剧场，欲一睹为快。不过，当他解释这则广告只是为了打赌时，失望和愤怒的人们把剧场砸了个稀巴烂。

1760年，美国的比尔·罗利拉开办了他的第一家烟厂，并且通过广告宣传鼻烟，开创了香烟广告的先河。1776年，日本有位叫平贺源内的人，接受江户商人惠比寿屋兵助的委托，为其新产品"漱石香"牙粉撰写广告文："盒装的牙粉漱石香，它能使牙齿洁白，除去口臭。一盒有二十袋，售价72文（日本货币单位）。散装售价46文。"这在一定程度上反映了当时日本商业广告的境况。

1788年，《伦敦时报》创始人约翰·瓦尔特在创刊号上发表了他的新闻观点。他认为，一份报纸就应该像一家旅店，旅店主人应该一视同仁地接待各路的过往客商；只要客商愿意付钱，就不应该对任何人有法律或道德上的歧视。自此，人们通过报纸宣传产品或选购商品日趋普遍，这时的报纸广告大都是分类广告，例如，按招聘、住房、征婚、出让家什物品等分类设栏。

世界上最早的杂志创刊于1731年，为英国的《绅士杂志》。1741年，美国曾出版过两本杂志，分别是《美国》和《大众杂志和历史记事》，但分别在创办后的第3个月和6个月就夭折了。1830年，（全称）海尔夫人在费城创办《哥台妇女书》，成为美国妇女杂志的先驱。1645年1月15日，一本名为"*The Weekly Account*"的杂志**首次使用了"广告栏"**，专门刊登广告。在此之前，广告往往使用"通知"（advices）一词，在此以后逐渐形成了"广告"这个专用词语。1706年，德国人阿洛依斯·望菲尔德发明了石印技术，开创了印制五彩缤纷的招贴广告的历史。

在报纸广告日渐普及、广告经验不断积累的情况下，一些朴素的广告理论也渐渐出现。例如，1710年，英国一个名叫约瑟夫·艾迪生（Joseph Addison）的人发表的关于广告问题的探讨文章，可以看作是最早的"广告理论"。他认为，在新闻来源不足的情况下，人们习惯阅读报纸后面的广告栏以自娱，"这些来自小世界的新闻同来自大世界的新闻是一样的"；同时，他还就广告的表现方法提出了忠告。1759年，英国著名诗人和评论家撒缪尔·约翰逊（Samuel Johnson）在其所著《懒惰者》一书中，就当时广告业的职业道德问题发表了系统评论。这些见解或评论可以看作是对近代广告业实践经验的初步理论总结。

1.2.4 近现代广告过渡期

1850—1911年间，目前在世界上具有广泛影响力的名报，诸如英《每日邮报》（1896年），美《纽约时报》（1851年），日《每日新闻》（1872年）、《读卖新闻》（1874年）、《朝日新闻》（1879年）等，大都在此期间先后创刊。这些报纸的主要收入来源就是广告，广告成为沟通产销信息的主要手段，当时《纽约时报》62%的篇幅为广告。这个时期，广告传媒走向规模化、大众化，广告业发展速度迅猛。

1841年，伏尔尼·帕尔默（Volney B. Palmer）在美国费城开办**世界上最早的广告公司**，收取25％的佣金为客户购买报纸广告版面，大受企业客户欢迎，同时也使报业效率和收入大大提高。1845年以后，帕尔默又在波士顿、纽约开办了分公司。至1860年，已有30多家广告公司为4 000种美国出版物出售版面。

1865年，乔治·路威尔通过出版《路威尔美国报纸目录》成立了大规模专门出售广告版面、作为报刊独家广告经纪人的广告公司，独家广告代理业开始兴起。1869年，美国"艾尔父子广告有限公司"（N.W.Ayer & Son）在费城成立，这是**第一家具有现代意义的广告公司**，其经营重点从单纯推销报纸广告版面转到为客户策划、设计、制作广告等全面的服务业务。1875年，艾尔父子广告有限公司正式采用公开合同制，进一步加强了同企业客户的联系。据统计，这一时期美国广告公司达到约1 200家，其中纽约385家，芝加哥54家。

这个时期，一些新的广告媒体也开始出现。1853年，纽约《每日论坛报》第一次用照片为一家帽子店做广告，标志着广告制作开始用摄影技术作为重要表现手段。1891年，可口可乐公司在投产5年后拍摄的世界上最早的挂历广告，现收藏价值达5 000美元。

19世纪末、20世纪初是欧美自由资本主义向垄断资本主义发展的过渡时期。这期间出现了许多对人类文明有重要影响的新技术，例如，电、内燃机、铁路等，同时市场商业竞争日趋激烈，娱乐业也开始兴旺起来，因此，广告的需求也越来越大。这一阶段，广告形式以招贴画（poster）和路牌（road board）广告为主，广告设计多是由画家兼任，很少有专业的广告设计师。

当时，许多著名画家，例如，英国的奥布里·比尔兹利（Anbery Beardsley），法国的亨利图户兹—劳特里克等人，都曾画过大量招贴画及海报（见图1-4）。这个时期广告设计制作尚未形成独特的广告语言，在构思上基本拘泥于美术形式，画面大多看上去感觉像是一幅美术作品，只不过画中人物手上捧着某种商品而已，显得有些牵强。由于当时彩印技术还比较落后，费用昂贵，所以这个阶段的招贴广告大多采用石印画形式。

1909年，美国汽车大王亨利·福特（Henry Ford）首次采用流水装

A 诗剧《埃尔索达》的演出海报（1895年）　B 雀牌牛奶蛋糊粉的招贴广告（1896年）

图1-4　19世纪末的海报招贴广告

配线进行标准化生产，制造出价格仅为600美元/辆的平民型汽车。流水装配线技术的出现不仅推动了汽车制造业的大规模发展，而且使整个现代工业大机器生产体系产生了巨大的

规模经济效益，各类日常消费品产量大幅提高、成本迅速下降。于是，市场状态迅速由卖方市场转变为买方市场，各类商品的市场竞争更为激烈，作为竞争辅助手段的商业广告就发挥着越来越重要的作用。

1914—1918年，航海、航空、长途客运、娱乐、远程旅游等现代交通业、服务业得到很大发展，服务娱乐性广告的比重迅速上升。例如，1912年著名英国豪华邮轮泰坦尼克号（TITANIC）在进行"悲惨"的处女航之前，就曾广贴海报，招揽乘客。

随着经济的繁荣，文化生活日益丰富多彩。这个时期，各种大型文艺演出越来越多，戏剧海报广告也随之大增。1903年，一部片长仅12分钟的无声娱乐影片《火车大盗》公映，开创了电影作为娱乐手段的新纪元，电影海报从此成为商业广告的重要内容。同时，在这个战争与革命频发的年代，英、美等国曾出现不少招募兵员的征兵宣传海报，例如1918年，美国著名画家詹姆斯费莱格创作的海报，以山姆大叔"我要你参军"的形象招募兵员，刺激国民觉悟，受到普遍关注。

此时，广告媒介及表现形式仍以招贴、路牌为主，与此同时，杂志和报纸等新广告媒介也逐渐普及和发展起来。1910年夏末，在巴黎举办了一次国际汽车展览会，首次采用霓虹灯做广告，一年后巴黎马特林荫大道首次成功地安装霓虹灯广告招牌。广告的构思和表现手法依旧是以艺术型为主，但开始注意追求绘画效果和技法，广告宣传更重视商品信息的传达，在表现手法和广告语言上都显露出现代广告的雏形。

1.2.5 中国近代报刊广告

报刊广告的出现是近代中国广告发展的最显著标志。早在唐代初期，中国就诞生了最早的报纸《邸报》（据认为是**世界上最早的报纸**）。《邸报》为官报，宋代开始定期发行，明朝开始使用活字排版，清代改称《京报》，这份报纸只在宫廷和官僚之间传阅，不对外发行，也不准刊登广告。

1833年8月（道光十三年七月），在广州创办的《东西洋考每月统记传》是**近代中国境内出版的第一份中文刊物**，其宗旨是"为在广州和澳门的外国公众的权益进行辩护"，刊载内容多以介绍西方科学文化知识和阐发基督教义为主，也是**中文刊物中最早登载"行情物价表"之类商情的刊物**。

我国出现报纸广告是在鸦片战争后。1840年第一次鸦片战争后，上海等五个城市被辟为通商口岸，外国"洋货"大量通过口岸城市向内地倾销，洋人也开始在口岸城市投资设厂。在此情况下，报纸广告便开始在上海等沿海城市大量涌现。外国人开始在中国办报，从南方逐渐扩展到北方，在半个多世纪中先后创办了300余份报纸，多用中文出版，其中著名的报纸有《上海新报》、《万国公报》、《申报》、《新闻报》等，这些报纸主要刊登船期广告和市场行情、货物广告，其目的是为推销舶来品或沟通中外商业行情。

鸦片战争以后，首开中文印刷广告之先河者，是1853年8月由英国传教士在香港创办的《遐迩贯珍》杂志，月刊印3 000份，或卖或送销于香港、澳门及广州、厦门、福州、宁波、上海五个通商口岸。其广告收费明码标价：

"五十字以下，取银一元，五十字以上，每字多取一先士。一次之后，若帖再出，则取如上数之半。至所取之银，非以求利，实为取每月《退迩贯珍》三千本之费用而已。"

旧中国历史最悠久的中文报纸《申报》，是英国人梅耶（F. Majer）于1872年4月在上海创刊的，于1949年5月终刊。《申报》广告版面逐年增加，一般在50%以上，主要为外商广告。刊载广告当时称作"买告白"，其费用比较低廉：

"以五十字为式，买一天者，取利资二百五十文；倘字数多者，每加十字加钱五十文。买两天者取钱一百五十文；字数多者，每加十字加钱三十文起算。如有愿买三四天者，该价与第二天同。"

1873—1894年这20年间，一批由华人创办的报纸陆续创刊，主要用来刊登国货广告，并与外商展开"商战"。其中，著名的有《昭文新报》（汉口）、《汇报》（上海）、《述报》（广州）、《循环日报》（香港）等。1895—1898年间，全国创办有32种中文报纸，这些报纸多数刊载国货广告。1907年，于清朝末年创刊的《政治官报》也允许刊登商业广告，并制定了广告章程，随后出现的许多新办报纸也都刊登广告，提倡国货。

这时，广告代理商也随之出现，早期是以报馆广告代理人和版面买卖人的角色出现，后来演变为各种广告社和广告公司的形式。到辛亥革命前后，全国报社达500余家，之后短短两三年内达到千余家，报纸印刷广告得到大规模发展，《大公报》就曾刊登日本博利安牌电灯泡的系列广告（如图1-5所示）。

图1-5 1918年5月1日《大公报》刊登的日本博利安牌电灯泡系列广告

资料来源：陈培爱《中外广告史》

> **精要提示**
>
> 　　中国是造纸和印刷术的故乡，也是印刷广告的源头。北宋年间济南刘家针铺铜板制作的推销广告开印刷广告之先河。1450年，德人古登堡（发明铅活字印刷术），标志着广告进入大规模纸媒传播的新时代。之后近400年间，欧美报纸媒体及报纸广告大行其道，杂志广告日渐出现，广告业发展初具规模。19世纪末20世纪初，伴随着市场经济的高度发展，以及广告媒体规模化、大众化和多样化发展，广告代理业迅速崛起。这期间，中国上海等口岸城市各类报纸密集创刊，报纸广告活动也初具规模。

1.3　现代广告

1.3.1　现代广告媒体

　　从20世纪20年代开始，人类跨进现代广告蓬勃发展的历史时期，其重要标志是电子广告问世，广告媒体日趋多样化，各企业广告竞争日趋激烈，各种广告行业组织纷纷成立，广告业已成为现代信息产业群体中的一大支柱。

　　美国是世界上最早开办广播电台的国家。1920年，威斯汀豪斯公司在匹兹堡开办的KDKA广播电台，是**美国第一家领取营业执照的电台**。1921年，法国邮电部成立第一家广播电台。1922年，原苏联莫斯科"共产国际广播电台"成立，是**当时世界上功率最强的电台**。同年，美国创建首家商业广播电台WAAF，开始向广告商出售时段，成为**最早开播广告业务的电台**。1926年建立的"全国广播电台（NBC）"是**美国最早的广播网**，至1928年美国通过无线电广播的广告费用已达1 050万美元，到1930年美国已有一半家庭收听广播广告。从20世纪初到第二次世界大战前，广播成为继印刷媒体之后的第二大媒体。

　　1922年年底，美商E·G·奥斯邦在上海设立了**中国境内第一座广播电台**——"奥斯邦电台"，台址在广州路的大来洋行。1923年1月23日开始广播，波长200m，功率50W，每晚播音1小时，节目内容有新闻、音乐、演说及商业消息。从此，广播在中国迅速发展起来。**中国人自己设立的第一家电台**是新新公司创办的，1927年3月18日正式开播，每天播音6小时。广播电台的出现是现代广告史上的一件大事，它标志着广告在更广阔的空间向更多消费者传播商品信息。

　　电视是当今最具影响力的大众传播媒介，它是20世纪最重大的科技成果之一，是人类文明发展史上的奇迹。1926年1月27日，苏格兰发明家约翰·罗杰·贝尔德（John Logie Baird）在伦敦的一间实验室里向英国皇家学院的院士们展示了一种通过无线电传送活动图像的机器，贝尔德将其称作"电视"。那时，活动图像的传送距离仅为1米左右，发射和接收的设备也十分粗糙，声音时有时无，图像断断续续，而且模糊不清。但是，院士们看罢大为振奋，一致认为贝尔德的图像传送机器是科学史上的一次伟大发明。

到20世纪20年代后期，电视技术研究达到高潮并取得巨大突破。继英国的贝尔德之后，美国的法恩斯沃斯也于1927年宣布他的电视接收器研制成功。此后，日本滨松高等工业学校教授高柳健次郎也在其研究报告中公布了他的研究成果。与此同时，德国的鲍尔·尼泊寇、原苏联的弗拉基米尔·斯威里金相继发明了扫描圆盘和阴极射线管，从而使电视技术进入电子化时代。

1929年秋，约翰·贝尔德和英国广播电视公司合作，进行了大量试验，终于找到了将活动画面和声音配合传送的方法。此后他们不断改进传送技术，提高声像质量，建成了世界上第一家电视台。**1936年11月2日，从英国伦敦市郊的亚历山大宫播出了世界上最早的电视节目，标志着电视广告时代的开始。**美国于1920年就开始研究电视技术，但到1941年才开播商业电视，1946年拥有电视的家庭已达8 000多户，20世纪50年代彩电发明以后，电视一跃成为最大的广告媒体。

除了报纸、杂志、广播、电视四大媒体之外，随着科技的发展，新的广告媒介层出不穷，广告表现形式更趋多样化。1932—1934年芝加哥百家进步博览会将霓虹灯广告推向高潮，仅芝加哥霓虹灯厂就安装有4万支灯管，对路牌广告实行了标准化、规格化管理。此外，购物点广告（POP）普遍流行，其显著的直销效果深受广告主青睐；邮递广告由于针对性强，在一些西方国家得到了广泛运用并取得很好了的效果；空中广告借助其先进的技术引人注目。这个时期的广告形式千奇百怪、花样不断翻新。

1926年，上海南京东路伊文思图书公司的橱窗首次出现"皇家牌（ROYAL）打字机"的霓虹灯广告。1927年，上海湖北路旧中央大旅社门前安置了第一个霓虹灯招牌"中央大旅社"。当时上海最大的霓虹灯广告是1928年安装在西藏路"大世界"对面的"红锡包"香烟，广告除"红锡包"三字外还有香烟一包，香烟由烟盒内一支支跳出，最后一支是点燃的香烟，烟头青烟缭绕，非常生动逼真，引人注目。

霓虹灯以其新颖的形式和绚丽的色彩吸引人们注意，其需求日益增多。20世纪30年代的上海，除了闹市区大小商店都装有不同的霓虹灯招牌及广告外，室内或橱窗还设置霓虹挂灯，屋内外装饰边管也逐渐普及，使"十里洋场"的上海灯红酒绿，彻夜通明。

到1985年，美国全年的广告费用中，电视广告占30%，报刊杂志广告约占17%，广播广告占10%左右，而早年最普遍的招贴、路牌广告仅占不到2%。进入20世纪90年代，随着以互联网为核心的新技术革命风暴在全球范围激荡，国际化大众传播媒体获得日新月异的发展，互动性、整合营销传播、全球化、细分市场营销、消费者力量、关系营销和集中定制等新理念成为现代广告的主流发展趋势，广告业已取代旅游业而成为世界上最大的"无烟工业"。

1.3.2 现代广告业发展脉络

20世纪早期，随着市场竞争日趋激烈，一些企业在广告活动中开始注意广告策略的运用，委托广告公司全面代理广告策划和制作业务的现象非常普遍。例如，1927年，美国福特公司一种新型的福特A型汽车即将面世，在广告活动开始前的几个月，亨利·福特有意给人们留下悬念，精心安排在最后关键时刻公布"关于新型福特汽车的重大消息"，结果广告大获成功；而可口可乐公司在广告传播方面取得的成功最具有典型代表意义，其诞生后的百年广告史，可以说是现代广告业发展历程的一个缩影。

1929—1933年经济大萧条时期，商品大量积压，广告的促销作用凸显出来。危机过后经济回升，许多高档消费品涌现市场，这时，化妆、护肤及洗涤用品，吸尘器等家用电器以及汽车、除草机等产品的广告投入比例大增，饼干、糖果、罐头食品的广告宣传也无处不在，酒类和香烟的广告亦大行其道（如图1-6所示）。

比奇·纳特香口糖广告（1928年）　　玛特逊远洋公司客运广告（1934年）　　VICHY戏剧节海报（1926年）

图1-6　20世纪二三十年代的广告

同时，随着中产阶级群体的形成和不断扩大，旅游等休闲活动成为人们追求的一种生活方式，于是关于明媚风光的海滨、豪华舒适的游艇的广告宣传也随处可见。当时的广告大力渲染上流社会的奢华生活，给普通民众创造出一个高于当时实际生活水平的"幻梦"，满足了许多消费者的向往心理，这也是现代广告惯常运用的引导消费策略。

此时，电影业也步入黄金时代，一批饮誉世界的电影明星，例如查理·卓别林的喜剧片，道格拉斯·费尔班克斯（Douglas Faibanks）主演的《巴格达窃贼》等都名噪一时，以其非凡魅力吸引了大批观众。当时都市电影广告可以说是无孔不入。这时公益性广告也有一定发展。

第二次世界大战期间，英、美、苏等国都出现了许多以反"纳粹"为题材的政治宣传画；同时，许多军火商，尤其是号称"民主国家兵工厂"的美国军火商们，例如洛克希德飞机公司、司徒贝克飞机公司、壳牌石油公司等，都制作了大量以反法西斯战争为背景的军火广告，其中有相当一部分采用政治宣传画的形式。

第二次世界大战后初期，大量广告都以宁静、和平的氛围作为主调，迎合遭受战争创伤的人们渴望和平的心态。画面常常是婚礼、全家团圆等场面，颇具人情味、富有生活情趣。20世纪50年代，广告创作出现了许多新的手法，除以往惯用的写实主义绘画外，平面剪贴、漫画、超现实主义绘画等表现手法也被大量运用。随着摄影制版技术的发展，商业摄影以其方便、逼真等优点逐渐成为一种重要的广告表现手法。广告模特除了以往的漂亮女郎外，可爱的婴儿以及猫狗等家庭宠物也越来越多地出现在广告中，请明星作模特也成为广告惯用手法，该时期的广告如图1-7所示。

劳斯莱斯轿车广告
（1947年）

美国"巴兰廷"淡色
啤酒广告（1948年）

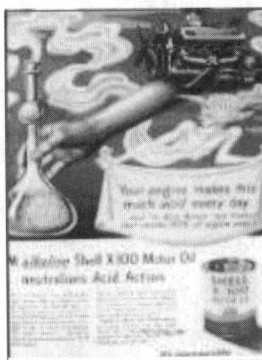

壳牌X-100汽油广告
（1951年）

威斯利·辛普逊纺织品公
司广告（1949年）

图1-7　20世纪50年代的广告

　　20世纪五六十年代，高度专业化的广告设计队伍已经形成。随着广告业的迅速发展，广告分工越来越细，总体规划、文案编排、摄影、绘画、植字、印刷、发行都有专人负责。摄影成了最主要的插图手段，艺术绘画型广告已大为减少，广告表现以传达商品信息和促销为主要目标。同时，随着国际贸易的不断发展，广告也出现了"国际化"风格，其创作动机、文案编排、构图、色彩甚至广告中的白种女性模特都十分相似，画面表现出强烈的现代感，也逐渐形成了现代广告的特有模式。这一时期的广告如图1-8所示。

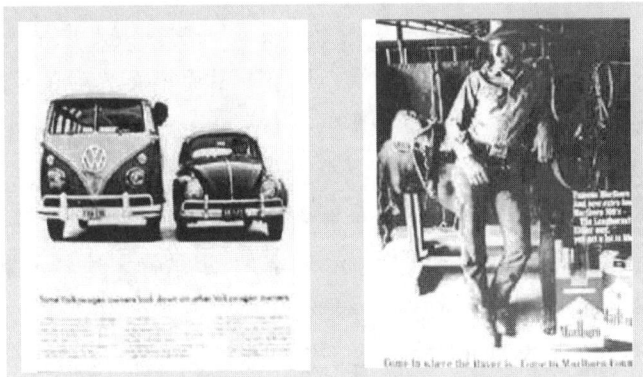

"大众"汽车（1963年）　　"万宝路"香烟广告（1967年）

图1-8　20世纪60年代的广告

　　一些音乐唱片、著名杂志封面、艺术节、世界大展等方面的广告，为了突出个性、避免雷同，少些商业味，也请一些著名画家，例如西班牙名画家胡安·米罗（Joan Miro）等，以绘画形式进行设计，但这类广告所占比例很小。

　　20世纪70年代以来，在新技术推动下，新产品层出不穷，市场性质由卖方市场转向买方市场。这时广告已不再是单纯的促销手段，而成为现代企业生存和发展的重要整合营销策略。在诉求表现手法上，广告设计又回归民族化，追求新异离奇，力图使广告有个性，以便能引起消费者的注意。特别是烟、酒、饮料和日用品、汽车、照相机、音响视听设备等高档消费品以及娱乐服务业方面的广告竞争相当激烈，在广告中占有越来越大的比例。

　　随着市场经济活动和广告业的发展，各种行业性组织纷纷成立，国际广告界的各种行业性组织也相继成立。**1938年国际广告协会（IAA）成立，会员来自70多个国家和地区。**

1978年亚洲广告协会联盟成立。此外，世界广告行销公司（WAM）也是颇具影响的世界性行业组织。这一期间，现代广告公司已发展成为集多种代理职能于一体的综合性信息服务机构，例如为广告主收集市场信息、分析消费趋势、提出产品开发意见并将其产品推向市场，为企业提供从形象设计、新产品开发到售后信息分析的整体策划服务。广告业已发展成为能创造巨大价值的信息化产业。

自20世纪80年代以来，在知识经济全球化发展的大背景下，市场竞争日趋激烈，作为信息产业支柱的广告业面临着前所未有的机遇和挑战。广告已渗透到当代社会经济领域的各个角落，对人们的日常生活、价值观念、生活方式等产生无所不在、越来越大的影响；广告理念、广告业运作模式也随着科学技术进步和社会经济环境的变化而不断出现新变革、新组合，人性化的、个性化的软性广告大行其道，尤其是以电子网络为主体的现代通信技术和高科技产业的大规模发展，引致广告业的产业结构不断发生质的调整，跨国公司间的兼并重组浪潮风起云涌，广告经营规模在全球范围内形成"无国界"扩张之势。

- -

专栏1.1：相关链接

150年广告史年表

1850—1899年　印刷业的发展，使报纸走进平民生活，当时的报纸广告以白描的手法，平铺直叙地阐述产品特性，风格朴素而率真。到了后期，印刷术飞跃发展，平版印刷使得印刷画面更精美，色泽更真实。海报开始充斥大街小巷，这个时期是海报的黄金时代，而收集海报成了时尚。

1900—1909年　这个时期，一些杰出的广告人致力于广告的学术理论研究，哈洛·盖尔（Harlow Gale）的《广告心理学》、沃尔特·迪尔·斯科特（Walter Dill Scott）的《广告原理》相继问世，现代广告雏型形成。一些大型企业也有意识地长年地塑造良好形象。此时的海报广告造型以绘画为主，但也加强了线条与色彩的运用。

1910—1919年　在战争的刺激下，交通事业迅速发展、报纸发行量激增，此时广告社形成。美术领域的多元化发展也使得广告多元化趋势显现。

1920—1929年　汽车的普及、爵士乐的流行以及分期付款的发明，使人们的消费热情日渐高涨，市场竞争更趋白热化。但此时的广告风格没有大的突破，主要是启用电影明星，以期利用其号召力打开市场。

1930—1939年　经济大萧条时期，企业开始注重产品宣传前的市场调研及整体规划，广告社内部分工细化。此时广告更注重运用宣传策略，超现实主义大行其道。

1940—1949年　此时的广告被注入了浓厚的政治色彩，形形色色的商人打着爱国的旗号。而在后期，随着战争的结束、经济的复苏，广告业继续向前发展。

1950—1959年　营销学、传播学的形成，使现代广告学的框架及体系更加牢固及完善。摄影制版术的发展，使摄影广告占据越来越大的比例。此时的广告注重了对文字、图文的编排。

1960—1969年　此时是广告的重要变革时期，威廉·伯恩巴克（William Bernbach）提出了革命性广告理念：只有与众不同的广告，才有与众不同的产品。此时的广告比以往更加注重创意的新奇性。

1970—1979年 这是广告业的巩固与充实期,广告人加强了对人们消费行为、消费心理的研究和预测。这个时期概括出了现代广告最本质的两条原则:可信性和新奇性。

1980—2000年 科学技术在这20年取得了日新月异的发展,尤其是电脑的出现,使得平面广告设计队伍高度专业化,半路出家的设计师不复存在。广告语言日臻国际化,不再充斥纷繁的信息,自然、朴实之风重回。

1.3.3 中国广告业发端

20世纪20年代,受世界广告业发展影响,以及西方广告知识的引入和传播,中国广告代理业及有关行业协会组织也相继出现,许多有实力的中外企业为了加强竞争纷纷自设广告部。例如,当时的英美烟草公司设立了广告部和图画间,除聘请英、美、日、德籍画家外,还招聘中国画家为其广告绘画。在激烈的商战中,中国本土企业如五洲药厂、信谊药厂、新亚药厂、三友实业社、华成烟草公司、南洋兄弟烟草公司和中国化学工业社等,也纷纷设立了广告部。

一些出版商社,例如著名的商务印书馆,不仅出版印制书籍,还承接各种广告印件,例如商标贴头、纱布牌子、广告传单、招贴等。馆内也设有图画部,通过招收美术设计的练习生,培养出一批后来的知名广告画家,对广告画的发展起到了积极的作用(如图1-9所示)。

没有条件设立广告部的企业,只好依靠广告代理商设计和制作广告,于是早期的广告社或广告公司便应运而生。当时在上海开设的这类广告社和广告公司较多,如好华广告社、闵泰油漆广告社、捷登广告社、耀南广告社等,其中规模较大的有成立于1926年的华商广告公司,以及成立于1930年的联合广告公司等。同一时期,

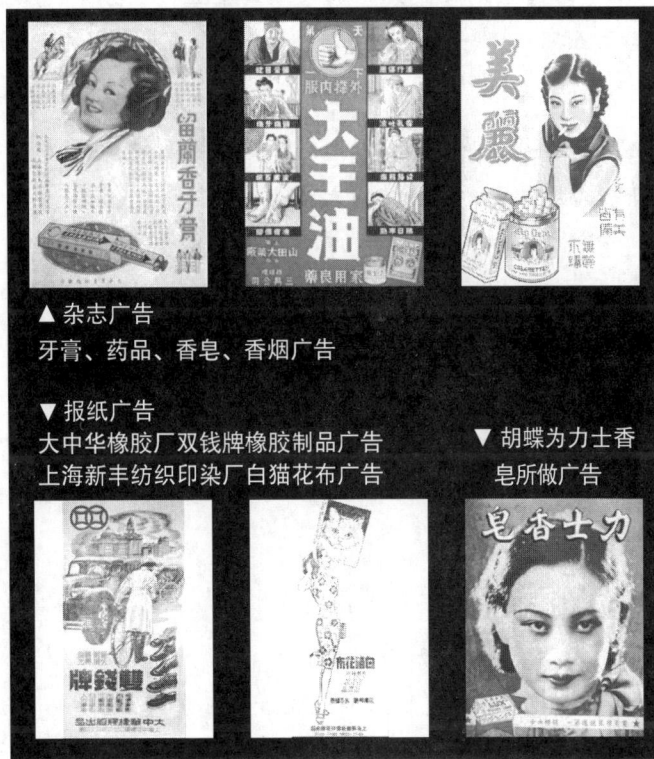

▲ 杂志广告
牙膏、药品、香皂、香烟广告

▼ 报纸广告
大中华橡胶厂双钱牌橡胶制品广告
上海新丰纺织印染厂白猫花布广告

▼ 胡蝶为力士香皂所做广告

图1-9 20世纪30年代上海的广告作品

其他城市也陆续开办广告社,例如天津有北洋、大陆、新中国等广告社。北京最早的广告社是1921年创办的杨本贤广告社,其经营业务是为在京的各类报刊招揽广告生意。1927年,上海6家广告社联合成立"中华广告公会",这是旧中国最早的广告同业组织。

专栏1.2：史料补白

广告传播与中国革命

中国共产党的创始人在早期的革命活动中，也特别注重广告手段。1918年底，李大钊、陈独秀创办《每周评论》，直接配合当时的政治斗争，发表了大量短小精悍的时评及随感录，抨击军阀政府，揭露帝国主义侵略面目。除政治宣传外，《每周评论》还注意发挥广告的作用。当时在报头下面刊登"广告价目"，向社会各界招揽广告。广告的重要版面多是留给进步书刊和国货做广告，以进行反帝、反封建和爱国主义宣传。

1919年"五四运动"爆发，当时的革命报刊几乎都刊登广告，为政治斗争服务的同时，也刊登中国厂商的广告，提倡国民买国货，借以抵制洋货，反对帝国主义的经济侵略。当时，上海曾有7家中文报刊做出决定，不刊登日货广告。

1919年7月14日，毛泽东同志在长沙创办《湘江评论》，在创刊号的报头下面刊登"广告价目"，内容如下：

"封面首期每字大洋二分，二至五期一分半，六至十期一分二，中缝首期每字一分半，二至五期一分一，六至十期一分。均以五号字计算，长登另议。"

可以看出，《湘江评论》的广告已有封面、中缝广告之分，短登、长登之别，价格也随之有所区别。1920年7月毛泽东同志回到湖南开展革命活动，在长沙参与创办了文化书社，并在《新青年》刊登过"长沙文化书社广告"。

《新华日报》1938年1月11日于汉口创刊，1947年2月被国民党查封，该报设有"大众广告"专栏。中国共产党中央机关报《解放日报》1941年5月16日在延安创刊，1947年3月27日停刊。1944年4月12日刊登了一则引人注目的广告：

光华印刷合作社启事

本社承印各种表册、账簿、股本、商标、地图、画板、广告等印刷品，如有印者请来本社接洽。

地址：银行后沟

1947年2月20日，国民党《中央日报》在一版头条显著位置刊发了一则出版发行马克思《资本论》的大幅广告：

"读书出版社发行世界伟大著作《资本论》，是政治经济学不朽的宝典，是人类思想的光辉的结晶。卡尔·马克思原著，郭大力、王亚南合译。"

国民党政府当局认为，这则广告"在国民党的声誉方面和心理方面，招致了不可弥补的损失"。可见其当时的社会政治影响之大。

1948年6月15日，《人民日报》在华北创刊后也开始刊登各类广告。一般头版广告地位在报头左、右侧。次年迁京后设广告部。1949年8月，改为中国共产党中央机关报，广告业务中断。1949年10月1日开国大典后，《人民日报》用了两个半版的篇幅刊载了各种工商文化广告。

20世纪30年代，中国广告制作水平也有了很大提高，出现了一批高质量的广告作品和高水平的广告专业人才。广告经营者已开始注意研究消费者心理，追求广告艺术性和实用性的结合，例如：上海鹤鸣鞋帽店的"天下第一厚皮"皮鞋广告，梁新记牙刷的"一毛不拔"配画广告，以及象征4亿同胞同时又易于识别的电话号码"40000"广告，都是当时的广告佳作。同时，广告美术行业涌现出一批优秀的设计人才，例如有擅长水粉广告画的胡伯翔，有专攻图案广告画的张光宇，还有画白描人物广告画的丁悚等，都在当时业界享有盛名。

这一时期被认为是上海广告业的全盛时期，广告公司运作趋向专业化。在当时上海30多家广告社和广告公司中，华商、联合和美商克劳及英商美灵登全称是最著名的四大广告公司。而规模最大的当推联合广告公司，它在经营上很重视画稿设计和文字撰写，聘请了10多位有才能的画家，这大大增强了其市场竞争力。各广告公司的业务以报纸广告为主，兼营路牌、橱窗、霓虹灯、电影幻灯等，也有的专营绘画、油漆等单项广告业务。

总之，当时的上海滩广告活动极为普遍，广告业发展达到了相当高的水平。例如，1936年7月，全国运动会在上海举行，《新闻报》借机做了一次空中广告，把写着"新闻报发行量最多，欢迎客选"字样的红布系在气球上，升上天空，极大地扩大了《新闻报》的影响。同年，上海还举办了全国性的商业美术展览会，这对于提高广告艺术水平、积极发挥广告的社会经济作用具有重要意义。

1.3.4 中国当代广告业演变概况

中华人民共和国成立初期，政府对广告业进行了整顿，颁布施行了一些新的广告管理办法，成立了有关行业组织。例如，1949年4月，天津市公用局率先公布了《管理广告商规则》，1950年上海成立"广告商同业公会"等。

20世纪50年代，政府组建了一些国营广告公司，进一步加强了对广告的行政管制。1957年春，广交会首次举办，出口商品对外广告宣传也随之出现。1958年5月1日，**中国第一家电视台**——北京电视台试播，9月2日正式开播；同年10月1日，上海电视台建成，标志着电视广告媒体在我国出现。

"文革"时期，凡带有帝王将相、才子佳人、福禄寿禧、天女散花、鸳鸯戏水、长命百岁等图案造型者都不得宣传。1966年8月，仅北京百货大楼被定性为"有问题"不得销售的商品就有6 800多种，占经营总数的22%。当时《人民日报》载文报道：

——在红卫兵"革命精神"的鼓舞下，王府井百货大楼的"革命职工"撤掉了门上"王府井"三个大字，改名为"北京市百货大楼"；

——"全聚德"的"革命职工"在红卫兵的鼓舞下砸了有70年历史的著名品牌"全聚德"招牌，正式挂上"北京烤鸭店"的新招牌，正厅的烤鸭照片广告被换成了毛主席语录；

——"亨德利"钟表店的"革命职工"在1964年以来两次提出改掉老字号的要求，但没有实现，现在职工们终于在红卫兵的鼓舞下，经过集体讨论，将其改名为"首都钟表店"；

——某日晚上，当红卫兵把沿用资本家命名的"徐顺昌服装店"改为"东风服装店"时，街道上一片掌声，人们齐声高呼"毛主席万岁"，"东风压倒西风"。

1979年春，北京市政府以商业和交通的考虑为由，决定将西单"民主墙"迁往月坛公园，原来的地方则变成了"广告墙"。"民主墙"变成"广告墙"，预示着中国广告业发展新时期的到来。从此，沉默了30年的商业广告进入复兴和大发展时期。

1979年1月4日，《天津日报》率先恢复商业广告；1月23日，《文汇报》刊登了第一条外商广告；1月28日，上海电视台播出了我国内地电视史上的第一条商业广告——参桂补酒，同年3月15日又播出了第一条外商广告——瑞士雷达表。

改革开放以来，中国广告业的发展大致以1985年为界分为前后两大阶段：如果把前一阶段看作是"传统广告"活动的恢复即复兴期，那么后一阶段就可以称作"现代广告"的引进即繁荣期。

20世纪80年代初期，以经济建设为中心的大政方针已经确定，经济秩序和商业活动已初具雏形，于是在"解放思想"、"为广告正名"的舆论导向下，传统广告运作模式得以恢复，并在引介、仿效外国广告理论和经验的基础上，广告的社会认同度和影响亦迅速提升，广告基本法规逐步建立，广告专业期刊陆续创刊，广告行业协会组织也纷纷成立。

1981年7月15日，国家工商行政管理总局批准《中国广告》杂志正式出版，该杂志是由上海广告装潢公司主办的**中国第一本专业性广告杂志**。1982年2月中国广告学会成立，随即同有关单位一起举办了全国第一届广告装潢设计展览，受到了业界人士的普遍欢迎。1985年9月，中国对外贸易广告协会会刊《国际广告》杂志在上海创刊。20世纪80年代后期，随着经济快速发展和改革开放力度加大，日趋激烈的市场竞争导致广告业进入扩张发展阶段。一些起步较早的广告公司如北京广告公司等在学习借鉴现代广告理论和经验的基础上，率先进行广告经营模式的调整，确立**"以创意为中心，为客户提供全面服务"**的现代广告理念，并按现代广告运作方式进行了一系列试验和探索。

1992年邓小平南巡讲话后，中国广告业呈现出一派繁荣的景象。在大量学习引鉴西方广告理论与经验的基础上，中国广告人开始了全方位的现代广告经营模式变革，广告迅速融入主流社会，进入人们的日常生活，深入经济活动各个角落，大有"人人广告，广告人人"之势。

研究报告显示，按发展阶段系数（广告额占GNP比重）计算，中国广告业1987年到1995年的8年间走过了相当于美国1955—1995年40年的历程；在广告媒体发展方面，中国从1986—1997年的11年，相当于英国1948—1990年42年的历程。自1981年以来，中国广告业的结构和规模逐年变化、期期快速攀升（详见专栏1.3）。

专栏1.3：实践观察

当代中国广告业发展统计图表

A　1981—2007年广告行业发展总体情况

年份	营业额（亿元）	占GDP的比例（%）	广告经营单位（家）	单位平均营业额（万元）	从业人员（万人）	人均营业额（万元）	营业额构成（%）		
							媒体	广告公司	其他
1981	1.18	0.024	1 160	10.17	1.62	0.73			
1982	1.50	0.028	1 500	10.00	1.80	0.83			

（续表）

年份	营业额（亿元）	占GDP的比例（%）	广告经营单位（家）	单位平均营业额（万元）	从业人员（万人）	人均营业额（万元）	营业额构成（%）		
							媒体	广告公司	其他
1983	2.34	0.040	2 340	10.00	3.49	0.67	50.50	20.80	28.70
1984	3.65	0.052	4 077	8.95	4.73	0.77	51.70	30.10	18.20
1985	6.05	0.071	6 052	10.00	6.38	0.95	56.70	25.00	18.30
1986	8.44	0.087	6 944	12.15	8.11	1.04	52.40	25.20	22.40
1987	11.12	0.098	8 225	13.52	9.23	1.20	55.40	25.20	19.40
1988	14.93	0.107	10 677	13.98	11.73	1.27	59.10	22.70	18.20
1989	19.99	0.127	11 142	17.94	12.82	1.56	57.50	19.90	22.60
1990	25.02	0.144	11 123	22.49	13.20	1.90	56.50	19.10	24.40
1991	35.39	0.179	11 769	30.07	13.45	2.63	62.70	19.70	17.60
1992	67.87	0.284	16 683	40.68	18.54	3.66	59.60	27.20	13.20
1993	134.00	0.427	31 770	42.18	31.19	4.30	54.40	34.40	11.20
1994	200.30	0.460	43 046	46.53	41.01	4.88	55.50	31.00	13.50
1995	273.00	0.475	48 028	56.84	47.73	5.72	52.00	39.00	9.00
1996	366.63	0.548	52 871	69.34	51.21	7.16	49.83	42.80	7.37
1997	461.96	0.629	57 024	81.01	54.58	8.46	49.17	42.03	8.80
1998	537.80	0.699	61 730	87.12	57.90	9.29	48.60	42.80	8.60
1999	622.05	0.771	64 882	95.87	58.70	10.60	46.60	44.70	8.70
2000	712.66	0.808	70 747	100.73	64.11	11.12	47.98	44.58	7.44
2001	794.89	0.901	78 339	101.47	70.91	11.21	46.20	46.67	7.13
2002	903.15	0.860	89 552	100.85	75.64	11.94	50.56	43.81	5.63
2003	1 078.68	0.920	101 786	105.98	87.14	12.38	51.06	46.30	2.64
2004	1 264.60	0.790	113 508	111.41	91.38	13.84	46.12	48.36	5.52
2005	1 416.30	0.780	125 394	112.95	94.04	15.06	47.66	47.48	4.86
2006	1 573.00	0.750	143 555	109.57	104.01	15.12	51.92	43.93	4.15
2007	1 740.96	0.710	172 615	100.86	111.25	15.65	50.52	46.37	3.11

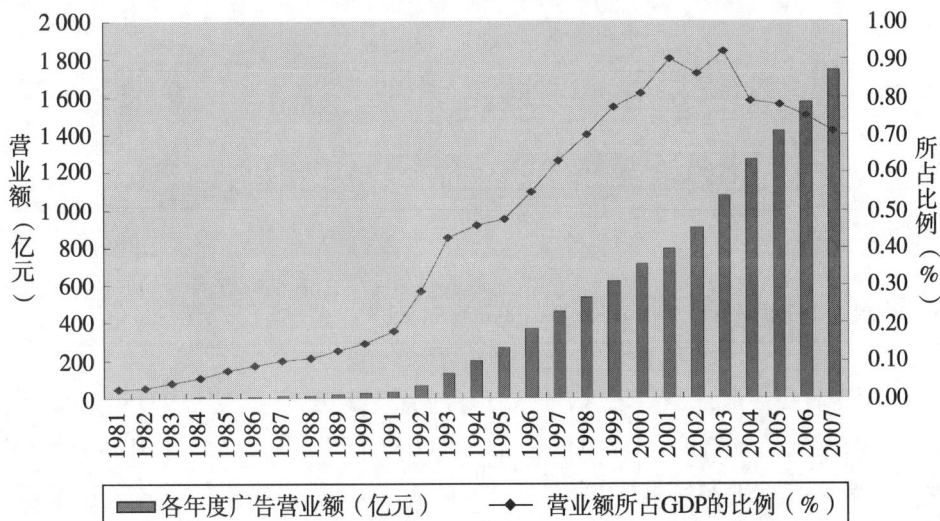

B　1983—2007年广告营业额及其占GDP比例的变化

C 1983—2007年广告营业额构成变化

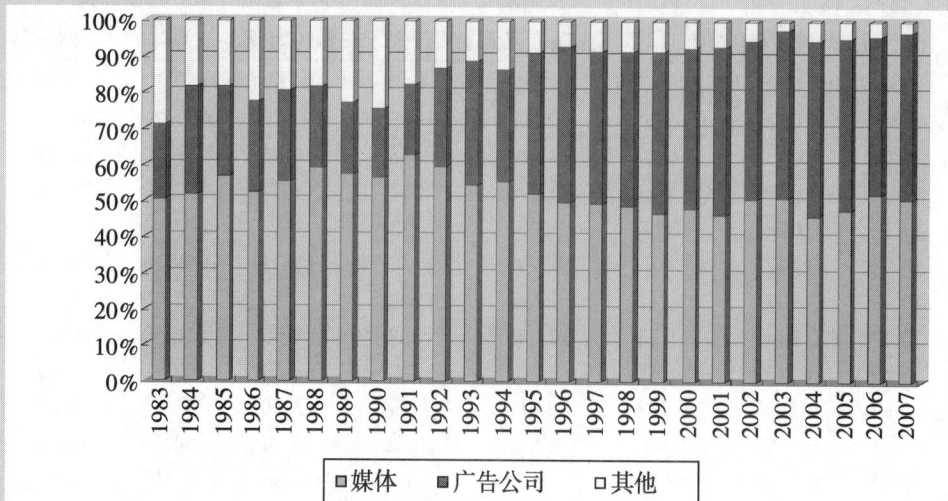

D 1983—2007年广告营业额变化

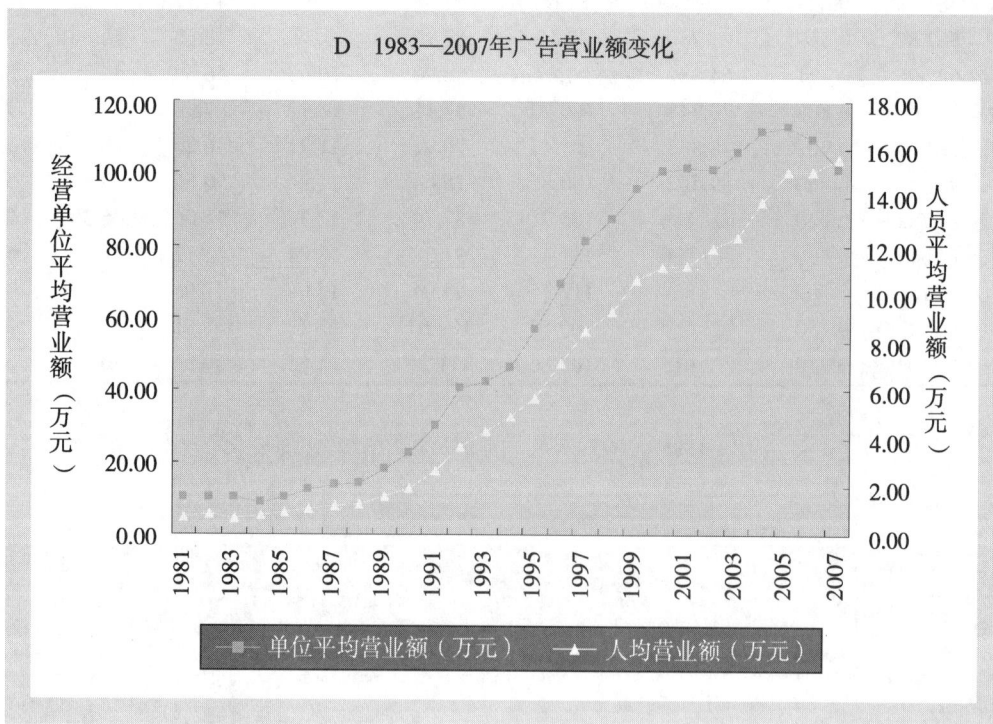

资料来源：中国广告年鉴网 http://www.nianjian100.com/index

近30年来，由于起点基数过低，中国广告业发展速度惊人。从1981年到2007年，广告营业额由1.18亿元急剧增长到1 740.96亿元，其GDP比例也从0.024%上升到0.91%后回落到0.71%；广告公司营业额比重从20.8%扩大到了46.37%，但媒体营业额比重基本维持在50%左右；广告经营单位从业人员平均营业额分别从0.73万元快速增长到15.65万元，但与西方国家广告发展水平（广告经营单位每个员工的年均营业额一般为25~50万美元，有的甚至高达70~80万美元）比较，还存在很大差距。这说明中国广告业发展速度迅猛但规模、水平有限，远没有走出"媒体强盛时代"而进入"广告代理时代"，未来发展空间和潜力巨大。

就目前现状来看，我国广告业还存在一系列矛盾和问题。例如，当今世界广告业已由全面代理进一步走向综合性信息服务，而国内广告经营还仅仅停留在广告设计制作、媒介代理等简单服务上，"以策划为主导，以创意为中心，提供全面服务"的广告经营理念还远未被普遍接受。同时，广告公司经营管理机制还存在着严重缺陷，大多数广告经营单位的技术设备落后，广告代理创作水平及从业人员整体素质还远远不能适应广告业发展的要求，亟待提高。此外，宏观代理制度安排和政府管理体制环境方面也存在很多亟待解决的矛盾和问题。

总之，**广告史是整个社会经济发展史特别是市场经济发展史的一个缩影。广告发展是一个社会经济发达与否、市场经济繁荣与否的重要标志。广告兴、市场盛，市场盛、广告兴**。当代社会，广告已经成为人们生活中不可或缺的组成要素，广告业已经发展成为国民经济的支柱产业，成为国际市场和世界经济的发展动力。

精要提示

　　现代广告业以电子媒体大发展为主要标志，特别是近数十年来，在新技术革命浪潮的推动下，数字网络化大众传播媒体带动世界广告业快速扩张，目前已发展成为一种"以策划为主导，以创意为中心，提供全面服务"的综合性信息服务业。中国广告业历经百年沧桑，特别是新中国成立60年来，前期广告处于受约束、限制和控制的状态，后在改革开放大背景下得到快速恢复和发展，但就目前总体状况来看，其规模和水平仍有限，矛盾问题多多，未来发展空间和潜力巨大。

❑ **复习思考问题**

（1）从媒体技术的标志性演化角度来看，广告发展历史的基本走势是怎样的？

（2）试从市场经济发展层面简述世界现代百年广告史。

（3）中国古代广告主要有哪些形式？中国造纸术和印刷术对世界近代广告发展有何重要贡献？

（4）试简述世界近现代广告发展的基本脉络和走势。

（5）对于中国当代广告业发展的利弊得失，你有什么看法或评价？

❑ **综合案例演练**

广告成就百年可乐

1885年，美国乔治来州有个潘伯顿医生（Dr. John·S·Pemberton），他在地窖中把碳酸水加苏打水搅在一起，兑成一种深色糖浆。其合伙人罗宾逊（Frank·M·Robinson）是一位精明的推销家，从糖浆的两种成分古柯（Coca）的叶子和可乐（Kola）的果实中激发出灵感，将Kola的K改为C，然后在两种成分的名字中间加上一横画，于是有史以来最成功的软性饮料可口可乐（Coca-Cola）便诞生了。

1886年5月29日，罗宾逊在《亚特兰大日报》上打出第一幅可口可乐广告，强调它的饮料特点："可口可乐，可口！清新！快乐！活力！该新潮苏打饮料含有神奇可卡叶和著名可拉果特性。""Coca-Cola"第一次出现在广告里是印刷体形式，整个冬天罗宾逊都在设计手写体商标，终于在1887年6月16日的广告中第一次使用了今天大众熟悉的斜体字形。与当时大多数广告词相比，可口可乐的广告词非常简短，开创了现代广告之先河。它最先使用的形容词"可口清新"几乎成为可口可乐的代名词了。

其实，可口可乐广告的简短还因为这样更经济。当时，潘伯顿和其合伙人资金有限，他们在报纸上登的广告总是零零星星。产品问世的第一年，可口可乐的广告费总计才150美元，费用虽少但广告数量却相当可观：大旗样式的防水油布广告牌一块钱一个，每个电车车体广告一分多钱，每份海报三厘多，一块钱可以印1 000张样品优惠券。罗宾逊很快把一块油布广告牌放置在雅各药房的晴雨篷上，这便是第一个出售点广告，白底映衬着鲜红的文字："喝可口可乐，一杯只要5分钱。"不到一年，可口可乐的油布广告牌登上了佐治亚州14家冷饮柜台。成千上万张海报满街飞，亚特兰大几乎每辆电车都在为可口可乐做宣传。

1886年可口可乐试产时，一年只有50美元的销售额，却拿出46美元做广告。1888年4月，潘伯顿将三分之一股权悄悄卖给大富豪艾萨·坎德勒（Mr.Asa G.Candler），这位大富豪有一天头痛病复发，仆人拿来一杯热可乐让他喝下去，头痛病立刻就好了，从此他开始大力投资可口可乐；同年8月潘伯顿去世后，坎德勒将配方及所有生意全部买下来，并于5年内将可口可乐推广到全美国。1892年，坎德勒以2 300美元取得可口可乐的配方和所有权，并成立了可口可乐公司（The Coca-Cola Company）。当年销售额只有5万美元，而广告费就达1.14万美元，可口可乐广告如下图所示。

1893年，可口可乐在得克萨斯州的达拉斯设立第一个制造基地。1899年，坎德勒把装瓶权利卖出，保留神秘配方及可口可乐名称的所有权。1900年，约瑟夫·怀特海德（Joseph Whitehead）取得执照在亚特兰大成立瓶盖工厂。1909年，美国广告协会选可口可乐为最佳广告商品。1919年，可口可乐公司被一个亚特兰大财团收购。

1923年4月，亚特兰大的罗伯特·伍德瑞夫（Robert·W·Woodruff）担任可口可乐公司总裁，开创了可口可乐历史的新纪元。伍德瑞夫掌舵可口可乐长达数十年，1955年退休；实际上，直到他九十多岁逝世为止，伍德瑞夫始终在管理和影响着公司运营。他采用了严格的质量管理标准，要求可口可乐无论在什么地方生产都要保持优良品质。他还着手在世界各地广泛开展广告营销宣传活动。1926年，可口可乐公司第一次采用广播广告。1928年可口可乐公司开始与奥组委合作。1931年，代表可口可乐的第一个圣诞老人形象出现，由插画家海德·萨伯姆（Haddon Sundblom）设计。1934年可口可乐的自动贩卖机在芝加哥诞生，并在英国设立可口可乐工厂。1941年可口可乐第一次在广告上使用"Coke"。

　　可口可乐一直坚持在广告中不对产品作任何夸张的说明，而只表现使人愉快的场景。早期的可口可乐广告大多以年轻漂亮的女孩做模特儿，主要媒体是月历、托盘及杂志，广告语宣传为："没有什么比健康、美丽、富有魅力和充满温柔的女性形象更能使人联想起可口可乐了。"自从电视广告出现后，可口可乐广告似乎成了青少年的王国，可口可乐广告总以一群年轻漂亮、体格健美的青少年在尽情玩耍为特征，广告口号改为"这就是可口可乐"，把人们带到一个欢乐美好的生活境界。可口可乐公司百年的广告经营哲学是：广告必须是高级的，必须让社会大众看起来感到快乐、爽快，广告必须表现出公司内外都被人看好的态度。

　　到20世纪70年代初，可口可乐已经成为世界上知名的饮料商标。2000年，美国纽约顾问公司Interbrand的一份调查显示：可口可乐品牌价值高达725亿美元，是全世界品牌价值最高的商标。

　　今天，拥有120多年历史的可口可乐公司已经成为全球最大的饮料生产及销售商，拥有全世界最畅销的五种饮料中的四种：可口可乐、健怡可乐、雪碧和芬达，公司旗下的产品超过100种。目前全世界近200个国家的消费者每日享用超过10亿杯可口可乐公司的产品。据调查数据显示，20世纪全球最流行的三个词分别是"上帝"、"她"和"可口可乐"。可口可乐公司的成功，显然与其重视广告的策略有着密切关联。

附：可口可乐历史上的广告语

1904年	新鲜和美味 满意——就是可口可乐	1925年	六百万一天（人次）
1905年	可口可乐—保持和恢复你的体力	1926年	口渴与清凉之间的最近距离——可口可乐
	无论你到哪里，你都会发现可口可乐	1927年	在任何一个角落
1906年	高质量的饮品	1928年	可口可乐——自然风韵，纯正饮品
1907年	可口可乐——带来精力，使你充满活力	1929年	世界上最好的饮料
1908年	可口可乐，带来真诚	1932年	太阳下的冰凉
1909年	无论你在哪里看到箭形标记，就会想到可口可乐	1933年	一扫疲惫、饥渴
		1935年	可口可乐——带来朋友相聚的瞬间
1911年	尽享一杯流动的欢笑	1937年	美国的欢乐时光
1917年	一天有三百万！（人次）	1938年	口渴不需要其他
1920年	可口可乐——一种好东西从九个地方倒入一个杯子	1939年	只有可口可乐
		1940年	最易解你渴
1922年	口渴没有季节	1941年	工作的活力　可口可乐属于……
1923年	口渴时的享受	1942年	只有可口可乐，才是可口可乐
1925年	真正的魅力		永远只买最好的

（续表）

1943年	美国生活方式的世界性标志——可口可乐	1964年	可口可乐给你虎虎生气，特别的活力
1945年	充满友谊的生活　幸福的象征	1965年	充分享受可口可乐
1946年	世界友谊俱乐部——只需5美分	1966年	喝了可口可乐，你再也不会感到疲倦
1946年	yes	1968年	一波又一波，一杯又一杯
1947年	可口可乐的品质，是你永远信赖的朋友	1970年	这才是真正的，这才是地道货可口可乐真正令你心旷神怡
1948年	哪里好客，哪里就有可乐		
1949年	可口可乐——沿着公路走四方	1971年	有可乐的世界
1850年	口渴，同样追求品质	1972年	可口可乐——伴随美好时光
1951年	好客与家的选择	1975年	俯瞰美国，看我们得到什
1952年	你想要的就是可乐	1976年	可乐加生活
1953年	充满精力——安全驾驶　仲夏梦幻	1980年	一杯可乐，一个微笑
1955年	就像阳光一样带来振奋	1982年	这就是可口可乐
1956年	可口可乐——使美好的事情更加美好　轻轻一举，带来光明	1985年	一踢；一击；可口可乐
		1989年	挡不住的感觉
1957年	好品位的象征	1993年	永远是可口可乐
1958年	清凉，轻松和可乐	1994年	永远是可口可乐
1959年	可口可乐的欢欣人生　真正的活力	1995年	这是可口可乐
1961年	可口可乐，给你带来最佳状态	1996年	这是可口可乐
1963年	有可乐相伴，你会事事如意		

研讨提示：结合可口可乐广告百年历史讨论世界近现代广告的发展演化历程。

本章主要参考文献

陈培爱著．中外广告史．北京：中国物价出版社，1997
余虹、邓正强著．中国当代广告史．长沙：湖南科学技术出版社，2000
朱丽安著．美国广告200年经典范例．北京：光明日报出版社，2001

第 2 章

广 告 理 论

□ **学习目标引导** 广告理论是关于广告信息传播规律和广告运作机制的理论性概括。如何才能取得好的广告效果，或者说，广告效果的好坏受哪些因素影响，在理论上有各种各样的概括和归纳，从而形成相应的广告理论。本章利用美国广告咨询专家克里德·邦迪尔（Clyde Bedell）的广告函数式作为综合模型，统一归类说明广告因果关系，并据此将经典广告理论分为广告定位理论、广告传播理论和广告营销理论三大类别，一一加以介绍。希望读者通过本章的学习，能够对广告基本理论体系有一个总括了解，清晰掌握三类广告理论的精要意义。

□ **逻辑架构图示**

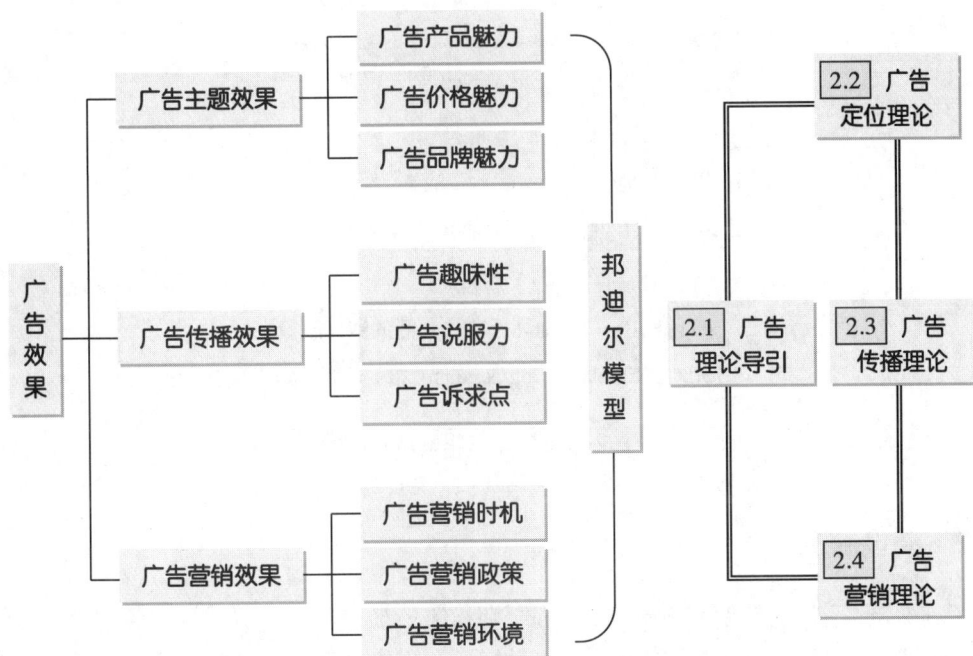

2.1 广告理论导引

2.1.1 邦迪尔模型

在谈到广告效果问题时，美国广告咨询专家克里德·邦迪尔曾提出一个复合表达式，以此说明广告效果是由若干相关因素综合作用的结果。[①] 我们不妨称之为"邦迪尔模型"。据此，我们可以将广告学说史上的各种理论思想进行清晰的归纳，以便系统地学习。

邦迪尔认为，**广告效果（Advertising Effectiveness，简写为AE）可以看作是广告主题定位（Proposition，简写为P）、广告（Ad）本身的传播效果及广告之外营销因素（Influence Outside The Ad.，简写为IOTA）三者综合作用的结果**。因此，他提出一个简式来表达这种因果关系：

$$AE=P \cdot Ad \cdot IOTA$$

进一步分析，广告主题又取决于产品品质、价格及品牌等三个因素；广告本身的效果又受其趣味性、说服力及传播内容三个因素的影响；其他营销因素包括广告时机的把握、广告之后的销售策略，以及其他相关强化或抑制作用等（如图2-1所示）。因此，上述表达式可以细化为：

$$AE=P_{3A} \cdot Ad（II,\ PP,\ CQ）\cdot IOTA（TF,\ FT,\ S/D）$$

$$AE \begin{cases} P_{3A}中的3A（主题） \begin{cases} \text{Item Appeal （产品本质魅力）} \\ \text{Value Appeal （物美价廉）} \\ \text{Name Appeal （品牌魅力）} \end{cases} \\ Ad. \begin{cases} \text{II（Interest Impact）趣味性} \\ \text{PP（Persuasive Power）说服力} \\ \text{CQ（Communication Quality）传达内容} \end{cases} \\ IOTA \begin{cases} \text{TF（Timing Factor）广告时机} \\ \text{FT（Follow Through）广告之后的销售政策} \\ \text{S/D（Stimulants/Depressants）相关的强化或抑制作用} \end{cases} \end{cases}$$

图2-1　广告效果的影响因素

2.1.2 模型修正

邦迪尔把三类广告效果的影响因素都用乘积关系加以表述，着重说明各因素不可缺少的相互强化关系。其实，所有这些因素对广告效果的影响是极其复杂的非线性关系。因此，确切地表述，应该采用回归模型（模拟的函数关系式），即把广告效果看作是这三个复合因素

[①] 参见樊志育著. 广告学原理. 上海：上海人民出版社，1999. 274~275

的函数。如果不严格对应英文字母的含义，以简便为原则，邦迪尔模型可以用下式表达：

$$AE=F(P, A, I)$$

式中：AE为广告效果；F为函数关系。

P表示广告主题因素，又可以表达为i（产品魅力）、v（价格魅力）和n（品牌魅力）三个因素的函数，即：

$$P=P(i, v, n)$$

A表示广告传播效果，又可以表达为i'（趣味性）、p（说服力）和c（传播内容）三个因素的函数，即：

$$A=A(i', p, c)$$

I表示广告营销因素，亦可以看作是t（广告时机）、f（营销策略）和s（环境因素）的函数，即：

$$I=I(t, f, s)$$

2.1.3 广告理论体系

如果仔细分析邦迪尔模型的寓意，我们会发现，它主要表达的是，**广告效果由三个方面的因素影响和决定：一是广告主题定位；二是广告本身的传播技术及效果；三是广告营销策略及环境条件**。由此，我们可以引申出一个由三大系列有机组成的完整的广告理论体系。

广告定位理论 广告主题的定位问题，即广告所宣传的产品和服务给消费者带来的利益点，其品质好坏，价格是否合理，以及产品和公司名称是否有社会美誉等，都是一则广告获得理想效果的基础性决定因素。针对特定情形做好准确定位，从根本上决定着广告的成败。究竟如何准确把握和确定广告主题，即广告所要表达的中心思想，以科学有效地提高广告效果，这是广告定位理论所要研究的问题。**广告定位理论在近50多年来的历史发展演变过程中经历了三个阶段，即：20世纪50年代基于产品定位而形成的USP理论，20世纪60年代中后期基于形象至上和品牌定位的CI理论，20世纪70年代以后基于生活导向和市场定位而盛行开来的现代定位理论。**

广告传播理论 除广告主题定位以外，广告本身的传播技术和策略也是影响广告效果的一个关键性因素。倘若一则广告符合传播学规律，传播内容具有较强的趣味性和说服力，那么就会得到好的传播效果，否则就会出现技术层面的失误或失败。这是广告传播理论所要研究的问题。

广告营销理论 广告要获得理想的效果，还需有广告之后的一系列营销政策措施的配合，以及外部环境方面正的或负的影响因素。如何围绕广告传播进行整合营销，这是广告营销理论所要研究的问题。关于广告营销理论，最有代表性和最为流行的是所谓的"**整合营销传播**"（Integrated Marketing Communications，IMC）理论。

总之，由邦迪尔模型我们可以清晰地引申出一整套有内在逻辑关联的广告理论体系，其包括三大类别，即广告定位理论、广告传播理论和广告营销理论。

2.2 广告定位理论

2.2.1 USP理论

　　20世纪50年代，在广告学说史上被称作"产品至上时代"。这个时期，由于第二次世界大战结束而带来相对和平的国际环境，各国经济迅速恢复并快速增长，国民收入增加，市场需求旺盛，大规模工业化生产方式普遍形成。在市场竞争中，各厂商面临的共同经营课题主要是：把合乎人们意向的产品生产出来，以"独特的销售说辞"向消费者提出购买建议，请他们挑选。在这种情况下，USP理论即基于产品至上经营理念的独创性推广理论，就成为当时广告界占主导地位的理论。

　　USP理论是由美国广告专家罗瑟·瑞夫斯（Rosser Reeves，1910—1984年）在达彼斯公司进行广告实践的基础上总结出来的，并在1961年出版的《广告现实》（*Reality in Advertising*）一书中作了系统阐述。USP是英文Unique Selling Proposition（即"独特的销售主张"）的缩写，其意思是说：**广告实际上是一种特殊点"建议"或"劝解"（Proposition），也就是找出品牌的"特性"（Unique），即其他品牌所没有或竞争对手所不能提供的独特效用，告诉消费者"买这样的商品，你将得到特殊的利益"；这种适合消费者欲求的利益点，也正是厂商推销商品的"卖点"（Selling）。将这三者糅合在一起，即广告的"独创性销售主张"**（USP）的意义。

　　具体来说，广告定位有以下三个基本要点。

　　（1）**独特性**。广告信息必须内含一个根植于品牌深处的、未曾被提出的独特承诺，它是其他品牌不能提供给消费者的最终利益。广告所传达的信息必须能够在消费者心中占据特定的位置，从而使消费者坚信该品牌所提供的利益是独有的、独特的和最佳的。

　　（2）**销售点**。广告商品在满足消费者需求方面必须有实际而重要的意义，广告能以其特殊的说服力和感染力向消费者传达信息，并劝导其采取实际购买行动。从另一方面说，广告最终真正将商品或服务卖了出去，或切实带来了其他促销效果，如把商品引入到新的消费群体中，或从竞争对手那儿把消费者拉过来。

　　（3）**劝说力**。广告要有一个清楚的、令人信服的独特利益承诺。广告不是一个"橱窗展示式"的说教，而是能激发购买行为的切实承诺。

专栏2.1：学术档案

USP理论创始人罗瑟·瑞夫斯

罗瑟·瑞夫斯，1901生于美国弗吉尼亚州，毕业于州立大学，刚满19岁就开始独立谋生，来到弗吉尼亚州首府，先在《里士满时代快报》任记者，后在一家银行任经理，负责联系广告业务并撰写广告文案，由此走上广告职业生涯。1934年，为了寻求更好的发展，瑞夫斯来到纽约赛梭广告公司，当上广告撰文员，成为一名专业广告人。他先后在几家广告公司供职，主要担任撰文员一职。

在积累长期经验的基础上，瑞夫斯初步形成了自己独特的创作风格——靠事实打动消费者。1940年瑞夫斯进入达彼斯广告公司（The Bates & Company），1955年任该公司董事长。在瑞夫斯领导下，这家公司跃升为美国最大的著名跨国广告集团之一，目前在全球的营业额高达63亿美元，在67个国家和地区有188个分公司。

在当今巧克力市场上，美国玛氏公司的M&M巧克力豆深受欢迎，其广告词——"只溶在口，不溶在手"言简意赅，朗朗上口，一语道出了产品的独特之处，给人们留下了深刻印象。这则广告用语的发明人就是瑞夫斯，那是他40多年前的杰作。他根据自己多年的广告经验提出了著名的USP理论。

瑞夫斯的第一部也是最重要的著作是《广告现实》，该书于1960年写成，后于1961年正式出版发行，立即成为畅销书，现被作为他所在公司的业务训练教材。《广告现实》是USP理论的经典之作，对广告界产生了巨大而长久的影响。在广告学界中，他是霍普金斯开创的"科学派"旗手，他曾说："大卫·奥格威（和我都是霍普金斯的信徒）……霍普金斯制定了许多基本的原则，不论怎样变化，这些原则是不会变的。"

瑞夫斯多才多艺，他不仅是广告人，还是诗人、短篇小说家，而且棋艺高超，曾率美国代表团首次赴莫斯科对弈。他还是现代艺术收藏家、优秀游艇赛手和飞行员。他成功地帮助艾森豪威尔竞选总统，首开广告公司推动竞选总统的先河。瑞夫斯被公认为是一位广告大师，是获得"杰出广告文案家"荣誉的五位广告人之一。

资料来源：http://wiki.mbalib.com/

产品定位是广告定位的基础。在产品至上的时代背景下，如何从消费者的需求出发，明确为何生产、生产什么和怎样生产，以使自己的产品概念对消费者最具吸引力，从而赢得顾客，卖出产品，获得最大化利润，这成为当时几乎所有企业生产经营成败的关键所在。有了准确的产品定位，**广告的主要任务就是向消费者传达消费此产品的独特好处或利益，把这种差异化利益诉诸消费者心理**。USP理论的基本前提就是，消费者都是理性人，其消费建立在理性诉求之上。因此，**广告就是给出一种"独具特色的销售说辞"**，一则成功的广告定位是能够把受众的注意力集中在产品特性及其独特的消费利益点上，也就是说，好的广告诉求要聚焦于产品间的差异，并选出消费者最容易接受的特点作为广告主题、主线或关注点。

到了20世纪90年代，达彼斯（BATES）广告公司进一步认定：USP的创造力在于指示一个品牌的精髓，并通过强有力的说服来证实它的独特性，使之变得所向披靡、势不可挡。这时，USP策略的基点已不是瑞夫斯时代强调的"针对产品的事实"，而上升到品牌高度，强调创意来源于"品牌精髓"（Brand Equity）的挖掘，由此形成所谓的"**达彼斯模型**"。具体地说，达彼斯模型包括以下七个操作步骤。

第1步：**设置品牌轮盘**（Brand Wheel）。品牌轮盘（见图2-2）是用来分析消费者对品牌认知的工具，有效的广告能够把握品牌精髓，忠诚于品牌个性，传达品牌价值，永远与消费者有关联性，与目标消费群说同一种语言，使之产生认同感。品牌轮盘对品牌层次做了由表及里的归纳。

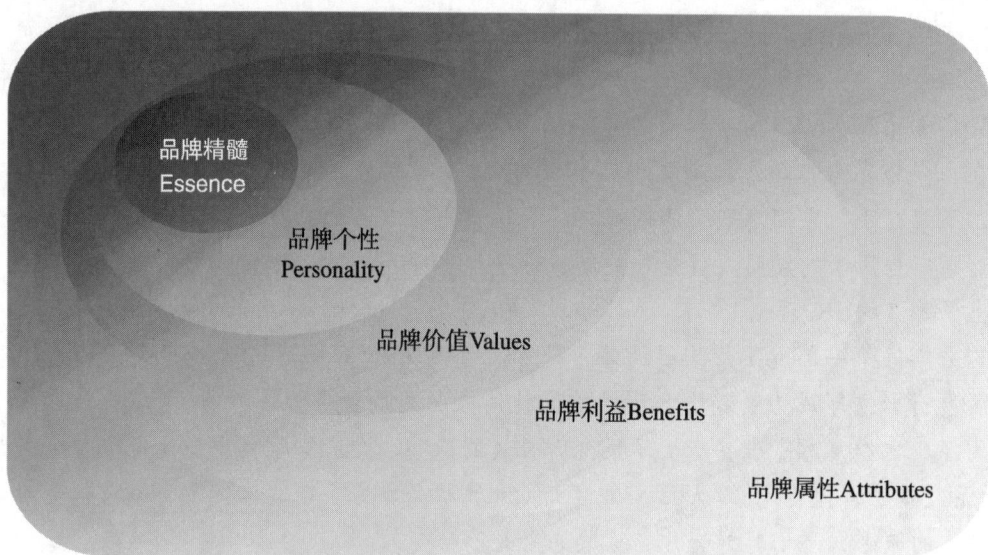

图2-2　品牌轮盘

——**品牌属性**（Attributes）：品牌是什么？品牌的物理性、功能性特征是什么？

——**品牌利益**（Benefits）：品牌做什么用？使用品牌的结果如何？

——**品牌价值**（Values）：品牌如何让我感觉自我？怎样让他人感觉我？

——**品牌个性**（Personality）：如果品牌是一个人，谁会是他？

——**品牌精髓**（Essence）：品牌的核心，品牌轮盘中各个特征的总概括。

第2步：**进行品牌营销策划**（Brand Marketing Agenda）。通过明确定义广告和其他所有营销传播组合的特定角色、行为标准描述品牌概况和品牌资产，确定营销目标和业务目标，制定传播政策和传播要素组合策略，评估广告和其他营销传播组合要素。

第3步：**进一步审查品牌特性**（Brand Interrogation）。从产品和消费者的各个方面进行品牌审查，以发现品牌的独特方面。

第4步：**利用头脑风暴法**（Brainstorming）。借助团队精神和集体智慧进行广告创意和策划。

第5步：**初步形成创意**。初步找到策略性主张，包括假设、样板创意、策略宣言和令人惊奇的事实，并将其归纳成消费者易记易懂的习惯性用语。

第6步：进行创意测试。从各个角度提出假设，找出样板创意和令人惊奇的事实，然后利用敏感词汇鲜明、直接地将其表达出来。对大多数品牌来讲，需要找到8~10个最有效的初步创意方案对消费者进行测试。在测试中，应注意消费者的想法是什么，也需要研究他们为什么会产生这种想法。

第7步：撰写USP创意演示简报。判断一则广告是否是真正的USP广告，可以从如下几个方面加以检查。

——创意是否简明？令人信服吗？

——创意是否是独有的？

——它是否来源于有关品牌的事实？

——它是否包含了一个独特的利益点或利益类别？

——若除去技术成分，创意还存在吗？

——是否是同类产品中最出色、最有推销力的广告？

瑞夫斯利用USP理论成功地进行了一系列广告宣传。例如，他曾为奇迹牌面包拟写了这样的广告语："奇迹牌面包为您塑造八种健康身段"；为M&M's（巧克力）所写的广告词是"只溶在口，不溶在手"；为高露洁牙膏创作的广告词是"高露洁清洁您的牙齿，也清洁您的口气"，如此等等。这些广告都曾成为广为传播的流行语，也创造了极佳的销售业绩。

当时USP理论在业界曾备受推崇，许多广告公司和广告人将之奉为圭臬，并基于此理论创作了许多著名的广告，取得了一系列惊人的营销业绩。

例如，当时著名的Ted Bated & Company广告公司，于1940年成立之初即坚持不懈地将USP理论付诸经营实践。几年之后，该公司从最初仅有四家客户的小公司成长为年营业额24亿美元的巨型广告公司，此经营奇迹曾在美国广告界引起轰动。又如，当年美国喉嚼糖核实的广告，以"喉嚼薄荷糖，具蒸汽作用"的广告词说出了产品能使受凉的鼻子和喉咙清爽异常的特性。该广告推出后，喉嚼糖的市场销量提高了47%，远远领先于同行厂家，至今仍处于业内领先地位。再如，雀巢咖啡广告根据咖啡消费者最重视口感的特点，将其产品的USP选定为"味道好极了"；而佳能相机广告针对手动对焦既麻烦又不易对准的情况，向消费者宣传其AE-1型单镜头35毫米反光照相机，将该产品的USP确定为"自动对焦，毋需半秒"等，都是应用USP理论的成功范例。

2.2.2　CI理论

20世纪60年代中后期，随着科学技术的进步，新产品越来越多，货架上琳琅满目，令人眼花缭乱。在这种情况下，生产厂商都强调其产品"独具特性"，结果在消费者那里由于无法分辨而都没了特性；任何一种产品畅销都会吸引其他企业蜂拥而至，产品之间的差异变得越来越难以区分，甚至根本无法区分，而且也没有必要区分。这时，一家企业在市场中的生存竞争和可持续发展只局限于提供某种独具特色的商品或服务已远远不够，其广告再试图寻求"独具的销售说辞"就变得越来越困难且无实际意义，而在广告宣传中，企业作为社会组织在人们心目中的声誉或形象则显得越来越特殊和重要。于是，随着市场从"产品至上"时代转入"形象至上"时代，一种新的广告理论即CI理论便应运而生。

CI理论作为"形象至上"时代的代表性广告理论，是由美国著名广告大师大卫·奥格威首次提出的。奥格威一生经历丰富，曾在巴黎做厨师，在苏格兰卖炉具，为好莱坞做民意调查，服务于情报机构，在阿米什人那里做农民核实，然后创办广告公司，被誉为"当今广告业最抢手的广告奇才"、"现代广告最具创造力的推动者"和"现代广告的教皇"等，人们将他与爱迪生、爱因斯坦等并列为对工业革命最有贡献的人物之一。奥格威主张"每一广告都是对品牌印象的长期投资，通过广告树立特别的品牌形象以达到营销目标"，进而发展为CI理论。

专栏2.2：学术档案

广告大师大卫·奥格威

1911年6月23日，奥格威出生于苏格兰小镇西赫斯利。他的母亲是位漂亮的爱尔兰人，但脾气古怪，她不立奥格威做继承人，理由是奥格威能挣到很多钱，不需要家里的帮助。他

的父亲是位"仁慈、有耐心、和蔼、直爽、无私、热情的人，体格强壮得像牛一样。"他总是用欣赏的眼光对待孩子们，包括他们犯的错误，他要求奥格威每天喝一大杯生血，后来又让他喝啤酒，为了增强心智要他每周吃三次小牛脑，希望儿子成为强壮聪明的人。抽烟斗、遇到最讨厌的事也不失幽默感，是奥格威从父亲那里继承的两大遗产。而祖父也是奥格威心目中的大英雄。祖父14岁辍学，后来移民阿根廷经营农场，参加过巴拉圭战争，农场经营失败后成为无业游民，为了养家跑到新西兰淘金又一无所获，最后回到伦敦在一家银行做书记员，4年后成为银行经理。奥格威不仅与祖父、父亲生日巧同，而且其生活习性和人生经历也酷似父辈。

大卫·奥格威

1929年，奥格威进入牛津大学基督教会学院。在牛津大学，虽然他的考试成绩并不理想，但却拿到了奖学金，因为基督教会学院认为考试中得高分者很可能是社会上的二流人才，奖学金应该颁发给将来会有长足进步的学生。然而，奥格威的表现却令人失望。由于患哮喘病彻夜难眠，他早上打球下午骑马，晚上陪朋友吃饭，但白天上课永远昏昏沉沉，只要考试他肯定不及格，对学业没有一点兴趣，两年后只好退学，告别这段"不快乐的日子"。

离开牛津，奥格威来到巴黎皇家饭店学习烹饪。一年短暂的厨师生涯使奥格威不仅练就了享用一生的烹饪手艺，成为美食家，也让他爱上了法兰西，在那里安度晚年直到离世。1932年，21岁的奥格威回到苏格兰，开始推销将军牌炉具。奥格威每天穿梭在大饭店、古堡、修道院之间，他的唇枪舌剑和老到的烹饪技法所向披靡，大获成功。1935年，他为厨具公司推销员撰写的一本辅导手册后来被《财富》杂志称为"有史以来写得最好的销售手册"。后来，奥格威把这本销售手册副本寄给了伦敦美瑟—克劳瑟广告公司，并声称自己

"不曾写过任何广告文案"，但是希望能在广告行业里闯出一番事业，结果被录用为广告推销员。

1938年，奥格威受公司委派前往美国学习，带着对新生活的憧憬移居美国。他在美国的第一份工作是在普林斯顿盖洛普受众调查所为好莱坞制片商做民意测验，工作涉及调查电影明星受欢迎的程度、预测故事情节吸引力和电影未来走向等，虽然奥格威的周薪只有40美元，但他说如果盖洛普博士要收学费也乐意，因为他从这份工作里学到的东西太多了。

1944年，奥格威担任英国驻美使馆二等秘书，他每天的工作就是给外交大臣或首相发送电报。第二次世界大战结束后，奥格威和妻子来到宾夕法尼亚州的兰开斯特县，与阿米什人为邻，过起了农耕生活。几年后，奥格威感到他天生无法以务农为生，一个想法突然让他激情澎湃起来——为什么不以祖父为榜样，也从一个失败的农夫转而成为一个成功的商人呢？1949年，38岁的奥格威来到纽约麦迪逊大街，以6 000美元的家底创办了奥美广告公司。

当时，在麦迪逊大街，英国人将广告看作笑谈。为此，奥格威从广告巨头智·威汤逊公司挖来了美国人安得森·休伊特（Anderson Hewitt）做老板，成立了休伊特-奥格威（Hewitt Ogilvy）公司，即奥美公司前身，他们也是奥美公司最初仅有的两位员工。奥格威每周工作6天，每天从黎明工作到深夜。后来奥格威回顾说，在纽约当创意总监时写了太多的广告，看来是一项重要缺点。

奥格威当时创作的许多广告脍炙人口并被代代相传。例如：汽车广告"在时速六十英里时，这辆新款劳斯莱斯汽车上的最大噪声来自于它的电子钟"。香皂广告"多芬香皂不但能深层清洁皮肤，同时它对皮肤还有保护和润泽作用，洗澡特别舒服"。而1951年那则著名的哈特威衬衫广告则成为广告界绝无仅有的一个范例——以最快的速度最低的广告预算，让默默无闻了116年的海特威制衣厂一夜走红。当时，广告预算只有3万美元，奥格威为哈特威衬衫广告做了18种设计方案，"让模特戴上眼罩"本来是最后一套被大家否决了的方案，但在去摄影棚的路上，奥格威突然钻进药店，花1.5美元买了一只眼罩，连奥格威自己也不明白为什么会大获成功。

创业之初，许多大广告公司经常对奥美提出合并意向。1955年，互众公司的哈珀试图出价50万美元收购奥美股份把奥美并入旗下。智·威汤逊公司也曾两次试图收购奥美。李奥·贝纳则想把奥美变成李奥·贝纳纽约的分公司。而BBDO公司总裁鲍查理也曾对奥格威许诺，如果他来就把位子让给他。后来回想往事，奥格威解释说：之所以拒绝"最根本的理由还是我太爱奥美了。我认为奥美是个相当卓越的公司，我喜欢这儿的气氛，我不想看到别人插一脚进来搅和。我相信它会逐渐演变成有史以来最杰出的广告代理商。"

目前，奥美广告公司在100个国家和地区设有359个办事机构，拥有1万多名员工，为众多世界知名品牌及政府机构提供专业策划和传播服务，它们包括：美国运通（American Express）、西尔斯（Sears）、福特、壳牌、芭比（Barbie）、旁氏、多芬、麦斯威尔（Maxwell

House)、IBM、柯达以及美国政府、英国政府和法国政府等。1989年，奥美集团被由英国人控股的WPP集团以8.64亿美元收购。在此次收购中WPP集团同时获得了很多其他的广告公司，包括著名的智·威汤逊，WPP集团一跃成为全球最大的广告集团。奥格威本人曾在WPP做了三年的非执行董事。

1963年，奥格威出版了他的第一部著作《一个广告人的自白》。奥格威把这本书的版权送给他的儿子作为21岁的生日礼物。他原来以为这本书最多可以卖掉4 000册，结果到目前为止，这本书的销售量已经超过100万册，成为欧美广告专业学生的必读之作。他在这本书中写道："经营广告公司可不是花天酒地的事情。干了14年之后，我的结论是，最高领导人的最主要职责在于创造一种氛围——让那些有创造才华的人有用武之地。"

1983年，奥格威出版《奥格威谈广告》，这部著作可以看作是《一个广告人的自白》的姊妹篇。在奥格威75岁生日那天，他收到了一份令他惊喜万分的礼物。奥美世界各分公司同仁把数十年来奥格威的唠叨、责骂、忠告、警语汇集起来，由撰文高手拉斐尔森主编，将"红语录"编辑成书《奥格威：未公诸于世的选集》，送给他们尊敬的D.O.（奥美员工对奥格威的昵称）。奥格威看不懂资产负债表，不会用电脑，害怕坐飞机，因而无法及时出现在遍布世界各地的奥美分公司。另外，奥格威写于1978年，又在85岁时重新修订的自传有一个相当生动而个性化的名字《生血、大脑和啤酒》，记录了他传奇的人生和事业。

1973年，奥格威从奥美集团董事长的职位上退了下来，移居法国。但他对广告的热爱丝毫未减，1983年之前，他还一直担任奥美全球创意总监。奥格威曾经担任纽约爱乐交响乐团的董事、林肯中心公众参与委员会主席等职。从1975年起，出任全球野生动物国际基金托管人。1967年，奥格威获得大英帝国颁发的指挥官勋章。1977年，奥格威入选美国广告名人堂。1990年，奥格威获得法国艺术与文学勋章。

在生命的最后岁月里，奥格威和他的妻子在法国的多佛古堡享受着小镇的迷人景色。"在多佛的生活跟天堂差不多"：黎明时，马夫的小喇叭声把大家叫醒；吃过早饭，一上午的时间都用来侍弄花园，那里种满了香气馥郁的花草和鲜艳的水果，爬墙鸟在多佛杏色的城堡上爬上爬下；晚上和朋友们聚在花园里，一边享用美食，一边讲故事……1999年7月21日，大卫·奥格威在法国多佛古堡家中仙逝。

资料来源：大卫·奥格威著. 大卫·奥格威自传（30周年纪念版）. 北京：中国人民大学出版社，2008

网址：http://www.ce.cn/xwzx/xwrwzhk/peoplemore/200708/21/t20070821_12625031.shtml

CI即Corporate Identity，是指为确定企业宗旨，规范企业行为，设计企业统一视觉识别系统而形成的对企业形象的总体设计。CI理论起源于美国，最初主要强调视觉识别系统，即运用视觉传达设计方法向社会传递企业形象和品牌信息。后来，日本学者将CI理论进一步扩展和完善，使之成为一个系统，所以又称CIS（Corporate Identity System）。例如，日本著名CI设计专家中西元男给CI下的定义是："意图地、计划地、战略地展现企业所希望的形象，对企业本身来说，通过公司内外来产生最佳的经营环境。这种观念和手法就叫做CI。"也就是说，CI设计就是一个将企业经营理念与精神文化、组织行为方式和外在形象通过一整套传播系统传递给消费者，从而获得一种亲和力、认同感。CIS具体包括MI、BI

和VI三个子系统，从而形成三位一体的关系（见图2-3）。

（1）企业理念识别系统（Mind Identity，简称MI），反映一家企业的基本价值取向，包括企业经营战略、方针、价值观和文化，企业经营理念和经营哲学，以及企业所处的特殊社会文化、法律环境和政府规制约束等，一般用简洁、明确的语言予以表达，例如：日立公司"新技术的日立"；飞利浦公司"让我们做得更好"；美国杜邦公司"为了更好生活创造更好的产品"等，都是经典的MI。

图2-3 CIS的三个子系统

（2）企业行为识别系统（Behavior Identity，简称BI），是指在企业理念指导下所形成的一系列行为规范，一般通过经常经营活动规范和一些特殊活动（例如公益、公关、促销、文体活动等），把企业和品牌形象动态地加以表现。

（3）企业视觉识别系统（Visual Identity，简称VI），是企业形象视觉化的传达方式，其识别表达形式最多、层次最广，效果也最直接。**如果说MI是CIS的灵魂，BI是CIS的行为基础，那么，VI就是决定CIS成败的关键子系统。**

品牌形象广告是通过将某一品牌赋予特别的形象，并进行长期固定的广告宣传，从而在目标受众心中形成对该品牌的特殊印象。例如，"穿海赛威衬衫的男人"，"万宝路牛仔"，联合利华（荷兰）（Unilever）力士（LUX）香皂的国际影星形象等，都是著名的成功范例。哈特威衬衫广告是美国赫赫有名的广告大师大卫·奥格威最为人们称道的得意之作，曾在市场取得了神奇效果，也是广告学必讲的经典案例之一。1964年开始，雷欧·勃耐特利用牛仔形象做万宝路香烟广告（见图2-4），也是历史上成功的商业宣传活动之一。在"欢迎走进香气长存的万宝路世界"的万宝路香烟广告中，粗犷、豪迈、帅气的美国西部牛仔策马疾驰的形象给万宝路带来了辉煌的销售业绩，到1975年，万宝路成为美国销量第一的世界知名品牌。

图2-4 万宝路香烟广告

中国广告界对西方CI理论的引入可追溯到20世纪80年代初。最初CI实践是1987年广州新境界广告有限公司发起并完成基础设计的"太阳神"CI计划。新境界广告有限公司的开拓性工作主要立足于VI操作的单向突破，成绩卓越，引人注目。1992年后，中国CI理论应用迅速形成热潮，逐渐偏向日式CI模式。例如中国嘉陵集团和深圳力创企业形象有限公司合作导入的"风驰计划"，由中国国际广告公司承担的中国光大银行的CI策划与设计，1997年奥美广告公司为中国银行策划的系列企业形象广告，都是较为成功的应用日式CI模式的典型案例（详见专栏2.3）。

专栏2.3：典型案例

中国当代CI广告设计经典案例

◇ 太阳神集团CI设计

潘殿伟为"太阳神"（APOLLO）设计的商标图案（见图A）巧妙地以高度简洁的平面语言呈现了"太阳与人"的关系性理念。太阳神商标的图案设计以简洁、强烈的圆形与三角形构成艺术定格，在对比中有和谐的态势。圆形是太阳的象征，代表健康、向上的商品功能和企业经营宗旨；三角形的放置呈向上趋势，是APOLLO的首写字母，同时又是象征人字的造型，体现出企业向上升腾的意境和以人为中心的服务和经营理念；以红、黑、白三种永恒的色彩组合成强烈的色彩反差，体现企业不甘现状、奋力开拓的整体心态。"太阳"字体造型是根据中国象形文字的理念，以"阳"字篆书字体的"☉"作为主要特征，结合英文APOLLO的黑体字型，形成具有特色的组合文字。这种设计以单纯、明确、简练的造型，构成瞬间强烈的视觉冲击效果，同时也很好地体现了企业的经营风格。

图A "太阳神"（APOLLO）商标图案

太阳神集团在导入CI的过程中逐步形成和确立了五大识别系统：① 理念识别系统。包括：振兴民族工业，提高中华民族健康水平（经营信条）；精诚理解，合作进取（企业意识）；以科技为依据，以市场为导向，以人才为中心（经营策略）。② 行为识别系统。③ 视觉识别系统：商标设计。④ 听觉识别系统：例如企业歌与企业广告音乐等；⑤ 文本识别系统。包括：元旦献词、学术论文、报告文学等具有中国特色的文本崇拜。

◇ 嘉陵集团CI设计

中国嘉陵集团的"风驰计划"是较为规范的日式CI策划典例。

中国嘉陵集团是以中国嘉陵工业股份有限公司为核心，由13家子公司、13家联合企业和300多家协作企业组成的大型集团。这300多家企业产权关系不同、行政关系各异，在近15年的发展中没有形成统一的企业认同概念，是一家以产品为纽带的协作型集团。为保证集团的国际化发展，嘉陵集团需要有一种凝聚的力量来强化团队精神，以团队的力量加强国际市场的竞争力。从外在环境来看，嘉陵集团自1979年开发生产"嘉陵牌"摩托车以来，已累计产销6种排量、30余种车型共450多万辆，有3种不同的品牌形象。品牌的不规范、不统一给越来越多的假冒伪劣产品以可乘之机，从而给嘉陵牌摩托车的声誉造成了极大的损害。

因此，1994年7月，中国嘉陵集团决定与深圳力创企业形象设计有限公司合作，导入CI

系统，取名为"风驰计划"。"风驰计划"由前期企业内部的CI启蒙与实态调查、CI设计和发布会三个阶段构成。其CI设计严格按照日式CI操作规则进行，分为嘉陵集团企业理念的规整、视觉形象设计和行为识别建议三大部分。

首先，该计划拟定的嘉陵集团企业理念为："启用科技动力，传感全新时代；品质尽善尽美，服务至诚至周。"

其次，嘉陵集团的标志（见图B）以数字运算符"+"与几何菱形为创意设计基点，以直观的"+菱"隐喻"嘉陵"，在此基础上由"+"号衍生出颇具宇宙感的循环动力图案，暗示企业的国际化取向，中心菱形则以坚实高贵的钻石象征嘉陵集团求实进取、追求完美至善的企业精神；就精神内涵而言，以二度空间表现三度空间的视觉效果，用跨向四方的循环图案意涵中国嘉陵集团以质量佳、服务好、"五位一体"的营销网点遍布全国的经营优势，不断突破现状，志在四方，创造多元化的经营并昂扬进军国际市场。

第三，在行为识别设计方面，包括职工的教育、培训，企业文化的建设原则，市场策略的重点因素，形象推广的原则，形象管理的原则和职工日常行为规范等。

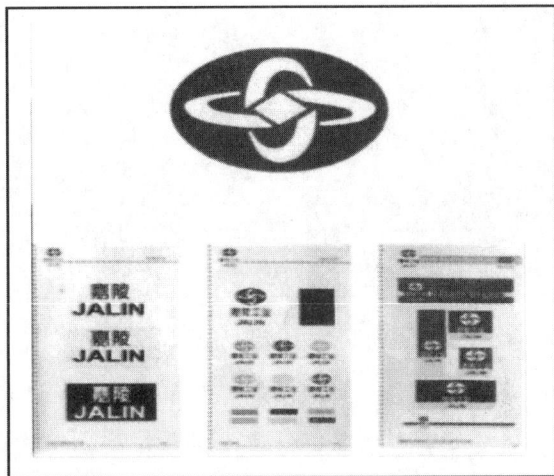

图B 嘉陵集团的商标图案

在20世纪90年代中期，像嘉陵集团这样全方位进行CI设计的企业逐渐多起来，但真正实施者并不多。嘉陵集团作为中国的特大型企业，如此大规模地导入CI在当时影响很大。1995年在中国第四届广告作品展中，中国嘉陵集团的CI设计获CI类鼓励奖。但是嘉陵"风驰计划"存在机械地套用日本CI的问题，在设计上没有考虑到CI设计各部分的轻重缓急，缺乏针对中国市场与企业的特殊操作策略。在这方面，中国光大银行的CI策划与设计似乎技高一筹。

◇ **中国光大银行CI设计**

由中国国际广告公司承担的中国光大银行的CI策划与设计，依照CI理论与中国实际相结合的原则，采用有步骤、分阶段地逐步导入CI的策略。光大银行资金雄厚，如果采取以视觉形象设计为主的美式CI理念，也许能在短期内起到"立竿见影"的效果，但很容易与企业的发展脱节；三位一体的日式CI导入方式，对光大银行这样的大型金融机构来说，可能会是一个艰巨、漫长并易反复的过程。因此，面对未来中国金融市场上多家竞争、高速竞争、国际竞争、高层竞争的局面，设计者首先拟定了光大银行2000年的发展目标，确定了对应的策略框架，把CI作为其中的一个重要手段，并据此制定了导入CI的策略；在与银行发展方向一致的前提下，与银行由初期到成熟期的转变合拍，分期导入CI，逐步完善，即：先确立企业经营理念与员工行为的基本框架，着重设计、整合形象识别系统，解决企业形象严重滞后的问题；部分深层次的问题，从可行性出发，留待第二阶段解决。这样可操作性强，效果更好。

针对光大银行原视觉要素比较混乱的现状，设计者花大力气进行并完成了视觉识别系统

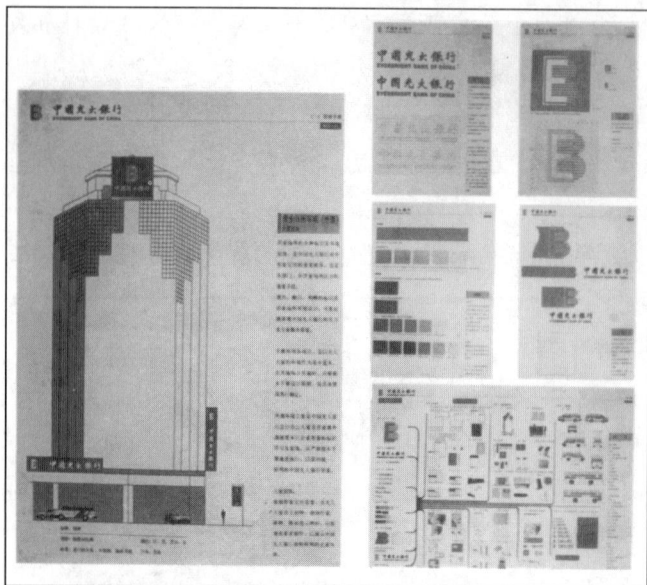

图C　中国光大银行CI设计图案

的艺术要素系统设计、应用系统设计和CI手册设计。此外，还对标牌和营业场所等主要标识类型的材料、规格都做了严格的规定，在视觉识别系统设计的严谨方面达到一个新的高度（见图C）。光大银行第一阶段的CI作业以及整体规划颇具特色，在国内CI设计界引起了广泛关注，该设计在1995年10月荣获全国第四届优秀广告作品展CI类鼓励奖第一名。

◇ **中国银行CI设计**

靳埭强为中国银行设计将古钱与"中"字结合的行标，体现了中国资本、银行服务和现代国际化的主题

（1986年选定）。1997年奥美广告公司总裁夏兰泽女士在一次演讲中首次展示了该公司（新加坡分公司）为中国银行创作并在新电视媒体发布的系列企业形象广告（见图D），包括以高山、竹林、麦田、江河等形象表达出中国银行禀承的中国文化博大精深和源远流长，给人以极强的震撼力和感染力。该系列广告由奥美创意总监林少芬创作，特邀中国台湾著名导演彭文淳摄制，画面优美，构图、配乐和音响效果扣人心弦，字幕扼要精辟，因此屡获大奖。

图D　中国银行形象系列广告片

中国银行在新加坡已经有半个多世纪的历史，新加坡华人与中国银行有着深厚的情感依托和久经考验的诚信扶植关系。如何通过融合现代音乐和优美画面于一体的电视广告片将中国人艰苦奋斗、富而不骄的传统理财美德和智慧巧妙地传递给华人受众？林少芬创作的基本思路是：通过"止，而后能观"——停下来回顾中华历史路径，才能展望美好的未来，表达海外华人根系祖国、奋发向上的精神情感和处世态度。

《麦田篇》画面的总体基调是金黄色的，表达的是中国人民对待财富的基本态度：通过广袤丰饶的麦田展现勤劳致富的喜悦，庄稼汉面对丰收的坦然豁达神情很好地表现了中国人民"富而不骄"的财富观；《竹林篇》画面的总体基调是翠绿色的，表达的是中国人民自强不息的气节：竹动，风动，心动，环境变动不居，但中国人的民族精神、文化传统和真诚情怀是永远不会改变的；《江河篇》画面的总体基调是多彩的蓝色，表达的是中国源远流长的历史文化和充满希望的美好未来，通过小女孩的歌声唱出中华民族旺盛的生命气息；《高山篇》画面的总体基调是泥土色的，通过老人回顾走过的历程，表达了中国人民深谋远虑、谦虚谨慎、虚怀若谷的人生态度。

资料来源：余虹，邓征强著. 中国当代广告史. 长沙：湖南科技出版社，2000

2.2.3 现代广告定位理论

与USP一样，CI也有局限性。它们的共同点是：在确定广告主题时，都从商品或企业本身出发，即"从里向外"考虑问题。在市场上，各企业都为自己树立声誉，有各自特殊的企业形象，结果，大量相互干扰的广告充斥消费者脑海，最终都难以建立鲜明的品牌形象。

进入20世纪70年代以后，世界市场发生很大变化，进入所谓的"生活导向"时代。一家企业不仅要考虑"消费者需要什么，我就生产什么"，而且须真正从消费者出发，"从外向里"考虑问题，必须走在消费者前面，走到生活中去，为消费者"设计和创造生活"。于是，衡量和确定广告宣传的商品在消费者心目中究竟处于什么位置，就成为关系到广告成败的焦点问题。

在这样的背景下，两位广告专家阿尔·里斯（Al Ries）和杰克·特劳特（Jack Trout）从1972年开始，在《广告时代》上以"定位"为题发表系列文章，提出了新的广告理论，即广告定位理论。里斯和屈特的代表作是《定位：广告攻心战》（*Positioning: Battle for Your Mind*）；1996年，特劳特又与史蒂夫·瑞维金（Steve Rivkin）联手总结整理了其25年的广告创作经验，发表集大成之著作《新定位》（*The New Positioning*），更加详尽地阐释了其定位理论思想。

所谓"定位"（Positioning），按照两位专家的说法，"并不是要你对产品做什么事，而是对未来潜在顾客下工夫，即把商品定位在你未来潜在顾客的心目中"；"定位从产品开始，可以是一件商品，一项服务，一家公司，一个机构，甚至是一个人，也可能是你自己……"；"定位是在我们传播信息过多的社会中，认真处理怎样使他人听到信息等种种问题之主要思考部分"。

可以看出，**定位就是对现有产品进行的一种创造性试验**，这种试验，"纯粹是一种传播策略，让产品占领消费者心智中的空隙"，即通过改变名称、价格及包装等传播手段以塑造其在潜在顾客心目中的有利地位，为了在消费者心目中占据某种地位，厂商必须在竞争市场中不断寻求新的定位。

专栏2.4：学术档案

现代广告定位理论集成者

阿尔·里斯（Al Ries）和杰克·特劳特（Jack Trout）是现代广告定位理论的集大成者。2001年，定位理论被美国营销协会评为"有史以来对美国营销影响最大的观念"。

1950年，里斯大学毕业之后，进入通用电气公司纽约分公司的广告与销售部门工作。1955年，他加盟Needham，Louis & Brorby公司，成为Worthington 和Peugeot公司的销售代表。1961年，他加盟Marsteller公司担任客户主管。1963年，里斯在纽约成立了自己第一家广告代理公司Ries Cappiello Colwell。特劳特先生也是在通用电气公司的广告部开始其职业生涯的。离开通用后，他在Uniroyal一分公司担任过广告部经理，之后，特劳特加入阿尔·里斯的广告公司，两人合作了26年之久。

杰克·特劳特

1969年，里斯和特劳特在美国《产业行销》杂志上发表了一篇名为《定位是人们在如今仿效市场上所玩的游戏》（*Positioning is a Game People Play in Today's Me-Too Market Place*）的文章，指出"广告创意的时代已经一去不复返，现在麦迪逊大街上流行的新把戏是定位"。1972年，里斯和特劳特在《广告时代》杂志上发表"定位新纪元"一文，随后两人围绕"定位理论"又发表了一系列阐释性文章，"定位"一词开始进入人们的视野。1979年，里斯公司更名为特劳特-里斯广告（Trout & Ries Advertising）公司。1980年，里斯和特劳特在对他们的"定位理论"进行反复修正和完善的基础上，再度联手合作出版了专著《定位：广告攻心战》（*Positioning: Battle for Your Mind*），成为广告定位理论经久不衰的经典。此后，1985年、1988年、1990年和1993年，里斯和特劳特四次合作，著有《市场营销战争》（*Marketing Warfare*）、《自下而上的市场营销》（*Bottom-Up Marketing*）、《马的竞争》（*Horse Sense*）和《市场营销22条法则》（*The 22 Immutable Laws of Marketing*）。其中，《定位》和《市场营销战争》在多个国家被译成17种文字出版，而《市场营销22条法则》则成为各国商务类图书畅销书。

从1994年开始，里斯与特劳特分道扬镳。里斯和他的女儿劳拉·里斯在纽约建立了里斯伙伴咨询公司。此后，里斯又与女儿合作，陆续出版了《聚焦》（*Focusing*，1996）、《品牌22律》（*The 22 Immutable Laws of Branding*，1998）和《公关第一、广告第二》（*The Fall of Advertising and The Rise of PR*），2002》等畅销书。目前，里斯是里斯伙伴咨询公司（Ries & Ries Focusing Consultants）的主席，并担任美国工业广告协会（现商业营销协会）会长以及纽约广告俱乐部主席。1989年，国际市场营销主管授予他"高等营销"奖，1999年，《公关周刊》授予他"20世纪最有影响力的100位公关专家"称号，同年6月他成为《商业周刊》的封面人物。

与此同时，特劳特也联手史蒂夫·瑞维金（Steve Rivkin）酝酿并于1996年最终推出《新定位》一书。之后，特劳特又陆续推出《简单的力量》（*The Power Of Simplicity：A Management Guide To Cutting Through The Nonsense And Do Things Right*）、《区隔或死亡》（*Differentiate Or Die：Survival In Our Era Of Killer Competition*）和《大品牌大麻烦》（*Big Brand Big Trouble*）等畅销书。目前，特劳斯任特劳特伙伴公司（Trout & Partners）总裁，美国特劳特咨询公司总裁，该公司是当今世界上最为著名的营销咨询公司之一，总部设在美国康涅狄格州老格林威治区，在14个国家设有分部，其服务客户有：AT&T、IBM、汉堡王、美林、施乐、默克、莲花、爱立信、Repsol、惠普、宝洁和西南航空等。

资料来源：http://www.rieschina.com/; http://wiki.mbalib.com/wiki/

定位的基本原则并不是去创造新奇的东西，而是去操纵人类心中原本的想法，目的是要在顾客心目中占据有利的地位。因此，消费者心理才是营销的终级战场，定位不是要琢磨产品，而是去洞悉顾客心中的想法。要抓住消费者的心，就必须了解他们的思考模式，这是进行定位的前提。特劳特在《新定位》中列出了消费者的五大思考模式，帮助企业抓住消费者心理。这五大思考模式如下。

思维模式1：消费者只能接收有限的信息。在超载的信息中，消费者会按照个人的经验、喜好、兴趣甚至情绪选择接受哪些信息、记忆哪些信息。因此，较能引起消费者兴趣的产品种类，就拥有进入消费者记忆的先天优势。

思维模式2：消费者好简烦杂。消费者需要简单扼要的信息，信息简化的诀窍就是不要长篇大论，集中力量将一个重点清楚地注入消费者心中，突破消费者痛恨复杂的心理屏障。

思维模式3：消费者缺乏安全感。由于缺乏安全感，消费者会买跟他人一样的商品，以免花冤枉钱或规避被朋友批评的危险。

思维模式4：消费者对品牌的印象不会轻易改变。虽然一般认为新品牌有新鲜感，较能引人注目，但消费者真正记住的，还是耳熟能详的品牌。

思维模式5：消费者的想法容易失去焦点。虽然盛行一时的多元化、扩张生产线增加了品牌多元性，但是却使消费者模糊了对原有品牌的印象。

目前，广告定位理论已超越原来作为一种"传播技巧"的范畴，演变为营销策略的一个基本步骤。定位就是占领消费者心理的空间，按照营销学者科特勒的定义，它就是对公司提供物（Offer）即商品或服务及其形象的营销策划行为，其目的是要它在目标受众心中占据独特的位置。定位不仅包括里斯和特劳特所说的"对现有产品的心理定位和再定位"，而且包括对潜在产品的定位等。

产品定位其实很简单。如图2-5揭示了某冰淇淋产品的定位，

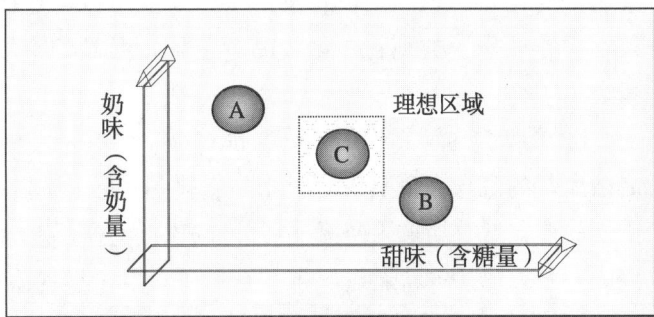

图2-5 某冰淇淋产品的定位

假设该产品有含糖量与含奶量两个度量指标，那么就要考虑该产品是定位在含糖量较高即喜欢吃甜味冰淇淋的消费者（图中B所处的区域），还是定位在含奶量较高即喜欢吃奶味冰淇淋的消费者（图中A所处的区域）。假如市场上存在一个理想区域（图中C所处的区域），那么广告主就要考虑如何使自己的产品向这一目标群体靠拢，从而确定其广告宣传目标。

全面地说，所谓广告定位实际上存在如下三个层次：产品定位、市场定位以及企业定位。**所谓广告定位，就是根据企业的定位策略，通过广告突出强化企业、产品和劳务中符合市场消费者需要的某些特性，从而确立企业在广告竞争中的有利位置，树立良好的企业形象和品牌形象。**定位类型或方法有如下几种。

——针对诉求内容的定位，即寻求受众心理中的"空隙"加以填补，这里所说的"空隙"可以是品质、价格、性别、年龄、一天中的时段或分销渠道等，一般有如下几种定位方法。

① **功效定位**，即商品特性对消费者利益的定位，如"蓝色90，油污克星"；

② **品质定位**，针对企业的如施乐广告语"我们发明了复印机"，针对产品的如Michelob牌啤酒的广告语"最尊贵的是Michelob啤酒"；

③ **价格定位**，如快乐牌（JOY）香水广告"世界上最贵的香水只有快乐牌"（定位在高级品），广东海马牌床单广告"海马牌床单，打破平价无好货的定律"（定位在普及品）。

——针对消费者的定位。

① **性别定位**，如"金利来——男人的世界"，"做女人真好"（太太口服液），"力士给你特别的肌肤，为你生命中的男人"等；

② **特殊消费者定位**，如捷卡系列运动表的定位是"现代中学生的运动表"，维格尔保健营养品作为"高考套餐"定位在高中生群体；

③ **大量使用者定位**，如Schaefer啤酒广告对准经常饮用啤酒的消费者，告诉他们"当你想喝一瓶啤酒时，Schaefer就是你要喝的啤酒"。

——针对市场竞争者的定位。

① **逆向定位**，如美国艾维斯出租汽车公司广告"与哈茨公司相比，我们处于第二位，因此，必须以提供更好的服务迎头赶上"，广州绿卡牌中华鳖精广告"与著名马家军绝无关系"；

② **区别定位**，当一个强大的品牌名称成了产品类别名称的代表或代替物时，必须给公司真正成功的新产品以一个新名称，使定位对象与竞争对象（已占有牢固位置者）相区别，并确立与竞争对象的定位相反的（否定的）或可比的定位概念。例如，"七喜"将自己定位在"非可乐"类别；在化妆品竞争异常激烈的市场上，"永芳"将自己定位在"世界淡妆之王"等；

③ **重新定位**（Reposition），即打破产品在消费者心理中所保持的原有位置与结构，使之按照新的观念在消费者心智中重新排位，以创造一个有利于自己的新秩序。如，原为女士烟的万宝路香烟采用西部牛仔形象进行广告宣传，将其目标受众重新定位为男性消费者，美国一种香橙汁饮料通过广告"它不再只限于早餐饮用了"进行重新定位；

④ **扩大定位**，处于市场领导地位的厂商用更广的品牌名称或扩大其适用范围来保持其地位，典型案例如施乐公司扩大品牌名称广告。

广告定位活动要立足消费者，顾及竞争者，以市场调查为基础，全面进行成本—收益（利弊得失）分析。广告定位的工作要点和程序可概括如下（如图2-6所示）。

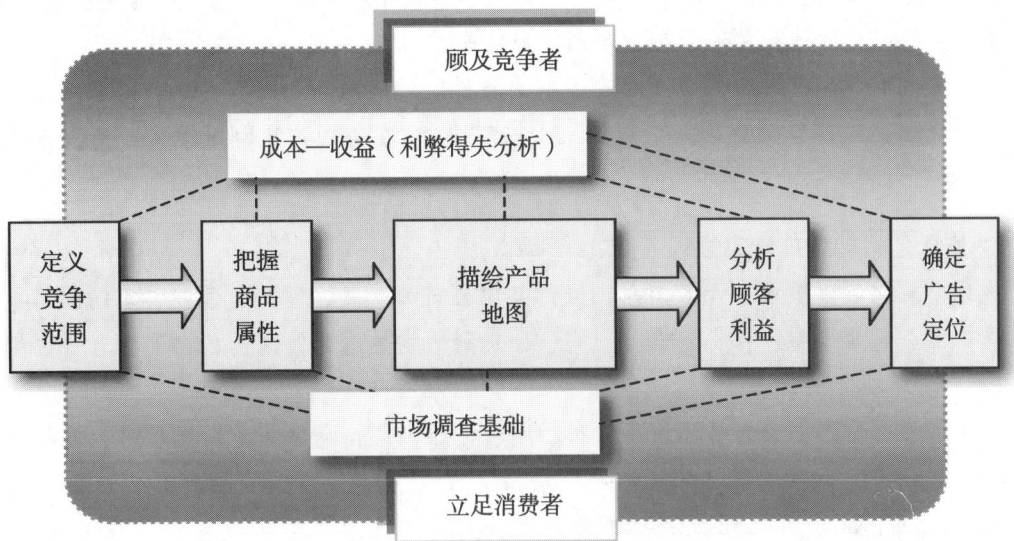

图2-6 广告定位的工作要点和程序

——**定义竞争范围**，分析参与市场竞争的相关或同类对象的情况，明确本产品或品牌的处境；

——**把握商品属性**，调查研究消费者是如何认知、把握与区分的；

——**描绘产品地图**，分析本产品或品牌与竞争者在消费者心中的印象、图景、角色与位置；

——**分析顾客利益**，以消费者（现实的或潜在的）的心理空白为起点，寻找自己的优势或差别性，用一种价值准则去评估能带给消费者心理最大冲击力的定位方式，并分析这一方式是否具备足以与竞争者相抗衡的力量；

——**确定广告定位**，把定位转换成与之相配的富有创意的信息表现形式，设计相应的传播途径，以推动该产品或品牌的营销传播。

专栏2.5：典型案例

两则经典广告定位案例

◇ 莎碧娜航空公司广告定位

莎碧娜航空公司（Sabena Belgian World AirLines）主要经营由美国纽约直飞比利时首都布鲁塞尔的航线，尽管公司做了许多广告来宣传，强调其服务好、饮食美的优点，但乘座率却依然很低。

里斯和特劳特经过多方调研，发现问题症结不在航空公司服务质量本身，而在当时比利时作为旅游地还不为人们所了解，去欧洲旅游的北美乘客自然不会为了该公司服务好、饮食美而乘坐飞机。

据此，里斯和特劳特认为，广告的目标受众应该是那些想欢度时光而对此地一无所知的旅客，于是他们从《米其林旅游指南》上找到了答案：比利时有五个值得一游的三星级城市，而北欧最大的观光胜地荷兰却只有一个阿姆斯特丹。

因此，他们将比利时与旅客心目中固有的旅游胜地阿姆斯特丹相关联，对莎碧娜广告进行了新的定位，这样就诞生了一个震撼人心的广告："在美丽的比利时境内，有五个阿姆斯特丹。"结果大获成功。

◇ **施乐公司转型广告定位**

施乐公司在复印机业中大名鼎鼎，虽然其他公司如夏普、理光、佳能甚至IBM等也生产复印机，但人们如需要一台复印机时，头一个想到的就是施乐，施乐已在消费者心中拥有了"专业生产复印机"的定位。

当施乐公司看到办公自动化设备的市场朝着电脑网络信息系统方向发展时，就收购了科学资料系统公司，将其改名为"施乐资料系统公司"，并致力于拓展复印机以外的业务，推出了许多办公自动化产品，但始终未被消费者认可。

里斯和特劳特认为，要改变复印机在顾客心目中存在的既有形象是无济于事的，领先企业应该应用更广的名称或扩大其适用范围来保持其地位，但这要建立在顾客原有的定位基础上，凭借公司卓越的成就与传统来实现。

事实上，当时办公自动化设备领域呈"三足鼎立"的格局。美国电话电报公司的"电话"演变成传播系统，IBM公司的"打字机"发展成为输入及信息处理系统，同时也带给了施乐"复印机"发展的机会。问题是施乐的复印机应变成什么？

显而易见，答案是输出设备，激光新科技广泛应用于办公室输出设备给施乐公司发展定位带来了契机。里斯和特劳特建议，施乐可以用"激光显影"的概念来创造心灵天地中更宽广的定位。这样既利用了施乐复印机的优势将其发扬光大，又能把新一代办公自动化产品包罗进去。

就这样，施乐公司在消费者心目中获得了"复印/显影业领袖"的新定位。

资料来源：里斯、特劳特，《定位》，中国财政经济出版社，2002年，中译本；何佳讯，《现代广告案例：理论与评析》，复旦大学出版社，1998年。

精要提示

广告定位理论可以分为在时序上有传承关系的三大系列，即：（1）USP理论，主张广告就是以"独特的销售说辞"向消费者提出购买建议；（2）CI理论，认为广告定位的关键在于基于核心理念和行为规范，对公司或产品进行品牌形象设计；（3）现代广告定位理论，主要强调广告信息要真实地表达消费者心目中的诉求点。

2.3 广告传播理论

2.3.1 广告传播原理

从技术层面来看，广告是一个信息传播过程。因此，广告效果如何在相当大程度上取决于其与信息传播学规律的吻合程度。

在传播学中，一般把人类传播行为方式分为四大类型，即**自我传播、人际传播、理解传播和大众传播**。广告的信息传播方式首先应该属于大众传播类型。**大众传播（Mass Communication）是广告向消费者传播商品信息的最主要方式**。但是，由于广告的目标受众与大众传媒的受众并不是完全重合的，二者的不一致是客观存在的，因此，如何科学地选择媒体及媒体组合，以便对广告受众进行有效覆盖，是广告信息传播要解决的一个焦点问题。此外，信息反馈的滞后性和非直接性也是广告信息传播要解决的难题。当然，广告信息传播的完成也要有相应的群体传播、人际传播和自我传播行为加以配合。

从传播关系的角度看，**广告传播在传统上是单向式的**，即广告信息单向地指向受众加以传递。**这种传播关系具有速度迅捷、易于配合营销的优点，但是信息传播极易失真，只有较单纯、清晰、简易的广告信息才可以较有效地传播**。在广告实践中，为了增强广告信息传播的针对性和有效性，广告人一般想方设法借助回执、抽奖、参与研讨等途径和手段，使广告信息传播形成一种非对称性的双向传播关系，以弥补单向传播的缺陷。真正的互动传播在传统的传输手段和技术下很难实现，而互联网络技术的形成和发展为从根本上改变传统单向传输的局限性，为广告发布者和受众真正形成平等的双向互动传输关系奠定了必要而重要的技术基础。**网络广告传播的有效性正是根源于双向互动传输的平等性、回馈性、准确性和一致性等优良特性**。

广告学家借鉴政治学者哈罗德·D·拉斯维尔（Harold D.Lasswetl）于1948年提出的5W模式（Who，Says What，Through Which Channel，to Whom，With What Effect），对广告传输的五个要素即广告主、广告信息、广告媒体、广告受众和广告效果之间进行了系统的研究，归纳出广告传输的若干模式，例如**线性传播模式、螺旋传播模式、互动传播模式及扩散传播模式**等，这几种传播模式都有信息"散漏"的问题存在，只有少量的信息才能直接传播给广告的目标受众。而**网络传播模式**则是通过双向直接互动的方式传输广告信息，它不是通过某种"扩散通道"来传递信息的，所以不存在信息"散漏"，但也有一系列其他信息传递问题需要解决和处理。

关于广告信息的传播原理，一般有心理学、文艺传播学、社会学等方面的解释。心理学有关**"学习理论"**的解说认为，信息传递就是一个由获取、联想、态度转变构成的学习过程；文艺传播学研究的**"二次创造理论"**分析认为，广告传播效果在很大程度上取决于信息接受者依据广告中的语意、图示等，并借助想像进行"再创造"的情况；社会学关于**"意见领袖"**，**"守门人"**等的理论解析认为，广告传播的有效性与那些更经常地接触媒体、更关注广告和更乐于传输有关信息的"意见领袖",以及与那些处于特殊地位对广告信息接受有一定控制权的"守门人"关系重大,广告传播应特别注意甄选这样的人群作为目标受众。此外,还有其他一系列理论解说,例如,通过媒体进行所谓的"**议题设置**",注意消除消费者的"自我防卫"心理,通过所谓改变"心理假设"等研究传输规律、提高传输效果等。

这里我们着重介绍两个经典的广告传播理论,即爱达(AIDMA)理论和扩散传播(CS)理论。

2.3.2 爱达理论

爱达理论最初是由美国广告学家E·S.普易斯于1893年首先提出来的。他认为消费者在接受广告时的心理活动,一般要经历如下四个阶段:① Attention(注意);② Interest(兴趣);③ Desire(欲求);④ Action(行动)。后来该理论推广到市场营销中,有人在"Action"前又加上"Memory"(记忆),于是,就形成了所谓的爱达模型(如图2-7所示)。对应这五种心理活动,相应地有五种基本广告传播策略。

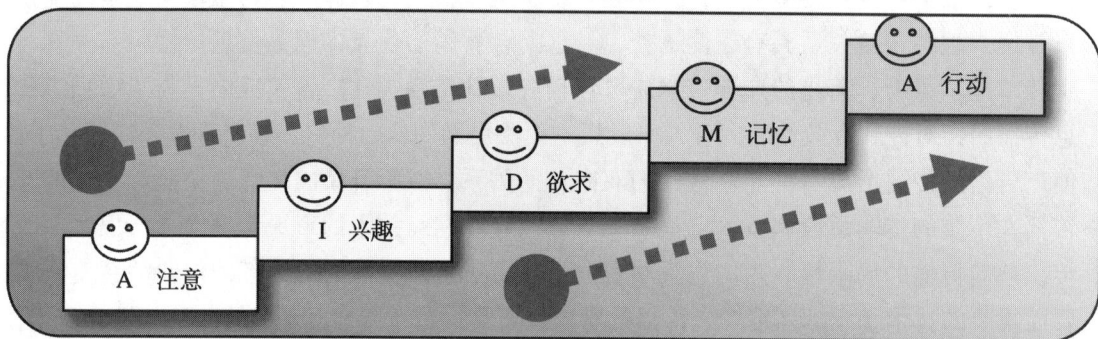

图2-7 爱达模型示意图

注意 注意是指对一种特定事物指向性和集中性的心理活动,可分为无意注意和有意注意两个基本方向和状态。一般说来,消费者只注意与自己密切相关的事物和自己感兴趣的事物。商品怎样引起消费者的注意呢?大致可从两个方面来考虑:**一是**通过制造悬念、激发好奇心、欲扬故抑等表现手法引起消费者的**有意注意**,并尽可能结合消费者的心理需要展开;**二是**采用各种刺激心理反应手法集中人们的注意力,例如增强信息的强度、对比度、重复度和新奇度等,以形成强烈刺激,还可以从空间、时间、色泽、字体、动感、悬念、语言和形象等多个方面变换表现手法来引起消费者的**无意注意**。

兴趣 兴趣是指人们认识事物或从事某种活动的倾向性。当消费者对某一产品或服务加以注意后,便会在大脑皮层引起兴奋,继而产生一种愉快的体验,这有助于其对信息传播的内容发生兴趣。但是,并非所有注意到的事物或活动都能令人感兴趣。那么,究竟怎样的广告才能使消费者产生兴趣呢?答案是关键要有针对性,可以通过示范和情感传播等方式同消费者所熟悉的事物相联系,使广告具有人情味、新奇性,能够反映目标市场的消费者特点。至于如何引发兴趣，无非是在广告内容和形式两个方面做文章，**在内容上要满足"利、奇、知、实、新"的要求，在形式上满足"情、感、活、动"的要求**。例如，对一般商品，可以将宣传重点放在价格廉、款式新、质地好、规格全、品位高、寿命长等几个方面；对于股票、国债、债券等融资广告，投资者所考虑的主要在于安全性、流动性和收益率几个方面，那么广告宣传重点就应该放在这些方面，以引起投资者的兴趣。

欲望 欲望即消费者针对某种商品、服务产生购买欲望和满足的心理状态，它也具有明确而强烈的指向性。具体地说，这种欲望既可能是物质的，如节约、积累、保值、增值、享受和方便等；也可能是精神的，如竞争、知识、荣誉、美感、安全及理想等。**一般商业性广告的基本任务便是促销，而促销的前提就是要激发消费者欲望，使其产生购买或消费冲动**。要使消费者产生购买欲望，广告宣传要做到：主题明确；表现拥有或使用某一商品对消费者带来的好处，突出商品所具有的特殊作用；在宣传形式上可以采用正面诉求、反向诉求及障碍扫除诉求，也可运用知觉诉求、理性诉求和情感诉求等多种方法。

记忆 记忆是大脑重要的机能之一，**是指能记住经历过的事物，并在一定条件下重现，或在该事物重新呈现时确认曾感知过它**。记忆包括记得、保持、回忆和认知。从心理效果看，广告衡量指标有**注意率**（阅读率、精读率、收视率等）、**认知率**、**偏爱度**和**忠诚度**，以及反映记忆效果的**记忆率**和**记忆度**指标。强化记忆是提高和扩大知名度的重要手段，同时也是促进消费者购买的一个重要条件。从某种意义上说，记忆是对注意、兴趣的深化，故而不仅要引起关注，激发兴趣，还要强化记忆。如何增强记忆效果呢？**其一**，提高注意效果，如加强注意的紧张性，调节好注意的范围、分配和换位等，以产生持久的效果；**其二**，在经费许可的情况下，广告中运用重复手段，保持一定的间隔和节奏感，通过不断刺激来强化记忆；**其三**，运用比喻、寓意延伸、夸张等方式，通过**"接近联想"**、**"相似联想"**、**"对比联想"**和**"关系联想"**，使消费者由一事物想到另一事物，加深理解和记忆；**其四**，在内容上增加情感色彩，帮助消费者记忆。运用诸如此类手段均可产生新奇的效果，从而强化记忆。

行动 行动即消费者在欲望的支配下，**经过比较、决断，最终采取购买行动**。促成消费者采取购买行动是商业广告的主要目标和最后结果。要做到这一点，也可以在广告宣传中采取一些辅助手段，诸如：强化"示范效应"，以提高人际传播的影响力；突出宣传品牌和商标，以使消费者指牌认购；在购物场所配置POP广告以渲染气氛，等等。

按照**"广告金字塔"**（The Advertising Pyramid），信息传递实际上是一个逐次"散漏"的过程。这样，广告信息最终能真正引致购买行为是非常有限的。

如图2-8所示，目标受众是15~49岁的女性消费者，假如有1 000万人，其中，注意率为20%，注意者中感兴趣的占50%，感兴趣者中有购买欲望的占50%，有欲望者中能够记住的又有50%，最后，真正购买者只是记忆者中的70%，从而形成了金字塔的递减态势。如此下来，真正购买者的人数只有目标受众的1.75%。

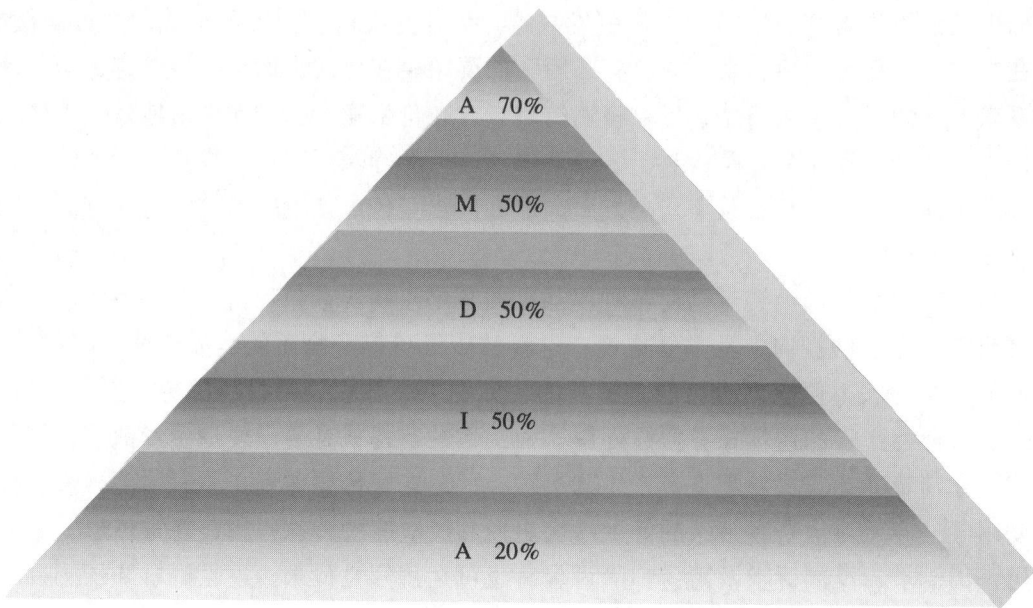

图2-8 广告金字塔

　　显然，**在爱达广告信息传播过程中，引起"注意"是最为重要的**。广告有效与否首先要看它有没有视觉冲击力。

2.3.3 CS理论

　　CS（Communication Spectra）意为扩散传播。CS理论是与爱达相关的广告传播理论，与后者不同的是，它关注的焦点不是受众如何接受与反应，而是传播者怎样进行目标管理。**CS理论认为：广告信息传播如同光谱（Spectra），呈扩散状。**一个新产品进入市场后，广告目标是分阶段循序渐进的（如图2-9所示）。首先是**认知**阶段，要让消费者知道广告主和商品名称；其次是**理解**阶段，给消费者更多关于商品功能、用途的信息，使其理解有关商品特性；然后是**确信**和**刺激欲求**阶段；最后，在采取**购买行动**阶段，广告应以促销为主要目标。

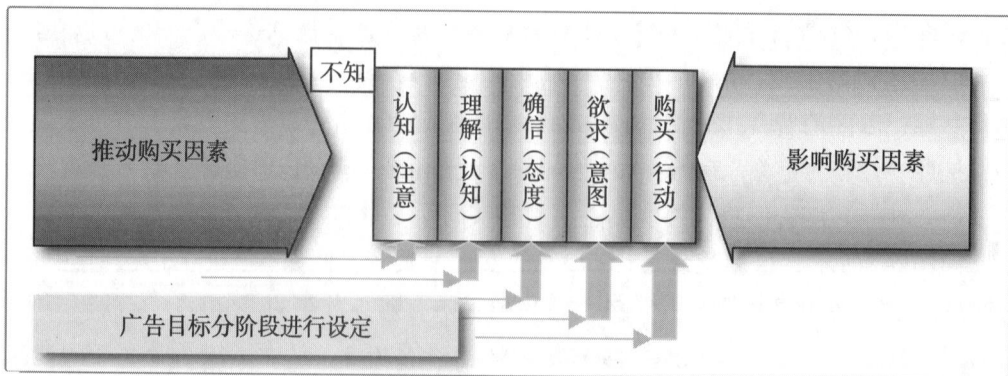

图2-9 广告目标分阶段设定

根据此理论，广告传播者应分阶段设定广告目标，对广告活动进行目标管理（Management by Objective）。如果结合产品生命周期来看，广告扩散则呈"**螺旋**"状（如图2-10所示）。

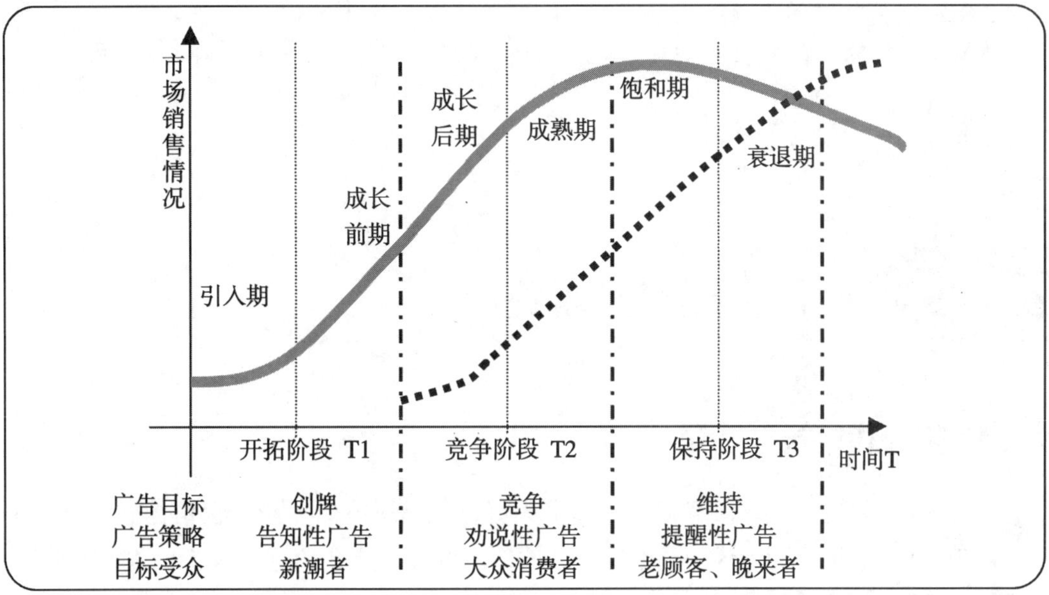

图2-10 广告螺旋

广告螺旋（Advertising Spiral）理论是由格勒纳（Otto Kleppner）于1925年在其著作《广告创意》（Advertising Procedure）中最先提出来的。其基本观点是：**商品在市场上通常要经历一定的生命周期，从引入到成长前期处于开拓阶段，从成长后期到成熟期属于竞争阶段，从饱和期到衰退期则是保持阶段**。因为，在不同的阶段，广告传播的重点对象和策略是不同的。

——**开拓阶段**（Pioneering Stage），即新产品刚进入市场，市场上并没有或只有少数竞争者，此阶段广告的主要目标是创新，广告的目标受众主要是新消费者，广告的策略性任务是提高公众的认知度；

——**竞争阶段**（Competitive Stage），许多竞争者都推出了类似产品，各商家试图瓜分或占有市场，消费者已经了解产品属性，此时广告的首要目标是打败竞争者，其策略是面向大众进行劝说性广告宣传。

——**保持阶段**（Retentive Stage），经过激烈的淘汰竞争，最后市场上只剩下几个强势品牌。此阶段广告目标主要是维持市场占有率，广告对象应是消费群中的老顾客、晚来者，广告应是提醒式的。

在保持阶段之后，企业会对旧产品加以改良，积极开发产品的新功能或用途，开发新产品，而后让产品以新的面貌进入原有市场或开发出新产品进入新市场，此时产品就进入了第二周期的开拓，如此周而复始，整个市场在动态上呈现出三阶段互相衔接、循环更替和螺旋发展状态。广告传播的诉求方式和表现内容应顺次进行，适应市场发展趋势，才能收到较好的传播效果。

2.4　广告营销理论

2.4.1　整合营销传播理论

　　关于广告营销理论，最有代表性和最为流行的是所谓的"**整合营销传播**"（Integrated Marketing Communications，简称IMC）理论。本节主要介绍这种理论的提出背景、基本原理和一些应用案例。

唐·舒尔茨

　　进入20世纪80年代，随着经济和市场的全球化，计算机网络新媒体快速扩张，广告营销传播领域面临一系列新需求、新机遇和新挑战，人们以往所熟知的一些广告法则或规律遭受质疑乃至被彻底颠覆，从而使"传播"成为替代"广告"一词的更恰当字眼。IMC便是在这样的背景下提出来的。

　　关于IMC的提法和理论是由美国西北大学唐·舒尔茨（Don E. Schultz）教授提出的。1993年，舒尔茨与罗伯特·劳特朋（Robert Lauteerborn）和斯坦利·田纳本（Stanley I.Tannenbaum）合著的《整合营销传播》专著出版发行，之后，IMC在国际广告营销界逐渐得到广泛认同、响应并流传开来。目前，IMC已成为营销学、广告学的关键性术语，也是国际上新版相关著述的必涉内容。在中国，关于IMC的引介和研究则是从1996年卢泰宏教授在《国际广告》第9期的系统评述文章开始的。

　　关于IMC内涵和外延的界定，不同专家学者各有说法。例如，美国广告代理商协会（American Association of Advertising Agencies，简称4A）曾给IMC一个很啰嗦的定义是："IMC是一种关于营销传播计划的概念，即：确认一份完整透彻的传播计划有其附加价值存在，这份计划应评估各种不同的传播技能在策略思考中所扮演的角色，诸如一段广告、直效回应、销售促进及公共关系等，并将之有机整合在一起，以便提供清晰、一致的信息，从而使传播效果最大化。"舒尔茨给IMC下的定义是："IMC是制定、优化和执行并评价一套协调的、有可测度的和说服力的品牌传播计划的一种业务战略过程，这些活动涉及消费者、顾客、潜在顾客、内部和外部受众及其他目标。"美国科罗拉多大学专门致力于IMC教学研究项目的负责人汤姆·邓肯

（Tom Duncan）认为，IMC无非是强调"利益相关者"在广告传播活动中形成的一种整体"协同作用"，它是指"企业或品牌通过发展与协调战略传播活动，使自己借助各种媒介及其他方式与员工、顾客、投资者、普通公众等利益相关者建立合作伙伴关系。"一个更广泛的定义是将IMC看作是"发展和实施针对现有和潜在客户的各种劝说性传播计划的长期过程，其目的是对特定传播受众行为施加影响或直接作用，它运用与现有和潜在客户有关并可能为其接受的一切传播形式，并从现有或潜在的客户出发反向选择和界定劝说性传播计划所应用的形式和方法。"[①]

总之，IMC是指企业由外而内把握战略要点和利益诉求点，并以此为基础与利益相关者进行有效沟通，围绕营销传播目标展开的一系列成套运营管理活动。其核心思想是：以统一的传播目标来运用和协调各种不同的传播手段，使不同的传播工具在每一阶段发挥出更佳的、统一的、集中的作用，最大限度强化品牌在整体上的一致性传播效果，建立与消费者及其他利益相关者长期、双向和维系不散的合作伙伴关系（见图2-11）。**IMC的基本要求简单地说就是企业在传播信息时，要"用一个声音去说话"**。

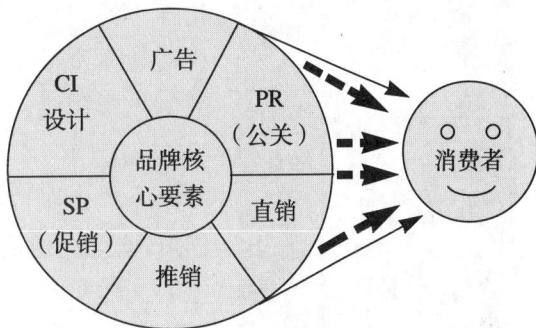

图2-11　"整合营销传播"的意义

2.4.2　从4P到4C

第二次世界大战后，大规模生产方式带来了制造业的繁荣，要素组合在市场营销传播中起着愈来愈重要的作用。1953年，尼尔·博登（Neil Borden）在美国市场营销学会就职演说中创造了"市场营销组合"（Marketing mix）这一术语，其意思是指市场需求或多或少地在某种程度上受到所谓"营销变量"、"营销要素"或"营销组合"的影响，他当时将之归纳为12个要素。1960年，密歇根州立大学杰罗姆·麦卡锡在其《基础营销》（*Basic Marketing*）一书中，将其导师理查德·克鲁维（Richard Clewett）关于产品（Product）、定价（Price）、分销（Distribution）和促销（Promotion）的营销要素理论框架加以修正，提出了**4P理论**（如图2-12所示）。1967年，菲利普·科特勒（Philip Kotler)在其畅销书《营销管理：分析、规划与控制》中，进一步确认了以4P为核心的营销组合方法，即：**产品（Product）**，注重开发产品功能，要求产品

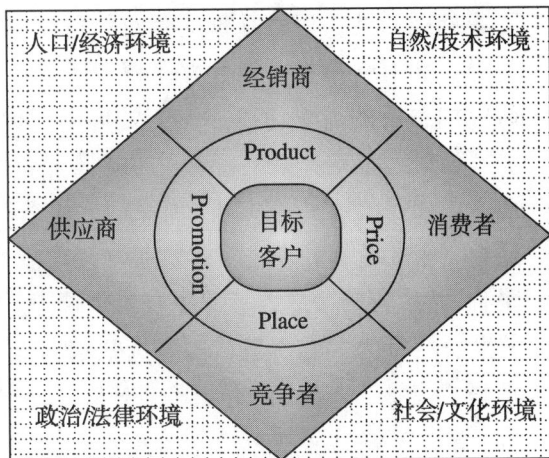

图2-12　4P理论模型

① 参见：唐·舒尔茨、海蒂·舒尔茨《整合营销传播：创造企业价值的五大关键步骤》，中国财政经济出版社2005年中译本；汤姆·邓肯《整合营销传播》，中国财政经济出版社2005年中译本。

有独特的卖点，将产品的功能诉求放在首位；**价格（Price）**，根据不同市场定位制定相应价格策略，产品定价要依据企业品牌战略，注重品牌的含金量；**分销（Place）**，企业并不直接面对消费者，而是通过培育经销商和建设销售网络来与消费者建立联系；**促销（Promotion）**，企业通过改变销售方式来刺激消费者，以短期策略（如让利、买一送一或营造现场气氛等）吸引其他品牌消费者或导致提前消费来促进销售增长。可以说，4P理论基本反映了20世纪五六十年代的市场营销实践。

但是，20世纪80年代以来，特别是进入90年代，公司组织结构"权力下移"，家庭规模小型化，媒体剧增，电脑网络发生革命，消费者生活主权大大增强，人们的价值观和生活方式等都发生了巨大变化，这也使传统营销理念和方式发生了根本性变化。在这样的背景下，北卡罗莱纳大学教堂山分校新闻传播学院广告学教授罗伯特·劳特朋（Robert·F·Lauterborn）于1990年发表《4P退休，4C登场》专论，提出了以顾客为中心的一个新的营销模式，这就是著名的4C理论。他认为，在新经济时代，生产和产品已经不是营销重心，而市场和顾客才是重心，广告营销传播应该更注重同顾客沟通。于是他提出以顾客（Consumer）、成本（Cost）、方便（Convenience）和沟通（Communication）为主要内容的4C模式来替代传统的4P模式。很快，4C理论成为被人们广泛接受的

罗伯特·劳特朋

新学说。科特勒在《营销管理：分析、规划与控制》第七版中吸纳了4C的内容，但并未完全否定4P，而是强调4C是从消费者的角度来看待4P。

劳特朋认为：**企业应该以满足客户需求与欲求（Consumer needs & wants）为目标，生产客户需要的产品，而不是销售自己所能生产的产品；企业应该关注消费者为满足需要计划付出的成本（Cost），而不是按照生产成本来定价；企业应该充分考虑顾客购买过程中的便利性，而不是仅从企业的角度来决定销售渠道策略；企业应该实施有效的双向沟通，而不是单方面地大力促销。**因此他建议广告营销传播者：把产品放在一边，赶快研究消费者的需要和欲求，不要再卖"你能制造的"，而要卖"某人确实想购买的"商品；暂时忘掉定价策略，着重了解消费者要满足自身需求所付出的代价；忘掉流通渠道，而考虑如何给消费者以购买商品的方便条件；最后，放弃促销策略，取而代之以"传播"。这样，**企业营销和广告宣传的基本理念就由传统的"消费者请注意"，转变为"请注意消费者"，广告传播进入了"整合营销传播"的新时期。在这一时期，广告成为企业的一种长期投资行为，它所宣传的是大众消费者共同利益的最高点，广告是"受人尊敬的"而不是"施恩于人的"，是寻求"对话"而非"独白"，是能"引发回应"但不是"刻意安排"的。**

关于消费者处理信息的传播学机理，20世纪60年代以来，广告界有很多说法。例如：1960年伯罗（D.Berlo）提出"皮下注射论"，1971年威尔伯·施拉姆（Wilbur Lang Schramm）提出"子弹论"，1975年德弗勒（Defleur,Melvin L）与鲍尔·洛基奇（Ball-

Rokeach,Sardra）提出"刺激反应"论等。其基本观点都是认为：厂商传递的信息很容易改变人们既有的偏好、经验、观念或消费模式，只要能比竞争者传递更多的信息，就能"俘房"消费者，填补消费者脑海中的"空白"。**实际上，信息传播的机理可能不是"替代"或"改变"，而是"累积"的方式。在营销信息传播中，产品信息在消费者的脑海中不断被储存、回忆和加工处理；这样，信息的"一致性"就成为决定广告信息传播有效性的重要因素**。这就对广告传播提出如下要求：（1）厂商的产品或服务信息必须清晰、一致而且易于理解，因为消费者采取的是**"浅尝式的购买决策"**；（2）无论信息来自何方，消费者都以同样的方式，经由相同的判断过程，融于其既有的观念类别并加以处理，因此各种媒体信息应有机结合并加以传播；（3）广告传递的信息必须简明、有说服力，把所有形式的营销传播活动整合起来形成强大的冲击力；（4）双向传播是建立和维持营销关系不可缺少的因素。

2.4.3　六大操作要点

　　IMC强调战略导向性和战术连续性。广告营销传播要有助于组织战略目标的实现，战略目标是整合营销传播策略的聚焦点，在战略导向下所有营销传播创意要素都要具有连续性、一贯性，所有广告和其他营销传播方式都要有一贯的主题、形象或语调。具体地说，IMC有六大特征或操作要点，即：**（1）影响消费者行为；（2）从现有或潜在的客户利益和需要出发；（3）运用一切可以利用的沟通渠道、工具和方式；（4）获取协同优势；（5）建立战略伙伴关系；（6）积极推动组织变革。**

　　要点1：影响消费者行为　IMC的目的是影响传播受众的行为。这意味着营销传播所要做的不只是增强品牌认知或改善消费者对品牌的态度，还必须能够鼓励某种行为反应、促使人们采取行动。当然，我们不能简单化和一厢情愿地指望每次传播活动都能导致行动。在消费者购买一个新品牌的产品之前，营销者一般都需要使消费者了解这个品牌及其所能带来的利益，并引导消费者对这个品牌产生正面的态度。因此，进行旨在达到这种中间目标或**"前行为"**（pre-behavioral）目标的传播活动是完全合理的。但是，一个成功的营销传播计划不能只是鼓励消费者喜爱一个品牌，还要能够影响消费者的购买行为并促使其最终购买。因此，应以影响特定消费者行为作为出发点来衡量IMC效果。与"知名—了解—喜欢—偏好—信服—购买"的传统信息传播效果测量顺序不同，IMC效果测量的首要对象是购买行为，即**"交易"**（Transaction）；若无法测到，再检测有关可测量的**"消费者承诺"**行为，如询问售货员、索要说明书等，称之为**"兴趣交易"**；接下来再检测品牌关系、态度等。

　　要点2：从客户利益和需要出发　IMC要彻底改变"由内而外"的传播理念，要从现有或潜在的客户出发，"由外向内"思考问题，即由公司到客户的方式，选择最能够满足客户对信息的需要并促使他们购买有关品牌的传播方法，然后再反馈到品牌传播者，促使他们针对消费者购买诱因研究确定品牌传播策略。广告主要开发出非常新颖、极具说服力的整合性信息，并塑造出独特的品牌及其个性以打动消费者，就要对消费者的购买诱因进行调查研究。首先，必须群策群力，全面了解消费者的认知、购买行为、生活形态、心理及价值观等；其次，要考虑产品特性是否适合本消费群体，对消费者需要做出回应；最后，须思考竞争状况，包括有竞争力的利益点、令人信服的理由、品牌的基调和个性、传播执行目标、认知价值、消费者的接触点及调查评估等问题。

要点3：运用一切接触方式 传统上，大多数营销活动过度依赖大众媒体，往往花费巨大而传播效果却不明显。IMC对此提出了挑战，强调运用**一切传播方式**和一切**有关品牌或公司的接触来源**作为潜在的信息传递渠道，运用有利于触及目标受众的**任何传播途径**，而不是先入为主地固守一种或一类媒体，或拘泥于一种传播手段（例如大众媒体广告）。诸如，邮寄广告，体育文娱活动中的促销活动，在其他品牌产品的包装上做广告，T恤衫上的标语，店内展示和互联网网页等，都可能成为与现有和潜在客户接触的重要手段。总之，**IMC的目的就是运用一切恰当的接触方法迅速有效地与目标受众进行沟通，以建立品牌认知，改善品牌形象。**

要点4：充分发挥协同优势 "协同作用"是IMC所强调的核心含义。一切传播要素（广告、购买现场、促销、活动等）都必须**"用一个声音说话"**。要建立有力和统一的品牌形象并促使消费者采取行动，协同传播是无比重要的。如果不能严密协调所有的传播要素，就会导致事倍功半的后果，甚至会使消费者得到相互矛盾的品牌信息。一般说来，IMC要存在"一个声音"或协同优势，就要求为品牌选择一个特定的**"定位陈述"**，即概括一个品牌意欲在其目标市场中占据何种地位的关键声明，每当品牌与目标受众发生接触时，都必须能够持续不断地将定位陈述传达出去。

要点5：建立战略伙伴关系 IMC要求在品牌和消费者之间建立一种战略伙伴关系。事实上，建立关系是现代营销学的关键，而IMC是建立关系的关键。战略伙伴关系是指品牌和消费者之间的一种持久联系，意味着多次购买甚至忠诚。建立和保持战略伙伴关系比不断寻找新客户更有利可图，这也是冠以"常客"、"忠诚"及"大使"等字眼的推广传播计划在日常营销实践中大行其道的原因。

要点6：推动组织变革 IMC的执行要在组织上通过变革予以保障。基本变革包括三个层次：一是确立"独裁者"，即建立传播的中央集权体系，设置"营销传播经理"来规划全面性的传播方案并整合、控制由公司内外不同功能的传播专家或组织的各种传播活动；二是对原有品牌导向组织结构进行变革，重新建构以市场为导向的新型组织结构；三是对传统品牌管理的具体制度安排做相应的改革和调整。通过这样三个层次的变革，整合营销传播实施才有切实的组织保障。

总之，经过以上操作，IMC要实现七个层次的整合：一是**认知的整合**，要求营销人员认识或明了营销传播的需要；二是**形象的整合**，要确保信息与媒体一致性；三是**功能的整合**，详尽分析每个营销传播要素及其优劣势，并与特定营销目标紧密结合起来；四是**协调的整合**，人员推销与其他营销传播要素（广告公关促销和直销）要有机整合在一起，确保人际营销传播与非人际形式的营销传播高度一致；五是**基于消费者的整合**，在了解消费者利益和需求的基础上锁定目标消费者，确保战略定位信息直接到达目标消费者的心中；六是**基于利益相关者的整合**，所有共担风险的利益相关者，包括员工、供应商、配销商及股东等在内，都应统一纳入整合营销传播系统之中通盘考虑；七是**关系管理的整合**，必须在每个关键职能部门（如制造、工程、研发、营销等）发展相应的营销传播战略，以达成不同部门在管理职能上的协调一致。

专栏2.6：典型案例

IBM通过品牌整合传播重塑辉煌

IBM成立于1914年，是具有80年历史、全球最大的信息技术公司。IBM为自己的计算机用于1966—1969年间美国阿波罗登月计划而备感自豪，故曾模仿登月第一人阿姆斯特朗的话（"为个人走了一小步，为人类跨了一大步"）作为广告语："无论是一大步，还是一小步，总是带动世界的脚步。"

20世纪中后期，世界计算机发展经历了由大型电脑到小型电脑的转变，IBM在此期间一直处于坚如磐石的霸主地位。20世纪80年代初至90年代，个人电脑和网络的时代来临，尽管IBM公司率先推出了个人电脑，但由于外部的激烈竞争和内部的管理机制问题，IBM没有了昔日的光环。1990—1993年，其纯利润一路下滑，由60亿美元到亏损30亿美元、50亿美元直至80亿美元；同时主产品市场占有率和股价也呈下跌之势。1994年5月24日，IBM决定将其全球广告业务全部交给奥美公司，由奥美在全球范围内全权负责进行整合营销传播。

首先，奥美公司对IBM组织结构进行重大改革。将各分支机构改变为利润中心，同时削减层级，使组织结构分权化、网络化和扁平化，充分发挥各个成员的主观能动性和专业技能。这样，IBM从"一艘战舰"转变为"一支船队"，可以更灵活、更有效地面对用户的需求和市场变化。

例如：IBM在我国（包括香港特别行政区和台湾地区）设有企划推广部，又称"传播部"（Communications），既负责对外传播又负责对内传播，其主要职能是强化市场功能，使外界真正了解IBM、熟悉IBM。在对外宣传方面，要求众口一词，归根结底有三个主题，即技术、网络和客户解决方案。其运作模式采取"整合式企业组织传播"，即企划推广部以"总协调师"的角色，综合考虑公司各个部门有关企业组织传播的需要，据此拟订具体计划，最后做出全方位传播安排。

其次，奥美依品牌检验所发现的"真相"，以及品牌传播的"核心精髓"对IBM进行"品牌写真"，把IBM描述为"你可以信赖的神奇魔力"（因为著名作家亚瑟·C·克拉克《2000年失落的世界》中有言，任何"堪称为先进的科技与魔术无异"），以此定义公司组织的每项活动，包括宣传、所有与客户的互动关系以及公司所进行的每件事和所说的每句话。

IBM品牌整合传播的中心思想是在实现与消费者传播的过程中，以统一的传播目标来运用和协调各种不同的传播手段，使不同传播工具在每一阶段发挥出最佳的、统一的、集中的作用，其目的是协助品牌建立与消费者之间维系不变的长期关系。品牌核心要素与灵魂必须在所有传播中得到一致性运用。IBM要求广告、DM以及其他传播在内容上力求清晰、温馨、感性，不用专门术语，以便抓住消费者的心，并使消费者从中获得价值认同感与意义，传达以"人"而非"科技"为焦点的信息理念，但同时应展现IBM的科技特长。

其三，"由外而内"确定传播模式。改变过去那种一味把先进技术向客户"扔"过去，力图将客户"拖"到许多昂贵新产品上的做法转变为消费者能从不同的产品系列找到适宜自己需要的产品，进而找到一个合适的满足需要的方案。因特网的兴起为IBM的振兴带来了契机，IBM将自己定位于"全球性网络提供者"，积极推出网络计算、电子商务等新兴业务。

1997年初，IBM在中国发动系列广告运动，其诉求重点在于为IBM网络计算机创造知名度，同时宣传阐释网络连接群组软件、因特网的功能及解决方案。其首先在上海以"IBM的新一代应用服务器程序Lotus Domino让您在浩瀚的网络天地任意驰骋"广告为开篇，采取逐一展示IBM全面系统的网络解决方案在各个行业中的应用前景的形式，采用固定格式（一半为简洁画面点出主题，另一半是说明性文字，标题是"解决×××之道"）进行广告。除了在中国上海进行广告活动之外，IBM还综合运用直销、公关、促销、事件营销等手段，在全球100多个国家和地区进行整合营销传播。

IBM整合营销传播取得了显著成效。1996年底，IBM公司年营业收入高达759亿美元，纯利润54亿美元，股票价格从3年前的40美元飞涨到175美元，涨幅高达4.4倍。1997年赢利62亿美元，为五年来最高点，在中国PC市场占有率居第一。

资料来源：何佳讯编著. 现代广告案例：理论与评析. 上海：复旦大学出版社，1998. 391~406

精要提示

　　IMC即整合营销传播，是新经济时代广告营销传播的新概念，它以消费者为核心，综合各种传播手段，用一个声音讲话，以求向消费者传递统一的信息。当然，这种理论有待在实践中接受检验，并不断充实和完善。

❏ **复习思考问题**

（1）基于Bedell模型，广告理论体系可分为哪三大系列理论？

（2）USP理论的基本含义是什么？其形成和流行的特殊时代背景是什么？

（3）什么是日式CI系统？试结合案例说明CI设计的基本操作原理。

（4）现代广告定位理论与USP和CI理论的主要区别在哪里？试举例说明主要定位策略。

（5）什么是AIDMA理论？其对广告信息传播实践有何启迪和指导意义？

（6）联系时代背景讨论市场营销理论从4P到4C演变的必然性和主要意义。

（7）试结合IBM案例，简要说明IMC的基本特征和操作原理。

❏ **综合案例演练**

中国企业品牌形象营销传播的喜与忧

聚焦更容易成功，有专长的公司更赚钱。Curvrs聚焦于女性健身，成为美国最大的健身会所；王老吉聚焦去火功效，异军突起；专项运动员比十项全能运动员的单项成绩要高出5%~50%；"搜索"市场现在价值1 500亿美元，Altavista是搜索业务的开创者，但是后来走向多元化，最终走向衰败。

做企业，树立品牌，明确定位，学会选择很重要。例如，美国西南航空公司只做商务舱、经济舱、国内航线，放弃了货运舱、头等舱、国外航线等，甚至只使用一种机型——波音737，结果，它的竞争对手如西北航空、美国航空等都消失了。对于那些致力于全球化的公司而言，更是面临一个定位的全球悖论：越大就越要成为一家专业化的公司，缩小聚焦范围。

如何建立强大的品牌呢？聚集，创新品类，做到在消费者心中代表某一品类，这些法则看似简单，但是只有极少真正成功的中国企业和品牌能够做到。媒体报道显示，大塘生产的短袜占世界总量的30%。在世界领带生产总量中，嵊州所占的份额达40%。在中国，到处都可以发现这些专注于某个产品品类的城市：大朗的毛线衫，晋江的运动鞋，潮州的婚纱和晚礼服，新塘的牛仔裤，崧厦的雨伞，上官的乒乓球拍，分水的制笔。中国还有其他城市专门生产纽扣、布料、毛线、拉链等。但是，中国也有很多公司实行多元化定位，他们不擅长聚焦。长虹曾是最大的电视厂商，后来又增加了冰箱、空调、IT产品等；春兰曾是最大的空调厂商，后来则转向摩托车、重型汽车等；TCL也是多元化发展；云南白药开始扩张做牙膏，这都是不利于定位的打造。

海尔生产冰箱、制冷器、空调、洗碗机、微波炉、电视机、吸尘器、手机、电脑，在它的产品列表上，这些还只是其中一部分。海尔的主打产品是什么？只要价格够低，任何产品都可以拿到市场上去卖。但是，品牌的重要特性之一是：如果消费者愿意为某一样产品或服务付出比同等商品更多的钱，这种产品或服务就可以被称作品牌。世界上到处都是"伪品牌"，它们只不过是贴了名字的商品，因为消费者不愿意为其付出比普通商品更多的钱。而且，仅仅做到市场上同品类第一还远远不够，必须要在消费者心中做到第一，企业要建立全球品牌需要有合适的名字及策略去赢得媒体和潜在消费者的关注。从这个意义上讲，海尔这个中国的"大型"公司是否已成为"成功"的国际大品牌？

联想也存在同样的问题。联想业绩下滑，虽然有全球金融风暴大背景，但是对争取和谋求"伟大"的企业而言，更应反省自身存在的固有问题。联想困境是两个原本具有不同焦点的品牌（老联想与ThinkPad）合并之后丧失焦点的典型例子。IBM第一个推出商用电脑，但并没有给它起一个新名字，相反把它叫做IBM PC，这是一个极其严重的失误，创意科技不幸重蹈覆辙。很多观察家认为IBM的PC是20世纪推出的最重要产品。对世界而言，这个结论也许是对的，但对IBM来说却并非如此。据说在23年的时间里，IBM为了卖它的个人电脑（ThinkPad）损失了150亿美元。最后，正如大家所知，IBM放弃了个人电脑，并把这条产品线于2005年以17.5亿美元卖给了联想（Lenovo，以前叫Legend，听起来像一道意大利甜点）。除了台式电脑和笔记本电脑，联想还生产显示器和存储驱动器，此外还曾有IT服务业务。从目前来看，联想还是成功的，但随着中国和世界经济的发展，已有优势将来就会消失，届时联想必然面临新的挑战，因此它必须从现在起步，运用新的策略走向世界。最近，联想被我国台湾地区的宏碁超过，后者以6.7%的全球市场份额成为世界第三大PC生产商（惠普以19.1%排名第一，戴尔以15.2%排名第二）。在美国，宏碁在2008年第四季度的市场份额占到了15.2%，而联想未能跻身五大个人电脑品牌（戴尔、惠普、宏碁、苹果和东芝）之列。BMW意味着"驾驶"，沃尔沃意味着"安全"，奔驰意味着"身份"，"联想"意味着什么呢？联想应该如何聚焦产品线？聚焦产品特征？重塑企业品牌？联想怎样才能在全球PC市场上获得竞争优势？

中国企业正面临着前所未有的营销传播管理瓶颈，常用的广告和促销两大营销利器的效果越来越弱。问题出在很多中国企业不懂得塑造品牌。在经济和人均收入增长的同时，劳动力成本必然会上升，这意味着中国制造业成本会增长，由此竞争优势就会相应地削弱。因此，在竞争激烈和成本增加的双重压力下，中国企业到了一个由成本优势向品牌优势转化、由制造产品向制造品牌转化的关键阶段。未来中国企业运营管理该向何处去？

......

资料来源：《商业周刊》2007年第10期；《新营销》2008年第9期；《中外管理》2009年第4期

研讨提示：

（1）从新经济时代数字化生存、全球化竞争的大趋势来看，中国企业战略转型的必然性、紧迫性和重要性何在？为此，在广告营销传播方面应作何调整和变革？

（2）对于中国企业在品牌形象营销传播方面存在的喜与忧，你可以用哪些广告理论去做怎样的评说？

（3）海尔与联想是中国的知名大品牌，但是要打造著名而成功的世界大品牌，应该在广告营销传播方面进一步作哪些定位及整合工作？

本章主要参考文献

大卫·奥格威著．大卫·奥格威自传（30周年纪念版）．北京：中国人民大学出版社，2008

艾·里斯，杰克·特劳特著．定位．北京：中国财政经济出版社，2002

杰克·特劳特，史蒂夫·瑞维金著．新定位．北京：中国财政经济出版社，2002

唐·舒尔茨，海蒂·舒尔茨著．整合营销传播：创造企业价值的五大关键步骤．北京：中国财政经济出版社，2005

汤姆·邓肯著．整合营销传播．北京：中国财政经济出版社，2005

2

第 2 篇 Part Two

广告运作框架

广告运作框架由广告公司、广告媒体、广告主与广告受众四位一体的运营活动组成，其基本运作过程就是：广告主委托广告公司制作广告，并通过广告媒体向广告受众发布广告信息。本篇包括第3~6章，即广告经营、广告媒体、广告目标和广告心理，这4个章节分别从四个广告主体视角讨论和介绍广告运作的基本过程、一般机理和主要规则。

第 3 章

广 告 经 营

□ **学习目标引导** 所谓广告经营，一般是指这样一种市场运作活动或商业行为，即各类广告代理公司、广告制作机构和广告媒体单位经国家广告管理机关批准，在广告市场上利用其设施、设备、人才和技术等方面的资源条件或独特优势，为广告宣传者（广告主）提供广告策划、设计、制作、代理或发布方面的服务，并从中获取经济收益。广告代理制（即广告公司接受广告主委托代理提供各种广告服务业务）是广告经营业最显著的特征，广告经营（广告业）可以看作是广告代理经营（广告代理业）的简称。广告经营业的基本组织形态就是通常所说的"广告公司"，可以说，广告公司及其经营管理活动是整个广告代理运营框架体系的核心或轴心。广告经营的业务范畴和活动形式是随着市场经济的发展而不断拓展和增多的。现代广告经营涉及的范围很广，甚至包括公共关系、促销、CI策划与执行等所有营销传播业务活动。本章首先介绍广告代理制的历史演变过程、基本运作原理及其在中国的推广运用情况，然后讨论广告公司的类型、机构设置和经营管理原理以及有关业务操作方法。通过本章的学习，读者可以明确现代广告经营业基本特性，了解广告代理制的历史演变及一般意义，熟悉广告公司经营管理业务的情况。

□ **逻辑架构图示**

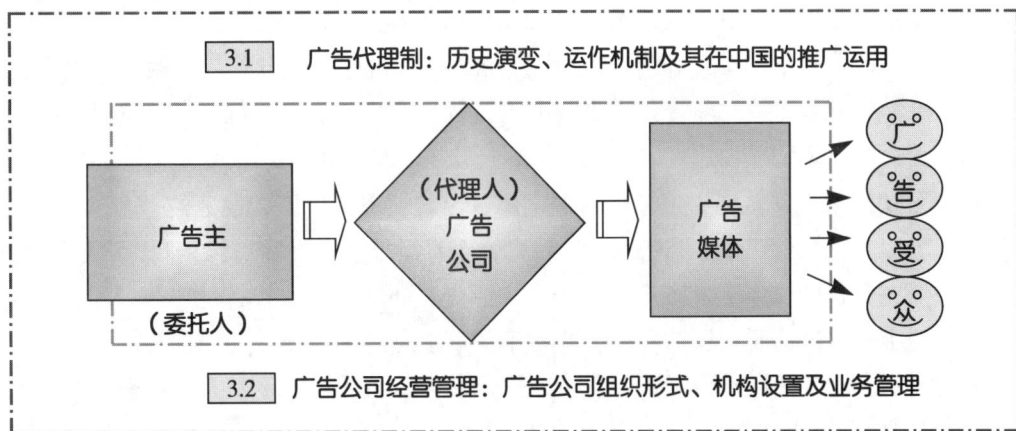

3.1 广告代理制：历史演变、运作机制及其在中国的推广运用

广告主（委托人） → （代理人）广告公司 → 广告媒体 → 广告受众

3.2 广告公司经营管理：广告公司组织形式、机构设置及业务管理

3.1 广告代理制

3.1.1 历史演变

广告代理制是伴随着广告市场规模的扩大、广告经营专业化分工，随着内外部社会环境的变化而形成的一种制度安排。从19世纪初开始，广告代理业经历了**版面销售经纪**、**专业技术服务**和**全面广告代理**三个相继而起但并非完全替代的发展阶段。关于广告代理业的历史演变脉络可以由图3-1直观描述。

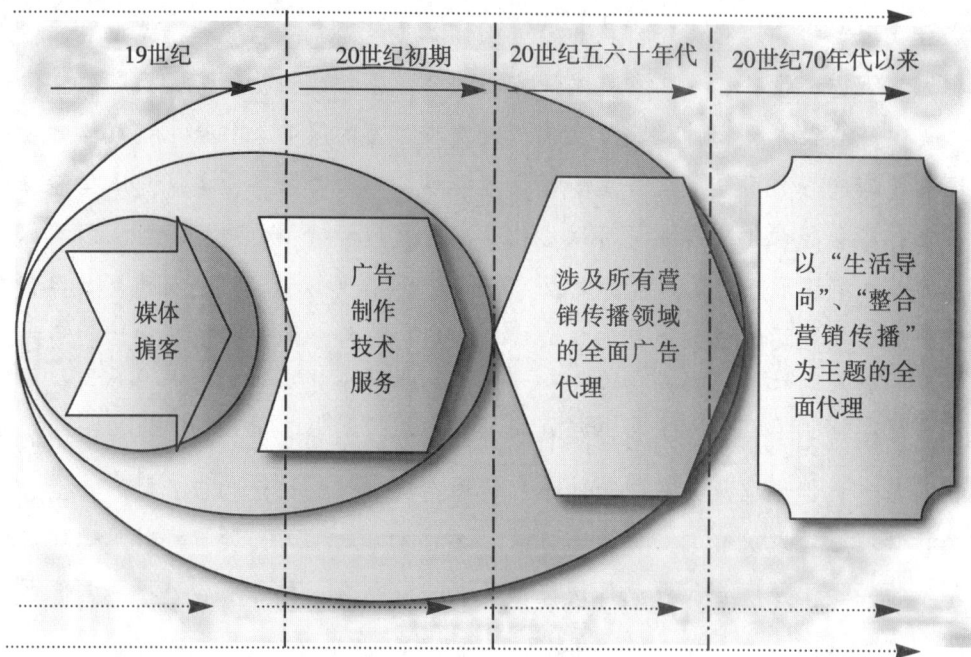

图3-1 广告代理制历史演变

在19世纪初期，广告代理制的雏形就已形成。当时，大众广告媒体主要是报纸期刊。一些报业人士或与报业有关的人为了替报刊招揽广告生意，逐渐形成专门从事广告代理业务的专业化公司。于是，广告公司便以**"版面推销商"**（Space Seller）或**"版面揽客"**（Space Broker）的形式应运而生。广告公司当时的主要代理业务就是充当媒体的中介或代表，进行简单的版面销售，俗称**"白版"**（White Space）服务，即为报社卖出一块空白的版面。

广告公司原来大都从属于报社等新闻媒体，是其属下负责广告业务的一个部门，一般由专门业务员为本媒体拉广告、销售版面。后来，随着经济的发展和市场拓展，广告需求大增，广告主需要在更多的媒体上发布广告。于是，原先从属于某一家媒体的广告公司也开始推销其他媒体的版面，进而脱离媒体独立，变成了"版面经纪人"或"版面揽客"。

早在1800年，英国伦敦一位名叫詹姆斯·怀特（Jams White）的学校会计职员在业余时间接受报社一位同学的委托做起了版面推销生意，后来"下海"创立了专营销售版面业务的White&Sun公司，主要业务是将报纸版面推销给广告主，然后向报社收取一定的佣金。这便是作为媒体和广告主中介的版面经纪人的最初形态。广告版面推销商们从各报社以"批发价格"购进大量的广告版面，然后将其分割，加价出售给广告主，由此赚取其中的差价作为利润。这样既省去了媒体招揽广告的事务，又为广告主提供了方便，节省了交易费用。

随着广告媒体日趋大众化，广告业务日益频繁以及广告活动规模不断扩大，广告公司仅以报社业务代理者的身份推销"白版"的广告代理已不能满足广告客户的市场需求。于是，**广告制作代理公司**便应运而生，并逐渐取代前者成为广告代理的主流形态。这些广告公司直接面向广告主，主要为他们提供所谓的**"黑版"**（Black Space），即广告制作服务。当时，一些报社、杂志社等媒介机构为了稳定业务，在组织内纷纷设置"广告推广部"，而一些企业为了开展大规模广告宣传活动也迫切需要专业性的广告设计、制作服务。这样，广告公司经营的出发点和重点就由为媒体推广版面转变为主要向客户提供广告制作技术服务。

20世纪五、六十年代，广告公司进入所谓**"营销导向时代"**，随即便是所谓的**"生活导向"**时代，企业迫切需要广告公司能够为其提供市场调查、产品策划、广告创作和效果研究等全方位的服务。在市场需求的刺激下，广告公司迅速发展，广告代理业务渐次扩展，先是扩及营销所有领域，而后转为**"从外向里"**的定位策划业务，**整合营销传播**（IMC）理念逐渐深入人心，广告代理扩展到整个营销传播领域。广告代理业进入**"新广告"**（New Advertising）时代。

现代意义上的广告代理制是指一种**全面代理制度安排**，即广告公司在广告经营中处于主体和核心地位，为广告主全面代理广告业务，包括市场调查、广告策划、广告创意和媒体发布等。换句话说，**全面代理是现代广告经营活动的最主要特征，它已成为世界广告经营的主流，也是中国广告业的发展方向。**

3.1.2　基本运作机制及类型

现代广告代理制，简单地说，就是广告主委托广告公司实施广告宣传计划，广告媒体通过广告公司承揽广告发布业务，广告公司居于中间为广告主和广告媒体实现双向、全面代理业务的一种制度安排。在广告代理制下，媒体不直接向企业承揽广告业务，而是通过广告代理公司这个"桥梁"来与广告主间接发生联系，代理公司为广告主提供广告创意、制作、策划和营销等服务并赚取佣金。

在广告代理制中，广告公司可以凭借其专业化分工所具有的独特业务优势，向广告主提供全方位、全过程和立体化的服务。其主要特征是：**以策划为主导，以市场调查为基础，以创意为中心，以媒体选择和媒体组合为实施手段，以促进客户营销为对象、目标和主要任务**。广告代理制的实施理顺了广告主、广告公司和媒体之间的关系，有力地推动了广告业的大规模快速发展。

实行广告代理制的最大受益者是广告主。对于广告主来说，实行代理制有利于减少企业成本开支，精简人员、机构；还可以借助广告公司的专业经营经验和技能提高广告促销效果；同时也有利于在广告宣传中更好地"定位"，避免主观随意性，在营销传播中很好地树立品牌形象。在当今全球化竞争的市场背景下，企业的广告活动，特别是一些大中型企业的广告活动往往以整合营销传播运动的形式出现。整合营销传播是一个涉及调查、策划、设计、制作和发布等庞大业务内容的复杂营销系统工程，这是企业仅靠自身力量所不能企及的。专业广告公司往往具有全面的信息、知识和经验，凭借其专业人才、先进设备和精湛技术能够帮助企业在广告宣传中更好地定位，还可以发挥其规模经济优势提高资源利用率，从而保证广告传播实现低成本、高效益目标。

对于媒体来说，实行代理制可以解除广告设计和创作负担，以使其更好地做好传播业务；也有利于减少商业运作和信用风险，降低业务成本；还能够更好地履行公众传媒功能，接受社会公众的业务监督。媒体通过广告公司承揽广告业务不必直接面向极度分散的广告主，也不必承担繁重的广告设计、制作任务，从而减轻了业务负担和运营成本。同时，媒体刊播广告的费用由广告公司负责支付，媒体不必逐个对广告主进行信用审查，从而减少了商业信用方面的呆坏账风险。而且，在规范的代理制中，媒体不存在与广告公司争夺客户的问题，因为所有的广告最终都是要通过媒体发布的，媒体直接与广告主交易也不能得到更多好处，这样，媒体只要集中精力履行其大众传媒职责、办好节目以赢得更多观众就能获得更大的广告经营收益。

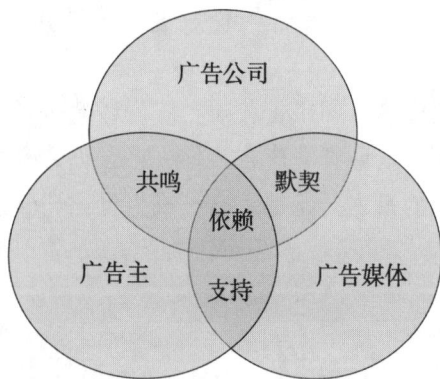

图3-2 广告经营主体的合作博弈关系

在规范的广告代理制下，广告主、广告公司和媒体是三位一体、合作博弈的关系（见图3-2）。只有在三者之间形成共鸣、支持、默契的信赖关系，紧密合作，才能达成互惠互利的多赢局面。

国际上比较流行的广告代理制可以分为两大类型：**西方模式，以美国为代表，实行"商品细分"的广告代理制；东方模式，以日本为代表，实行"媒体细分"的广告代理制。**

商品细分广告代理制，又称"一商品一客户"的广告代理制度，其基本特征是**广告代理公司在同一种竞争性商品中只接受一个客户，对客户所委托的商品广告营销传播业务全权负责。**例如某一家公司生产几十种产品，为该公司提供服务的广告代理商就可能有好多家。每家广告代理商在接受代理业务时，以同自己原有客户的商品不冲突为原则，对所负责的商品提供广告制作与宣传，参与商品销售计划、流通促销渠道设计和市场信息调查等全盘性的营销传播服务。

日本的广告代理商与媒体相互拥有股权，经营运作主要以承揽与推销媒体为主。例如，按报纸类别分，《朝日新闻》、《读卖新闻》属于甲代理商，《每日新闻》、《产经新闻》属于乙代理商；以电视台分，X电视台系列属于丙代理商，Y电视台系列属于丁代理商。这样，以媒体为中心，某一客户或某商品由好几家广告代理商分别提供不同媒体广告服务。也就是说，同一客户的同一产品，如果要在不同媒体上做广告宣传，那么，通常需要由数家广告代理商来分担。在这种体制下，广告代理商最关心的是属于自己掌握的媒体如何才能被广告客户大量地采用，而对于全盘性的市场营销服务自然不大关心。

与日本媒体细分制比较，商品细分广告代理制的最大优势是在广告客户、广告代理商与媒体三者之间较容易形成共存共荣的相互激励机制。

首先，广告代理商不能同时接受两家相互竞争商品的客户，这样有利于保守商业秘密。由于广告代理商所拥有的客户相互间不冲突，因此可以借用彼此经验对客户提供全过程的一致性服务，将最好的创意提供给惟一的商品客户。

其次，广告代理商在确定广告市场营销策略时会与广告客户站在同一立场上考虑问题；如果广告代理商的服务不能令客户满意，广告客户可以解除契约，寻找新的广告代理商；广告代理商为了不被解除契约，一定会全力为广告产品开展各项广告促销活动以提高广告效果。

第三，广告代理商与广告客户的关系依契约而存在。广告代理商之间因存在相互竞争的激励机制而会想方设法提高广告服务品质。这样一来，广告代理商因自己负责的商品销售增加而获得更多的利益，广告客户也会因其服务良好而扩大其商品代理的范围。

可见，相对而言，商品细分广告代理制度是较为有效、合理与合乎国际惯例的制度安排。现在通常所说的广告代理制大都是指这种以"商品细分"为规则运作的广告代理制度安排及运作机制。

3.1.3 我国广告代理制沿革

在我国，广告经营活动最早始于19世纪后期。1872年由英国人创办的《申报》，1893年由国人创办的《新闻报》是早期具有较大影响力的两份报纸。20世纪30年代，上海有20余家广告公司，其中以联合广告公司的规模最大。1933年，上海成立了"上海市广告业同业会"，到1946年共拥有会员90家。

中华人民共和国建国初期，政府采用"公私合营"的办法将原来的私营广告公司合并成了几家较大的专营广告公司。例如，上海原有的近百家广告公司改组归并为5家广告公司和一个广告美术社，行政管理权由商业部门划归到文化部门。当时，广告公司的业务主要局限在产品信息、包装和告知范围之内，后来又进一步缩小到生产资料广告和书籍电影展览会等文化广告。"文化大革命"期间，留存的少数广告公司的业务活动也主要是承担政治宣传牌和画稿设计。

1979年1月28日，上海电视台播放了第一条电视广告；同年4月17日，《人民日报》恢复广告业务，这标志着中国广告业开始复苏。伴随着改革开放和经济快速发展，广告业迅速恢复并繁荣起来。但从业务规范性的角度来看，这一时期广告代理制还没能建立起来，广告经营业务很少由广告公司代理，基本上是以广告主直接找媒体发布的形式为主。造成这一情况的原因是多方面的。

就广告主的情况来看，当时大多数企业缺乏营销意识和广告策划能力，常常因为商品积压或滞销才去做广告，大多数企业都是有事有广告、无事无广告，零敲碎打。这一时期，一些知名企业即使在长期发展过程中积累了一些广告运作经验和执行能力，通常也是自行组织广告策划和制作，对广告公司及其代理没有积极性。在媒体方面，各类媒体包括报刊、广播电台等，大都是高度垄断的，媒体制作发布广告也大多是在供不应求的非竞争性市场环境下进行的，因而人情广告、关系广告、摊派广告现象极为普遍。对于广告公司来说，由于业务素质局限和运营机制的约束，难以承担起应有的代理职责，所以，广告代理制的实施矛盾重重、步履维艰。

鉴于以上情况，有学者于20世纪80年代末提出成立以指导性策划为宗旨的广告咨询机构作为向广告代理制转变的过渡形式。20世纪90年代初，国家工商局批准在温州试行广告代理制，以解决虚假广告成灾的问题。其办法是"**两个过渡，一个结合**"。"两个过渡"，一是指广告公司从"审查代理"向"策划代理"过渡，即先实行广告公司代理审查业务和客户广告自我策划相结合，在双方接触的过程中逐渐建立相对稳定的合作关系，在此基础上逐步建立专业部门、培养专业人才，不断提高调查研究、营销战略和策划创意等技能，最终过渡到策划代理制；二是暂时保留主要媒体自有的媒介代理权，待条件成熟后再行撤销，转向综合广告代理制。"一个结合"，即"形式审查"与"实地审查"相结合，先审查广告主的合法资格以及与广告内容有关的证件，在形式审查合格的前提下再到广告主所在地进行实地审查，并征询广告主上级主管及有关部门的意见，防止违法做假行为。在温州试行的广告代理制基本达到预期目标，但由于种种原因未能在全国推广开来。

1993年，国家工商局、计委共同颁发的《关于加快广告业发展的规划纲要》将建立广告代理制作为未来10年转换广告经营机制的主要目标。同年，国家工商局颁布《关于在部分城市进行广告代理制和广告发布前审查试点工作的意见》，决定在10个城市的报社、广播电台和电视台三种媒体实施广告代理制。1995年2月1日开始实施的《广告法》对有关广告代理的法律关系做了正式规定。目前，广告代理制在实际推广中仍然问题多多，对此我们将在后面专门讨论。

由于历史的原因，在改革开放后很长一段时间内都是媒体自行直接向广告主承揽广告业务。试行广告代理制至今，由于处于代理制两端的媒体和广告主未能完全从既得利益中退出，广告公司也未能形成规范有序的市场竞争，这些都使代理制的实施面临一系列理论与实践问题的困扰。

3.1.4 双重体制矛盾

如前所述，客户代理与媒体代理是两种不同的代理体制。客户代理制要求广告公司以客户（广告主）的商品细分为代理标的完成广告业务的运作过程，由客户支付代理佣金；媒体代理制则是让广告公司通过媒体细分成为所服务媒体的推销员，销售媒体的广告资源，由媒体支付佣金或赚取媒体广告资源的批零差价。从运作实际结果看，商品细分的客户代理制是较为有效、合理与合乎国际惯例的作法。所谓广告代理制一般是指客户代理制，现代意义上的广告代理制是定位于客户的全面代理制。国家工商管理局明确规定不允许广告公司购买媒体的广告资源再转卖给其他客户，即不允许有直接的媒体推销代理关系。但在现实广告市场中，媒体代理是长期大量存在的，"××媒体广告总代理"、"××栏目广告总代理"，甚至承包媒体（频道或栏目）的现象屡见不鲜，有的还是作为"制度创新"提出并运作的，因此就形成了两种代理公司长期并存的运作状况见图3-3。

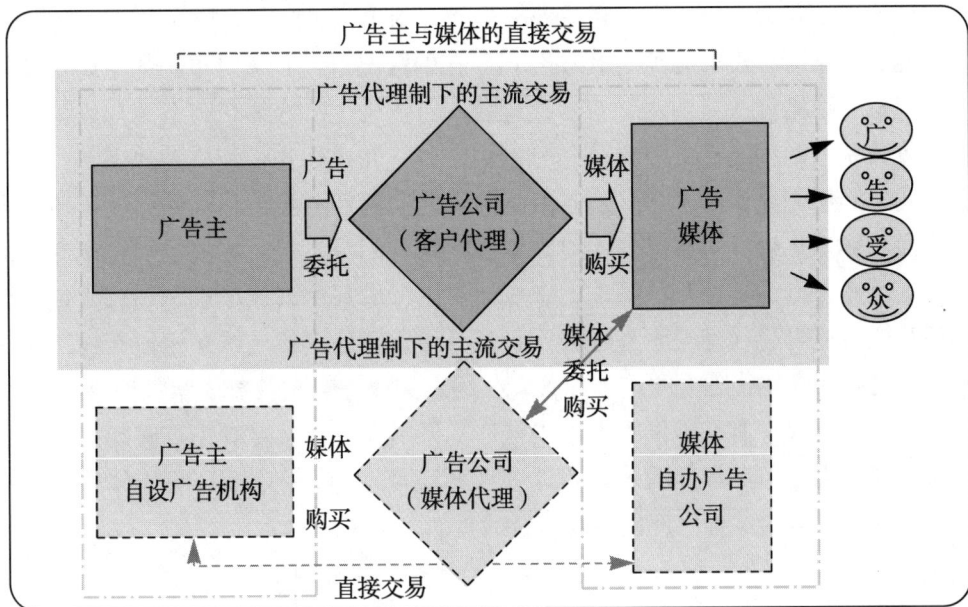

图3-3　中国广告代理制现行运作框架

应当承认，在公平竞争的条件下，两种代理制都有其各自的长处。媒体代理制可以促进媒体广告资源的销售，尤其是弱势媒体、非黄金时段或栏目的销售。从运作实际看，强势媒体一般不采用媒体代理的形式。因为对这些媒体来说，广告市场是卖方垄断市场，开放竞价销售可以获得广告收入最大化；弱势媒体，特别是新进入的媒体往往倾向于这种代理形式，通过"风险承包"可以确保媒体广告经营收入。因此，在实际广告运营中，媒体代理制有其特有的存在价值和发展空间。

但是，两种类型代理公司并存也给广告市场规范运作带来了相当大的麻烦和问题。媒体代理公司在业务拓展过程中必然会向广告主承揽业务，而且由于它拥有媒体代理经营权，使其拥有其他代理公司所没有的垄断优势。这样，当某个广告主的代理公司同时身兼某个媒体的代理公司时，必然将客户广告费用主要流向其所代理的媒体，而不是根据媒体的本身价值和广告主宣传需要来进行媒体组合和广告投放安排，这必然会损害客户利益，导致不公平竞争。

由于双重代理制并存，加上媒体经营垄断性运作以及各地区或部门自行出台的一系列"土政策"，造成了极为普遍的双重或多重代理现象，即多家代理公司"接力"完成业务流程的情况。这样必然增加业务环节，不仅使广告主的广告营销计划无法整合实施，也使本来有限的代理费被多次分割，导致代理公司因无法赚得合理的代理收入而进行恶性竞争。广告主和媒体为了"肥水不流外人田"竞相自办广告公司，这两类广告公司的直接接口与广告主和媒体的直接接口其实毫无区别，这样就形成了在"代理制"的名义下媒体直接对接广告主的运作模式。由于代理费在体内流动，因此形成了一种实质上的"零代理费"现象，迫使一般代理公司为争取业务，不得不以"回扣"的形式向广告主出让部分乃至全部利益，形成了诸如综合代理公司向媒体代理公司、全国代理公司向地方代理公司、国际4A公司[①]向国内公司、专业代理公司向有背景的皮包公司，特别是媒体自办公司转单的现象，造成了"劣币驱逐良币"的恶性竞争态势。这与实行代理制的初衷背道而驰，如果广告市场以这种运作模式为主流，那将意味着广告代理制实施的彻底失败。

因此，有学者提出，在两种代理公司并存的情况下，必须对市场的主要接口和竞争秩序做出规范。原则做法是：由于客户代理公司与广告主、媒体代理公司与媒体实际上是利益共同体关系，两种类型的广告公司分别由广告主和媒体支付相应的代理费，媒体代理公司不得通过利用佣金回扣来争取广告主；双方之间的业务接口，无论是媒体还是媒体代理公司，面对客户代理公司或广告主时，都必须执行同等政策，按规定支付代理费，否则就构成不正当竞争行为。在具体操作上，媒体可以考虑采用诸如区域市场总代理、行业广告总代理和栏目广告总代理等多种形式，且每一种代理形式都应该是排他性的，以防止媒体代理公司之间或媒体代理公司与客户代理公司之间业务交叉，造成竞争秩序混乱。

总之，广告代理制在中国本土难以推广，原因很复杂，要真正打破媒体垄断地位，使广告媒体同广告公司一样作为经营实体进入市场参与竞争，实现广告媒体的完全市场化和国际化，形成健全的广告代理机制尚有待时日。

3.1.5 代理费问题

广告经营活动的核心问题是广告代理体制，实施广告代理制的重心和关键是代理费。因此，很有必要专门说明一下广告代理体制中的费用构成和收费方式，并结合目前我国广告业现状分析存在的问题。

通常情况下，**代理费首先是指"媒体代理费"**，也叫**"佣金"**，甚至可以理解成**"回扣"**，即：广告代理公司无需向媒体直接支付全额广告费，而是按一个比例（如90%或85%）支付，剩下的部分就是广告公司获得的代理报酬。**媒体代理费是广告代理公司的主要收入来源，通常约占广告代理业收入的3/4**。最初，媒体代理费主要是用来支付广告公司从事媒体代理的佣金和劳务费，后来随着业务的拓展，逐渐包含广告公司为广告主提供其他广告代理服务（如文案、企划等）的酬金。另外需要说明的是，并非所有的广告公司都有资格从事媒体代理并能从媒体获取佣金，媒体仅对它承认或有业务往来的广告公司支付佣金。

除媒体代理费外，广告公司的收费还包括技术服务费和特别服务费。关于广告市场调查、广告策划、广告创意、广告设计与制作、媒体调查、效果测定等服务项目，如果不是由负责媒体投放的那家广告代理公司完成的话，从事这些服务的广告公司将不能从佣金中获得收入，需要广告主按单项付费，这称作技术服务费。特别服务是指广告代理服务以外的其他服务项目，诸如公共关系、促销、CI策划等服务收费。

传统上，广告公司的收费方式采取媒体佣金制，代理费率则是广告主、广告公司与

---

① 4A原指美国广告代理商协会（American Association of Advertising Agencies，简称4A），后用来泛指能够承揽客户全面代理业务的综合性广告公司（the Association of Accrdited Advertising Agencies）。

广告媒体三方互动博弈的焦点。最初实行佣金制时，收费比率由各媒体自行规定，一般在8％~25％。1917年，美国广告公司协会（4A）成立，随即呼吁将广告公司代理佣金比率固定为15％，同年，美国报纸出版商协会予以认可，此后，15％便成了公认的行业标准。我国广告业目前原则上也采用这一标准，但在代理制不健全的情况下，时间、版面供不应求的媒体往往少给或不给佣金；为了维护公司利益、规避风险，也有很多国际型大广告公司按17.65％的标准直接向广告客户收取媒体代理费。①

媒体佣金制的缺陷在于，佣金与广告代理工作努力程度没有直接联系，似乎广告公司不是凭其实际服务而是以揽客身份获得报酬的，只要客户在媒体投放广告，广告公司就可以从媒体得到佣金。当广告公司建议客户增加媒体投放量时，客户可能怀疑代理公司是为了获得更多佣金或为了减少从事"线下业务"②活动而建议提高本来有没必要的广告预算。

鉴于媒体佣金制的局限，奥美公司创始人大卫·奥格威创立了服务费制。**服务费制，或称实费制，是指广告主根据广告公司的实际工作量每月支付一定金额的报酬，而广告公司在媒体代理方面不再加收佣金。**采取这种收费方式的理由是，在广告媒体代理过程中，广告公司付出的努力是没有太大区别的，广告公司的收入不应随着客户媒体投放量的大小而有所不同，客户的广告预算及广告公司的收费标准应该根据市场、竞争情况来安排。这种收费制要求广告公司的一切外付成本，包括媒介费用、调查费用、制作费、印刷和差旅费等都要有财务凭证；广告公司所有参与此项代理的作业人员都必须有其在各项业务上花费支付的精确时间记录。

服务费制的核心思想是成本附加利润，这就留下了机会主义和低效率的隐患。服务费制可能导致业内的价格战，一些代理商可能会减少某些本应提供但付费较低的服务项目。此外，更为关键的问题是这种收费制在实际操作上确实相当麻烦，工时记录也难以客观、准确。当时，奥格威在推行这种收费制时就受到业内同行的极力反对，美国广告公司协会甚至准备将其开除出去。

此外，还有好多公司采用**效益分享制**的收费方式，即广告公司从客户实际销售收入中分取一定比例作为其报酬。在传统的广告代理活动中，广告公司只向广告主要求代理权利而通常不承担代理责任，实行效益分享制则可以将代理的权利与责任联系在一起，同时把代理利益和销售效果挂起钩来。但是，这种方式也存在明显问题。在实际中，销售效果受复杂多样的因素影响，并不是广告所能够直接决定的。在这种情况下，简单地将广告公司服务收费与实现销售业绩直接挂钩显然不妥。

实际的情况是，**到20世纪末，西方国家广告业更多地采用服务费制而非佣金制。**即使在实行佣金制的情况下，由于广告公司之间的竞争越来越激烈，委托代理双方通过协议达

---

① 即按广告费减去媒体折扣净额的17.65％收取代理费，之所以按17.65％收取，是因为按此比率计算代理费，广告公司所得恰好是广告主支出总额（广告费加折扣）的15％。例如，广告主投入100万元广告费，正常情况下，减去媒体折扣（15万元），代理商按17.65％的比率计算，可拿到15万元佣金：（100-15）×17.65％=15万，15万元正好是100万元的15％，与代理佣金标准一致。

② 与"线上业务"的概念相对，指那些不可收取佣金的广告活动，如现场销售广告等。

成的佣金水平远远低于15%的利润率。而且，一些广告主也越来越倾向采取基本收入加业绩奖金的方式支付代理费，并不局限于某一种单纯的付费形式。

在我国，1996年以前，广告业一直处于"强媒体，弱市场"的状态，媒体不愿也无须按国际惯例足额支付广告代理费，8%或10%的代理费标准曾经成为行业惯例在广告市场上大行其道。代理费支付不足直接制约了广告公司的生存与发展。在广告公司的强烈要求下，国家工商局于1995年发文，明确要求：广告公司在为广告主做市场调查、创意策划、设计制作和媒体计划投放时，要收取15%的代理费。此后，15%的代理费被普遍接受。

自1996年以来，各类媒体发展迅速，媒体资源供给过剩的状况日益突出，媒体之间广告争夺战愈演愈烈，部分媒体开始通过提高代理费折扣标准来争取市场份额，使媒体广告价格的"水分"越来越多，近年来部分强势媒体甚至将广告代理费提高到20%以上。这样，一些媒体在短期看似乎提高了其市场份额，但由于无序竞争加剧，实际上往往只是在新水平上展开新一轮的恶性竞争而已，使媒体经营市场长期陷入"低价代理费（8%~10%）——经营运作混乱——提高代理费（15%）——新的经营运作混乱——再提高代理费（20%~22%）"的恶性循环中，媒体广告价格"泡沫"越来越多，广告市场价格机制进一步扭曲。

有研究者指出，媒体对代理公司按投放量累计打折的做法也不利于公平竞争。目前，绝大部分媒体采用按代理公司在该媒体的投放量来给予高低不同的折扣，这种看似公平的做法其实蕴藏着许多不公平。[①] 在这种情况下，投放量巨大的广告客户流向在很大程度上决定竞争的格局，如果广告代理商争取到了大客户，即使其经营能力和业务水平与其他代理公司差不多，但在面对新广告客户投放竞争时，却拥有竞争对手无法企及的绝对价格竞争优势，这样，必然造成代理公司之间无法平等竞争。而且，按代理公司投放量计折扣的做法，使处于行业垄断巨头地位的国际4A公司得以加大对媒体广告价格的打压力度，同时对广告主可以维持价格刚性，从而获得更大的利润份额；而大部分内资代理公司无法与之展开竞争，使广告行业垄断现象日益凸显。

鉴于此，有专家指出，为了形成公平竞争的市场态势，应改变媒体以代理公司投放额计算累计折扣的做法，代之以品牌投放量来计算。即：**将应向代理公司支付的代理费与应向广告主返还的折扣分开，代理费标准按国家规定执行，且所有代理公司相同，而折扣部分则按代理公司所代理的不同品牌投放量确定**。采取这种方式，折扣标准透明，广告主在该媒体可享受的折扣率将取决于其投放量，所以广告主在选择媒体时将主要考虑媒体质量和广告预算等因素，选择最能提供"贴身服务"的广告公司，并与之更多地进行业务协作，而不需要将眼光只放在"折扣"上。由于折扣率不再成为主要"卖点"，代理公司的素质和服务质量将成为决定其能否得到广告代理业务的主要因素，代理公司可以更专注于提高自身业务素质，为客户提供更全面、更贴身的服务，而不必担心其他"有门道"的对手挖走客户。这样自然有助于推动代理公司公平竞争秩序的形成。

---

① 罗云斌，吴永新. 规范中国的广告代理制. 《中国广告》，2000年第5期。

精要提示

　　200多年来，广告经营代理制经历了版面销售经纪、专业技术服务和全面广告代理三大发展阶段。现代广告代理制是立足客户商品细分进行全面代理的一种制度安排，其基本特征是：以策划为主导，以市场调查为基础，以创意为中心，以媒体组合选择为实施手段，以促进客户营销为根本目标和任务。实施广告代理制的重心和关键在于如何确定代理费构成、收费方式及标准。由于历史和国情等复杂原因，我国广告代理制的推广实施长期以来存在双重体制并存的矛盾、转换困境以及相关代理收费问题。

3.2 广告公司经营管理

3.2.1 广告公司类型

　　广告公司，即专门经营广告业务活动的企业，实际上是**"广告代理商"**（Advertising Agency）的俗称。广告公司可大致划分为**综合性**与**专业性**两大类。

　　综合性广告公司是接受广告主委托，能够从事包括广告调查、策划、创作、传播等全过程、全方位广告代理服务的广告经营企业，是广告代理制的典型组织形式。综合性广告公司一般规模较大，在广告业中虽然数量不多，但经营额比重较大；其经营规模和专业水平是反映一个国家广告业发展水平的重要标志。

　　如表3-1所示，2000年世界前十大广告公司全球资产总额达上百亿美元，总收益额达一二十亿美元。

表3-1　2000年世界前十大广告公司

排名	广告公司	总部	全球总收益（百万美元）	全球资产总额（百万美元）
1	电通广告公司	东京	2 432.0	16 507.0
2	麦肯环球广告公司	纽约	1 824.9	17 468.5
3	BBDO环球广告公司	纽约	1 534.0	13 611.5
4	智·威汤逊广告公司	纽约	1 489.1	10 229.0
5	欧RSCG环球广告公司	纽约	1 430.1	10 646.1
6	葛瑞环球广告公司	纽约	1 369.8	9 136.6
7	DDB环球传播广告公司	纽约	1 176.9	9 781.0
8	奥美环球广告公司	纽约	1 109.4	10 647.2
9	Publicis环球广告公司	巴黎	1 040.9	7 904.5
10	李奥贝纳环球广告公司	芝加哥	1 029.3	7 757.8

　　根据国际广告杂志社和IAI国际广告研究所2000年度和2006年度"中国大广告公司基

本情况调查"（见表3-2、表3-3）数据显示，我国广告业集中趋势明显，多数大广告公司广告经营额、上缴利税及税后纯利都大幅度甚至成倍增长；媒介代理业务在广告公司经营中举足轻重，除少数公司外，绝大多数大广告公司媒介代理额均占其经营额的绝大部分，但大多数公司利润相对较低；此外，广告公司市场竞争激烈、经营动态变化巨大，2000年排在前25名的大公司，到2006年仅剩下9家，而且排名有了很大变化。如何提高人员素质，进行经营理念创新，提升竞争力，成为我国综合性广告公司面临的迫切而具有挑战性的问题。

表3-2　2000年度中国大广告公司基本情况调查

公司名称	广告营业费（亿元）	媒介代理额（亿元）	上缴利税（万元）	税后纯利（万元）	培训费（万元）	图书费（万元）
1 麦肯·光明广告公司	13.72	11.11	4 707.6	3 693.1	30.6	9.8
2 海润国际广告公司	11.80	7.80	1 200.0	2 800.0	480	65.0
3 上海奥美广告公司	9.13	7.66	2 416.7	3 254.0	*	*
4 智·威汤逊中乔广告有限公司上海分公司	8.80	*	*	*	90.0	5.1
5 北京电通广告公司	7.00	6.40	619.2	300.0	100	20.0
6 北京未来广告公司	6.65	6.48	2 362.0	2 568.0	11.0	12.0
7 广东省广告公司	6.08	*	443.9	*	150	60.0
8 上海广告有限公司	5.94	2.52	284.9	591.5	*	*
9 精信广告有限公司	5.68	4.60	1 093.7	*	*	*
10 上海灵狮广告公司	4.95	4.54	1 270.0	1 275.0	12.0	5.0
11 华谊兄弟广告公司	4.50	2.70	*	*	50.0	20.0
12 上海解放广告公司	3.09	2.34	2 052.5	18 787	9.0	4.3
13 山东宏智广告公司	2.25	2.00	*	*	20.0	7.0
14 福建奥华广告集团	1.90	1.50	297.0	75.0	50.0	20.0
15 中国国际广告公司	1.80	1.70	144.1	630.1	2.0	2.0
16 金鹏国际广告公司	1.78	1.42	*	*	42.1	15.7
17 上海博报堂公司	1.64		*	*	*	*
18 广东广旭广告公司	1.52	1.20	375.0	254.0	6.0	16.0
19 广东英扬传奇公司	1.50	1.10	*	*	*	*
20 上海李岱艾公司	1.39	1.24	181.5	*	10.0	1.5
21 四川省巴蜀新形象	1.27	*	*	*	150	50.0
22 昆明风驰广告股份	1.20	0.42	780.0	2 365.0	86.0	32.0
23 上海旭通广告公司	1.18	0.87	385.3	83.9	15.0	3.0
24 上海第一企划公司	1.10	0.89	258.0	52.2	10.0	2.0
25 广州市旭日公司	1.10	1.05	*	*	10.0	6.0

资料来源：《国际广告》，2001年第7期。

表3-3 2006年度中国大广告公司基本情况调查

公司名称	广告营业费（亿元）	媒介代理额（亿元）	上缴利税（万元）	税后纯利（万元）	培训费（万元）	图书费（万元）
1 盛世长城国际广告有限公司	48.16	33.34	2 441.58	4 651.01	23	280
2 上海李奥贝纳广告有限公司	40.42	*	*	*	*	*
3 麦肯·光明广告有限公司	36.54	*	*	*	160	700
4 北京电通广告有限公司	28.64	24.00	*	*	10	1 080
5 北京未来广告公司	23.70	23.70	7 447.00	9 720.00	*	*
6 广东省广告有限公司	18.60	6.70	2 778.48	*	80	70
7 上海广告有限公司	13.23	*	*	*	100	20
8 海南白马广告媒体投资有限公司	7.71	*	8 064.00	11 431.00	*	*
9 江苏大贺国际广告集团有限公司	6.37	0.83	2 389.00	3 199.00	*	*
10 北京广告有限公司	6.20	5.36	1 580.00	2 100.00	8	6
11 上海灵狮广告有限公司	5.50	2.80	1 716.00	1 550.00	12	13
12 北京泛亚宏智广告有限公司	5.30	*	*	*	60	180
13 三星影视交流中心	4.30	4.00	73.00	*	5	36
14 北京胡同联合国际广告有限公司	3.97	3.25	*	*	29	8
15 上海旭通广告有限公司	3.80	2.58	*	*	12	20
16 南京银都广告商务有限责任公司	3.80	2.00	300.00	193.00	50	100
17 上海美术设计公司	3.14	1.11	787.00	1192.00	36	3
18 四川省巴蜀新形象广告传媒股份有限公司	2.64	*	*	*	80	50
19 安徽省金鹏国际广告有限公司	2.25	*	1 117.00	1 002.00	12	*
20 广东广旭广告有限公司	1.86	1.02	206.00	100.00	15	52
21 北京华文旭通国际广告有限公司	1.81	1.17	69.80	141.71	12	137
22 西藏国风广告有限公司	1.64	1.36	94.34	512.27	*	*
23 东方仁德广告有限公司	1.50	*	*	*	15	22
24 广州市蓝色火焰广告有限公司	1.35	1.00	*	*	20	85
25 旭通世纪（上海）广告有限公司	1.00	0.40	340.00	16.00	*	*

资料来源：《国际广告》，2007年第8期。

专业性广告公司 是社会专业化分工和广告业务拓展的产物，主要从事某类广告业务或经营广告活动某部分业务。近年来，专业性广告公司主要从一些电子网络等高科技领域分化出来，一般有如下几类。

——**广告调查监测公司**，主要提供有关广告信息数据搜集和反馈方面的业务，包括市场信息调查、媒体信息咨询及广告效果监测等方面的信息服务。

——**广告策划公司**，即专门为广告主进行广告及营销策划和咨询服务业务的专业性广告公司。一般来说，这类业务都是大型广告公司的主干业务，所以专营此项业务的公司一般不多。近年来，这类咨询公司有转型期过渡性特征，主要是由一些专家学者组成的小型学术组织、一些以卖"点子"为主的策划公司鱼龙混杂，行业规范尚未形成。

——**专业媒体代理公司**，即专门从事各类媒体的代理业务的公司。媒体自营广告业务会造成条块分割、垄断经营、恶性竞争，走代理经营之路是广告业发展的必然趋势。所以这类专业性广告公司很有发展前景。

——**广告设计制作公司**，即主要从事广告作品的创意、设计、制作业务的公司，开办这类公司的人员一般是影视行业的艺术创作和传播技术工作者，他们拥有较强的专业影视广告制作力量。

除此之外，还有一些大公司或企业集团所属的广告公司。目前，这类广告公司数量还不少，这是转型时期广告业发展的特殊组织形式。

3.2.2 机构设置与职能划分

广告公司的机构设置，各公司可以根据具体情况有所不同。一般地说，广告公司的职能部门大体可以分为三类：**客户部门**、**制作部门**和**媒体部门**（见图3-4）。

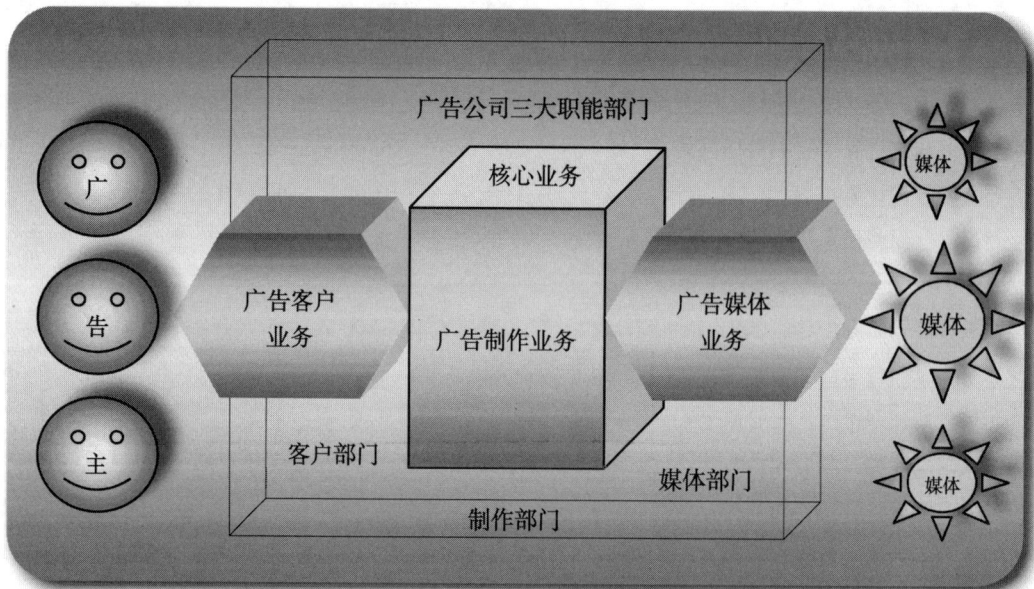

图3-4 广告公司机构设置

（一）客户部门

客户部门是广告公司的龙头，主要职能是负责与广告主打交道，承揽客户广告委托的业务，为客户的广告活动进行策划，并据此进行管理及内部资源支配，其他部门都要围绕客户服务部展开工作。在西方广告界，客户部工作人员一般习称AE（Account Executive）。AE在业务方面一般须具备所谓5A（Analysis，Approach，Attach，Attack，Account）素质和能力，即分析、接触、联系、攻击和核算能力。

企业一般都设有专门负责广告业务的广告部。从目前国内的情况看，企业的广告部门可分为三种类型：一是**形象宣传型**，基于企业广告宣传功能定位，一般将之纳入企业行政管理系统作为其一分支机构来设置，比较注重企业的形象推广和内外部信息沟通，主要适用于公关宣传而不是市场和销售；二是**销售配合型**，这是目前国内外企业采用得最普遍的一种广告管理模式，它隶属于销售部门，其功能定位为促销，下设市场调研、产品开发、销售和促销等分支部门，如宝洁公司的"品牌经理制"①就属于这一类型；三是**营销管理型**，这种组织从原有行政或销售管理系统中提升出来，在功能层面上具有战略性质，直接参与企业广告的宏观决策、组织管理和推广实施，成为企业实施整体发展战略的重要组成部分，一些大型企业集团往往采取这种模式。

目前国内许多企业出于成本和方便方面的考虑，也可能是对广告代理持怀疑态度，或是缺乏对广告代理科学性的认识，往往完全自己完成广告目标、调查、说明书、策划和制作等一系列工作，然后直接交给媒体发布。但越来越多的企业采取委托广告公司代理执行，在确定广告目标和计划后，就把所有的执行工作托付给广告公司，由广告公司将企业的广告意图转化为具体的平面、立体或影视作品在媒体上发布。**如果把自我执行看成"下厨"，把全面广告代理看作"套餐"，那么，委托多家公司的做法就是"点菜"。**广告主可能请一个创意咨询公司完成文案创作和设计，从一家媒体代理公司购买媒体组合，而某些艺术性工作则可以直接请专家完成，所有广告经营活动都可以从大量的"下游公司"中进行选择。

无论哪种模式，广告公司的客户部门都要与企业取得广泛联系，积极联络与接洽广告业务，分析广告主商品和劳务的优劣及市场竞争关系，确定广告主商品和劳务目前及潜在的目标市场，把握销售的可能地区、销售量、季节变动、市场竞争力；然后依据客户提供的有关企业、产品及市场信息，提出广告宣传要求和广告费预算，会同公司其他部门在进一步调查研究的基础上制订广告计划及具体实施方案，提出营销活动方案，并在征得广告客户的认可后，交由各部门执行。

在整个广告活动执行过程中，客户部作为广告主和代理公司之间的双向代表，要善于协调与广告有联系的内外各方面关系，既要能听取客户意见，又要能向客户推销公司的广告计划，与客户保持长期伙伴关系，提高广告促销作用；同时，客户部对内代表广告主的利益，要随时与公司内部广告作业人员接触，能够将客户的意图准确地传达到每个相关业务层面，沟通广告经营者、广告制作人员及广告公司策划负责人之间的信息交流，对广告计划、设计、制作和发布活动进行全面督导。此外，客户部门还要负责广告账款及时收回，维护公司利益。总之，在具体广告业务开展过程中，客户执行的作用极为重要。

---

① "品牌经理制"始于1929年，当时公司为改变新产品佳美香皂销售情况不佳的局面，特别任命了一位年轻经理负责该产品的宣传和促销工作，大获成功。于是，公司就接二连三地给所有的品牌委任了品牌经理，负起各品牌行销及广告活动的全部责任。

专栏3.1：经典文献

选择客户和客户主管十要点

大卫·奥格威

◇ **挑选客户的十条标准**

1. 来找我们做广告的客户的产品必须是令我们引以为骄傲的。有少数几次，我们为看不上的产品做广告都失败了。律师可能要为一个他明知有罪的杀人犯辩护，外科医生也可以为他不喜欢的人开刀，但是职业性的超脱在广告行业里是行不通的。一个撰稿员为某种产品创作的广告如果要有推销力，那么这种产品必须对这位撰稿员个人有某种吸引力。

2. 除非我们确信我们会比客户的前一家广告公司干得更出色，否则我们不接受他们的聘用。《纽约时报》要我们为他做广告，我回拒了，因为我不认为我们能比他们正在合作的那家广告公司做得更为出色。

3. 我谢绝产品销售量长期下降的客户。出现销售不良的情况，几乎总是因为产品存在缺点，或是因为厂家管理不善。这两种缺陷是不论多少好广告也弥补不了的。一个新的广告公司不论多么渴望得到客户，总应该能够约束自己，拒绝这种客户。有名气的外科医生可以经得起偶然在他的手术台上死去一位病人的打击，但是一个年轻的医生若是碰上了这样的不幸事故，他的前程就可能断送掉了。我常常害怕我们的客户在我们的"手术台"上死掉。

4. 搞清楚可能成为客户的广告主是不是希望广告公司有利可图是很重要的。我有过蒙受损失的经验。我帮助我的客户发展成千万富翁，可是我自己却在为他们服务的过程中连衬衫都赔进去了。广告业的平均纯利现在不到0.5%。我们在"锋利的刀刃"上要平衡：既不能给客户过分的服务而自己破产，也不能因轻率服务而丧失业务。

5. 如果一家客户看来于你无利可得，他能促使你做出出色的广告吗？我们没有能从健力士黑啤酒或者劳斯莱斯那里赚到多少钱，但是他们都给了我们宝贵的机会，使我们能大显我们高超的创作能力。再没有别的办法能比这个办法更快地把一家新广告公司推到前台了。惟一的危险是它会给你带来不均衡的名声。企业界总认为，如果一家小广告公司在创作出色的广告方面表现出才能，那么他在调查营销方面一定很弱。很少有人会认为，一个人在某方面有高标准，他就会在各方面都有高标准。

6. 厂商和他的广告公司之间的关系就像病人和医生的关系一样密切。我们在接受一个客户之前，需要弄清楚是否确实可以和他相处愉快。可能成为客户的广告主第一次来找我的时候，我首先要搞清楚他为什么改换广告公司。如果我有理由认为他没有说实话，我就问我在他以前聘用的那家公司工作的朋友。就在不久以前，在最关键的时刻我了解到一位可能成为我的客户的广告主讲话含糊其辞，在他原先聘用的广告公司工作的朋友告诉我，他需要的是心理专科医生而不是广告公司。

7. 我谢绝把广告看成全部营销活动中的边际因素的客户。他们有一种很令人尴尬的做法：每逢别处要用现钱，他们总是从广告费上打主意。我更喜欢那些视广告为须臾不可缺少的必需之物的客户。就像医生动手术一样，我们为客户的生意开刀的地方是那不可或缺的心脏，而不是随便一个无关紧要的部位。总的说来，最能获利的是那些单位成本低、大家都使用而且要经常购置的大众化产品。与高价耐用品相比，它们的广告预算更大，广告效果也更可检测。

8. 我不接受实验室测试还未完结的新产品，除非这种产品是已经投放全国市场的另一种产品的必不可少的部分。广告公司在试销市场上为新产品开路比受理已进入市场营销的产品花费更多，何况新产品十有八九是夭折在试销市场中的。在总的利润率只有0.5%的情况下，这种风险我们是承担不起的。

9. 如果你有创作有效广告的抱负，千万不要揽"协会"为客户。因为差不多所有的协会客户的情况都一样："婆婆"太多，目标太多，广告费则太少。

10. 有时可能成为你的客户的广告主提出和你做生意，但有条件，要你雇一位他认为在管理他的广告方面不能缺少的人。这样做的广告公司的结局是，招来了一帮政客搅乱公司的行政，导致部门不和。我有时雇一些有才干的人，但有条件，即不能把其关系客户夹带进来。

◇ 对客户主管的十大忠告

1. 客户迟早要反对你——或者是因为他不喜欢你，或者是因为你没有使他得益，也可能是因为他把本来出自你公司其他部门的失误归咎于你。这样的情形出现的时候，你切莫灰心丧气。我知道有一家公司的老板一年之内三次遭到客户反对却没有垮掉。

2. 如果你只是想当一个在客户与公司其他部门之间起联络作用的角色，像一个在厨师与餐厅顾客之间往来穿梭的跑堂人那样，那么你总是可以混过去的。最好把这样的客户主管叫做"传声筒"。毫无疑问，你一定可以得心应手地履行这样的职责。但是我希望你用更远大一点的眼光来看待你的工作。好的客户主管需要具备最复杂的专门技能：成为市场营销专家。

3. 不论你多么勤奋苦干，也不论你知识多么渊博，35岁以前你是不可能代表公司接触客户决策层的。我的一位同事把他得以被迅速提升归功于30岁就秃了头，另一位这样的幸运儿40岁就白了头。

4. 如果你不学会如何向客户做高质量的提案就不可能成为一个高级客户主管。你的客户大多是大公司，你必须善于向他们的决策层推销你的广告计划。好的提案，文字必须严谨流畅，讲述时也要活泼中肯。可以悉心、刻苦地学习前辈大师们写的提案，这样可以把提案写得很好。可以通过观察有成就的专才的提案，学习他们讲述的技巧，使自己的讲述生动、有条理。

5. 不要以轻视和敌对的态度对待客户。这是通常易犯的错误。要和他们交朋友，把自己当成他们当中的一员。买他们的股票。不要卷进他们的内争中去。若是你因支持了内争中败的一方而失去了一个客户，那是很不幸的。

6. 你在和客户及同事日常磋商的时候，要能"舍车保帅"。一个在小事情上光荣让步的人，在大问题上坚持斗争的时候别人是很难不考虑他的意见的。

7. 不要在电梯里讨论客户的业务，将文件好好地锁起来，嘴不严、文件管不好会毁掉你。

8. 要是你想把某种想法叫文案撰稿人或是调研经理接受下来，就要在私下委婉地和他们磋商。在麦迪逊大道，说教的人是不受欢迎的。

9. 你勇于在客户和同事面前承认自己的失误会赢得他们的尊敬。坦诚、客观和富于理智的诚实是专业广告人必备的素质。

10. 要学会写流畅的公司内部文件。要记住阅读报告的高级人士日理万机，工作量比你大得多。文件写得越长，他们认真读它的可能性就越小。1941年，温斯顿·邱吉尔给海军司令写了这样一个便条：务请于今天"用一纸"写下怎么调整我们皇家海军以适应现代战争的要求（引号是我加的）。

资料来源：大卫·奥格威著. 一个广告人的自白. 北京：中国物价出版社，2003。

（二）制作部门

制作部门又称"创作部"或"创意部"，是广告公司承担广告创意、策划和制作业务的核心部门。其主要职能就是依照广告计划完成创意和制作方案，经客户审核同意后进行制作，包括拍片、配音、印刷或摄影等具体工作。创作部的人员构成一般包括**创作总监**（Creative Director，简称CD）、**文案人员**（Copy Writer）、**美术指导**（Art Director）、**插画师**（Visualizer）、**完稿美工**（Finish Art）、**制片人**（Producer）等。主要业务程序及项目为：首先，要组建创意小组，确定创意理念和广告方案，这是决定广告质量的关键环节；其次，制定广告创作过程计划表，以保证广告在最终期限前按时刊登或播出；进而，进行广告作品制作，这是广告制作部门的主体工作；最后，审查广告作品，确定广告稿，送交媒体部门。

（三）媒体部门

媒体，最初仅是作为政治运动宣传工具和传播信息手段出现的，但后来人们发现，广告搭上媒体的快车后可以迅速扩大影响，而媒体也可以此来解决其烦人的经费问题，于是两者一拍即合，产生了现今人们熟悉的"广告媒体"或"媒体广告"。媒体最初经营广告是集承揽、制作和发布于一身，后来由于广告代理经营机制的形成而转向专司广告发布职能。一般媒体的广告部下设营业科、编排科、行政财务科等科室，其业务分工是：营业科负责对外的业务联络，向客户销售媒介版面和时间；编排科负责广告刊播编排、整理和校阅；行政财务科除日常工作外主要是督促广告费及时回款。在国外，广告发布审查是由广告主、代理公司和媒体共同组成的独立广告审查机构来进行的。由于历史和体制原因，目前我国广告预审制还不完善，此职能由媒体自行执行，所以媒体一般还要专设广告审查机构，同时在广告代理制尚不健全的情况下，媒体同时也向广告主直接承揽广告业务，往往在内部设有调查科、广告策划科和设计制作科等机构，俨然是广告代理公司的组织架构。

在广告公司组织架构和职能设置中，媒体部门是从事有关电台、电视台、报社、杂志社等媒体节目或版面更新、策划广告对策及预算谈判等日常业务的职能部门，其具体业务包括：（1）调查各种媒体的性质、特点、影响力、收视或订阅率以及媒体发布费用等信息；（2）签订广告版面、时段等发布契约；（3）将广告信息通过既定程序传送给媒体发布；（4）检查媒体发布效果；（5）履行广告经费有关支付手续。

广告作品完成后，媒体部门按其广告策略安排媒介刊播，利用媒体传递广告信息，其工作分工如下：（一）媒体计划人员按照客户服务、市场调查人员提供的信息，做出最有利于品牌或企业传播目的的媒介发布计划，交由媒体购买人员去实施；（二）媒体调查人员关注媒体的特点、收视率或者发行量以及竞争产品在媒体上发布的时间、费用和频次，以便计划人员做出相应的安排，并反馈给公司的其他部门，调整客户的广告策略（有时也会利用一些专门的媒体调查公司做这一工作）；（三）媒体监测人员的职能是检测媒介是否按广告协议按期发布广告，以免漏播和误播，给客户造成损失。

当然，和其他所有企业一样，广告公司除了这三大职能部门以外，还要设置行政部门负责人事、财务、审计和后勤等日常管理事务。有些大型广告公司还设有专门的广告计划部、市场调研部等专门组织机构。图3-5是美国4A广告公司的典型组织结构模式。

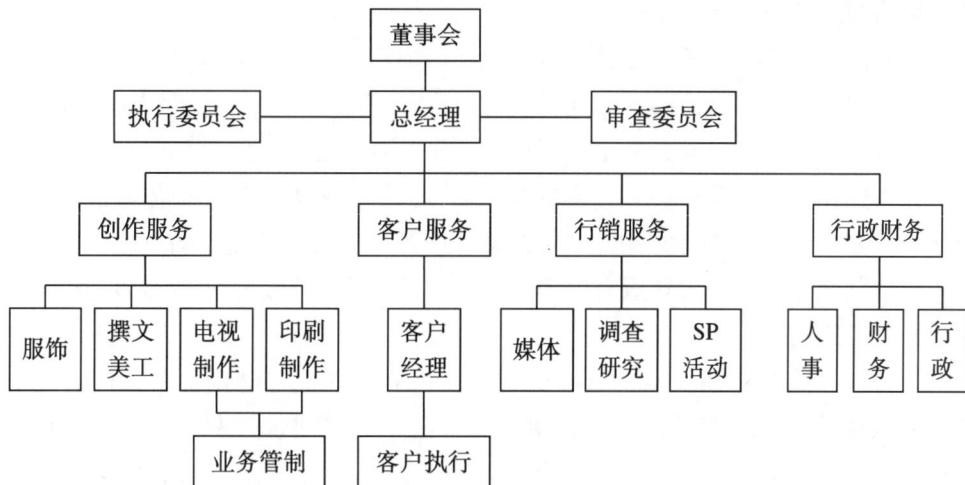

图3-5　美国典型4A广告代理公司组织结构

3.2.3　人力资源管理

广告业是知识、技术和人才密集型产业。一般来讲，广告公司的实力主要表现在三个方面，即人员素质、作业能力和经营业绩。其中，人员素质是最重要的、具有决定性的要素。大卫·奥格威强调指出，广告公司**"最高领导人的最主要职责在于创造一种让有才华的人有用武之地的气氛"**。人力资源状况直接决定着广告作业服务的质量，而公司利润业绩则是高素质人力资源作业的自然结果，这是决定公司可持续发展的经济基础或财务保证。鉴于此，我们特别突出地讨论一下广告公司人力资源整合管理问题。

关于广告公司人员的素质要求，很难有一个框定的标准，一般说来，要有良好的智能情商，沟通和表达能力，诚实的品德和丰富的实战经验。

首先，广告人要有高水准的智能情商。广告公司要应对各种客户，需要在较短的时间内熟悉客户所从事的业务领域，保证用很短的时间为客户所做的提案和建议能够使客户接受、满意。因此，广告公司应选择那些智力良好或有发掘潜力的员工加盟，他们不仅仅聪明和机灵，而且具有解决问题、应对困难的能力和情商。

其次，广告人要有良好的沟通和表达能力。广告公司从事的是传播和销售的工作。因此，对广告公司的大部分岗位而言，都要求广告人具有良好的沟通和表达能力。业务人员需要把公司推销介绍给客户，创意人员需要把创意推销出去，媒体人员要说服客户采用公司的媒体策略并使客户觉得调研工作确实重要，客户人员要使客户觉得确实是在为他的利益着想。只有那些有着良好的书面沟通和口头沟通能力的人才会在广告业残酷的竞争环境中取得成功。

其三，广告人要有诚实守信的品德。诚信是广告公司的生命。广告公司要十分重视自身信誉和社会品牌，应以诚实守信的形象出现在客户和公众面前，让客户觉得诚实可靠。而广告公司的信誉，要通过员工日常行为来传达和表现。这就要求广告公司的员工在做业务时以诚实的心态去面对客户，将诚实作为打开客户心灵的一把钥匙，并辅之以得体的言行和必要的沟通技巧去开拓业务。

此外，广告人还要具备丰富的实战经验。许多广告公司，包括处于创业时期的广告公司，迫切需要的往往不是有闯劲的新手，而是有一定经验的人。这里所说的经验，不仅是指从事广告专业工作的经验，而是更广泛地要求从业者经过一定的职业训练，有丰富的工作阅历和人生体验。广告公司要做人的沟通工作，广告人要通过职业体验而对人性有深刻的理解；对客户而言，找有经验的广告公司和服务人员意味着较小的风险，客户不希望自己是第一个试验品。广告公司应有合理的人员梯队，为员工提供实战经验的机会，积极培养、开发员工的技能。

广告公司的人员聘用是双向选择的过程。广告公司应该聘用那些认同公司文化，能够在公司获得成就感和归属感的人。例如，大卫·奥格威曾经发布了一则题目叫做"寻求稀有动物"的创意指导人员招聘广告（见图3-6），文字言简意赅，内容生动而富有吸引力。

寻求稀有动物

在我的经验中，广告界的创意指导人员有五大类：精通策略，拙于执行；优秀的经理人，凡事不会出错，但他不会创造出杰出的广告作品；无药可救的一群；才华横溢，但却是一败涂地的领导人；号角鹄——天赋异禀的创意才华，并且具有振奋人心的领导能力。我们的海外分公司已有一个空缺，正等待这种稀有鸟去栖息。

我们需要媒体经理和媒体企划人员各一名，我们期待拥有敢于开创新方向并敢以经验挑战未来的人员与我们共事。当然，除了良好的英语能力和团队精神外，您更需要有"没有什么不可能"的信念——我们不在乎你做不做得到，只在乎你是否愿意试一试！

您是否希望能做到别人没有做过的？觉得目前您离您的创意仍然很远？您是否以无法接触一个老练的和专业的媒体环境而深表遗憾？如果您是这种人，奥美可以帮您达成。请迅速将简历和照片寄至民生东路三段51号8F奥美广告人力资源组陈小姐收，您将以在台北最具挑战性的媒体部工作为荣。

来函资料绝对保密，经寄本人——大卫·奥格威。地址：法国，波恩，863000，杜弗古堡。

图3-6　大卫·奥格威创意人员招聘广告

一位广告公司总裁强调指出：**若想在广告业取得成功，你必须招募一批有创造力的人。这就是说要有一大批敏感、聪颖、奇特而不受清规戒律约束的人。**就像大多数医生一样，一星期七天不分昼夜随时得去应诊，广告公司各层次、各领域的主管均受到业务和客户的重压，而他们又将这种压力转移给业务创作人员，结果弄得大家心力交瘁。此外，广告业界还有一个奇特现象：每个人都在仔细地观察别人，看自己是不是先于别人有了地毯，先于别人有了助手，或者先于别人额外多得了点钱；倒不是他们看重那块地毯、在乎有个助手或是几个钱，而是这些事都显示出他们是"受到爸爸宠爱的"。而经理不可避免的是爸爸式的人物。要当个"好爸爸"，不论是当自己子女的还是当下属的，都要求他能理解人、体谅人、有人情味而且受人喜欢。

奥格威认为一个好的广告公司领导人首先应尽量做到公正、坚定，做出的决定要坚定不移，尽力营造稳定和谐的气氛，多听少说；其次，制定方针和政策时要深谋远虑，尽量保持公司蓬勃的朝气，保持公司的激情、活力和向前闯的劲头；其三，要尽量争取新的客户以发展壮大公司，尽量争取客户的最大信任；争取获得更多的盈利，以使大家在年老时不致过贫困的日子；其四，尽量在公司的在各个层次上都任用最高水平的人，使公司成为同业中人才济济的广告公司，使公司员工的才能都可以充分发挥出来。

在公司创业之初，公司领导人和每个雇员朝夕相处，感情的交流往往很容易。但是，随着公司规模和员工队伍越来越大，感情的交流就变得困难了。在这种情况下，公司领导人就更要注意通过适当途径和形式与员工沟通交流，做到情感通融。例如，在奥美，奥格威每年都会把全体职工集合在现代艺术博物馆的礼堂里，坦率地向他们报告公司的经营和收益等情况，然后告诉员工们他对自己的要求，以及公司最欣赏员工什么样的行为（见专栏3.2）。

专栏3.2：经典文献

我所欣赏的广告人

大卫·奥格威

1. 我欣赏刻苦工作、能啃硬骨头的人。我不喜欢上了船但却不肯尽本分的过客。工作超量比工作量不足来得更有趣。刻苦工作中包含有经济收益。努力工作的人越多，我们的盈利也就越多。盈利越多，我们大家能得的钱也就越多。

2. 我欣赏有头等头脑的人。缺少有头脑的人就无法把广告公司经营为优秀的公司。但是，单有头脑还不够，头脑必须与富于理智的诚实相结合。

3. 我有一条决不容违反的规定，即不使用职工的亲属和配偶，这种人招惹是非。公司的一男一女结为夫妻，其中一人就必须离开——最好是女方回家去照顾孩子。

4. 我欣赏满腔热忱工作的人。如果你不喜欢所做的工作，我劝你另谋高就。记住苏格兰的谚语："活着，就要快快乐乐，要知道，人一死就再不能寻求快乐。"

5. 我看不起对上司阿谀奉承的人，一般说来，正是这种人对自己的下属飞扬跋扈。

6. 我欣赏有自信心的专业人员，欣赏以高超技艺尽职尽责的工艺家。这些人都尊重同事们的专业技能。他们不做欺世盗名之事。

7. 我敬佩那种愿意任用有能力、将来可以接替自己的优秀下属的人。总觉得自身岌岌可危，只得任用庸才以自保的主管，我觉得很可怜。

8. 我尊敬那些注意培养下属人员的人,因为这是我们惟一能从内部提拔人才的途径。我讨厌从外面物色人选来公司担任要职。我期待有朝一日这种事情在我们公司完全不再必要。

9. 我欣赏举止文雅的人,他们待人富于人情味。我讨厌喋喋不休、爱打笔墨官司的人。保持和睦的最好办法是真诚。记住布莱克的话:"我生朋友的气;我坦诚吐露,气随之而消。我对敌人恼怒;我丝毫不露,怒气随之而增。"

10. 我钦佩工作组织严密、准时完成任务的人。韦林顿公爵从不在办完当日所有工作之前回家。

资料来源:大卫·奥格威著.一个广告人的自白.北京:中国物价出版社,2003。

3.2.4 行政和业务管理

广告公司经营管理的过程一般是:首先接受广告主委托,经过广告策划、创作及实施环节送交媒体发布;后通过市场调查和监测,把广告效果反馈给广告主和自身有关部门,以便进一步调整广告策略和改善工作方式和方法。具体的经营管理内容一般包括**行政管理**与**业务管理**两大块。

行政管理以广告计划为中心,围绕计划的制订、组织实施、控制、分工协调展开。计划部门负责长远发展计划、年度工作计划和经营计划的制订和执行工作,包括审计、机要、后勤、财务、人事等行政管理工作。人事管理部门的主要职责是根据业务需要从事录用、聘任、考核及晋级、奖惩等方面的管理事务。财务部门主要对公司财务运作状况实施全面管理,包括制定和监督广告预算,收取广告代理费,交纳各种税费,核发员工工资,核算企业盈亏,对广告活动和行政性支出实施控制等。

业务管理涉及广告策划、媒体选择、广告制作、有关调查和市场服务业务、专项广告活动企划与执行等内容。具体包括:

——了解广告主公司发展情况,广告商品或劳务的市场竞争地位及市场占有率和市场潜力,研究广告主整体营销网络和营销能力;

——了解各种媒体的性能、特点、传播范围、费用高低和使用情况;

——向广告主提供广告计划方案及建议;

——具体组织实施广告计划,进行广告设计制作,选择和确定媒体发布合同,将制成的广告作品送交媒体公司,交付有关账款;

——协助广告主进行有关营销活动,包括庆典、新闻发布及福利资助等公共活动;

——其他经营项目,如包装设计、销售调查和人员培训等委托代理业务。

广告公司的业务流程从客户服务人员开始,客户服务人员将广告主想做广告的意图和要求传达给公司,公司经过广告策划会议、广告表现会议、制作会议形成营销、创意策略,与广告主沟通并获得认可,然后制作广告,购买媒体发布(见表3-4)。

表3-4 广告公司业务流程表

阶段	内容说明
1. 客户说明	与客户就有关产品特性、通路状况、市场状况、营销目的等进行沟通
2. 提案会议	公司有关业务人员讨论相关资料,划定分工责任,确定工作进度
3. 策略形成	确定目标对象,选择创意和媒体策略,并由资深人员组成的委员会进行审核
4. 决定规划	由客户和代理商共同认定并决议广告策略提案
5. 发展创意	针对策略规划方案进行广告创意
6. 正式提案	内容包括年度计划和专项活动安排,年度提案需要重新检核修订策略
7. 执行制作	由相关人员负责制作,形成平面广告或电波广告作品
8. 媒体发布	确认刊登或播出日期、时段等,并对广告刊出或播出过程进行监督和控制
9. 调查修正	进行概念测试、效果测试等沟通性调查,并根据调查结果修正执行系统

广告公司的宗旨就是为客户提供服务。**客户服务有四项基本原则必须遵循:(1)确保广告公司时刻能有自己的观点;(2)管理客户的钱要像自己的钱一样;(3)让客户知道我们在做什么;(4)尊重客户的决定。**在日常广告业务工作中很难证明谁或者什么的对错,许多事情都是靠判断或直觉,或者两者兼而有之。广告公司有责任提出观点,但最终决定总是由客户做出,也就是说,广告公司要有自己的观点,但同时要与客户进行充分沟通,应对客户意见有充分的尊重。

广告公司销售给客户的是什么呢?是"点子",包括策略上和创意上的点子。所以,**广告公司管理者的基本职责就是:通过选择适当的组织架构、运作系统和文化环境来激发富有想象力的点子,并将之提供给特定的客户。**想象力在策略开发中起着重要作用。开发策略就是在获得有关信息后,通过公司项目工作团队的集体讨论,以"假若……会怎样……?"或者"我们能做什么?"的提问方式寻求最具竞争力的解决办法,并由最具经验、最能深刻理解客户业务的人来做出评估。当管理者把精力集中在公司要制作出有想象力的解决方案的同时,也必须以同样的精力来保证运作系统对各细节的操控及关注。

专栏3.3:典型案例

奥美广告公司业务管理模式

奥美广告公司(Ogilvy & Mather),也译为奥格尔维·马瑟公司,由"现代广告之父"大卫·奥格威于1948年在纽约创办。半个世纪以来,奥美广告公司以干练及创意著称,以重视品牌管理闻名世界,与全球最大、最负盛名的公司,如IBM、百事可乐、柯达、联合利华、壳牌、福特、美国运通等都建立了持久、牢固的业务关系。不管是竞争对手还是合作伙伴,都无不认可其在广告行业的霸主地位。奥美现隶属于WPP集团,这是世界上最大的传播集团之一。目前,奥美在全球159个城市拥有497个办公室,众多富有才干和创新思想的专业人士为众多世界知名品牌提供全方位传播服务,业务涉及

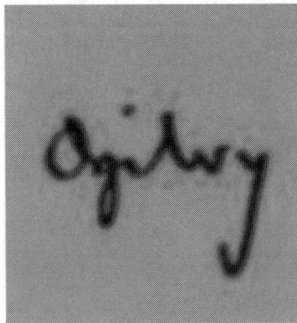

广告、媒体投资管理、一对一传播、顾客关系管理、数码传播、公共关系与公共事务、品牌形象与标识、医药营销与专业传播等。

奥美公司在经营管理方面的主要特色是所谓"360°品牌管家"（360° Brand Stewardship）的经营理念及作业方法。"360°品牌管家"是一个完整的作业过程，以确保所有的活动都能够反映、建立并忠于品牌的核心价值和精神。所谓360°品牌就是对品牌及其产业的知识积累和对不同的人、不同的产业的整合能力。简单地说，就是研究消费者与产品的关系。一个品牌的抽象面应该包括：消费者如何接近品牌；消费者的使用经验；消费者的友谊和感受；消费者的想法和态度；消费者的需要和欲求。所谓360°，就是：每一个与消费者的接触点都能达到预期的效果；每一个接触点都能准确地传达信息；经验更加容易获取、信息更加丰富。累积品牌资产，要从六个方面去努力，即产品、声誉、顾客、卖场通路、视觉识别和形象。强势品牌具有以下十个特征。

（1）卓越地传达品牌的核心价值和核心利益点；

（2）品牌的一切与时代的进步息息相关；

（3）价格策略优异，能够得到消费者的充分认同；

（4）定位适中，同质性和差异性兼顾；

（5）广告的诉求和品牌的形象能够保持持续一致；

（6）品牌组群组合具有系统性；

（7）能够不断整合营销资源提升品牌资产；

（8）品牌经理充分认知品牌对消费者所代表的意义；

（9）长期有力的广告支持和营销努力，以及管理和制度支撑；

（10）能够长期检视品牌资产的来源。

奥美"360°品牌管家流程"包括如下六个步骤。

第一步：信息收集　公司全员参与品牌信息的收集，包括产品细节、消费者、竞争及环境四个方面的"事实"并把它们放在一起，将公司员工"淹没"在里面。

第二步：品牌检验　努力把感情、印象、联系、意见、记忆中的闪光点、期望、满意以及批评及失望等融合在一起形成关于品牌的消费认知，然后用词语描绘出用户关于品牌的实际经验。在进行品牌检验时须选定如下问题。

    ◊ 当听到此品牌时首先跃入你脑海中的是什么？

    ◊ 然后呢？是视觉图像？包装？广告垄断？符号象征？传说？这些对品牌意味着什么？

    ◊ 在使用品牌时让你有哪些特殊感觉和情感体验？

    ◊ 这个品牌让你如何感受自己？

    ◊ 当其他人使用此品牌时，你感觉如何？

    ◊ 品牌的基调是什么？

    ◊ 此品牌与其竞争者相比在唤起你感觉或情感方面有何不同？

    ◊ 这个品牌把哪些记忆或联想带入你的脑海？举一个生活情景进行说明。

    ◊ 在生活中除技术功能外，这个品牌还为你做了什么，而这恰是其他品牌做不到的？

    ◊ 这个品牌在哪些方面影响了你的思考和行为方式？

第三步：品牌探测　在遇到非常复杂的品牌，或在小组完成品牌检验时出现迥然不同的意见就需要以一个包括忠诚消费群、客户代表、代理商代表以及公共关系、促销包装公司特邀代表等参与的有兴趣群体作为探测样本，分四个阶段进行下一步的"品牌探测"。

——首先，征集50~60位品牌忠诚者，请他们以"日记"形式每天记下品牌使用的情况，包括喜欢、满意、感受、他人反应、选购理由等；

——然后，再从中挑出20位清晰的回答者，召开"品牌风暴会议"。其中，10位消费者由代理商客户的品牌团队观察；10位专业人员由消费者小组观察；

——再后，把两个群体合并在一起，分成各有5人的四个混合小组，准备讨论"发言"；

——最后，举行一个由所有20位成员参加的品牌会议，保持"问题—回答"形式的争论，从中形成结论。

第四步：品牌写真　通过团队分工，完成描绘消费者与品牌关系的任务。所谓"品牌写真"就是关于消费者与品牌关系的一种生动描述，是关于品牌存在理由的最根本的绝对真理（DNA基因）；它以知觉和态度为基础，来自于品牌检验得来的闪光点。品牌写真要简明，最好是句子或短语；真实性是品牌写真的生命。

第五步：应用品牌写真　应用品牌写真首先是一块试金石——它可以测试出公司在品牌名称下所作的每件事，以及围绕品牌公司又是如何进行表现的。其次，应用品牌写真为代理商和客户在发展和评价营销传播方案时提供了一种清晰的指路标。其三，应用品牌写真也是简报会议（Briefing）简介过程的核心部分，是评价创意工作的一个重要附加文件。此外，应用品牌写真还为所有创意工作展示提供了理想的起点。

第六步：品牌检验　至少每年进行一次品牌检验。检查和反思有关品牌要素是否仍然正确或适用。一般通过提下列问题展开。

∾ 营销组合所有元素是否反映品牌写真？

∾ 消费者行为和态度是否发生了相关变化？

∾ 产品物理性及与品牌写真相关的竞争性关系或活动是否发生了变化？

∾ 产品物理属性及其对品牌与消费者的关系影响如何？

∾ 品牌地位是否发生了变化？

∾ 商业关系是否发生了变化？

在中国、韩国和越南市场，奥美是第一家成立分支机构的外资广告代理商，并拥有亚太区最大的关系行销集团，2002年奥美以5.89亿美元的总收入排名全球第11位。1991年，奥美与中国内地最大的国有广告公司上海广告公司合资成立了"上海奥美"。目前，奥美已在中国上海、北京、广州、香港、台湾等地开设办事处，员工达1 500余名。奥美为客户提供广告、公共关系、顾客关系行销、互动行销、电话行销、视觉管理、市场调研、促销规划和美术设计等全方位传播服务，目前其在中国的客户包括IBM、摩托罗拉、宝马、壳牌、中美史克、柯达、肯德基、上海大众、联合利华和统一食品等。

但令人遗憾的是，迄今为止，奥美在中国市场的客户还都是以前在欧美市场以及中国台湾的老客户，而在中国市场为新本土客户策划的所有广告行销运动项目中，竟然还没有几家取得成熟的业绩，有的客户（如御苁蓉、重庆奥妮）经过奥美运作后反而大不如前或彻底失败。奥妮总裁的话值得深思："奥美我承认它很厉害，不过它不熟悉中国企业"，"就我自己观察，它同中国企业合作成功的案例，几乎没有。"

资料来源：http://www.ogilvy.com/；http://wiki.mbalib.com/wiki/；http://www.mie168.com/read.aspx

精要提示

　　广告公司作为现代广告经营的基本组织形式，一般有综合性广告公司和专业性广告公司两大类型。广告公司机构设置多种多样，一般而言有三大职能部门，即客户部门、制作部门和媒体部门。广告业是知识、技术和人员密集型产业，人力资源整合管理具有重要意义。广告公司具体经营管理内容大致包括行政管理与业务管理两大块。

❏ 复习思考问题

（1）简述广告代理制的历史演变脉络。

（2）现代广告代理制的主要特征是什么？其典型运作机制是怎样的？

（3）我国目前广告经营体制中存在哪些矛盾和问题？应该如何解决？

（4）广告公司在组织机构设置及业务工作流程方面的大致情况怎样？

（5）对于广告公司来说，人力资源管理有何重要意义，要特别处理的矛盾和问题有哪些？

❏ 综合案例演练

电子商务挑战广告代理制

　　阿里巴巴（Alibaba.com）是全球企业间（B2B）电子商务的著名品牌，也是全球国际贸易领域内最大、最活跃的网上交易市场和商人社区，目前已融合了B2B、C2C、搜索引擎和门户。公司总部位于杭州，在中国大陆地区拥有16个销售和服务中心，在中国香港特别行政区和美国设有分公司。公司拥有3 500多名专职雇员，成为全球首家拥有超过800万网商的电子商务网站，业务遍布220个国家和地区，每日向全球各地企业及商家提供810万条商业供求信息，被商人们评为"最受欢迎的B2B网站"。

　　为打造全球领先网络零售商圈，阿里巴巴集团于2003年投资创立了淘宝网，业务跨越C2C（个人对个人）、B2C（商家对个人）两大部分。从成立至今，淘宝搭建的电子商务生态圈，使超过一百万的网络卖家感受着中国网络购物用户的急速增长。2007年，淘宝的交易额实现了433亿元，而2008年上半年其成交额就已达到413亿元。根据第三方权威机构调研，2007年淘宝网占有中国C2C市场70%以上的市场份额，消费者间市场占据了80%以上的市场份额。截至2008年12月31日，淘宝网注册会员超过9 800万人，覆盖了中国绝大部分网购人群；2008年交易额为999.6亿元，占中国网购市场80%的份额。近年来继淘宝之后，B2C移动商务领域的创新日渐火热，出现了以短信搜索为突破点切入3G前时代的优查，对于占据了B2C市场霸主地位的淘宝网来说，在未来将面临来自移动商务领域的诸多挑战。

2007年，阿里巴巴又投资新建了一个全新的交易平台阿里妈妈，首次引入"广告是商品"、"将广告当作商品卖"的概念，让广告第一次作为商品呈现在交易市场里。阿里妈妈告诉人们广告不再是一部分人的专利，让买家（广告主）和卖家（发布商）轻松找到对方。其主要广告形式包括按时长计费广告、推介广告、按成交计费广告和按点击计费广告，而主推按时长计费广告，这种广告与当前流行的网络广告（例如Google、Adsense）有所不同，简单地说其差别就在于阿里妈妈不是销售广告而是销售广告位。

在Adsense中，广告主与发布公告的网站站长并没有直接的接触，双方都只与Google打交道；用户可以把广告市场作为一个屏蔽了技术细节的整体，只需从效果出发考虑问题，投入资源、获得效果；广告的匹配和金钱的流转全部由Google的算法来决定。Google通过对中间过程和算法的保密，避免作弊，同时简化了用户的操作流程，这与搜索的过程非常相似。而阿里妈妈则和阿里巴巴B2B系统类似，是个广告位供需双方的沟通平台。各网站把自己的广告位列出来，由广告商来挑拣，看到合适的就买下来。这里是把广告位作为一种商品来销售，明码标价，各取所需。如果你拥有一个网站或者博客，并且有管理的权限，你就可以注册阿里妈妈出卖的广告位；如果你是一个广告主，你也可以在阿里妈妈挑选自己认为适合的广告位；很多网站在投放广告前，已经加入了阿里妈妈，通过出售广告位来获取收益。

2007年11月20日，阿里巴巴集团正式宣布，试运行百日的阿里妈妈网站已获惊人成长，跃居中国最大的网上广告交易平台。百度目前拥有网站13万左右，每天覆盖中小网站过亿。无论是从网站数还是从流量上，阿里妈妈都超过了百度联盟，成为中国最大的网络广告平台。数据显示，作为全球首创的互联网服务模式，阿里妈妈上线100天已汇集了超过15万家中小网站和超过13.5万的个人博客站点，拥有超过38万个广告位，注册会员超过100万，网站总流量超过10亿PV／天。目前，阿里妈妈仍以惊人的速度增长，每天新增近4 000家中小网站，新增1万名个人博客，新增2万余广告位。

2008年9月，阿里妈妈与淘宝合并。在中国超过100万的中小网站创造着超过80%的互联网流量，阿里妈妈帮助这些中小网站销售和变现其网络广告资源。阿里妈妈作为一个广告交易平台，继续延续并整合了淘宝的C2C路线，定位为一个"C2C式广告"平台。这样的平台在网络广告界有相当大的市场空间，也给传统"B2C式广告平台"带来了不小的冲击。也就是说，阿里妈妈凭借阿里巴巴B2B和淘宝C2C在电子商务平台方面丰富的运营经验，诸如诚信体系、信任评价和安全支付等手段，以及阿里巴巴集团对于中小企业和个人消费者需求的熟悉，建

立了一种开放的、具有信用基础的"平台经济"新体制，所有人（包括买家和卖家、广告主和中小网站）都可以自由选择阿里妈妈的服务方式。中小企业可以直接面对广告媒体挑选内容和选择时间，同时还能及时了解到广告效果，并根据广告效果和回馈来调整下一步的广告计划；中小网站也能跳过中间商，直接面对最终的广告主，进而获得收益。有人指出，中国有大批好网站，空有大批流量和用户，却没有获得收入的办法，阿里妈妈提供了一个好途径。中小企业通过阿里妈妈可以用合适的价格找到合适的广告来增加广告收益。阿里妈妈是符合网络需要的广告交易平台，帮助网站主将广告位效益最大化，又帮数以万计的广告主细化了广告类型，实现双赢，促进了一个网络广告新时代的诞生。

阿里妈妈的创新意义主要在两个层面上，制度上起到一个规范性公正作用，技术上满足了广告主对细分广告媒体的追求。业内人士认为，在广告主方面，阿里巴巴的中小企业主、淘宝的中小店铺、支付宝商铺、口碑网的个人及企业用户等都属于广告产业链的上游长尾大军中占据极大份额的一员，而在中小企业及个人市场上，无论是阿里巴巴还是淘宝、支付宝都统治了相关市场大半壁江山，拥有和了解大部分用户群体。也正因为如此，阿里妈妈上线后，同属阿里巴巴集团旗下的支付宝宣布，将通过阿里妈妈平台采购1 000万元的网站广告，淘宝网也在感恩节之际表示，2008年淘宝将通过阿里妈妈把5 000万元的广告投放市场；同时，淘宝将把搜索、社区的大量广告资源通过阿里妈妈的平台来进行销售，回馈支持淘宝成长的数百万中小站长。

对于百度等传统搜索引擎网络广告一直以来的恶意点击、虚假投放、夸大效果等问题，阿里妈妈在国内率先推出按照时长卖广告形式得以轻松解决，帮助中小企业精准命中目标客户群，直接达到有效宣传的目的。阿里妈妈网络广告的另一个特点就是价格便宜，甚至有低至一元钱的，这使得无数中小企业都能自如投放网络广告。而对于小额资金无法支付的问题，阿里妈妈又巧妙通过支付宝形式予以解决。随着广告主网络营销意识的加强，他们对服务的需求也更加细分化和准确化，其中百度广告形式主要针对的是自建有网站的企业。据统计，中国4 200万家中小企业中，仅有80万家的企业有网站，为此，阿里妈妈还针对阿里巴巴的中小企业和淘宝的店主建立推广平台，帮助他们方便地进行网络营销。阿里妈妈创造性地和淘宝合作，推出按成交计费的广告产品。此外，阿里妈妈还和口碑网合作，推出按电话联系量计费，这些既为中小店主解决了效果营销问题，还避免了恶意点击问题。

有评论说，淘宝与阿里妈妈的联手意味着马云巧妙地把淘宝的盈利压力转移给了广告平台阿里妈妈，同时，又守住了对淘宝用户"三年不收费"的承诺。淘宝既挣到了钱，对用户又免了费，可谓一箭双雕。从淘宝"招财进宝"收费模式的暂时受挫，到以"广告分成"模式重出江湖，实际上马云一直在寻找一个可以整合旗下五大业务而可以共同挣钱的方式。这个整合的核心就是广告平台阿里妈妈。说白了，马云的如意算盘就是把"广告"当做"商品"来卖，新瓶装老酒地玩起了"广告商品"的C2C。当然，这对中小企业也是有好处的，它们可以直接面对广告主获得更多的收益。这意味着"再小的网站也能卖广告"，换句话说就是"再小的网站也能给阿里巴巴带来收入"。以前，淘宝不得不上那些不好从交易中收费或者不好意思收费的项目，现在统统打包成广告位形式放到阿里妈妈上去卖。这才是马云的厉害之处。此外，打广告C2C牌还有另外一个好处就是，能够把之前似乎游离在阿里巴巴集团之外的雅虎中国资源也整合进来。阿里妈妈作为一个开放透明式网络广告平台，其投放广告的精准匹配程度是核心价值所在，而这个问题的最佳技术解决手段就是搜索。从全球范围看，顶级的网络广告系统当属谷歌的dWorld 与雅虎的巴拿马。因此，从某种意义上讲，阿里妈妈的后台搜索支持技术无疑是世界水准的。马云再次把电子商务的竞争对手甩下了。

资料来源：http://www.alibaba.ac；http://baike.baidu.com/view/151358.htm；《阿里妈妈拉开网络广告大战》，《北京商报》，2007年11月28日；罗添《马云一箭双雕把广告当做商品来卖》，《北京商报》，http://www.qianlong.com/ 2007-12-20 14:13:38。

研讨提示：

（1）在互联网络技术平台上，广告商与广告主往往合二而一，甚至与广告受众三合一，大家都是以多重身份出现在广告运作活动中，在这种情况下广告代理经营机制会遭遇什么样的挑战？

（2）根据以上案例线索，查阅相关背景资料，讨论马云"把广告当做商品来卖"的商业创新意义、成功玄机是什么？如此运作将会遇到哪些潜在问题？

（3）在此基础上，创造性地撰写一篇关于广告经营模式未来发展趋势的短文。

本章主要参考文献

樊志育著．广告学原理．第二章，上海：上海人民出版社，1999

约翰·威廉姆斯赫尔斯特，阿德利安·马克著．当代广告运作．北京：企业管理出版社，2001

何海明著．广告公司的经营与管理：对广告经营者的全面指引（第2版）．北京：中国物价出版社，2002

张金海著．广告经营学．武汉：武汉大学出版社，2002

大卫·奥格威著．一个广告人的自白．北京：中国物价出版社，2003

陈刚，单丽晶等．对中国广告代理制目前存在的问题及其原因的思考．广告大观（理论版），2006（01）

第4章

广告媒体

□ **学习目标引导** 广告媒体是广告信息传播的物质载体或中介工具，凡能在广告主（或广告商）与广告受众之间起媒介或载体作用者都属于广告媒体之列。广告媒体非常广泛，而且随着社会经济发展和技术进步会不断更新变化。现代广告媒体虽然越来越多样化，但总的来说，报纸、杂志、广播、电视这四大广告媒体仍是主导媒体；从发展趋势来看，电脑网络有取代传统媒体成为强势广告媒体的势头。不同媒体，其传播对象范围、视听效果、成本费用、可信度和权威性、利用条件或适用性都有很大不同。本章从比较研究角度，分析甄别不同广告媒体特性，特别是四大传统媒体广告及新兴网络媒体广告的优越性和局限性。通过生动的案例给予详细描述和说明，为后面进一步研究广告媒体及媒体组合的选择利用策略问题提供知识基础。

□ **逻辑架构图示**

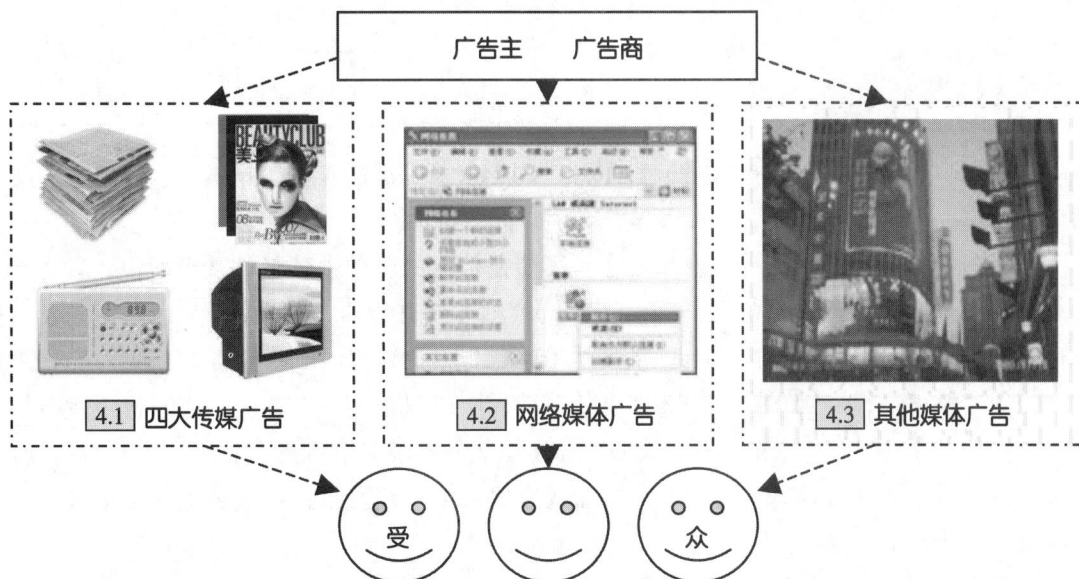

广告主　广告商

4.1 四大传媒广告　　4.2 网络媒体广告　　4.3 其他媒体广告

受　众

4.1 四大传媒广告

4.1.1 四大传媒特性

30多年来，我国四大传统媒体广告市场平稳增长，各类媒体广告份额变化情况大致是：报纸广告份额有缓慢萎缩趋势，电视广告一直处于强劲上升势头，杂志广告和广播广告在狭小的市场空间中呈缩减趋势。目前，四大传媒广告分布的总体格局是：电视广告居第一，报纸广告紧随其后，这两类媒体广告占到90%以上的市场份额，杂志和广播分享剩余不可替代的狭小市场空间。从广告信息传播的技术经济特点来看，四大传统媒体有各自的优势和局限性（见表4-1）。

表4-1 四大广告媒体的一般特性比较

比较项目	报纸	杂志	广播	电视
（1）技术特性	印刷	印刷	电波	电波
（2）传播特性	视觉	视觉	听	视听
（3）表现形态	平面	平面	立体	立体
（4）及时性	日常	周期长	及时	较快
（5）可保存性	不强	强	差	不强
（6）技术复杂性	易	成熟、较易	较难	最复杂
（7）信息量	最大	较小	最小	较大
（8）选择对象能力	较强	强	不强	一般
（9）表现力	不强	较强	强	最强
（10）适用范围	较广	不广	较广	最广泛
（11）成本费用	低	较高	较低	最高

报纸广告媒体特性　报纸是覆盖面最广、受众最广泛的媒体，是人们了解社会、接受信息的主要渠道之一。报纸广告媒体有五个方面的特性。

首先，**报纸媒体最突出的优势就在于其传播信息的时效性较强，从反面说，其劣势就是信息可保存性较差、影响时间短**。报纸周期短（一般以日报、周报为主），便于及时传达广告信息，当广告主想快捷地、直接地传达广告信息，以收到短期促销效果时，报纸这种时效特性就显得特别重要。但其信息传播的局限性也正表现在这里，由于报纸发行周期短、信息时效性强，一张报纸隔一两日就很少有人再去阅读，因此，报纸广告信息传阅性、重复性较差。因此，报纸广告发布最常见的方式就是连日发布，以次数加强对读者的视觉冲击力，使其对广告产生深刻的印象。

其次，**报纸具有较强的读者选择性**。报纸读者群较为稳定，在地域范围和阶层分化上有较灵活的选择空间，广告主可以有针对性地选择不同的报纸媒体，以实现相应的广告目标。但是一些综合性的、全国性的报纸由于读者群体多样，其广告受众的选择缺乏针对性，同时这类报纸的广告价位一般也较高。

其三，**报纸媒体传播信息量一般较大**。报纸版幅较大，印刷技术简易，较适合刊载信息容量较大、倾向理性诉求的广告，特别是随着报纸扩版、专业版块增多和印刷技术水平的提高，报纸在相当长时间内仍是大量传播广告信息的强势媒体。同时，大版面的报纸保存起来很不方便，人们很难在一大堆报纸中找到所需要的特定信息，报纸往往是在一个版面刊登数则广告，其相互干扰和影响对广告信息的传真效果极为不利。

其四，**报纸信息传播的真实性和可信度也较高**。在我国，报纸特别是党政机关报，在老百姓的心目中很有权威性和可信度，这就使报纸广告相对来说具有较强的信誉和说服力。但是，报纸的有效阅读率低。报纸的头版一般多为国内外重大新闻，不刊登广告，其他版面也都有自己的重要文章，广告在报纸上难以处于显著位置，对读者的视觉牵引力较弱。同时，读者阅读报纸的目的主要是为读新闻并不是看广告，因此读者的阅读选择性很强。报纸若非确实有绝妙创意或别具一格，读者很难关注广告，报纸广告的实际阅读率要大大低于报纸的发行量和实际阅读人数。

其五，**报纸广告制作简便，传播费用低廉**。报纸的价格比较低，对于那些规模不大、资金不足的广告主最富吸引力。另外，在制作方面，报纸广告比较简单灵活，不需要复杂的工序和大量的人力、财力投入，与电视、杂志广告比较起来，其成本要低得多。但是，报纸广告印刷品质低、内容庞杂，使读者对广告的注意度受到很大影响。与杂志相比，报纸的纸张质地粗糙、偏暗，图片模糊，印刷技术不高，一般是黑白的或单色套红，即使采取彩色印刷，也会因纸张质量所限，使报纸广告在表现手法上和传播艺术效果上都受到一些先天性的局限。这些都减弱了报纸广告的诉求力和影响力。

杂志广告媒体特性　**杂志是一种针对性很强的广告媒体，目标对象明确**。这里所说的针对性包含两层意思：一是，根据每种杂志特定的读者群进行适合他们心理的广告设计；二是针对专业性杂志行业特点做专业商品广告。一般地说，杂志读者都有一定的文化水平及专业技术知识，购买力在中上等水平，多集中于城市和发达地区，对某类商品、服务有特殊偏好或认知。根据杂志发行量，广告商可以通过订户资料确定特殊目标受众和范围。

杂志实际阅读率是四大媒体中最高的，时效性也很长。杂志读者多数是固定性订户，阅读时较为专心，且被保存的时间较长、反复阅读率高，在朋友和家庭成员间传阅性也较强。广告商可借助杂志这种特性达到长期品牌宣传和形象宣传目的。

杂志制作精美，印刷质量高。许多杂志利用精美的色彩效果来制作广告，其照片质量、色泽、纸张质地远优于报纸，这能使读者有高雅或独特的艺术享受，在心理上产生认同感，从而对广告产品或品牌留下深刻印象。杂志中的广告独占版面，但广告所处页面位置对注意程度有很大影响。一般来说，各页面被注意度为：

——封面，封底，正中跨版双页，100%；

——封二，95%；

——扉页，封三，90%；

　　——底扉，正中内页，85%；

　　——内页，50%。

　　但杂志媒体也有局限性。**出版周期较长**，除每周新闻性杂志，大多数杂志缺乏即时性，从广告制作到杂志出版，一般需二、三个月的时间，这就要求广告商在日程安排上要把广告制作与营销活动前后衔接好。**读者对象范围较固定**，有些读者买回杂志不会马上翻看，有些只看一部分就丢在床头留待以后慢慢翻看，这就使杂志广告信息到达缓慢而受局限。**杂志印刷技术要求高**，广告成本自然也较高。此外，**杂志广告声势较小**，无法像报纸和电视那样造成铺天盖地般的宣传效果，杂志尽管印刷精美，但版面有限，犹如小家碧玉，做不出大户人家的铺张。

　　广播广告媒体特性　广播媒体传播范围广，受众广泛。收听广播较少受文化程度和专业知识限制，听众是全民性的，不同年龄、职业、身份的人，只要语言相通都能听懂。在广大的农村地区，广播是普遍受农民欢迎的较强势媒体，其受众群体最为庞大。随着广播地域化和专业化趋势的增强，广播媒体广告对目标受众的选择性也越来越强。

　　广播是听觉媒体，信息传播较少受时空限制。不论城市、农村，不论陆地、海上，电波所及之处都能收听，时间上早中晚可以全天候播出，能适应听众的各种作息时间。收听广播的方式可以相当随意、"一心二用"，在日常生活和工作中可以随时随地一边听广播一边干其他事情，而且，节目制作还可以广泛地利用广播提供的"背景声音"烘托气氛，提高工作效率。

　　广播制作技术相对简单，信息传播速度较快，信息发布周期较短，时间灵活，成本费用较低廉，适合大众化和时效性较强的广告宣传。较之平面广告媒体，广播广告比较有人情味，声音能给人以想象的空间，撩拨人的心弦、煽动人的情绪，使广告在不知不觉中完成其传达和劝说的功能。

　　广播媒体的主要局限性在于信息保持性差，稍纵即逝。广播只诉诸听觉功能，被注意率较低，没有特殊的音响效果和语言感染力很难达到应有的传播效果。广播传播信息量极为有限，且收听率和人数很难把握，广告的目标受众选择和确定较为困难。**广播信息"只闻其声，不见其形"**，这既是缺点也是优点。正因为无视觉，听觉效果可能被强化，听众的注意力得到加强。广播广告在表现手法上的突出特点是"先声夺人"，它可以充分利用语言、音响和音乐这三个声音要素强化信息传播效果。

　　电视广告媒体特性　电视声像结合，传真效果最佳。电视广告信息同时诉诸视觉和听觉，表现力丰富，对受众容易形成冲击力，注意度较高，给观众留下的印象深刻，因此具有较好的信息传播效果。其次，**电视媒体覆盖率较高，传播范围可大可小，通过设置特定频道、专业栏目而具有较好的目标受众选择性和针对性**。此外，**电视广告效果与节目收视率密切相关**。电视节目娱乐性强，在人们日常生活和业余闲暇中占据重要位置，在所有广告媒体中电视是最强势的大众传播媒体；尤其是与特定节目如体育节目、重大事件直播等联动，使电视具有其他媒体不可比拟的瞩目度和积累性效果。

　　电视媒体的局限性在于：电视广告制作技术复杂，信息传播绝对成本较高，一般中小型企业支付不起；电视广告时段成本高，这使其在传播或信息量上具有很大局限，一般较适合形象化、直观性的表达而较难诉诸理性表达；电视广告与电视节目的收视率有很大的不一致性，电视广告的实际收视率较难准确统计，特别是在多台、多频道、多节目可遥控选择的情况下，"逃避广告"跳跃观看节目的情况较为普遍，这使电视广告的实际到达率大打折扣。

4.1.2　报纸广告传播特色

报纸媒体在信息传播功能上具有新闻性、及时性、权威性和严肃性等特点，报纸广告在表现形式上有一系列显著特点。

首先，报纸广告适宜于诉求指称对象的最新信息以及许多构造和使用复杂、信息量大的产品，以及具有新闻价值的企业理念。报纸广告可以充分运用语言文字来对指称对象进行说明和描述，通过艺术化地设计广告标题（包括正题、引题），突出说明商品或服务的最新功能和其他新闻性特点，引起受众注目。但报纸广告文字说明也要注意言简意赅。

例如，1995年4月18日《经济日报》第12版以整版篇幅刊登的春兰宁静空调广告（见图4-1），就是很好地利用报纸媒体大信息量传播的特点，成功实现广告诉求目标的范例。在现代社会快节奏、喧闹嘈杂的工作生活环境下，"宁静"已经成为人们企盼的稀缺资源，因此消费者对家用电器的噪音十分关注。春兰空调广告准确地、敏感地抓住这一诉求点加以表现。广告插图契合报纸特点，以黑白单色巨大动态画面——滴水激起圈圈美丽波光涟漪来表现春兰空调所创造的"宁静"。处于画面显著位置的标题提醒人们：如此宁静的环境，以致使人仿佛听到了滴水之声，然而就是这样静悄悄的滴水

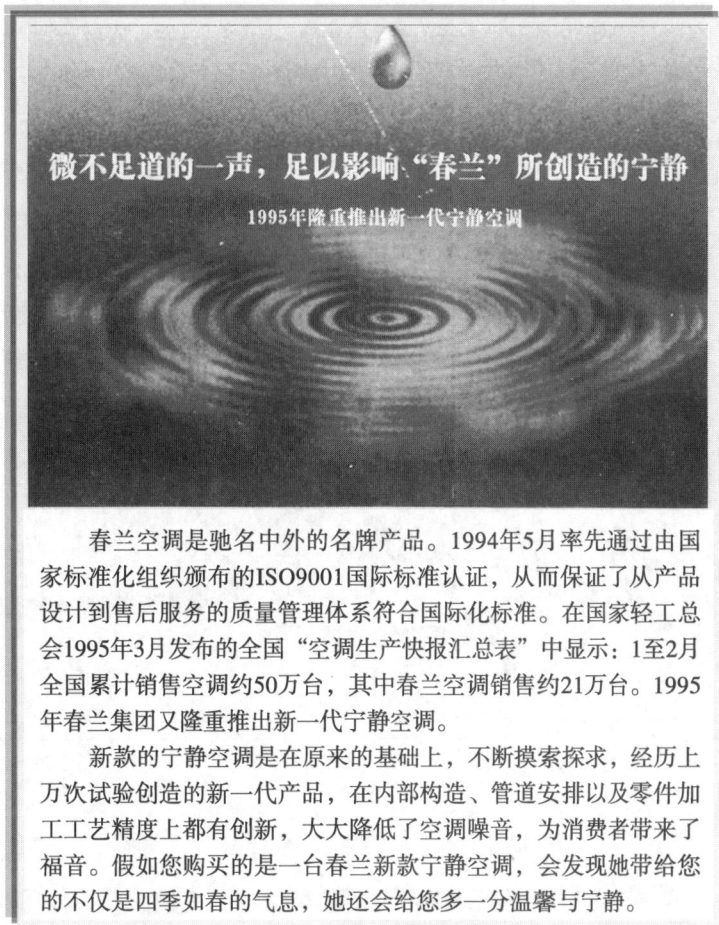

春兰空调是驰名中外的名牌产品。1994年5月率先通过由国家标准化组织颁布的ISO9001国际标准认证，从而保证了从产品设计到售后服务的质量管理体系符合国际化标准。在国家轻工总会1995年3月发布的全国"空调生产快报汇总表"中显示：1至2月全国累计销售空调约50万台，其中春兰空调销售约21万台。1995年春兰集团又隆重推出新一代宁静空调。

新款的宁静空调是在原来的基础上，不断摸索探求，经历上万次试验创造的新一代产品，在内部构造、管道安排以及零件加工工艺精度上都有创新，大大降低了空调噪音，为消费者带来了福音。假如您购买的是一台春兰新款宁静空调，会发现她带给您的不仅是四季如春的气息，她还会给您多一分温馨与宁静。

图4-1　春兰宁静空调广告

声竟还是打破了"春兰"所创造的宁静，可见春兰空调的噪音之低；副标题则画龙点睛直接指明隆重推出新一代宁静空调。与画面的感性表达相呼应，文案正文以极具理性的

文字说明详细具体地表达了"宁静"这一诉求。首先通过权威证书和数据说明春兰空调的良好品质和使用价值，接着说明工艺技术上的创新性和科学性，最后集中表达了新一代春兰宁静空调给人们带来的利益点。文案与画面珠联璧合，相得益彰。

其次，**现代报纸广告编辑设计人员要有较高的编排设计水平，合理调动视觉设计要素，报纸广告设计要坚持单纯性和简洁性原则。**图片的剪裁、取舍，要以突出广告目标为原则，适当选择字体、字号和整体编排造形，要特别注意在诉求内容、风格上与周围编辑环境相协调、相一致，力求为读者创造出一种愉快轻松的阅读氛围。此外，还应注意报纸广告图像设计（见图4-2）。考虑报纸媒体表现上的局限性，报纸广告图像设计要特别讲究构思创意，须以构思奇妙、创意独特、切入点准确、富有哲理性见长。

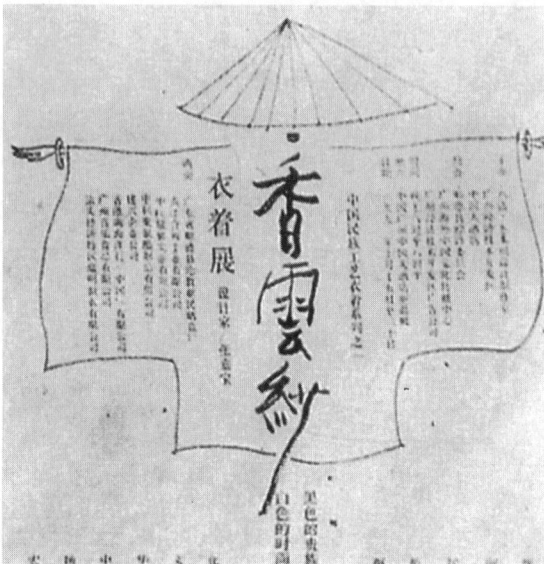

图4-2　香云莎衣着展广告

例如，广州城建集团广告："天长地久篇"（见图4-3）。这则由广州旭日广告公司代理制作的报纸广告，可以说是媒体运用与巧妙创意完美结合的佳作。广告不用插图，只用"天长地久"四个书法字并将"久"的最后一笔拉长跨版而过，既夺人视线，又令人遐想。在拉长的这一笔触上下，分别以"用实力写下这一笔"、"用真诚延续这一笔"、"用服务实现这一笔"三个小标题和四个红心项目符来点缀布置文案要点，既恰到好处地言明主题又有完美和谐的视觉效果。

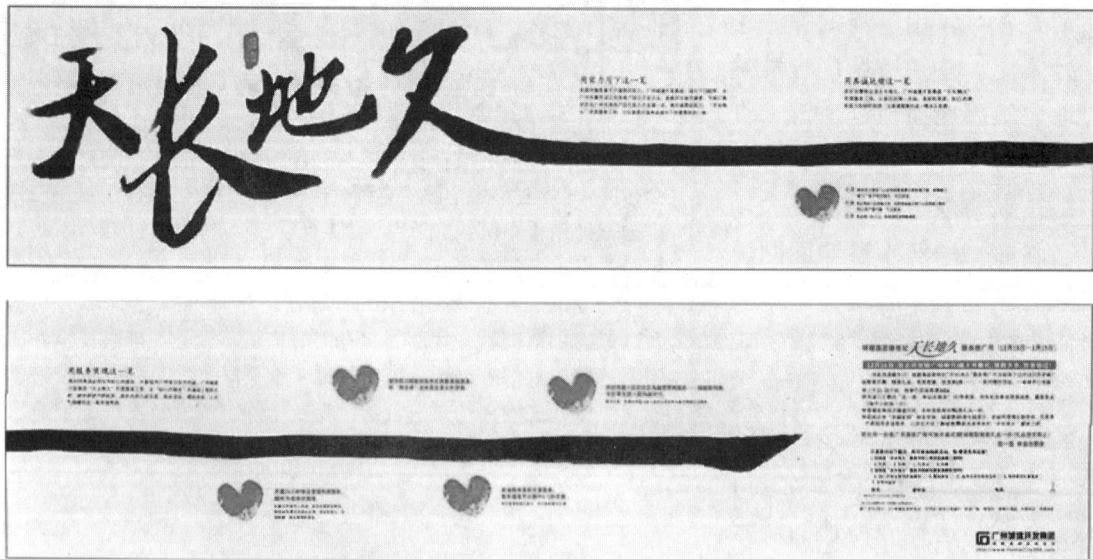

图4-3　广州城建集团广告："天长地久篇"

值得一提的是，有些报纸还开辟了企业专栏或健康专栏之类的可以起到广告宣传作用的但又不同于纯广告的版面，使读者在获得知识的同时也增进了对某一品牌或产品的了解。

4.1.3 杂志广告表现手法

制作杂志广告作品，首先**应注意阅读对象视角艺术，采用多样化的版面和制作技巧**。现代杂志广告印刷越来越美轮美奂，魅力无穷。杂志广告首当其冲地应以视角艺术效果来获取读者的青睐，这就要求杂志广告有一个具有较强冲击力的视角图像，将广告意图通过视角语言表达出来。杂志广告讲求色彩、技巧和特殊效果。可以想象，当商品清晰完美地像实物那样展示在面前时，总是能在某种程度上加快消费者做出选择的速度。

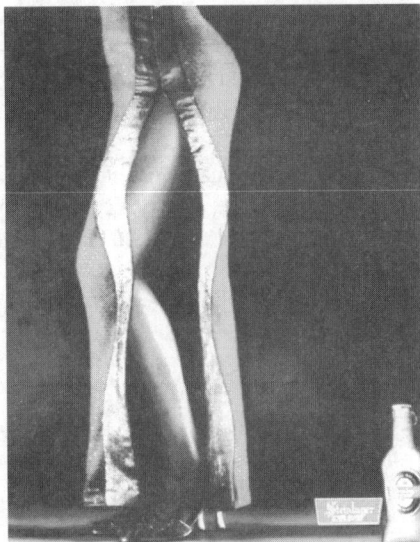

图4-4 世好啤酒广告

例如，刊登于某画报期刊上的世好啤酒广告（见图4-4），虽然不出以"美女喻美酒"的酒类广告俗套，但却能够在这"大俗"之中采用避开美女面部，在配色与选材上，根据杂志广告色彩表现优势，采用在深黑色背景中，突出表现最能代表女性曲线美且极具中国民族特色的大红旗袍，使之与右下角的产品自然地相互映衬，表现手法极具经典美和视觉冲击力。这样的表现手法既突出了产品形象，又符合中国文化和审美情趣。

其次，**应以杰出创意取胜，文字语言应讲究艺术性**。要注意图像内涵，广告表现应具有智慧美，有全新的、巧妙的创意，以不同凡响的创意来表达内容丰实的视角效果。同时，杂志广告可以不拘格式，采用插页、跨页、折页和联券等多种形式来提高版面的吸引力。

插页广告 每当年终时节，一些公司往往在杂志中夹带圣诞卡和贺年卡，这样很能取得消费者的好感。

跨页广告 把一幅广告印在同一平面的两页，可以增加读者的注意力，如果将订书针拆下，仍是完美的一体。所以某些厂商常在这种广告上印上新的一年的年历并写上祝贺的话语，这样能起到较好的广告效果。例如，刊登在《瑞丽服饰美容》杂志上的玉兰油广告（见图4-5），以"滋润"这一护肤理念来说明玉兰油化妆品的特性，在表现手法上巧妙采用跨页设计。每页图像都故意隐去了上半张脸孔，突出红润的嘴唇及其周围面部，更加突出了主题；图像在两页画面上分别用"滋润"的粉底

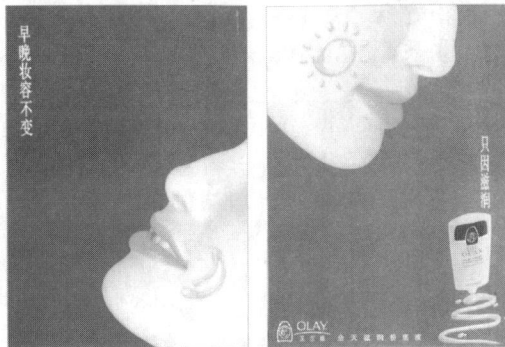

图4-5 玉兰油广告

液勾勒出对称的日、月图形，与广告语"只因滋润，早晚妆容不变"暗合，形象而完美地将产品独特诉求点体现了出来。

折页广告 广告打开后，可能会比杂志本身大1倍到2倍甚至4倍，如果这是一辆名车或一个明星的图片，肯定会有人在仔细观看之余小心剪下来贴在自己的床头，广告效果可想而知了。

联券广告 在杂志的广告版面上附有可以撕下的礼品券、优惠券、入场券等，一般在广告页的下端和右端，读者可以凭券领取实物，借以激发读者的兴趣和争取读者的好感。

此外，杂志广告还有一些别致的特效设计手法。例如，可以将实物夹在杂志中，展示广告产品的效果。为了推销真皮制品，有厂家竟然在杂志中夹了一页真皮，文字就印在真皮上，让读者真正领会什么叫货真价实；还有一家生产纸尿布的厂商，甚至将布样裁剪成了杂志大小，使其成为杂志中的一页，鼓励读者不妨给小孩试一下其吸尿的功能。还有各种各样别出心裁的杂志广告设计手法，诸如：将超薄的集成电路块加到广告页中就成了有声广告，印有化妆品广告的页面会发出化妆品的香味，经过剪割处理的页面打开后会产生立体感等，这些都能在一定程度上增强读者的注意力和提高广告的趣味性。

4.1.4 广播广告语言音响特效

广播广告作品在语言艺术特点上应注意：首先，**语言表达要力求形象化，具有艺术性和感染力**。在说明指称对象的功能品质时，语言表达应准确、清晰、抑扬顿挫，使广告受众清楚明白；运用多种语言艺术形式增加主要信息强度，言简意赅地突出广告主题。其次，**要设计好音乐、音响效果，塑造语言形象和语言艺术，增强品牌形象**。音乐要有个性特征，音响要逼真，使人如临其境，音乐、音响都应以简洁取胜，点到为止。此外，**要适当和适度地"重复"**，通过音响、音乐和语言的艺术表现力及感染力，力求达到百听不厌、常听常新的审美意境。这里举几则广播广告作品，简要说明其语言表现特点。

例1 国脉寻呼台广告（见图4-6）。这则广告曾在上海人民广播电台播放，是一则较成功的广播广告案例。其创意既突出了广播广告"先声夺人"的表现优势，又紧密契合寻呼台信息搜寻服务的特性。

国脉寻呼台广播广告文案

（BP机）嘟……嘟……爆竹声……
 男声：这是国脉寻呼台对用户们致以节日的问候。
（BP机）嘟……嘟……青蛙叫声……
 男声：这是两个朋友在谈生意。
（BP机）嘟……嘟……牛叫声……
 男声：这是两位股民在兴奋地谈论股市好消息
（BP机）嘟……嘟……母鸡生蛋后叫声……
 男声：这是妻子告诉丈夫生了个大胖小子。
（BP机）嘟……嘟……（渐弱）
 男旁白：
 国脉寻呼台，一种声音，万分关心

图4-6 国脉寻呼台广告

本来广播广告无视觉效果优势，但这则广告巧妙地采用简洁明快、富有幽默感和生活情趣的形象比拟手法，将抽象概念转化为形象画面：青蛙叫声代表两个朋友对生意谈兴正浓的情景；牛叫声代表两个股民谈论股市行情的兴致；而母鸡生蛋的叫声则表示妻子生了个宝贝儿子的兴奋心情。广告通过寻呼台正在从事紧张信息服务，以及节日问候、商务交易和报告消息等日常生活"画面"，充分体现了寻呼台在人们生活中发挥的重要作用。

广播媒体的优势是声响效果，这则广告以十分逼真的模拟音响感染受众，给人以身临其境的亲切感受。音响模拟种类较多，有爆竹、青蛙、牛叫、鸡鸣等，但每种音响的出现都由BP机"嘟……嘟……"声（广告词"一种声音"）导引出来，与指称对象很得体、很自然地联系起来，诉求点集中、主题明确，把寻呼台传达信息的服务功能（广告主题"万分关心"）通过生活场景形象化地传达给听众，具有很强的感染力。

广播广告的局限就是信息稍纵即逝，因此，适当的重复形式对于增强听众的记忆度非常重要。这则广告无论哪一种模拟声音都由BP机的"嘟……嘟……"声重复导引，这样的重复既突出了BP机的寻呼功能，又因有各种音响和生活情节的映衬而不显单调烦腻，广告表现非常成功。

例2　北京飞利浦音响广告（见图4-7），这是曾在中央人民广播电台播发布的一则广告。

北京飞利浦音响是引入荷兰飞利浦生产技术的产物，荷兰飞利浦是世界名牌音响，以历史悠久、音色纯美而举世闻名。广告抓住这一诉求目标突出情感表现。

广告先由悦耳动听、发人深思的荷兰乐曲自然而然地引出曾在荷兰留过学的爷爷的感触和沉思；而后，由小孙儿一句"爷爷，您怎么了？"引出老人的一段最得意、最有感染力的回忆语。爷爷当年留学荷兰就听飞利浦音响，可见其历史悠久；伴随海外游子

北京飞利浦音响广播广告文案

（荷兰风格的音乐渐入，小孩：）

　　爷爷，你怎么了？

（老人从回忆中清醒，感慨道）

　　哦，这是爷爷当年在荷兰留学的时候最喜欢的曲子，那时候我用的是荷兰飞利浦音响，它伴随我度过了多少思乡之夜啊！

（女儿：）

　　爸爸，您说的荷兰飞利浦音响已经在咱们北京安家落户了，咱们现在听的就是北京飞利浦音响。

（旁白男声：）

　　北京飞利浦，唤起您温馨的回忆。

图4-7　北京飞利浦音响广告

度过多少个思乡之夜，可见其音色美好的魅力。后面女儿针对老人的回忆，说明现在咱们听到的正是荷兰飞利浦音响，它现在已经在北京安家落户了，点明北京的飞利浦与荷兰飞利浦的质量不差分毫，受众可以放心使用。最后"北京飞利浦，唤起您温馨回忆"一句男声旁白，既强调飞利浦情感诉求主题，又再次说明北京飞利浦与荷兰飞利浦的关系。语言前后呼应，加深了品牌印象，充分地契合了人们的审美心理和生活体验，收到了很好的艺术效果。

这则广告也很好地利用了广播媒体的表现优势，神牵魂系的音乐、音响效果，老人厚重深沉的男声语调，小孙子稚嫩可爱的童声，女儿作为成人郑重可信的信息表述，既充分表达了情感，又可信地传达了关于"北京飞利浦"产品的信息。广告词简明精炼、主题突出，老人的回忆语引发听众的情感欲求，女儿的说明语点明现在飞利浦音响就在身边，促使人们购买，传播效果极佳。

例3　古汉养生精广告（见图4-8）。这是一则关于中华民族传统文化诉求的广播广告，曾在中央人民广播电台播放。

古汉养生精广播广告文案

音乐：中国古音乐起（筝箫合奏，琵琶、笙等伴奏）。
往事的追忆，神秘地、怀旧的情感。垫底。
女（声音平实、略带亲切感，记录片语气）：
　　1973年，湖南马王堆古汉《养生方》出土；1986年，衡阳中药厂"古汉养生精"问世。
男（声音成熟、干净，语气稳定，略显沧桑）（背景音是算盘声）：
　　人参，四钱二分；
　　黄芪，一两四钱；
　　金樱子，七钱五分；
　　白芍，六钱；
　　枸杞，
　　黄精，　　　　} 压混 {　　心血九斗
　　淫羊霍，　　　　　　　　　　白发三千丈
（渐隐）无数春秋造就　　　　　　智慧十二分
音乐止。
男旁白：古汉养生精

图4-8　古汉养生精广告

广告首先从中国古音乐演奏开始，把受众带入怀旧的文化氛围中；然后，以新闻语气说明古汉墓《养生方》出土与"古汉养生精"保健品问世的历史渊源关系；接着，广告便进入主题，以一种厚重的语气叙述罗列中药方，展示产品品质上乘，并紧接其后通过类比中药名"心血九斗，白发三千丈，智慧十二分"等，说明古汉养生精的健体、长寿、增智功效，透出中华医药地道的特色、真实和效力。

从广告表现来看，诉求集中在"古汉"和"养生"两个层面，整个过程以"产品出处—中药配方—使用效果"为主线展开，目标诉求集中明确，表达极具感染力，无以复加地强化了受众对药品品性的信赖感。这则广告很契合广播可听性和以声音描绘功能的媒体特性。通过古乐演奏，从女音新闻报道到沧桑男音解说，以及药方诵读，最后点出品名，广告词从头至尾都设计得有声有色，意境迭出，能很快将受众带入广告所诉求的氛围之中。

4.1.5　电视广告视觉化优势

图4-9　南方黑芝麻糊广告

首先，**电视广告要特别突出"内容视频化"的独特优势**。有广告专家称，一则电视广告是否成功，只要盖上文字让人仅看画面，看是否可以说出广告制作者的意图和诉求点就可做出判断。其次，**电视广告创意应出奇制胜，具有震撼力，综合运用创作技法强化品牌宣传**。其三，**电视广告应把握好快节奏**。电视时段价格昂贵，广告片一般以秒计，有5秒、15秒、30秒、40秒、一分钟计时。这就要求电视广告有较快的节奏，能在数秒钟内传达既定的信息量。

例如：南方黑芝麻糊"怀旧篇"广告（见图4-9）是由南国影业广告有限公司创作的著名电视广告。广告运用怀旧手法，着力将诉求意图视觉化，描述了古老时代一个小男孩购买食用南方黑芝麻糊的情景，表现传统食品的美味诱惑力，强化了消费者对产品的感受、忠诚和信赖。

小男孩随着"南方黑芝麻糊"一声令人惊喜的吆喝，条件反射似地跨门而出，他目不转睛地凝视、急切等待的搓手、忘乎所以的贪吃，留恋不舍的离去又赢得了卖糊大嫂爱怜地加上一勺，以及吃完后又下意识地咬着下嘴唇凝视期望等细节，无不淋漓尽致地将一个可爱的"小馋猫"形象表现出来，从而有力地表达了芝麻糊的上乘美味。

广告通篇没有对白，画面采用橘黄色的暖色调给人以亲切温馨的感觉。麻石小巷、货担小灯，男孩添食、女孩窃笑，自然而然、从容不迫的古典田园生活节奏都体现了浓郁的中华民族传统人情味，使生活在现代快节奏、都市化氛围中的人们无不油然生出重温往昔情怀的愿望，从而自然将受众带入广告诉求目标。

再如，百消丹"品牌篇"广告，明确聚焦于其目标对象即女性消费者，而一个健康女性最突出的外在表现是什么？是笑，由衷的欢笑。广告紧密契合电视媒体快节奏切换画面的视觉化表现优势，通过快速闪现最简单也是最说明问题的画面——女性笑脸，一张张不同年龄、不同职业的鲜活而生动的女性笑脸，来展现产品的功能和使用后的效果。广告通过形象化、生活化的动态画面，将"笑"推到最原始、最根本的极致，给人留下了很简单、纯粹的品牌印象。

精要提示

现代广告媒体越来越多样化，但报纸、杂志、广播和电视四大传统广告媒体仍处于主导地位。其中，电视最强势，其次是报纸，然后是杂志和广播。四大媒体各有优势和局限，其广告在表现形式和宣传侧重点上也各有不同。在整个广告活动中，虽说最不应该和最愚蠢的失败是由媒体误选导致的，但遗憾的是，这种失败依然如故地成为经常发生的事。

4.2 网络媒体广告

4.2.1 总体发展概况

网络媒体是发展潜力巨大的新兴广告媒体。**网络媒体最为显著的技术特性同时也是其强势之点，主要表现在信息传播的双向交互性。**此外，**视听效果的综合性、实时性，广告投放的准确性、经济性和易统计性**等也是网络广告媒体的独特优势。近年来，网络媒体快速强势发展，大有取代电视成为第一强势媒体之势。网络广告的主要类型有旗帜广告、按钮广告、关键字广告、弹出广告和浮动图标广告，以及BBS广告和E-mail广告等。

互联网（Internet），最早可以追溯到1969年美国的"阿帕计算机网"（ARPA net）。当时，为了应付战争可能造成的通信中断与电脑破坏，美国国防部高级计划研究署设计了一个试验性网络（ARPA net）系统，采用了没有中枢的分布式控制和处理技术，每个终端可以通过许多链接点连到其他终端，即计算机可以通过任一路径而不是固定路径发送信息。这种特性使计算机网络具有更高的安全性。

到1983年，一种新的网络协议TCP/IP（Transmission Control Protocol / Internet Protocol）成为互联网络上的标准通信协议，标志着全球互联网正式诞生。互联网实际上是一个利用网络方便高效地进行数据交换的信息系统，它由Web浏览器构成，借助超文本传输协议（HTTP）为因特网用户提供彩色的多媒体界面。工商企业可利用网站站点，在全世界范围内提供24小时在线服务。网络广告大都是在互联网上发布，一个又一个Web页面就是网络广告的载体。

有人说，**20世纪是高速公路时代，21世纪则是网络即信息高速公路时代**。世界贸易组织1995年度报告称，21世纪初期世界将形成三股大的经济力量：一是全球贸易总额在2010年突破20万亿美元大关；二是跨国公司产品2015年占全球产品产量的2/3；三是形成金融帝国，2000年全球货币市场每天成交额达2万亿美元。这三股力量的形成，宣告全球新经济革命来临，其凭借的主要技术基础就是因特网。网络近年来已跻身主流传媒。在美国，导致网络传媒大众化的一个重要契机是1998年9月11日，美特别检察官斯塔尔在网上抢先全文发布对总统克林顿绯闻的调查报告，全球数以千万计的网友蜂拥上网，造成网络前所未有的大塞车，斯塔尔报告发布第一天就有2 470万人上线阅读。于是，因特网积聚的巨大能量出人意料地以此为突破口爆发了出来，一时间几乎"淹没"了传统大众媒体。

伴随网络经济的发展，网络广告应运而生并得到快速发展。1994年10月14日美国Wired杂志在其网络版（www.hotwired.com）上首次发布网络广告，AT&T、P&G、IBM等公司是其最初的14家客户。这是网络广告发展的第一座里程碑。1999年美国网络广告总营业额已达12亿美元。20世纪电视媒体出现后，三年的广告收入为8.34亿美元，网络出现三年后的广告收入为9.07亿美元。据美国学者研究显示，某种新出现的媒体成为有影响的大众媒体，使用者须达到总人口的20%以上。这一过程所用的时间，广播为38年，电视为13年，有线电视为10年，而网络只用了5年。

在我国，因特网的迅速发展是1995年以后的事。1995年10月，原国家邮电部开通了中国公用互联网（CHINANET），1996年中国金桥信息网（CHINAGBN）开通。2008年，按广告刊例报价营业额统计，前10大网络广告媒体是新浪（103.07亿元）、搜狐（63.99亿元）、搜房网（41.29亿元）、腾讯（26.84亿元）、IT168（10.95亿元）、TOM（10.31亿元）、中国新闻网（8.85亿元）、焦点房地产网（8.49亿元）和MSN（8.43亿元）。1997年底中国的互联网用户数约62万，到2008年底，快速突增到29 800万人（见图4-10）。[①]所谓"摩尔定律"称，微处理器

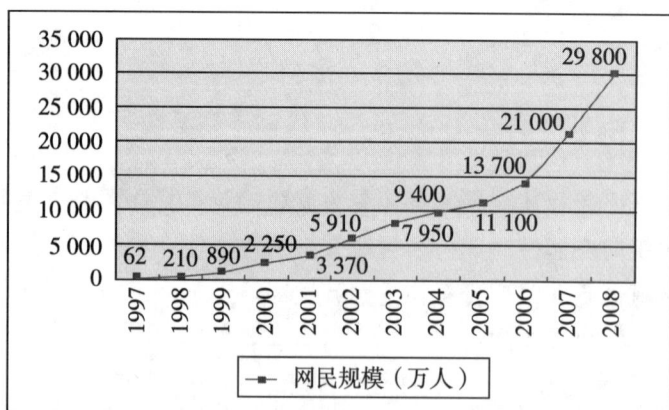

图4-10　1997—2008年中国互联网用户数

① 《中国广告》2009年第2期。

每18个月翻一番；有人则把因特网流量每半年翻一番的快速膨胀现象，称作"新摩尔定律"。近年来，我国互联网以异乎寻常的膨胀率快速走向大众化。一些传统媒体紧跟因特网，目前在国内，中央电视台、《中国青年报》《人民日报》等著名传媒都设有网络专版，大部分地方媒体也有自己的宣传网页。网络已走进千家万户、走进老百姓的生活。

4.2.2　网络广告媒体特性

互联网可以容纳精细的、全色彩的画面，进行声频传输和大容量信息传送，可以24小时在线，便于在广告主、广告商和广告受众之间进行双向信息交流。

特性1：信息传播具有双向交互性　**交互性是网络媒体最显著的优点，也是其最具生命力之处。**互联网络的出现，使广告媒体从过去的单向传播、受众被动接受信息，转变为"互动"模式，即受众可以主动地接受其所需要的信息。在网上，浏览者可根据自己的喜好获取文字、图片、声音、影像等信息，可实现多方同时互动交流，这使广告受众具有更大的主动性。

互联网广告与传统媒体相比，其优势主要在于受众的选择性强和反馈率高（见表4-2），而这两个是影响广告互动性的重要因素。广告对消费者的选择性越强，广告对广告主的反馈率越高，广告的互动性也越强。

表4-2　网络广告与传统广告特性的比较

比较指标	到达率	选择性	反馈	成本	信息含量
报纸广告	较高	中	较低	中等	较高
电视广告	很高	低	很低	很高	较低
广播广告	较高	低	很低	很低	很低
杂志广告	中等	高	较低	中等	较高
网络广告	较低	高	很高	较低	很高

资料来源：Christian Barker & Peter Gronne，Advertising on the world wide web，Copenhagen Business School，April 1996.

由于网络广告的载体主要是多媒体、超文本格式文件，只要受众对某产品感兴趣，仅需轻按鼠标就能进一步了解更多、更详细和生动的信息，甚至可以亲身"体验"产品、服务和品牌。例如，汽车经销商可以把车型、外观、颜色、发动机和轮胎等做进网页任由消费者查询、细阅；如果消费者有兴趣还可以自己在网上"组装"汽车，然后"驾车兜风"体验飞车感受。

网络广告的交互性使访问者（信息受众）在访问广告所在站点时，能够在线提交表单或发送电子邮件，广告主能够在很短时间（几分钟或一、两小时）内收到信息，并根据客户要求和建议做出反馈。这样，广告经营发布模式彻底抛弃了以生产为中心的"推"模式，而转变为真正以顾客为核心的"拉"模式，从而使广告具有更大的针对性。

专栏4.1：典型案例

"宝马1系"网络互动整合传播活动

2008年6—7月份，为配合宝马中国"宝马1系"（BMW1）上市，天联广告公司策划举办了一个叫做"BMW 1 Series campaign"的大型横跨月份网络创意征集活动。

本次活动的目标旨在吸引大众注意力，调动民众积极参与，从参与中了解"宝马1系"

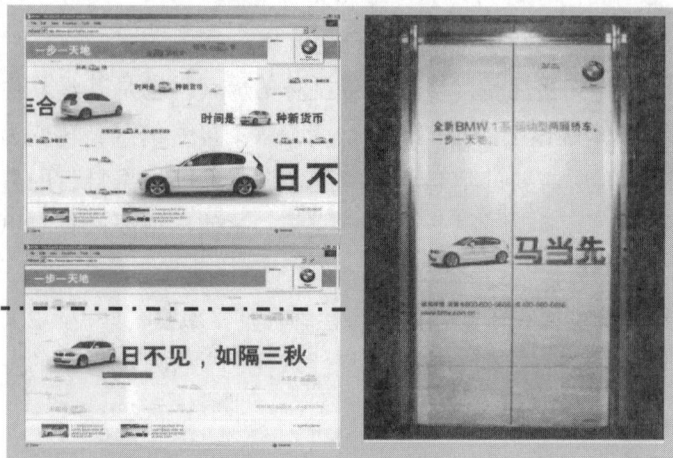

的内蕴及意义。另外，宝马中国借助宝马网站这个平台，让消费者能详尽了解所有与车相关的细节。其规则很简单：在新车正式上市之前，先向大众网民征集"一句话"的创意，要求提交的句子中必须包含有"一"字样，可以为中文、英文或数字。

新车上市后，宝马网站开放了多项互动功能，包括由提交的所有句子组成的"云朵"、投票系统，以及像电子贺卡一样可以发给好友的小游戏等。在设定电子贺卡游戏中，用户可以任选一句话，填写双方姓名和电邮后，系统会自动发送邮件至收件人邮箱中；点击该邮件中的链接，收件人进入系统后，可以看到由发送人选择但顺序被打乱的句子。收件人必须在设定时间内完成句子的组合，方可看到发件人所写的祝福话语。由句子组成的云朵在访问者进入网站后，会像星辰一样飞舞起来。用鼠标的左右键及滚轮前后操作，访问者可以轻易地游戈在句子云雾中，并任意参观其他人的文字创意。

本活动是"宝马1系"上市宣传整体创意策划活动的延伸，既延续了传统广告创意，也让网民实现了充分互动，从而实现了传统广告媒体到互动媒体平台的扩展。在媒体投放中跨越了平面、户外、病毒行销视频、网络广告、产品网动网站和电子直邮等多种媒体形式。

由于传统广告创意与跨媒体传播的完美结合，让"宝马1系"在很短的时间内得到民众非常大的反响，同时，市场上对于该款高性能掀背两厢车型有着极高的评价与接受度。

资料来源：《"一"句话的病毒式传播》，载于《现代广告》，2008年12期。

特性2：覆盖范围开放化，信息发布立体化，信息量极大化 **网络传播具有开放性，传播范围和受众十分广泛。**互联网从诞生开始就是一个全球媒体，原则上，只要不存在语言障碍就可以在世界上任何地方看到该网站，是真正的无国界、全球性媒体。目前，全球有近四亿用户，网络使用者主要是年轻人、富裕阶层和知识分子阶层。随着网络的普及和发展，网络将成为最大众化的传播媒体。

网络媒体信息容量可以说是无限大的。一个站点的信息承载量一般在几十兆到几百兆之间，在因特网中的Web站点上，广告主提供的信息数量是几乎不受限制的，而且也不必像传统媒体那样限制在一页固定的纸质版面或者一个30秒或60秒的时段内。传统媒体的信息发布都是平面的，我们在同一时间只能看到一个版面、一个节目、一条新闻，而网络的优势能够解决这个片段与全貌的矛盾。比如，要上网了解世界杯最新战况，在同一页面上，还可以了解迄今为止每一场比赛的情况，并有世界杯赛场、世界杯历史等背景资料，这从纵向上扩展了信息的深度；页面上不仅可以看到我国记者的报道，同时还可以看到国外相关媒体来自不同方面的评论与报道，这从横向上扩展了新闻的广度。

在因特网上，广告主或广告商可有几乎无限制的媒体空间加以利用。互联网可以提供数以千页计的信息或说明网页，放在网站中由受众查询。这是其他传媒无法做到的。互联网信息细致的分类、清晰的目录以及标题式的检索形式也为浏览者提供了前所未有的便利。即使在信息量增大的情况下，浏览者也能够有条不紊、游刃有余地加以选择和控制，自主地满足自己的阅读需要。

特性3：信息传播时效性强，视听效果具有综合性和实时性　　**互联网具有即时发布、即时传递的特点，时效性超过了以往任何媒体。**网络以光速运行，几乎不受时空限制。例如，如果传输北京图书馆的全部图书资料，采用传统铜质电缆传真技术需要数百年时间，而采用光纤电缆网络传播技术只须20分钟就可完成。网络传播的快速性是任何传统媒体无法比拟的。

Web技术使网络媒体成了一个实时、动态、交互、丰富多彩的虚拟世界，网络广告具有文字、声音、图片、色彩、动画、音乐、电影、三维空间及虚拟视觉等几乎所有广告媒体所具有的功能，能够满足人们——特别是受过良好教育、30多岁、具有稳定收入的用户的求新求变、快捷简便的消费心理和习惯。

网络广告媒体能集多媒体的优势于一体，获得良好的综合性视听效果。网络媒体可以利用"实时广播"、"实时电视转播"等技术，将电视广播统一纳入自己的多媒体功能之中，使受众可不受时间、地域限制接受信息。

特性4：广告投放准确，具有经济性及易统计性　　**网络广告具有"分众化"的技术特点。**由于广告受众上网付费的限制，其点击广告具有极强的选择性，这就保证了广告信息到达受众具有较强的针对性，使得广告主投放广告的目标市场准确性一般较高。

相对于传统媒体来说，网络广告价格比较便宜。网络广告发布可以借助已形成的全球通信网络，用户只须支付区域网内的通信费即可，因此在网络媒体上发布广告往往只相当于传统媒体的百分之一、二。厂商作为广告主可以在自己的网站发布广告，同时也可以通过链接等方式为其他站点或企业做广告，这样，在支出广告费的同时又能获得广告代理费收入。网络媒体具有随时更改信息的功能，广告主可以根据需要随时改动广告信息内容，这样又会大大节省广告更换成本。

网络广告可以利用"即时检测功能"为用户提供关于广告促销效益的最新报告。例如，可以通过放置在服务器端的log访问记录软件或Web Trends、Open Adsdream等软件，随时获得访问者的详细记录。互联网上权威公正的访客流量统计系统可以精确地统计出每个广告被多少网络用户看过，以及这些用户查询的时间分布和地域分布情况，从而有助于正确评估广告效果、调整广告策略。

当然，网络媒体也有其局限性。网络广告发布本身具有被动性，当广告主把广告投放在网络上之后，往往要等待访问者把它"拖"出来才能真正与受众见面，若访问者不光顾你的网络，即使网站再精彩，网页设计再漂亮，网页上的广告也只落得"养在深闺人未识"，因而广告的点击率可能就比较低。

目前，网络发展尚受硬件环境限制，网络覆盖率还较低。近期还仅在城镇中才有上网的条件，上网的人群以学生和35岁以下的具有较高教育程度的年轻人为主，而且男性占绝对优势，所以其普及率远远不及电视和报纸。现在，国际互联网的基本建设还存在稳定性、安全性、线路宽窄、畅通与否及数据传输速度等方面的技术难题，一些网络广告的制作还相当简陋。此外，网络媒体传播效果评估标准有待规范，网络管理法规尚未形成、尚未完善，这些都是制约网络广告大规模发展的环境因素。

4.2.3 网络广告类型

网络广告的根本特性在于：**是消费者在寻找广告主的主页，而不是广告主寻找消费者**。所以，网络广告要想尽一切办法来吸引浏览者的注意力，因此造就了网络广告丰富多彩的形式。

旗帜（Banner）广告 这是在网页上最常见的广告形式。因其多在页面上方首要位置，又叫"页眉广告"；因其大都是尺寸为460×80像素的长条形状，故称"旗帜广告"。在设计上，旗帜广告往往只是提示性的，它可能就是一个起向导作用的标题或招牌，浏览者只要有兴趣点击它，就能进一步看到更详尽的信息。

在网络广告发展初期，旗帜加上"点击此处进入"等字样就完了；随着网络发展，旗帜广告开始讲究创意，花样迭出，广告主往往通过精心构筑融合感性与理性的宣传区域强化旗帜广告的传播效果。

有研究证实，旗帜广告是一种最有效的直销工具。据统计数据显示，旗帜广告在Web广告中占有54%的份额，它能够提供给广告主可以量化的广告效果测评（参见专栏4.2）。全球范围内，旗帜广告基本进入CPM（千人成本）广告效果监测时代，现在规模比较大的网站差不多都是按照CPM价格销售广告的。

- -

专栏4.2：典型案例

3721"随心赢"旗帜广告活动

3721的"随心赢"活动案例发生在纳斯达克（NASDAQ）股灾以后，其宣传力量和投入很有限，但整个策划活动还是相当成功的。广告活动能够从实际出发，计划安排和细节设计非常得体，并充分体现了网络广告传播的特性。

"随心赢"活动的基本运作机制和规则就是：用户用中文直接在浏览器地址栏中输入四个产品的名称——联想天机810、惠普喷墨打印机、柯达数码产品和爱国者手写键盘就能够获得这些产品的抽奖机会，幸运者可以获得免费产品奖励。

3721及合作厂商成本收益比较

	3721	合作厂商
投入	在3721网站上进行广告宣传，列举合作厂商的品牌和产品说明及形象； 必要的技术开发和系统设置； 抽奖过程和奖品发送； 公关新闻稿的发布。	提供免费奖品； 根据奖品数量，大约每个公司2万~6万元不等（根据零售价格计算）； 实际成本平均为50%左右。
收益	获得免费奖品； 快速增加注册用户； 培养用户直接使用3721中文网址查询产品资讯的习惯； 通过实际案例，让潜在企业用户认识到"中文网址"这种新的网上、网下品牌整合及网际产品推广解决方案的价值。	获得新产品直接宣介的机会（每日大约为1万人，活动全程大约可达到80万人次）； 以更低的广告费用（实际为产品形式）获得产品的直效行销效果； 按照万分之一的保守销售转化率计算，各厂商均可收回成本。

在这一活动中，3721充分利用了自己既有的受众资源，借助厂商提供的奖品刺激，获得受众更有价值的相关信息。而各合作厂商，也通过3721的既有用户传播了自己的品牌和产品细节；用户输入这些包含产品整体名称的中文网址，本身也是对产品的一个良好认知过程；更何况那些希望获得免费奖品的用户也会点击浏览产品的介绍界面。

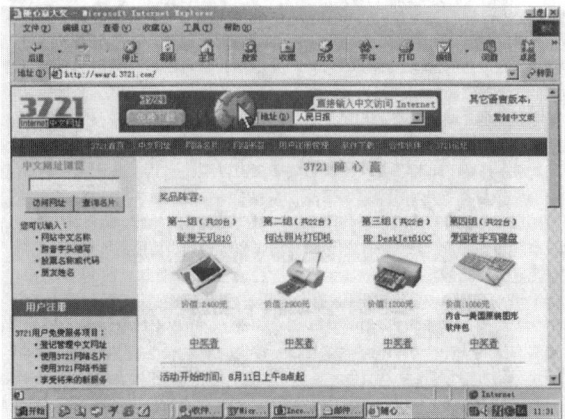

最重要的是，3721提供了一个可衡量的营销系统。在整个活动过程中，有多少用户分别输入了哪些产品名称？他们的个人特征如何？厂商借助数据库的帮助可以得到第一手的资料，并获得进一步宣传自己产品的机会；3721也因此获得了更多的广告订单。

本次活动的综合传播效果类似于DoubleClick网络的Boomerang产品。通过跟踪那些曾经访问过产品订单页面却从未进行采购的消费者，当这些受众今后再访问到DoubleClick网络其他网站时，能够有针对性地进行再一轮促销宣传。Boomerang是"回向标"的意思，就是那种旋转扔出又能够回到投掷者手中的玩具。从事后观察来看，3721"随心赢"活动的Boomerang整体营销传播效果显著。

资料来源：《国际广告》2001年第3期。

Flash广告　这是利用电脑技术制作的一类动画广告。它生动形象、影音俱备、成本低廉，可以任意发挥创作者的想象力，因而现在越来越普遍地出现在网络上。这种广告形式从观众的角度可以看作是一种"准电视片段"广告。

2001年1月1日零时，代表中国彩电最高水平的第一台精密显像彩色电视机在中国最大的彩电基地四川长虹电器股份有限公司第四彩电制造事业部诞生，同时亮相中国市场。MEDIA999广告公司为长虹设计制作的以"还原本色，更加出色"为主题的网络广告，采用了全Flash技术，将原本晦涩的内容用Flash动画生动、清晰地表现出来（见图4-11）。

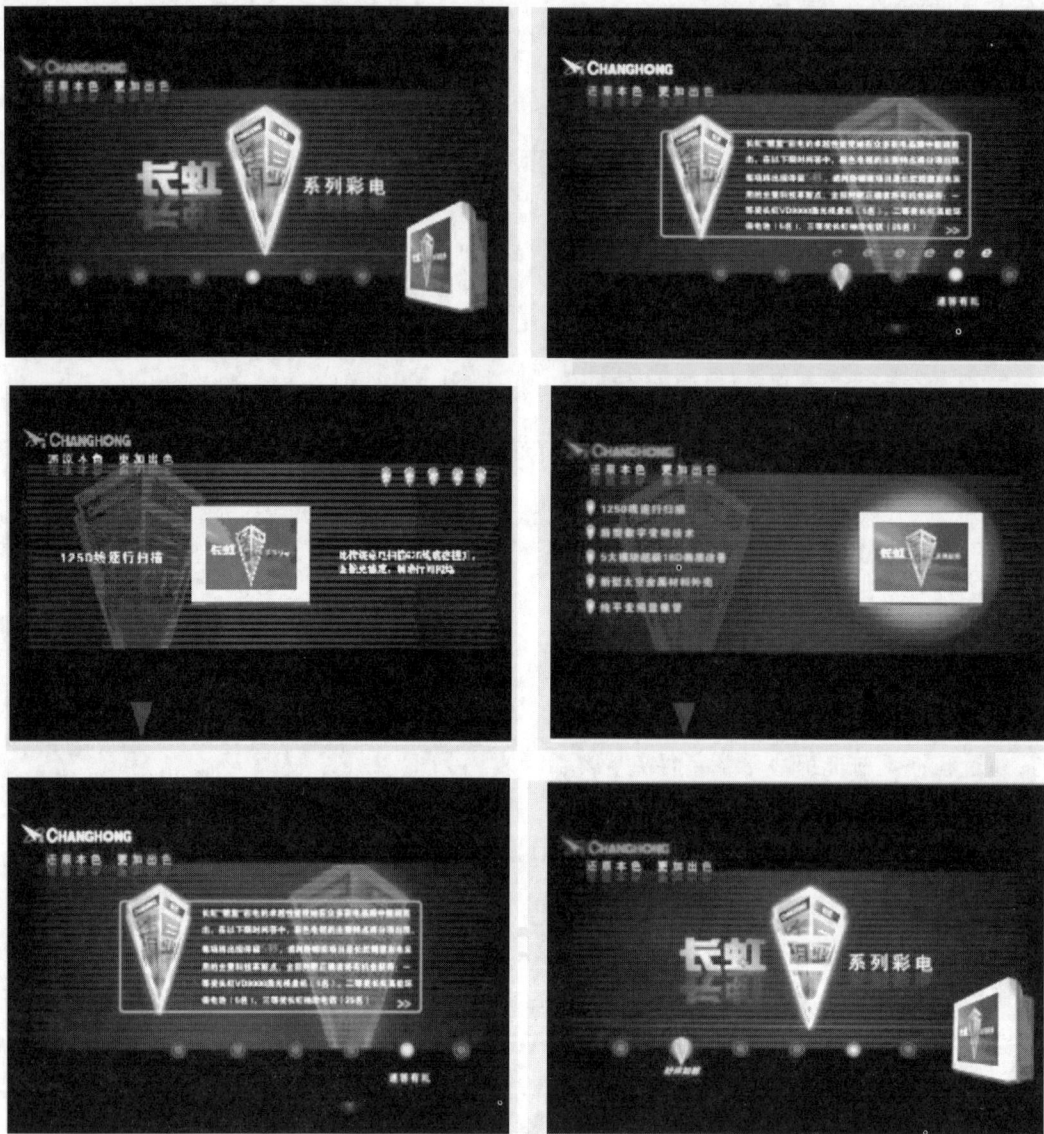

图4-11　长虹彩电网络广告

该广告中移动徽标采用了类似盾牌的外形，四角尖锐，表达了精显彩电成像清晰锐利的特点。"精显"两字的变形更强化了整个徽标的视觉效果。光影线的扫描是整个徽标的亮点所在，既传达了产品长虹"精显"彩电的主卖点，亦加深了品牌徽标的记忆。"迷你网站"栏目"速答有礼"能够激励受众记忆"精显"彩电的主卖点，加之"视点E现"等栏目立体、完整地展示了长虹"精显"彩电的卓越特性。

按钮（Button）广告　这类广告在技术属性、制作方法和付费方式等方面，都同旗帜广告没有什么区别，只是尺寸小一些，一般为80×30像素，像个钮扣（"Button"原意）。

许多网络广告商并不区分旗帜和按钮，只是统称为旗帜，然后在尺寸上列出数种规格，其中较小的几种实际上就是按钮广告。

按钮广告属于纯提示型广告，一般只由一个标志性图案（商标或厂徽等）构成，只有一定的提示作用。按钮广告对于一些著名大型企业，如IBM、INTEL、可口可乐、SONY等广告主及广告产品来说，可能会很方便、有效和经济；但一些小厂家特别是新产品使用按钮广告时则需慎重，还是多花点钱，做旗帜广告为好。

浮动图标广告　浏览者打开一个网页以后，会在界面上跳出一到两个类似于按钮广告的图标，但与按钮不同的是，这种图标不是固定的，而是会随着页面的滚动而滚动或是随着鼠标指针而移动，像是浮在页面上一样，这就是浮动图标广告。

几乎100%的浏览者都会被迫注意到浮动图标广告，但也正是由于这种挥之不去的特性容易令人反感，因为它会遮住一部分网页的内容，而且在页面上游走不定容易引起误操作。浮动图标广告一般都含有链接，点击后会打开一个新的预先设定的网页，或者将浏览者带到广告主的网站。在图4-12中，当人们进入某软件下载网站后，页面上跳出了"中国万网"和"一元专柜"两个浮动图标广告。

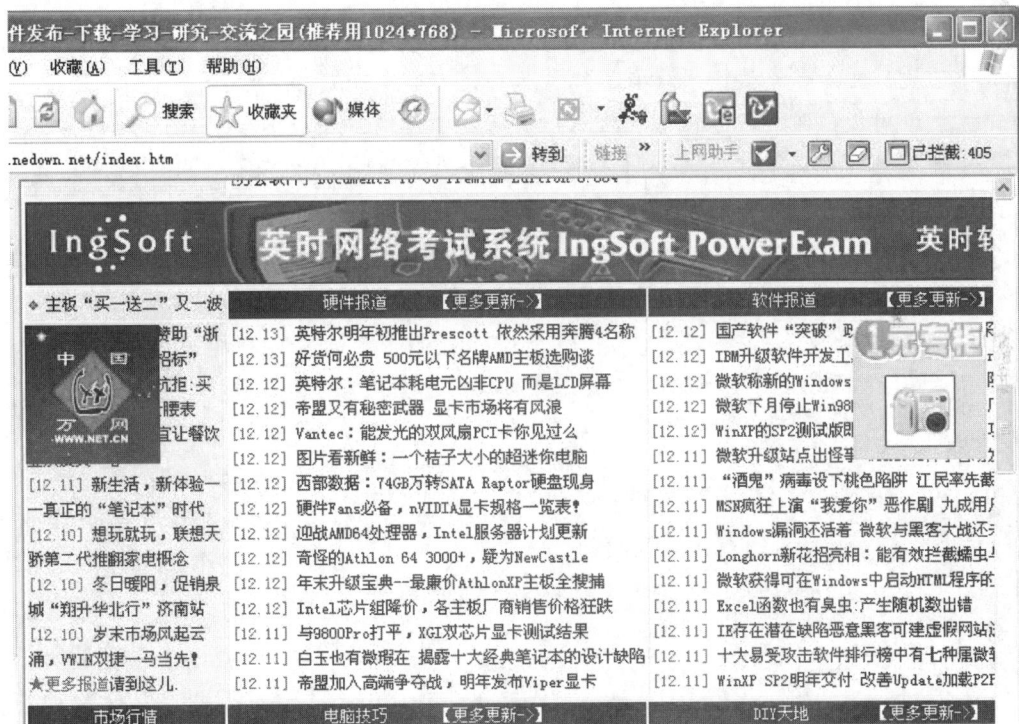

图4-12　浮动图标广告示例

赞助（Sponsorship）广告　对于一个访问量很大的网站来说，太密集的广告跟踪程序会拖慢服务器，也容易使CPM价格水准滑坡。所以国外很多网站愿意找一些企业做赞助商，让它们出资赞助一个与其业务相关的页面或栏目，这就是所谓的赞助广告。

赞助广告的特点是放置时间较长，而且无需与其他广告轮流滚动。对于想做品牌广告的客户较合适。借助这种广告形式，赞助商可以宣传品牌，直接促销，进行市场调查，甚至可以发展消费者俱乐部。广告赞助页面可以有效提高页面知名度,从而吸引访客对自己公司、产品或服务的注意。例如,施乐公司曾是亚特兰大奥运会的主要赞助商,其奥运会页面地址为www.xerox.com,吸引了大量体育运动爱好者,访客可以通过广告赞助页面直接链接到公司的页面。

如果广告主有非常严谨的品牌宣传目标,赞助广告应该是非常有效和低成本的广告形式,利用这种形式,广告主将会在使用媒体方面具有垄断性地位,在未来的市场竞争中将具有"先声夺人"的主动优势。

分类(Classified)广告 与传统报纸分类广告相比,在线形式的分类广告有其独特优势,例如,可搜索性以及数据库的其他功能,更快捷方便的更新和更灵活的表现形式等。

芬兰英夫拓公司在北京投资的"广联中国分类广告网"是国内互联网骨干线上一个功能强大的分类广告平台,面向所有企业和普通消费者。其基本经营理念是:零散的广告仅仅是广告而已,但数目巨大的广告被合理地组织起来后就成为有价值的信息了。任何互联网使用者都可以在这个平台上方便地检索、浏览别人的广告,也可以发布自己的广告,广告内容按产品与服务的类别详细分类。在技术上,它利用由英夫拓集团研制的SCAN服务系统,提供如下服务:

——按产品类别、地区对广告进行分类、检索和显示;

——根据用户输入的关键词对所有广告内容进行检索并显示给用户;

——用户可以定制个人主页(档案),在个人主页中记录下客户喜好的产品类别、检索记录、检索习惯,并为用户自动更新检索结果;

——接受用户的订阅,定期按用户设定的检索条件找到符合条件的广告并自动转发到用户指定的电子邮箱中。

插入式广告 当你调出一个网页的同时,会自动跳出另一个篇幅略小(正常页面的1/4或更小)的网页,以诱人的画面或字眼呼唤你的点击,这就是所谓的插入式广告。这种不请自来的广告,带有一些强迫性,与整个网络文化的自由民主气氛有些不协调,往往引起人们的反感。如图4-13,小的窗口是打开网易主页后弹出来的。

图4-13 插入式广告示例

关键字广告 凡是输入流行搜索引擎关键字的用户，就可以被吸引到一个相应公司的网站上去。例如，输入PDA，雅虎可能把你带到3COM的PaimPc网站；输入Coke，雅虎可能带你去可口可乐。如图4-14所示，在浏览器地址栏输入手机，3721在显示出搜索结果的同时会打开西门子移动通信的网页。

图4-14 关键字广告示例

BBS广告 BBS是一种以文本为主的网上讨论组织。在这里，你可以通过网络以文字形式宽松自由地与别人聊天、发表文章、阅读信息、讨论某一问题或通信等。这种站点往往有许多讨论区，如体育、艺术、社会信息、商业、就业、旧货交易等。国内早期比较著名的BBS站点，有的是网络代理商（ISP）开发的（如赢海威公司开发的"赢海威时空网"），有的是各大学或科研单位开发的（如清华大学的"水木清华"等），以后者居多。这些网站的信息，以消息、新闻为主，但其潜在的商业价值不容忽视；一些中国大陆以外的华语地区，越来越多的网络服务机构在一些已有站点上开设商务讨论区，提供有关中国的商业信息服务，如中国香港的goyoyo广告牌（www.rona.goyoyo.com.hk/bbs.html）等。

Usenet广告 Usenet是由众多在线讨论组组成的自成一体的系统。其中的每个组叫做新闻组或讨论组（Newgroup），分别冠以不同的有着明确界定的表标题，例如，biz.*是有关商业信息这一主题的讨论组。一般来说，每一个讨论组都有主题、地域等方面的差别，并且都有自己的特殊规则，发布纯赢利性质的广告被认为是粗野和无礼的。所以，广告商只有在讨论区中单独挑起一个话题，并保证它有足够的吸引力才能获得回应，广告目的也才有望达成。广告商也可以插入正在讨论中的某一话题，不过发布的信息一定要与主题相关，并且还要短小精悍，以讨人喜欢。另外少做重复性粘贴，注意内容适时更新等也是非常重要的。

E-mail广告 电子邮件是互联网的一项基本功能，允许用户以比普通邮件更为方便迅捷的方式交流信息，将其用于广告活动时非常类似传统的直邮广告。一些市场营销人员和公司通过收集其顾客或潜在顾客的E-mail地址，有针对性地将广告直接发送给指定群体。

有一种使用电子邮件的网络广告形式叫做"电子邮件列表"（Electronic Mailing Lists，简称Listerv.）。这是一种非常具有针对性的广告传播方式，一些想在网上就某些自己感兴趣的话题发表见解的人可以加入电子邮件列表，成千上万的电子邮件就会即时传达给列表上的每一个人。一些收集并出卖商业信息的Listerv.已经引起很多广告主的注意，不过在利用这种广告形式时要注意，在你的产品和讨论话题之间应有明确而密切的关联，否则会引起网民的讨厌和拒绝，很难达到广告宣传目标。

另外，网上还活跃着一种叫"电子刊物"的广告形式（见图4-15）。电子刊物以固定的发送频率和分期的固定篇幅，以及相对固定的涵盖范围和具有可读性的内容长期向订户发送，同时发布有关广告信息。这种形式较单纯的电子邮件广告让人略微好接受一些。

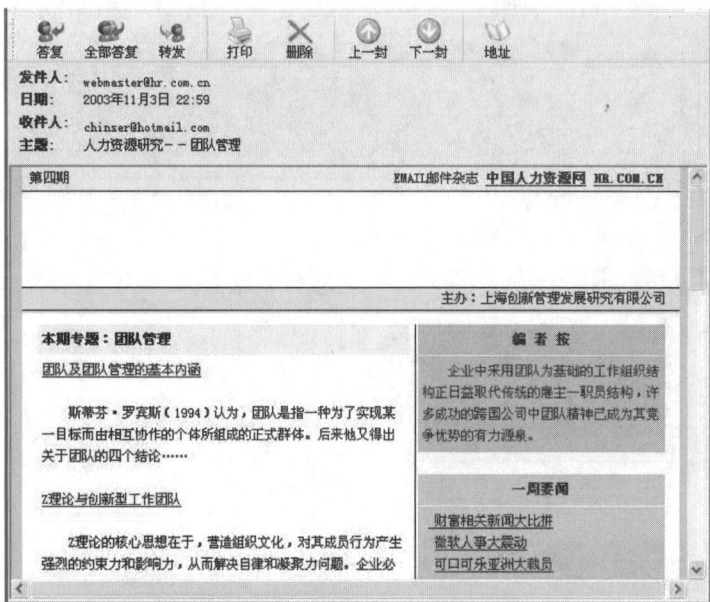

图4-15　电子刊物示例

手机广告　这也是一种基于网络技术的特殊新媒体广告形式，目前手机广告主要是与综合类门户网站或大型通信服务商相结合，为用户提供短信广告业务。由于此类媒体拥有广泛的受众群和强有力的数据库支持，面对用户进行信息发布，所以手机短信广告可以与其他形式的网络广告业务进行捆绑，达到降低广告整体发布成本和提升发布效果的目的。在一些发达国家，移动电话的使用者每天会接到数条短信广告，参加这些广告促销活动可换得慈善捐献的相关信息、购物或电话账单折扣等等。

精要提示

网络媒体是新兴的发展潜力巨大的强势广告媒体，它具有双向交互、覆盖面广、信息容量大、传播快捷等特点。网络广告有旗帜广告、按钮广告、关键字广告、弹出广告和浮动图标广告，以及BBS广告、E-mail广告等多种类型。

4.3 —— 其他媒体广告

4.3.1 户外媒体广告

户外媒体即指露天或公共场合传播广告信息的物质载体或工具。常见的户外广告媒体有路牌、交通工具、海报、灯箱（灯箱广告如图4-16所示）和霓虹灯、电视墙、电子快播板、电脑显示板、电脑彩讯动画看板、烟幕、空中飞翔物、热气球和卫星灯等。归纳起来有三大类户外媒体广告。

（一）传统户外媒体广告主要是指以路牌和交通车辆为媒体的广告。

这类媒体一般具有地域性、社区化的特点，常放在繁华街区、交通要道或公共汽车线路上，因此广告受众具有固

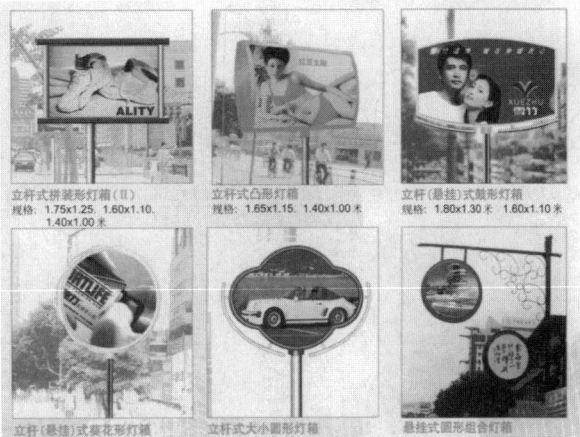

立杆式拼装形灯箱（Ⅱ）
规格：1.75x1.25、1.60x1.10、
1.40x1.00 米

立杆式凸形灯箱
规格：1.65x1.15、1.40x1.00 米

立杆（悬挂）式菱形灯箱
规格：1.80x1.30 米、1.60x1.10 米

立杆（悬挂）式葵花形灯箱

立杆式大小圆形灯箱

悬挂式圆形组合灯箱

图4-16　各种形式的灯箱广告

定性和较强的选择性。广告商可以根据特定区域消费者的习俗和文化心理特点加以选择、设置和制作相应的路牌广告和交通车辆广告。其次，传统户外广告的品牌到达度高，保存性和重复性较强。如果将现代电子技术用于户外传统媒体，推陈出新，设计出极强冲击力和吸引力的广告作品会收到很好的传播效果。此外，传统户外广告的单位信息传递成本相对来说较低廉，传播费用不高，一般企业都能负担得起。

传统户外广告的局限性是：受众对传统户外广告往往"熟视无睹"，将其视作自然景观的一部分，在匆匆过往行走时无意观看，因此其传递信息十分有限；路牌广告以"静"待"动"，车辆广告以"动"引"目"，其受众虽有区域的固定性，但对特定区域的消费群体却很难选择，广告效果难以确定。

（二）电子户外广告媒体　包括电视墙、电子快播板、LED电脑显示板等。

电视墙是一种由许多小电视组合而成，其影像、文字显示能与电脑连线，发挥电视传播等功能的高科技传媒。其画面分割明显，仅适于远距离观看，一般设置在火车站等人口密集和人口流动较集中的地方。

电子快播板是利用电磁效应将成千上万的四色旋转体加以组合，形成一种极富变化感的超级电子拼盘。这种媒体具有耐久、防热、防静电、防紫外线等功能，借助它可以灵活、快捷地制作传播有关广告信息，而不像其他户外媒体广告有毁损之虞。

LED电脑显示板，由成千上万的LED（Light Emitting Diode）粒子，即一种环状有色发光体排列组合而形成特定的图案或文字，是一种极富传真效果的户外电子媒体。

（三）空中媒体广告　如烟幕广告，这是利用飞机喷雾技术所做的一种新型的空中广

告，这种广告形式别开生面，令人惊叹，虽费用昂贵却有许多企业趋之若鹜，争先租用和制作。此外，以热气球、空中飞翔物为媒体做广告也是常用的户外空中媒体广告活动。

1992年3月底，美国发射的运载火箭上携有施瓦辛格和他主演的"末路英雄"的宣传广告。这位明星的大名出现在六个外部火箭助推器的表面，而16米高的火箭主体的外壳则由影片的名称来装点，这是哥伦比亚电影公司花了50万美元的竞标结果。将地面的激光经过电脑设计射入天上的云层，利用云层的反射打出文字图案，鬼斧神工，令人叹为观止，仿佛天上的云霞。

4.3.2 POP广告

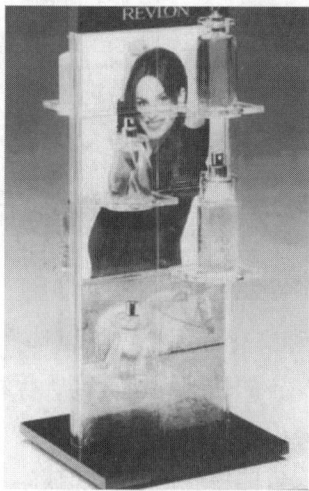

图4-17 化妆品的橱窗广告

POP广告，即销售点广告（Point of Purchase Advertising），泛指利用销售场所的内部和外部设施所做的各类广告。按设置点分有门面广告、橱窗广告（如图4-17所示）、柜台广告、墙面广告、地面广告、顶板广告、货架广告和空间广告等。按广告形式有：以海报、招贴、商品说明书、样品目录等形式为主的平面广告；以商品样品、实物等形式为主的立体广告；以广播录像等形式为主的视听广告；以现场示范表演为主的示范广告等。

POP广告可以是静态的也可以是动态的。其特点是：机动灵活、形式多样；与产品销售在时空上融为一体，可促成销售；方便快捷，费用低廉；传播面窄，影响面小。

POP广告可以用于经销商，也可以用于生产商，但实际上还是前者应用较多，后者主要是作为大众传播广告的辅助和配合而加以运用。

4.3.3 DM广告

DM即Direct Mail的缩写，DM广告即直接邮递广告，指通过邮政系统将广告直接寄送给受众。这种做法免去了中间人，而且寄出的资料由于没有时间和篇幅的限制可以详尽地介绍产品。其形式有：

——随报刊加送；

——由专业邮递广告公司寄送；

——根据顾客名录采用信件寄送（名录有三个来源：自有，委托专业调查研究机构调查取得、购买有关信息资料）；

——雇佣人员派送。

DM广告的特点是：范围可大可小；时间可长可短；目标受众能够选择；广告费用低廉。1997年3月国家颁布实施的《印刷品广告管理暂行办法》规定："凡发布印刷品广告必须经广告管理机关审核登记批准之后方可发布。"DM广告应属此限。

4.3.4 其他各类广告

命名权广告 最常见和使用的是各种文娱、体育比赛的命名权广告。例如，沙龙北京网球公开赛，美极厨艺大赛，555港京汽车拉力赛，百事可乐杯三人篮球赛，可口可乐杯少年足球赛等；另外还有城市道路、广场、桥梁、建筑物、交通设施、旅客列车、客轮的命名权广告等。

展销会广告 是一种通过提供场地招引商客进行展示和销售商品以及其他贸易活动的广告宣传形式。

街头巡回游行广告 是一种穿着或手持广告物，或通过交通工具运载广告在街头行进游行的广告形式。在公交车和电梯内设置已存有广告片的小型电视，循环播放，这种形式的广告针对性很好，对于不同类型的公交车和社区可以安放不同的广告，而且替换方便，形式灵活。

标志物、散发品广告即利用购物袋、宣传画册、包装盒、小赠品进行广告宣传，影响面广，具有较长期、持久的广告积累效应，是大众传媒广告的有效辅助和补充。

体育广告 随着现代竞技体育业的发展，"运动即财富"已成为广告商的共识，与各种体育活动和项目相联系的广告推广活动取得了令人瞩目的商业成就。

例如，图4-18中，麦当劳赞助的欧洲足球赛广告将麦当劳标识与足球的因果关系巧妙融为一体，木版背景上挂着一双足球鞋，鞋的边缘形状正好组成麦当劳的标志，画面自然随意，毫无雕琢之感。

再如，蒙牛在2008年北京奥运会期间，利用火车站通道的穹顶位广告媒体，绘制运动员形象，作为非奥运赞助商打了一记漂亮的"擦边球"。广告所在的空间环境，乘客流动频繁。蒙牛以其独特的广告形式吸引了众多消费者的目光。

人体广告即利用名模、名人、广告宣传员、宣传队等人体形式进行广告宣传，这种广告能收到其他媒体广告难以达到的人文情感及传播效果。

图4-18 麦当劳赞助的欧洲足球赛广告

精要提示

除四大传统媒体和网络媒体广告外，其他媒体广告有各种户外广告、POP广告、DM广告、命名权广告、展销会广告、街头巡回游行广告、标志物及散发品广告、体育广告、人体广告等，五花八门，不胜枚举。

❏ **复习思考问题**

（1）报纸和杂志媒体的传播特性有哪些？其在广告表现上应注意哪些问题？

（2）相对于电视媒体来说，广播媒体有哪些传播劣势和优势？在广告表现上应注意些什么？

（3）与传统媒体比较，网络广告媒体有哪些特性和独特优势？其发展前景怎样？

（4）网络广告主要有哪些类型？试简要说明。

（5）什么是POP广告和DM广告？

❏ **综合案例演练**

媒体广告作品赏析

试结合媒体特点，分析如下几则广告作品。

一则：报纸广告

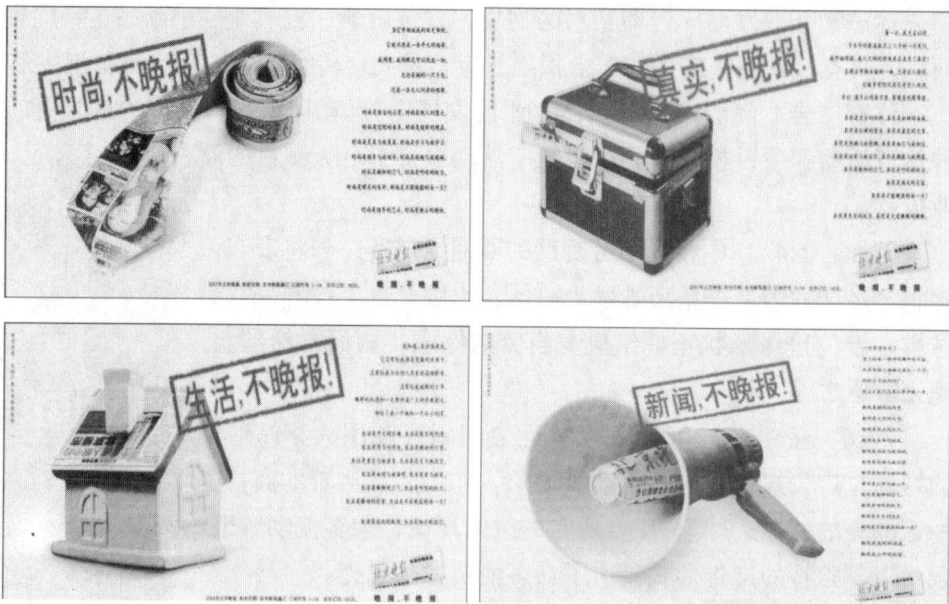

二则：杂志广告

广告主：HarveyNichs

品牌：HarveyNichs女装

标题：《气球》

代理商：恒美伦敦

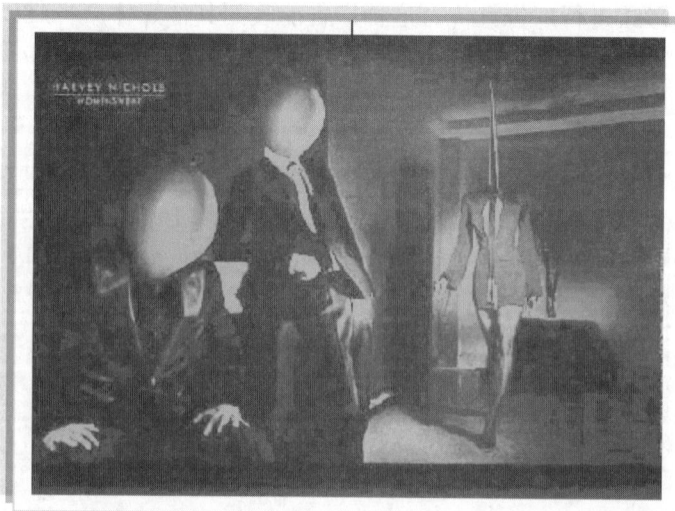

三则：电视广告

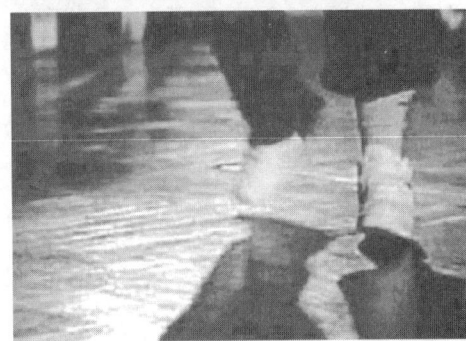

《索菲亚》

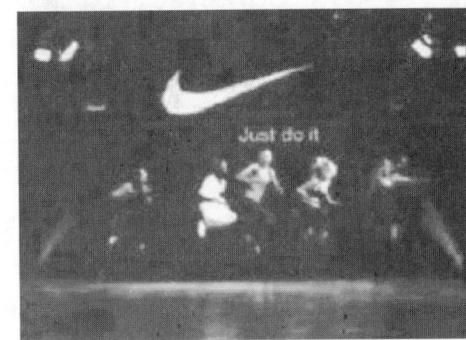

《Kimberly》

这是2006年阿姆斯特丹威登肯尼迪公司为耐克女子舞蹈广告"要知道我不是运动员"所作的电视广告系列:《索菲亚》、《Kimberly》和《运动队》(注意广告画面舞者一只脚穿的鞋),其诉求目标是点燃女同胞产生运动员般的激情,进一步开拓耐克提倡的"just do it"精神。

本章主要参考文献

王诗文主编. 电视广告. 北京中国广播电视出版社, 2001

魏超主编. 网络广告. 石家庄: 河北人民出版社, 2000

第 5 章

广 告 目 标

□ **学习目标引导** 广告是为广告主而做的。作为广告主的企业最关心、最为重要和最需要明确的是一项广告活动要达到或可以达到什么样的目标？目标的选择和确定从根本上决定着企业整个广告活动的成败；没有目标的盲目广告，以及由此导致的恶果众人皆知，但在现实中却依然时有发生；虽然有目标但不明确或无操作性，由此导致的广告败局就更为普遍和常见了。本章着重从企业经营战略决策的角度考察有关广告目标的选择和确定问题，简要介绍广告目标及其确定的操作方法，并讨论企业制订广告计划的有关问题。通过本章的学习，读者可以清晰了解广告目标与营销目标的区别和联系，能够利用EON顾客群体分类模型分析制定企业的广告目标，并熟练掌握关于广告目标确定的DAGMAR原理及6M法则。

□ **逻辑架构图示**

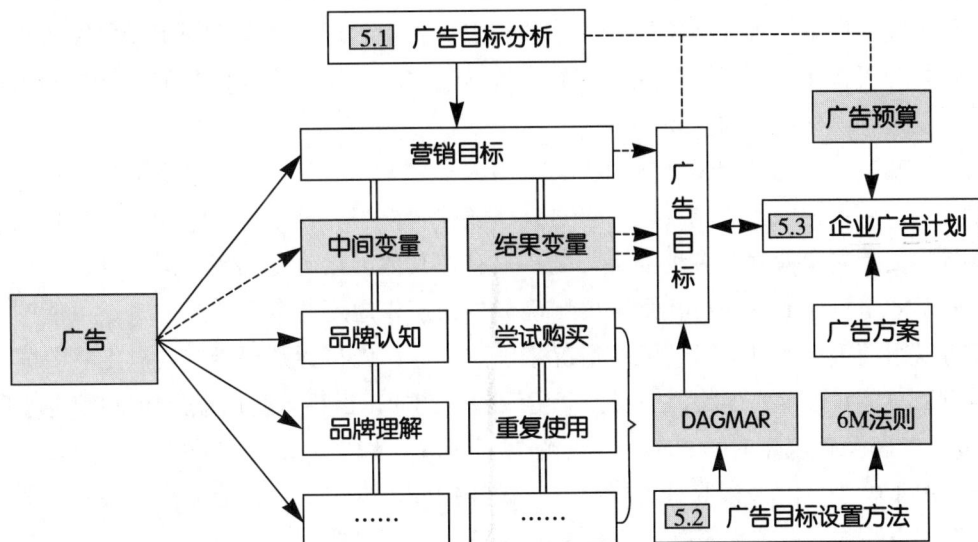

5.1 广告目标分析

5.1.1 广告目标要义

广告目标（Advertising Goal/Objective）是指广告主根据企业发展战略及资源条件所拟定的，希望某个广告活动对目标受众所要完成的特定传播任务或沟通程度。广告目标显然与营销有关，涉及促销但远不止促销，广告目标有"远大"的指向，万不能将之等同于具体的营销目标或指标。

广告目标有如下三项基本功能。

1. 作为沟通和协调的工具。广告目标为客户、广告公司的管理人员及创作团体提供了一种沟通工具，同时也可以协调诸如广告撰稿人、广告专家、客户及市场研究专家等人群的工作关系；

2. 为决策者提供一个恰当的判断标准。广告目标应当为企业决策者在选择广告活动时提供有效的衡量指标，并为决策方案评价比较提供一个标准；

3. 广告目标是评价广告效果的根据。一次广告活动结束后，预先设定的目标实际上就成了评估此项活动是否成功的重要依据。

关于广告目标的可操作性要求，应特别注意的一点是：**不宜将销售目标直接等同于广告目标**。在实际当中，一个方便和有吸引力的广告目标往往涉及一个包括"即时销售"或"市场份额"要求的框架，而这往往成为人们评价一个广告活动成功与否的主要依据。显然，在某些情况下，如在邮寄广告或某些售点广告中，即时销售量或市场份额大小确实是一个较好的可操作性目标。但在大多数广告活动中，以销售作为广告的直接目标则是不可行，甚至是有误导作用的。

我们知道，广告仅仅是影响销售的众多因素之一，而且往往难以将其作用独立地分开考虑。销售受多种因素影响，除广告之外，还受价格、分销渠道、包装、产品特性、市场竞争状况及消费者偏好等多种因素影响。只有在其他因素确定的情况下，以销售目标衡量广告效果才是可能的。而在实际中要精确分离出广告短期营销效果几乎是不可能的。促销目标可以用销售额或利润额的完成情况来确定，而广告目标则很难准确设定将要完成的销售额或利润，如果定要如此，一定会产生误导。例如，当年日产汽车公司推出"英菲尼迪"（Infiniti）牌豪华汽车时，最初一个月销售量不高，许多人以为是广告的失败，但实际上广告吸引了相当多的人索取有关资料并走访经销商，事实上，不能促成购买的主要原因是经销管理方面的问题，而不是广告传播的责任。

此外，广告的作用通常要持续一个较长的时期（如图5-1所示），利用即期营销指标来衡量显然是存在问题的。营销目标通常以一定期间为衡量标准，而广告效果有迟滞性、长期性、不确定性和多元复杂性，其效果要在广告刊播一段时间以后才能表现出来。因此，不能以即时性、单纯性的促销目标简单框定广告目标。

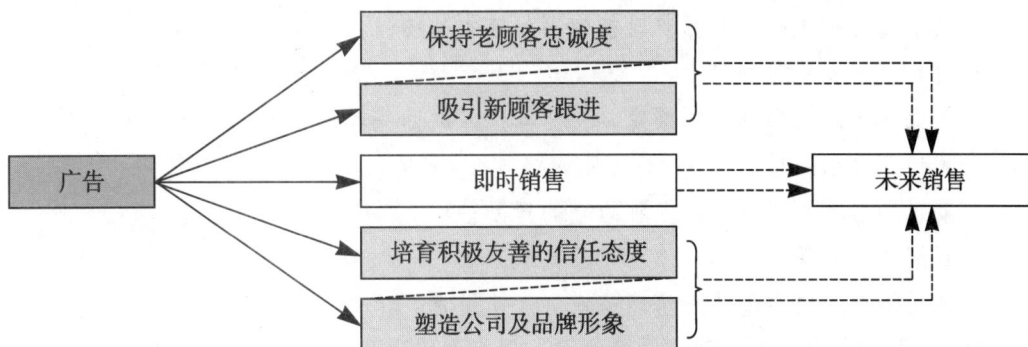

图5-1　广告目标多元性和迟滞性

- · - ·

专栏5.1：相关链接

九大类型广告目标

目标1：刺激即时销售。具体要达到的目标可能有：

——承担全部促销任务；

——促成部分剩余销售任务的完成；

——向受众发布促销信息，诸如折价优惠条件等；

——提醒消费者及时购买；

——配合消费者特定购买时机，刺激其即兴购买。

目标2：促进近期销售，具体目标可能是：

——使消费者认知、熟悉和辨识所宣传的产品或服务特性；

——提升品牌知名度；

——向受众灌输有关产品信息或消费观念；

——反击或抵消竞争对手的广告宣传；

——改变消费者对产品或服务的错误印象、纠正其不正确看法。

目标3：稳固市场竞争地位。具体目标有：

——使受众建立起对公司及品牌的信心；

——使顾客产生对产品的需求；

——选择特定分销商、经销商和销售网络；

——向市场铺货，确保产品全面销售；

——建立市场信誉平台，以便推出新产品、新品牌或新品种；

——使受众广泛认知并接受品牌。

目标4：增加销售量。具体目标可能是：

——保住现有老顾客；

——说服其他品牌用户转用本品牌；

——让消费者在选购不同品牌时能特别锁定本品牌；

——将非用户转化为用户；

——将偶尔惠顾的顾客牢固锁定，变为本产品的回头客；

——宣传产品新用途；

——劝说顾客购买大包装或多种组合的产品；

——提醒用户购买；

——鼓励用户更经常地使用该产品或加大使用量。

目标5：引导受众行为。改变受众行为，以期最终达到销售目的，其目标可能有：

——说服潜在顾客索要本产品宣传材料、交回礼券、参加竞赛；

——劝服潜在顾客参观商品样品陈列室、观看产品演示；

——劝诱潜在顾客尝试产品。

目标6：配合营销系统活动。要达到的目标有：

——协助市场营销系统招揽新客户；

——帮助市场营销系统从批发商及零售商那里得到更多的订货单；

——帮助市场营销系统得到最好的产品展示场地；

——振奋销售队伍士气，在业内制造反响。

目标7：传达服务信息。包括：

——关于"到哪里去买"的信息；

——关于"如何使用该产品"的消费知识；

——关于产品新型号、新特色、新包装方面的信息；

——关于产品新订价格方面的信息；

——关于特价、以旧物折价贴换方面的信息；

——关于营销或促销新策略方面的信息。

目标8：培养受众亲善态度。其目标受众可能包括：

——现有顾客及潜在顾客；

——业内人士，如分销商、交易商、零售商等；

——公司现有雇员及潜在雇员；

——金融界人士；

——普通民众。

目标9：塑造公司或品牌形象。宣传内容可能有：

——产品质量及其可靠性能；

——无与伦比的周到服务；

——公司核心理念、发展战略及经营宗旨；

——公司成员整体形象；

——公司高速发展水平、技术进步和创新状况以及市场领先地位等。

资料来源：William F. Arens. Contemporary Advertising. York:McGraw-Hill Book Company，2006.

5.1.2　可操作性目标探寻思路

没有人否认获得销售增长的广告目标，但要分清楚哪一期广告活动促成销售增长，过分强调（即期）销售的广告目标，通常是不太具有操作性的。在无法以即时销售作为可操作性目标基准的情况下，通常可以依循如下三个层次的问题寻找答案，以获得有效的可操作性目标。

问题1：谁是目标受众？

问题2：在细分市场中，广告试图预期、驱动、改变或影响的最终行为是什么？

——新顾客的尝试性购买？

——保持已有顾客的忠诚度？

——创造更加主动的使用？

——缩短购买期间？

——提高使用速度？

——促其走访零售商？

问题3：导致目标细分市场需求行为的宣传和决策过程是什么？在这一过程中广告所扮演的角色是什么？

——是为了创造品牌认知？

——是为了传播信息？

——还是为了创造一种新形象或态度？

吸引一个顾客购买某品牌的一个关键性因素可能是对其灌输高层次的品牌认知，**使顾客保持忠诚的最好方法可能就是强化其某种态度。所谓"中间变量"，就是指反映广告与最佳购买行为之间关联的衡量指标**。即使最终的目标是购买行为，实际的目标引导决策也将表现为中间变量的一种或多种形式。

由于广告目标受多种因素影响，因而企业在确定其广告目标时，特别要注意综合把握和预测那些错综复杂的中间变量及中介因素的影响，然后才能选择和确定具体明确的目标。概言之，**企业广告目标除促销这一直观、可定量的目标（促销目标往往是不具可操作性的）另外，更为现实或更具可操作性的衡量目标是广告对消费者态度等中间变量的定性描述。**

换句话说，对广告可操作性目标的探寻需要从战略层面并在总体动态运行过程中，对广告信息传播的综合效果加以把握、预期或事先确定。这里有三个要点：第一，广告目标要适应企业战略的总体要求，把广告作为实施企业战略的一种策略或手段来看待，广告目标应在时序、阶段和步骤上与企业战略相匹配；其次，广告目标的确定要考虑市场供求状况、竞争模式及企业产品市场所处的生命周期；第三，广告目标的确定要有消费者群体行为模式和心理规律分析做基础，广告目标要尽量量化，不能量化时要能够判断和考核。

5.1.3　基于EON模型探寻目标

广告目标受众并不一定是最终消费者，但广告的出发点和落脚点都是最终消费者。因此，**最终消费行为分析是确定广告目标的基石**。广告的具体目标是什么？是为了引导顾客的尝试性购买，还是保持已有顾客的忠诚度？是创造更为主动的使用，还是缩短购买间隙、提高使用频率？如此问题，都是广告目标分析所关注的焦点问题。

在具体操作方法上，可以借助EON顾客群体分类模型，来对基于最终消费行为的广告目标加以分析（如图5-2所示）。一个企业产品在市场上面对的顾客群可以分为三大类：**E群体**，是现在购买本品牌的顾客，他们中一些人只购买本品牌，但更多的是同时也购买其他品牌；**O群体**，只购买其他品牌而不购买本品牌，他们中的一些人可能忠诚于其他某种品牌，而另一些则可能是同时交替购买其他不同的品牌，但却都不购买本品牌；**N群体**，不仅不购买本品牌，而且连任何一种其他品牌的该系列产品都不购买，例如，我不只是不买你的红旗牌轿车，不管你是大众牌汽车、富康汽车或宝马牌汽车，我都不买，因为我是一个非汽车用户。

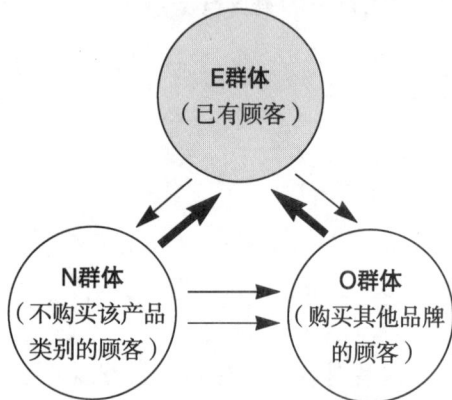

图5-2　EON顾客群体分类模型

据此分类，一个企业广告目标对最终消费行为的引导可能有如下几种方向。

（一）从其他品牌吸引新顾客。一种情况是，找出竞争对手最为不满的顾客，将O群体中的一些人"拉拢"过来。另一种情况是寻找未来具有销售或利润增长潜力的竞争对手，把他们的主干客户或对他人最有影响力的客户吸引过来，使他们成为本企业品牌的新用户。

例如Nordsee快餐店的广告片（如图5-3所示），其广告目标主要基于从其他品牌（麦当劳牛排）吸引新顾客。一条滑稽的小狗馋兮兮地指望得到主人手中的食品，但主人毫不领会。他对"笨"狗解释说，他吃的是鱼而不是牛排，因为通常小狗会汪汪叫着乞讨牛排。不过，他低估了这条聪明的小狗，它正是希望品尝到美味的鱼肉；为了让主人明白它要的

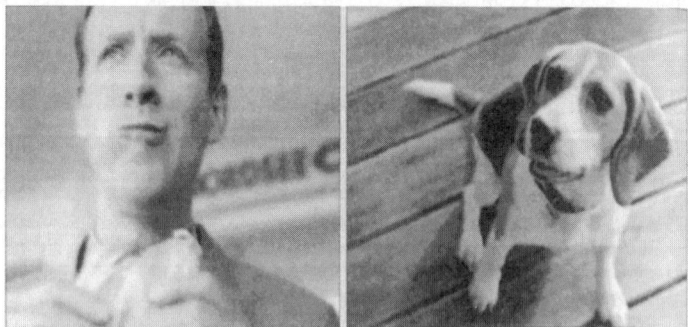

图5-3　Nordsee快餐店的广告

正是鱼，小狗发出了"喵喵"的猫叫声。由于广告创意风趣幽默，加之这则广告播放期间正好遇上了疯牛病流行，看了广告，在主营鱼类快餐的Nordsee和主营牛排的麦当劳之间，顾客们自然会倾向选择前者。

（二）从其他产品上吸引新客户。例如，百事可乐通过开发一种咖啡因含量更多的可乐品种"早间可乐"来吸引那些在早晨喝咖啡的年轻人，使他们改喝百事可乐，这比从可

口可乐消费群体中吸引顾客更加容易。这种战略对一些市场份额较大、分销渠道广、销售力量强、市场认知度高的大公司最为合适。一些小公司，如一家生产移动电话的小公司若做这类广告宣传，可能是白白浪费金钱，不会有什么效果；因为一个顾客看了广告之后，可能认为自己确实需要一部移动电话，但结果他可能购买像摩托罗拉那样知名度更高的品牌。因此，小公司在广告目标策略上最好让大公司去吸引N群体，而自己去吸引O群体的新顾客。

（三）**增加需求份额**。一些客户可能不断在本品牌与他品牌之间转换，依价格、习惯等在品牌之间配置自己的购买量。企业在确定广告目标时，可以考虑采取一些办法使客户对本品牌更加忠诚，增加对本品牌的需求份额。例如，花旗银行广告："每使用花旗信用卡一次，您就自动参加我们的抽奖，用我们的信用卡吧！"这则广告就是以"增加需求份额"为基本目标，通过"抽奖"刺激来促使老顾客购买和增加使用份额。在采取这种广告目标时，一个有争议的问题是关于价格竞争策略如何选择和运用。有观点认为，高层次的广告不应导致价格大战，而应减少摩擦和降低价格弹性；但有人认为相反，高层次的广告恰恰应该使顾客在购买时具有更多的机会进行价格比较。

（四）**增加品牌忠诚度**。据研究表明，**广告的较大效果不是获得新的尝试者，而是加强已有用户的忠诚度**。在日本，一提到三得利公司的乌龙茶，人们就自然会联想起美丽的中国采茶少女；为了让人每天都能牢牢记住这个形象，增加消费者的忠诚度，三得利公司每年都起用新的模特和采用新技术制作广告。2001年的广告采用彩色印刷，宛如一幅美丽动人的画卷，看后令人回味无穷（如图5-4所示）。

图5-4　三得利的乌龙茶广告

（五）**增加使用度**。增加使用度包括增加消费量、增加使用机会或缩短购买期间等。对于食品、饮料行业的领导品牌来说，增加已有顾客对产品的使用度是尤为可行的广告目标。其他日用消费品如胶卷、肥皂等，情形也是如此。

总之，基于市场消费者行为分析，可以较容易地确定广告目标及其度量指标。例如，如果广告目标是吸引新顾客，其目的是要使新顾客尝试使用其品牌产品，那么广告的具体指标可以用广告吸引的顾客人数来反映，这可以通过顾客问卷调查等手段来加以衡量。

5.1.4　广告反应变量及其确定

通常广告不直接导致即期的购买行动，而是在宣传、关联或劝导方面作用更大。所谓"宣传"，是指让受众知道新事物，了解新产品，记忆新事实；所谓"关联"，是指品牌与一些概念（如某类人、使用组合或感觉等）连接起来；所谓"劝导"，则是针对某

一目标创造或改变某种态度。**广告的宣传、关联或劝导作用大小，就称作广告目标的
"中间反应变量"，它是相对于最终购买行为变量来说的**。确定和利用广告反应变量的关
键问题是：如何宣传、关联或劝导才能产生预期效果？对于这些工作效果如何才能较正
确地加以衡量？以品牌为例（产品或企业相类似），可以从传播效果的几个层面对中间
反应变量及其对行为及结果变量的关联影响（如图5-5所示）加以分析说明。

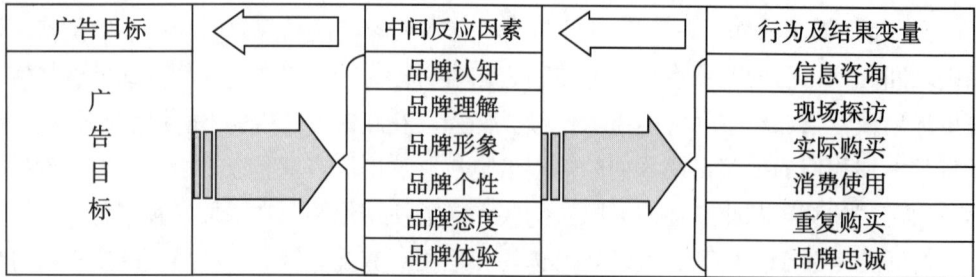

广告目标		中间反应因素		行为及结果变量
广告目标		品牌认知		信息咨询
		品牌理解		现场探访
		品牌形象		实际购买
		品牌个性		消费使用
		品牌态度		重复购买
		品牌体验		品牌忠诚

图5-5 利用中间反应变量确定广告目标

品牌认知 广告的一个基本任务是创造知名度，这对于那些吸引新顾客的目标尤为有
效。例如，中间变量是"意识中的首选品牌"将会导致"忠实"的行为变量；若中间变量
是"经辅助的认知"，那么行为变量可能是"尝试性购买"，如此等等。广告的一个重要目
标就是，让品牌在人们的意识中更加突出，将人们的购买行为变成不假思索的选择。

品牌理解 首先，广告应侧重于宣传品牌特别是品牌的特点，使受众对品牌有一定的
了解。IBM推出微机用OS/2操作系统时，其关键目标是宣传该系统为什么优于既有的微软
公司的Windows操作系统。其次，宣传产品的新用途，达到增加使用的目标。此外，广告
目标可能只是为了通过创造需求或宣传有关公司的信息，以支持销售人员进行推销。

品牌形象 所谓品牌形象或品牌个性，是指品牌与某类人或某类事务的联系。例如，
佳丽香水就是一种专为那些拥有"特殊生活方式"的女性而设计的香水，苹果计算机被定
位为"更友好"的计算机，等等。宣传品牌形象、突出品牌个性是广告目标的一个重要中
间变量。

品牌态度 广告可以通过改善消费者对品牌的偏好感觉来加强其对品牌的忠诚度。品
牌态度以对品牌特殊作用或特点的了解为基础，它可以通过喜爱或不喜爱的程度来衡量，
或通过可能（或绝对）会购买的行为意图来反映。

品牌体验 即感觉与品牌消费的某种经验关联。有时广告的目标是创造感觉，这种感
觉可以是温暖、热情、兴趣、期望、恐惧或关心等等，并且将这些感觉和品牌及使用经验
联系起来。

在更多情况下，广告目标中间反应变量不是单一的。例如，同样是"尝试购买"的行
为变量，可能会同时经由品牌认知、品牌态度及品牌理解等中间变量而达成。但广告目标
太多，往往会导致顾此失彼、从而导致广告活动失败。一个广告在某方面有效，必然在其
他方面无效或效果不佳，按照这种**"补偿规则"，一个独立的广告所着眼的目标不应超过
一个，若有多个目标就应制作不同的或补充的广告；当必须有多个目标时，应该通过一个**

由多条广告组成的系列广告来达成。

> **精要提示**
>
> 　　广告目标与营销有关，但万不能等同于具体的营销目标或指标。按照EON顾客群体分类模型，基于最终需求行为分析的广告目标有：① 从其他品牌吸引顾客；② 从其他产品吸引顾客；③ 增加需求份额；④ 增加品牌忠诚度；⑤ 增加品牌使用度。广告通常不直接导致即期的购买行动，而是借助一系列"中间反应变量"在宣传、关联或劝导方面作用更大。

5.2 广告目标设置方法

5.2.1 DAGMAR理论

　　所谓"DAGMAR"，其英文意义是"为可度量结果而确定广告目标"（Defining Advertising Goals for Measured Advertising Results，缩写为"DAGMAR"）。这是由美国广告学家卢赛尔·考利（Russell H.Colley）于1961年在其同名著作中提出的，后来逐渐被业内人士所认可，并成为广告目标确定的经典模式和方法。

　　DAGMAR理论的核心就是认为**广告目标根本不同于营销目标，广告目标是特指一个给定时期内针对特定受众所确定的一项"宣传任务"，这种任务应是具体的、应当在书面上可度量，有起始点、确定的受众和期限；换句话说，广告目标应以其特殊的传播效果加以衡量，而不应与具体的销售指标直接挂钩，最多应把营销效果看作是衡量广告目标的一个方面，而且只是一个不能成为直接衡量和决定广告成败依据的方面。**

　　具体地说，广告目标有三个层次：一是营销目标；二是行为目标，即广告在对改变消费者的认知和行为方面的效果；三是综合目标，即广告的综合传播效果。这三个层面，第一层面的作用是极其有限的，且难以准确衡量，广告目标的衡量和设定应主要放在第二、三个层面（如图5-6所示）。

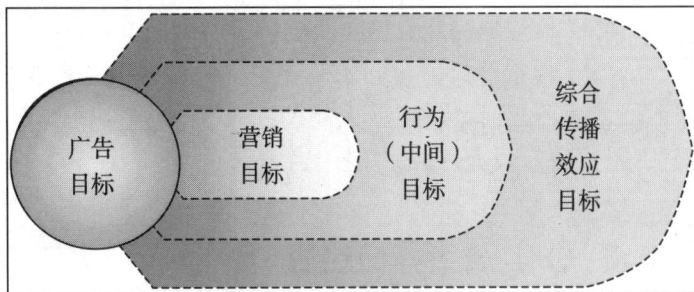

图5-6 广告目标的三个层次

　　考利认为，**广告工作纯粹是一种信息传播性质的行动，其成败的关键取决于它能否把特定信息在正确的时候以恰当的成本传达给适当的人士。**为此，广告目标应以可度量的广告效果来设定，测定广告效果的方法也就是制定广告目标的方法。

首先，关于**短期营销目标**。广告目标如果说与营销有关的话，那仅可以说：**广告目标是记载营销工作中有关传播方面的简明陈述——用简洁、可度量的词句所进行的书面叙述，而不是把广告简单地看作是促销手段。**

其次，关于**行为整合目标**。广告目标作为整个广告活动的整合手段或领路旗帜，必须得到所有广告业务人员的一致同意或认可。

最后，关于**综合传播目标**。广告目标的制定应当以对市场及各种购买动机方面精湛的知识为基础，基准点的确定应以其完成事项可否度量而定，且日后用来测定广告效果的方法应该在建立广告目标时即已确定。

5.2.2 广告目标设置要点

按照DAGMAR理论，**设置广告目标有两个要点：首先要明确广告的特定传播任务；然后将传播任务具体化，形成可度量的指标。**

首先，明确广告宣传任务。广告是一种广泛的、有成本的宣传活动，其目的简单地说就是创造认知、灌输信息、发展态度或引导活动。企业确定广告目标首先要明确其产品或品牌目前在市场上处于什么样的认知阶段。据第2章介绍的爱达理论，广告传播一般经历"吸引注意→激发兴趣→创造欲望→导致行为"四个不同阶段，或如一些社会学或社会心理学家所总结的那样，是经历"认知→兴趣→评估→试用→采纳"五个阶段，亦或是"认知→知识→喜爱→偏爱→相信→采购"六个阶段等等；无论如何总结归纳，广告传播都是有阶段性的。确定广告目标首先要了解企业目前处在哪个阶段以及要完成什么样的宣传任务。

其次，将宣传任务具体化。要把既定的宣传任务具体化，形成可度量的指标，并且以书面形式表达出来，具体工作一般包括如下内容。

（1）**明确广告宣传诉求点**。例如把"品牌理解"作为宣传任务，一个高蛋白麦片产品广告决定以"蛋白质含量"作为广告诉求点，应进一步明确这种含量是包含一天所需能量，还是有预防疾病的功效，抑或是比其他产品能量高，总之要具体量化。

（2）**了解目前所处状态**，以此为基准确定进一步优化的方向和指标。

（3）**恰当地确定目标受众群体**，明确向谁做广告宣传。

（4）根据广告时机和本公司生产经营情况、广告代理公司计划安排及市场反应周期，**明确选择广告期限和阶段**。

（5）**确定量化指标**，形成书面材料。

5.2.3 6M广告目标确定法

根据考利的建议，1961年全美广告主协会（Association of National Advertisers Inc.）提出了制定广告目标的"6M法"。即认为，一个广告目标应包括六个基本要素即6M：

M1.**商品（Merchandise）：**欲推出的产品或劳务，其主要诉求点何在？

M2.**市场（Market）：**广告所要影响的是哪些人？

M3.动机（Motives）：消费者为什么购买或为什么不买？其原因何在？

M4.信息（Messages）：广告所要传播的主要创意、信息是什么？主要想改变受众什么样的态度？

M5.媒体（Media）：怎样传播广告信息？

M6.衡量（Measurement）：以什么准则和方法测定广告效果？

在实际确定广告目标时，可以这六个M为线索具体检核有关问题，从而逐次确定一则广告应达成的具体目标。

首先，应明确所宣传产品或劳务的诉求点。从顾客的立场出发，企业所宣传的产品和劳务的利益点是什么？针对不同细分市场的受众或消费者，哪些是最重要的，哪些是次要的诉求点？除产品或服务本身的品质以外，在包装、购买便利等其他方面对消费者有没有好处，以及有什么好处？与其他竞争产品比较，本产品的特殊诉求究竟是什么？

其次，就市场对象而言，广告的目标受众应根据周详的市场调查来确定。调查内容包括市场环境调查，例如人口统计、社会文化与风土人情、政治经济形势等；企业经营情况调查，诸如企业发展历史、科技水平、人员素质、管理水平等；产品情况调查；市场竞争性调查，例如市场容量，竞争对手的生产经营状况，销售服务和售后服务，竞争者的广告类型、支出和策略等；消费者个性、要求及影响因素等。要特别对广告信息所要影响的人群状况，例如居住地点、性格、习俗、兴趣等进行详尽的考察，以准确确定广告的目标受众群体。

第三，对消费者的购买行为应加以重点研究。广告的目标受众并非是最终消费者，但消费者的最终购买行为（是买还是不买）是广告信息传播的出发点和落脚点。因此，对于所有消费者，包括不购买本产品或本品牌的消费者，都要尽量周详地了解其动机和心理。对于购买或不购买或延迟购买的原因要探究清楚。对于购买者是基于产品品质还是基于外观；是因为购买方便、形成习惯还是因为售后服务好或对公司形象认同等等，都要一一甄别分析，理出思路。

第四，整合传播信息，选择媒体组合。就传播信息本身而言，它实际上是把上述三个方面的调查研究结果以适当的形式加以表达。如果上述工作做得到位，那么关于信息层面的工作就仅是一种技术性处理。

紧接着，第五个M就是结合媒体调查资料，选择适当的媒体组合把这些信息传播出去。当然，信息的形式及传播的方式也是确定广告目标时就应考虑的事情。

最后，确定广告预期效果衡量方法。按照考利的观点，广告目标实际是对广告传播效果度量方法的事先安排，因此在确定广告目标时就应对广告效果的测定方法事先加以明确。例如：在广告之后究竟有多少人认知品牌或公司形象？有多少人借助广告了解产品特性和利益点？有多少购买者是基于广告理性或感性影响而行动等，对这些测定方法或指标从事前的角度加以表达，就是"广告目标"本身。

归纳起来，广告目标有以下15种。

1. 介绍产品的质量、性能、用途和好处，促使新产品进入目标市场，即以提高市场占有率为目的。

2. 介绍产品或改进品的新用途和好处，以扩大经营、延长产品生命周期为目的。

3. 突出产品质量和特殊好处，扩大市场经营。

4. 提高老客户购买程度，吸引潜在客户，保持采购水平。

5. 支持人员推销。

6. 树立品牌及企业形象，提高知名度和信任度。

7. 扩大销售区域，开拓新市场、吸引新客户。

8. 增进与经销商的关系。

9. 提高竞争力，抢占市场制高点。

10. 提供优质服务，延长购买时期和使用季节。

11. 消除令人不满的印象，排除购买顾虑和障碍。

12. 为消费者提供售后服务，建立商业信誉。

13. 建立友谊，沟通感情。

14. 调动员工积极性，增强员工自豪感和责任心。

15. 维持企业长期利益。

精要提示

　　按照DAGMAR理论，广告目标确定有两个要点：一是确定广告的信息传播任务；二是将其具体化为可度量的指标。根据考利的建议，全美国广告主协会提出了制订广告目标的6M法则，可以此为线索逐项检核问题，选择和确定一项广告活动的具体目标。

5.3　企业广告计划

5.3.1　广告计划意义

　　企业从生产经营战略出发，对广告目标及其指标，以及为完成既定目标任务所开展的各项广告活动进行事先安排和部署，就是所谓的"广告计划"。

　　广告计划是一种广告行动说明书，是关于广告活动的行动指南。它往往以书面文件形式列示广告活动的基本目标、主要步骤、时间安排和具体措施，是广告活动所有参与人员和部门的行动准则和努力方向，也是衡量和监控广告活动的基本依据。**广告计划还是关于企业广告活动的财务预算报告**。广告活动经费需要多少，如何支出，可能带来什么收益等等，也要在广告计划中予以周详安排。

　　广告计划是整个企业经营计划的有机组成部分。它作为企业经营计划体系中的子计划，应与其他计划相衔接、相配合、相协同。一般来说，应该将广告计划作为整合营销系统的一部分与其他经营计划相衔接；但广告计划具体处于什么地位，发挥何种作用，不同企业有不同的做法。广告计划的具体内容有详有简、各有侧重、形式多样。但基本的程序和工作要点一般均包括以下几点。

第一，从企业经营战略和营销计划出发，确定广告宣传任务和具体目标；

第二，进行市场分析，确定广告目标受众；

第三，委托广告公司进行广告策划、创意和制作；

第四，选择广告媒体及媒体组合，确定媒体计划；

第五，对广告方案和媒体传播进行试验检查，确定广告财务预算方案；

第六，制定广告实施的步骤和有关措施，以及监测广告效果的方法。

5.3.2 企业广告计划书

关于制定广告计划书的内容和形式，不同的企业和品牌往往有不同的要求，不同的广告公司也往往有各自的习惯做法。一般说来，一份完整的广告计划书应包括以下几个部分。

（1）**内容摘要**　计划书的开始部分通常有一份摘要，简明扼要地说明广告预算、主要目标、广告主题、广告创意策略、媒体选择及日程表，以及各种促销的配合措施等，将整个计划的结论性内容一一罗列，便于企业领导及各部门人员对广告计划的宏观把握，在需要时翻阅有关详细内容。在摘要中也可以列出计划中有争议的问题，以便企业领导审阅时参考。

（2）**企业产品或品牌研究**　主要包括以下内容。

——产品或品牌的有关历史背景；

——过去的广告预算、广告主题和媒体使用及费用情况；

——专利权或技术方面的历史情况；

——政治上或法律上的重大事件；

——目前在广告中所使用的创意主题；

——目前所面临的问题与机会；

——在未来计划期间可能影响产品或品牌的问题；

——以特点、成分、用途、消费者接受率与竞争者进行比较时，结果会如何；

——在过去几年中，对产品或市场有什么改进、调整或扬弃；

——消费者对产品的看法与意见如何；

——现在正在使用产品的消费者有什么问题和看法；

——消费者购买产品是否方便，行销情况如何；

——中间商及零售商对产品有什么看法和意见；

——包装及产品识别系统有什么问题；

——产品及品牌的知名度怎样；

——本企业产品在竞争中有什么特点。

（3）目标对象评估　主要包括如下内容。

——目标对象在人口统计方面的基本情况，诸如职业、文化程度、年龄、家庭收入、社会阶层、地点分布等；

——目标对象的心理特点情况；

——目标对象的行为特点情况，例如产品的使用特点、使用频率；

——对产品品质、价格、包装、型号、品牌形象的看法；

——产品目前主要解决了消费者什么问题，是否发生品牌使用转移等。

（4）竞争态势分析　主要包括如下内容。

——主要竞争者和间接竞争者；

——目前及过去竞争者的广告主题；

——本企业过去广告在竞争中的优点及缺点；

——竞争者的包装设计、品牌命名的优点与缺点分析；

——过去竞争中的广告及促销活动支出；

——对竞争者支出费用的效果情况；

——竞争对批发零售及消费者的影响。

（5）广告目标及其具体情况　广告目标要明确以下问题：根据以上分析，广告应在本计划期内达到什么目标？此目标与企业整个营销目标的关系怎样？在目标中最重要的内容是什么？具体要做好如下几个方面的工作。

——目标市场和广告主题的确定；

——广告创意策略；

——媒体的选择与确定；

——广告实施计划以及广告计划指标体系的确定。

（6）广告预算　对企业广告活动所需经费总额及开支范围进行事先部署和安排。

（7）促销实施配合　对广告与促销配合能达到的共同效果进行分析，说明对目标市场的广告与各种促销措施予以怎样的应对及日程安排，以及对竞争者的广告与促销措施的应对及日程安排等。

（8）广告效果测定　明确何时进行广告测定，广告效果的性质及时间依据以及测定的指标体系和方法。

以上内容并非所有的广告计划书都须必备。在实际工作中，广告计划书的详简样式可视企业具体情况及某项广告活动情况进行取舍（请参见专栏5.2）。

专栏5.2：范例参照

<h1 style="text-align:center">某公司产品上市广告计划书</h1>

（一）广告目标

以79万元广告预算，谋求本品牌男式系列用品在本年度8—11月份在中国香港特别行政区、台湾地区达到很高的知名度，并有较高的品牌锁定购买率，很受中青年男性消费者欢迎。

（二）目标市场状况分析

在中国香港特别行政区、台湾地区市场，男式日用品，包括发胶、发蜡、面霜、刮胡泡、刮胡水等，属于大众化消费品。在市场销售中，大众化产品市场营销的关键在于提高品牌知名度和指名锁定购买率。知名度、指名率高者，产品销路相对容易拓展。

目前，中国香港特别行政区、台湾地区市场男性化妆品主要有下列10种品牌。

1. 资美堂YG5，产品有营养乳液、修容霜、养发精、美发蜡、修容露、营养霜、蜂蜜柠檬香皂、透明发蜡等；

2. 顶好，产品有面霜、发蜡等；

3. 森林，产品有面霜、发蜡等；

4. 文思达，产品有面霜等；

5. 爱英，产品有面霜、养发霜等；

6. 井筒，产品有美容泡、整发露、刮胡泡等；

7. 柳条，产品有面霜、发蜡、止痒洗发水、喷发胶水等；

8. 新星，产品有爽身粉、花露水等；

9. 英格利，产品有爽身粉等；

10. 林白，产品有爽身粉、发油等。

近年来，中国香港特别行政区、台湾地区男式用品市场格局大致是：资美堂YG5上市不久，因消费者对资美堂商标很信任，随之也对YG5有好感；在发蜡类产品中，"顶好"品牌销路最好，其广告多采用报纸媒体；在洗发水类产品中，"柳条"品牌销路最好，目前"顶好"牌也推出洗发水产品；在花露水类产品市场，"新星"牌市场占有率达70%；爽身粉产品以"林白"牌销路最广。

本品牌虽然在国际市场中已具有较高地位，但在中国香港特别行政区、台湾地区一般消费者知之甚少，而上列各品牌在该地区知名度均很高，欲与这些同类产品品牌竞销，必须先打开本品牌知名度，使消费者熟知产品名称及性能，然后进一步谋求改变消费者使用习惯，渐渐改用本品牌。此外，在中国，一般男性使用男式用品尚不普遍，若能采取劝导性广告，配合使用销售广告，则有利于促使消费群体增加。

（三）广告目标受众及诉求对象

以25~45岁的男性消费者为主，并促使其妻子及女友们，为其丈夫或男友购买此种用品。

人口调查统计数据显示，该地区××××年末，25~45岁男性人口有1 785 782人，占该地区总人口数约13%。据保守估计，其中已婚及有女友的男性当占3/4。因此，目标受众又可增加10%的女性消费者，合计占23%。25~45岁男性普遍有消费能力，若再退一步估计，该地区总人口中，有20%可作为本品牌广告的目标受众及诉求对象。

（四）广告策略

广告宣传语以"×××××××××"为主题，并配以显示男性风采的图像，吸引消费者注意；以"×××××××××××××××××××××"为副题，说明此产品在国际市场已有很高的品牌价值，以增加消费者对产品的信任。第一个月（即上市初期），广告拟大范围运用报纸、电视两类媒体进行传播；从第二个月起，减少报纸媒体投放量，加大电视媒体投放量，具体安排如下。

（1）上市之初，选择15家发行量最大的报纸，在首版刊登半13批或半10批广告，各报轮流刊登，连刊14天。从第二个月起，每月只选择5家大众主流报纸，刊登3次或4次半10批广告。

（2）自上市之日起，选择两家电视台，在甲级时间每周插播5次，每次30秒，连播4个月。

（3）选择两家发行量最大的男性杂志《××周刊》及《××月刊》，在最重要的销售期（如中秋节及郊游季节）刊登全页广告，杂志广告预订刊登6次。

（五）广告媒体投放预算

上市之初，报纸发布费：第一个月，14家报纸首版费用175 104元。第二个月至第四个月7家报纸广告轮流在第4版再刊10次。预定第二个月刊出4次，第三、第四个月各刊出3次。共计费用116 480元。报纸广告费用预算总额合计为291 584元。

选择两家电视媒体。××电视台，是一家拥有极高收视率的商业台，每周在甲级时间插播30秒的广告3次；××电视台，是一家节目收视率渐具竞争力的娱乐台，每周在甲级时间插播30秒的广告2次。在8—11月4个月中，共插播80次，费用预算合计为469 800元。

选择两本杂志。《××周刊》在中国香港特别行政区、中国台湾地区发行量最大，每期发行已超出×万份，在此杂志刊出广告4次；《××月刊》读者范围广，在此杂志刊出广告2次。此部分广告费用为34 000元。

4个月广告预算费用合计：报纸广告费，291 584元（约占36.7%）；电视广告费，469 800元（约占59.1%）；杂志广告费，34 000元（约占4.2%）。总计广告预算总费用795.384元。

广告主预定广告预算为79万元，本计划所拟预算略超出5384元。

（六）预期效果

本次为期4个月的广告计划在执行后，预计可达到三种效果：（1）本品牌产品在中国香港特别行政区和中国台湾地区被目标受众普遍认知，其知名度绝不低于其他任何品牌男式用品；（2）本品牌购买率将不断提高，且能使一般目标消费者渐渐养成使用本品牌的习惯，进而使若干使用其他品牌的消费者改用本品牌；（3）能改变该地区男士修饰习惯，使本品牌系列产品销路逐步打开。

5.3.3 广告预算确定方法

广告预算是对企业广告活动所需经费总额及开支范围的事先部署和安排。广告经费按用途划分可分为**调研费、策划费、设计制作费、媒体发布费及管理费**等；如同企业其他活动的成本一样，广告预算中有些属**固定费用**开支，而有些则是随广告活动量而增加的**变动性费用**开支。

从企业角度来看，有些广告活动由企业自己组织经营，有些则是委托广告公司和媒体公司负责，故有**自营费**和**他营费**之分。在西方，一些企业在确定广告预算项目时，为了加强财务管理，专门制订一种清单，以白、灰、黑三种颜色分别列示三种费用项目：**列入白单的，属于广告活动应当开支的范围；列入灰单的，是可算也可不算作广告开支的项目；列入黑单的项目，则是禁止列为广告费的项目。**具体划分情况可参见表5-1。

表5-1 广告费用分类表

分类		主要费用
白单	可支出的广告费	
	策划费	专门针对本次广告策划活动所发生的各项费用
	制作费	美术费，印刷费，制版费，照相费，电台与电视设计费以及与广告有关的制作费
	媒体发布费	报纸、杂志、电视、电台、电影、户外、POP、宣传品、DM、幻灯、招贴、展示等各类媒体的发布费用
	管理费	广告部门薪金，广告部门事务费，顾问费，推销员费，房租以及广告部门人员的差旅费
	杂费	广告材料运费、邮费、橱窗展示安装费及其他杂费
灰单	可考虑支出的广告费	样本费、示范费、客户访问费、宣传卡用纸费、办公室报刊费、研究调查费
黑单	不得支出的广告费	社会慈善费、旅游费、赠品费、包装费、广告部门以外消耗品费、潜在顾客招待费、从业人员福利费等

广告预算的任务就是要对一项广告活动所需的总经费及具体的开支范围做出详细的计划安排，以保证广告活动的正常进行。影响广告预算分配的因素是多方面的，在符合企业整体营销活动的前提下，制定广告费用应考虑以下几个因素。

◇ **产品生命周期**。在产品生命周期的不同阶段，其广告费用分配应该有所差异，一般说来，导入期、成长期的广告费用应高于成熟期、衰退期的广告费用。

◇ **产品销售量**。市场容量越大，销售前景越好，则广告费用相对越高；反之，则越低。

◇ **市场竞争状况**。竞争越激烈，广告费用投入就相对要多一些；竞争的激烈程度不高，则广告费用可以少一些。

◇ **市场范围**。在局部地区，少量广告投入即可覆盖；如果市场范围扩大，从一地一市扩大到省，再到几个省区乃至全国，其广告覆盖区域越大，投入广告费用自然就越多。

◇ **企业经营状况**。如果经济发展顺畅，市场兴旺，商品畅销，则广告费用相对偏少；如果经济萧条，商品销售不畅，往往需要更多的广告费用以打通销售渠道，扭转企业不利处境。

◇ **媒体分布价格**。广告媒介租用费用是广告投资的主体，通常要占到广告总投资的60%~80%。

从经济学角度，广告预算确定应建立在边际分析的基础上。若广告的边际收益大于其边际支出，那么，企业就应考虑增加广告预算经费；否则，说明广告预算规模过大，应减少广告经费。理论上确定最优预算经费规模很简单，但由于广告收益的难以度量性，在实际中计算边际收益及边际成本是很困难的。因此，广告预算经费的最佳均衡点也是很难确定的。

在实际工作中，很多公司并不是以经济学理论中的边际分析为依据的，而是以经验估计或其他简易计算方法来确定。下面是几个简单但不完善的预算额确定方法。

销售/利润额比率法（Percentage of Sale/Profit）：根据基年广告费乘以计划期销售额或利润额的增长百分比来确定广告预算额。

$$广告预算=基年广告费×计划期销售额增加百分比$$
$$或=基年广告费×计划期利润额增长百分比$$

销售单位法（Unite Sale）：依照上年度广告费占产品销量的百分比或单位销售量所需广告费来确定现年度的广告预算额，可依据当时特定的经济形势和市场状况来对百分比数额进行微调。

$$广告预算=\frac{上年广告费用总额}{上年销售量}×本期预计销售量$$

任务法（Task Method）：又称目标达成法，其大致做法是：首先确定企业预期所要达到的销售目标；然后要明确值得去争取的潜在消费者对产品的知悉度、态度、购买倾向及其变化情况，据此选择适当的媒体形式和媒体组合，并计算在付出最低成本的前提下所需要的广告次数总和，这个最低成本就是广告活动所需要的经费数额。

例如：目标是提高知名度，目标受众人数1 000人，平均每人每次广告到达费用为1元，预计广告暴露频次是10次，那么：

$$广告预算=目标人数×平均每人每次广告到达费用×广告次数$$
$$=1\,000×1元/次×10次$$
$$=10\,000元$$

竞争对抗法（Competitive Parity）：根据竞争对手的广告费用支出来确定本企业广告预算额。可以根据主要竞争对手和本行业中少数几个领先企业的广告费用支出，也可以根据同行业所有企业广告费用开支的平均值来确定本企业的广告预算额。竞争对抗法可有两种方法，即市场占有率法和增减百分比法。

——**市场占有率法：**此法是基于这样一种认识，即企业的市场份额与其广告费用支出存在着对应关系，市场占有率越高，广告费用支出在同行业中所占的比率也就越高。例如，竞争对手广告费用总额为40万元，其市场占有率为40%，本企业预计市场占有率要达到38%，则：

$$广告预算=\frac{竞争对手广告费用总额}{竞争对手市场占有率}×本企业预期市场占有率$$
$$=\frac{40万元}{40\%}×38\%$$
$$=38万元$$

增减百分比法：

广告预算=（1±竞争企业广告费用增减率）×本企业上年广告费用

但是，实际上广告费用份额与市场份额并不是对等的关系，**一般来说，如果企业想要保持现有的市场份额和扩大市场份额，就必须使其广告费用在同行业中所占的份额大于该企业的市场份额**。有专家认为，如果企业及其产品是初次进入某一市场，其所付出的广告费份额至少是其所希望得到的市场份额的两倍。因此，在运用此法进行广告预算推断时，可以对计算公式做适当调整。

值得注意的是，以上方法只是从某一方面为确定广告预算额提供了考虑问题的思路，而不能将它们绝对化。例如，以销售数额来确定广告预算额比较简便省事，但如果将这种思路引向极端，就会使企业陷入将广告促销功能绝对化、简单化和短期行为化的误区。再如，竞争对抗法对竞争因素予以充分考虑，在市场竞争十分激烈的情况下，不失为一种与竞争对手相抗衡的有效方法；但实际运用中也有局限性，一来竞争对手均将自己的广告费支出的有关数据作为商业秘密，其他企业一般难以获取，二来这种方法片面强调广告费用支出数额对市场竞争的作用，容易忽略企业竞争力的整合功能和效应的修炼。

企业在确定了总的广告预算规模之后，就要根据广告计划细目的要求将广告预算的总额分摊到广告活动各个项目中去。常见的分配方法有下列几种。

时间分配法　即按照时间来有所侧重地分配广告经费。为了按照时间顺序有所侧重地分配广告经费，广告主通常都将某一特定广告期间分为若干个时间段，例如，某一广告预算期限为26周，可根据需要和具体情况将26周分解成若干个时间段，每个时间段可以是一周或两周，如果在这个特定时间范围内还有一些重要节日，例如情人节或复活节，那还应对这些节日期间的广告预算另行安排。在媒介策略制定出来之后，基于广告频次和广告连续性的考虑，虽可对各个时间段的广告预算进行调整，但调整幅度不宜过大。

地理区域分配法　将某个市场或细分市场分解成若干个地理区域，而后再将广告经费对各个地理区域予以平均或有所侧重地进行分配。其基本原则是：推销容易地区的经费要少于推销困难的地区，人口密度低的地区要少于人口密度高的地区；全国性市场的广告费用要大于区域性市场的广告费用，区域性市场的广告费用要大于地方性市场的广告费用。当然这也不是绝对的，预算分配的重点应是销售可能性大的地区和市场，最低界限不能少于维持产品在该地区竞争地位所需的基本费用。

产品分配法　根据其生产产品的种类按比例有所侧重地分配广告预算。利用这种方法，必须了解产品的生命周期，产品面对的竞争力量，产品在企业产品体系中所处的位置以及产品利润水平等因素的影响，把重点放在有较大市场潜力、对广告有较大依赖性的产品上。

媒体分配法　根据广告计划所选择的广告媒体及媒体刊播频次计划，有选择、有重点地分配广告经费。具体又分为**媒体间分配**和**媒体内分配**两类。前者是在广告计划选定的各种媒体间进行广告费用的分配，它是随着广告策略的实施进行划块分配的，例如电视广告占多少，报纸广告占多少，广播广告占多少等；后者是指同种媒体划块分配后在媒体内部单位时间的分配，例如在电视广告内部，中央电视台占多少，省电视台占多少，地方电视台占多少等。

确定广告预算总额，并按媒体及媒体组合、目标市场细分情况、时期、产品类别和部门或区域进行分配后，要以图表形式分项列明广告预算的项目名称、开支内容、分配金额及使用时间，最后拟订广告预算书，以正式书面文件形式下达执行。

5.3.4 广告组织实施措施

广告活动是企业生产经营活动的一部分，无论企业规模大小，广告都应有专门人员负责，大企业一般专设广告部门负责有关广告组织实施事宜。广告组织实施措施应是企业广告计划的一个重要组成部分。制订广告组织实施措施通常涉及两个方面的问题。

首先，关于企业内部的广告组织与管理问题。包括：组建广告管理部门，培训广告专业人员，进行广告调查及有关信息库的建设，做好企业内部有关部门、环节的协同工作，使广告活动与其他经营管理活动相配合、相协调等。要特别注意以下几点：

——把广告纳入企业整合营销系统进行统筹安排；

——使广告与企业公共关系活动相衔接；

——使广告与整个促销（Sales Promotion，简称SP）相匹配。

其次，关于选择和配合广告公司活动的问题。包括：如何选择广告公司，怎样协调企业与广告公司的关系，如何参与审查、确定广告主题、广告系列、创意及制作，如何进行有关事前试验、事后调整及对广告全过程的监督和测定，通过什么定位、采取什么方法与媒体打交道等。关于如何与广告公司打交道，广告专家提出了一些基本规则或劝诫。

——要在明确广告目标的基础上调查了解有关广告公司的情况，在谨慎比较中选择你所需要的广告公司。

——在对待和运用广告公司时，不要使广告公司有惶恐心理，要向其全面介绍你的情况，让他们成为你的事业伙伴、共守机密、分担危机，不要在创作领域与广告公司比高低、指手画脚、干预广告公司的制作业务。

——尊重能带来利润的广告公司，并确保广告公司也有利可图，不要和广告公司斤斤计较，要坦诚相见。

——与广告公司共同制定高标准、严要求的规章制度，书面成文的广告策略既经双方同意就要坚持到底。

——选用方案需经过客观测试以提高效率，不要为有问题的商品浪费时间，珍惜广告良才。

——不要使广告预算捉襟见肘，要切记：不把钱花足来做广告是广告宣传中最大的浪费。

——留给广告公司充分的作业时间，短期行为和急于求成是大忌。

精要提示

　　企业作为广告主要有自己的广告计划安排，特别是广告预算方案的确定方法以及整套组织实施广告计划的相关措施。如何与广告公司打交道，最大限度地实现既定广告目标是企业应研究的经营之道。

❑ 复习思考问题

（1）广告目标的基本功能有哪些？试说明广告目标与营销目标的区别和联系。

（2）试用EON模型举例说明基于最终需求行为分析的广告目标类型选择。

（3）广告的中间反应变量一般有哪些？应该如何根据这些变量确定广告目标？

（4）按照DAGMAR理论，确定广告目标的两个操作要点是什么？何谓制订广告目标的6M法则？

（5）确定广告预算额的方法有哪些？如何分配广告预算？

（6）广告主应如何与广告公司打交道？

❑ 综合案例演练

网络目标广告计划惹争议

◇ 意外惊奇

　　2007年冬季，美国各网络广告商为使其广告投放更有针对性，竞相与各大网站达成合作协议，由此，利用网民上网信息而引发的目标广告争夺战愈演愈烈，由此引发社会各界争议不断。

　　根据某位网民查看的天气和旅馆信息，雅虎就可知道他的居住地；根据该网民所进行的搜索活动，雅虎也可了解到他欲往何地旅游。在网民进行网上预订机票时，则将看到航空公司投放的广告。这种令人意外而尴尬的局面正是美国联合航空公司2007年初与雅虎达成目标广告协议所要追求的结果。除雅虎外，社交网站Facebook及其他主要门户网也加强了广告投放中的"用户行为锁定"（behavioral targeting）能力，以使广告商有针对性地根据网民上网和购物习惯投放特定广告。

　　美国消费者权益保护组织数字民主中心执行主管杰夫·切斯特（Jeff Chester）说："如今网民只要一上网，就会被许许多多看不见的销售员包围，他们正窥视你的个人信息，以向你兜售各种产品。"针对Facebook前不久实行的目标广告计划，部分用户表示反对，称此举涉嫌侵犯用户隐私。自由主义组织MoveOn.org还就此发起了抗议活动，要求Facebook立即停止用户信息共享的做法。

◇ 如影随形

　　对广告商来说，目标广告可为其带来巨额收入。广告代理商Morpheus Media新兴和创新战略部门主管亚当·布洛特曼（Adam Broitman）说："各广告商都在寻求最佳目标广告模式。"市场调查公司eMarketer预计，2008年美国目标广告市场收入将达到10亿美元，2011年将增至38亿美元。其实网络目标广告并不是新鲜事物。在传统广告中，汽车广告商会在汽车杂志上投放广告；而进入到网络广告时代后，儿童用品广告商自然会选择在亲子网站投放广告。

如果某位网民经常阅读体育文章，则广告商将把他视为体育爱好者。如此一来，即使他登录某个烹饪网站，相应页面也可能伴随着体育俱乐部的广告。虽然这种广告模式从数年前就已经开始，但多数广告商认为，今后可进一步扩大目标广告对象基数。另一家消费者权益保护组织——民主和科技中心副会长阿里·施瓦兹（Ari Schwartz）认为，很多网民对各网站的目标广告备感困惑。

◇ 谨慎投放

多家消费者权益保护组织认为，美国政府应出台相应法规，其中包括禁止广告商收集网民个人信息的条款。美国联邦贸易委员会（FTC）最近已就此举行了听证会。一些门户网站认为，如果网民们认识到阅读网络广告后能享受免费服务，则目标广告看上去也不至于那么令人生厌。各广告商和门户网站还表示，所收集的网民信息并不包括姓名、邮件地址等个人特定资料。

从理论上讲，通过网民在门户网站及社交网站的个人登录信息，广告商甚至可以用直呼其名的方式投放目标广告。但目前多数门户网站还没有这样做。雅虎产品营销高级主管理查德·弗兰克尔（Richard Frankel）说："我不敢肯定网民是否会喜欢直呼其名的广告投放方式。"再一点，多数广告商在投放"敏感"医疗广告时也较为谨慎，即不会依据网民所阅读的医疗文章有针对性地投放特定药品广告。

◇ 优劣互见

"敏感"医疗信息包括艾滋病和癌症等。但对于其他敏感度较低的医疗广告，广告商仍愿意采取目标广告方式。药品网络广告代理商Digitas的执行副总裁卡尔·弗利蒙特（Carl Fremont）透露，此前一些药品制造商曾提议，艾滋病和癌症等药品广告今后也可采取目标广告方式，但立即遭到了这些厂商法律顾问的反对。弗利蒙特拒绝透露相关药厂的具体名称，美国三大制药公司还没有就此发表评论。

尽管目标广告有其特定优势，但不足也很明显。首先，目标广告在加强针对性的同时，其阅读总量随之降低，从而不利于产品大范围推广，并最终导致广告商和门户网站的收入下降。其次，对于汽车或旅游等产业来说，目标广告可能具有较大优势；但对于饮料和电视服务等行业来说，广告商更愿意"漫无目的"地投放广告。再次，广告商在投放目标广告时，还需事先制定解决用户不满的措施。

资料来源：《美国目标广告引发隐私之争 网站谨慎投放》，《环球旅讯》，2007年12月2日。

研讨提示：

（1）本案例材料所说的"目标广告"与本章讨论的"广告目标"有什么联系和区别？

（2）为什么"目标广告"早已有之，但仅在当下由网络广告商使用时才引起人们的关注和
争议？

（3）对于上述问题你持什么看法？它对于企业制定广告目标和计划有什么启迪意义？

本章主要参考文献

Rajeev Batra，John·G·Myers，David·A·Aaker著．广告管理，北京：清华大学出版社，1999

赵海风，蒋艳君编著．广告目标与效果测定．北京：中国商业出版社，2007

第 6 章

广告心理

□ **学习目标引导** 对广告受众可以进行社会学、经济学的研究，但心理学的研究是最为重要的。广告受众是广告信息的最终接收者，其心理反应过程和规律是任何广告人都必须认识和遵从的。否则，做出一些违背消费者心理规则的所谓“创意”最终只能是弄巧成拙。本章主要从广告受众角度，分析讨论有关广告心理学的基本原理及其应用法则。通过本章学习，希望读者能清楚了解广告受众的一般心理反应过程及规律，熟悉广告心理诉求的一些常用手段。

□ **逻辑架构图示**

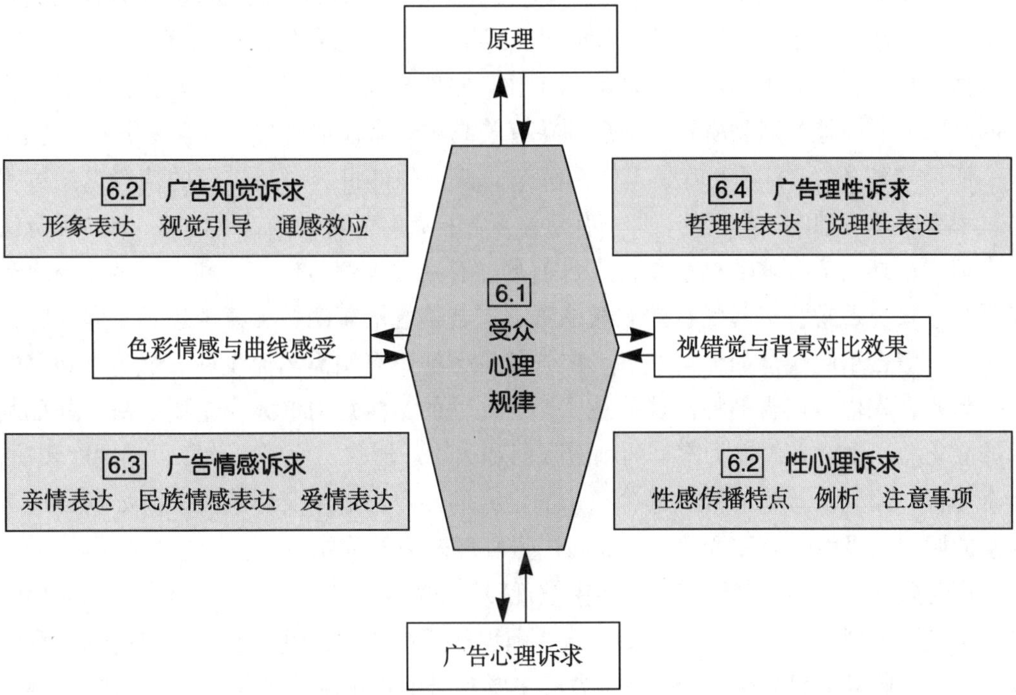
原理
6.2 广告知觉诉求
形象表达 视觉引导 通感效应
6.4 广告理性诉求
哲理性表达 说理性表达
6.1 受众心理规律
色彩情感与曲线感受
视错觉与背景对比效果
6.3 广告情感诉求
亲情表达 民族情感表达 爱情表达
6.2 性心理诉求
性感传播特点 例析 注意事项
广告心理诉求

6.1 受众心理规律

6.1.1 基本原理

所谓"心理"，是指人们在认知的过程中从感觉（即事物个别层面的意识反应）到知觉（即对事物各个属性的整体意识），从感性认识到记忆、思维等理性认识，以及情感活动、意志力量及其他各种个性心理过程或特征的总称。广告心理则是指广告受众在接受广告信息时所产生的一系列心理活动，包括感性的、理性的、情感的以及意志性的、个体性的或社会群体性的等各种心理现象和心理规律。从心理学角度讲，有效广告的焦点问题是如何吸引受众的"注意力"，并且使之"在微笑中被说服"，从而产生购买动机。

就心理反应过程来看，**有效广告最重要的是"注意力"问题**。在心理现象中，注意与知觉、记忆、思维、情感和意志等不同，并不是一个独立的心理过程，也不属于个性心理特征，而是各种心理活动所具有的共同属性，是寓于整个心理活动过程并通过这些心理活动本身而反映出来。

想要引起注意，首先要求刺激物有新异性，即刺激物有异乎寻常的特性，可分为绝对新异性和相对新异性，前者是指人们从未体验过的事物及其特性，后者是指刺激物特异性的异常变化或各种特性的异常组合。其次，刺激要能够引起人们的反应，必须达到一定的强度，广告的刺激强度主要体现在媒体和版面的大小、色彩的明暗程度以及广告音响效果等方面。再次，当刺激物与周围环境的景物存在明显反差（即对比非常强烈）时才会有很强的吸引力。此外，当刺激物与受众利益有关或对受众很重要时，也容易引起注意。

所谓"注意"，实际上就是人们在感知、认识外部世界时所进行的信息过滤过程，这种过程有时是主动的、积极的，即"有意注意"；有时是被动的、消极的，即"无意注意"。**从人们"注意"的心理动机来看，广告信息的有用性（使用价值）和支持性（与接受者认知行为一致）通常会引起受众的有意注意；广告信息的刺激性（意外新颖）和趣味性（娱乐性）一般会引起受众的无意注意。广告信息传播带有明显的突发性、强迫性和灌输性特点，因此，人们对广告的注意往往是"无意"性的**，注意力的大小主要取决于外部刺激条件的变化。广告对人们视听感官的刺激强弱和大小、形状、位置、色彩、对比度和动态性，新奇与否、位置及背景的搭配等，都是决定人们注意力的主要影响因素。如何通过对以上要素的调配来吸引受众注意力，乃提高广告心理效果的首要问题。

广告要达到一种使"人们在微笑中被说服"的境界，就需在心理上使人"感兴趣"，并在"微笑"中通过理性的思维活动，**认知和理解所广告的商品或服务。如果说注意力主要是一个外界刺激问题的话，那么理解力则主要是一个内在需求问题**，主要取决于受众条件，包括态度、个性、价值观、道德理论、家庭背景、文化程度、生活方式、认知能力、年龄和性别等等。由兴趣激发到欲望产生，再到确信形成，涉及受众认知、情绪和意志等一系列心理过程和心理活动，由此形成在心理学上称作是基于客观"需要"而产生的"动机"。

　　广告的落脚点和出发点是人们的购买行为，而购买行为正是由"动机"引起、支配和决定的，有购买行为必然是先有购买动机，无购买行为也大都是因为没有购买的动机。广告受众都是某种商品或服务的"消费者"，他们也可能不消费本商品；但即使是本商品或劳务的"消费者"，也不一定全是"购买者"或购买自家商品的"顾客"。专家认为，**广告心理研究的主要课题并不在于"如何使买主成为自家顾客"，而在于"如何使消费者成为买主"**。也就是说，广告心理研究的重点应放在消费者心理动机与购买行为的关系方面，考察和分析消费者为什么要买？由谁购买？怎样购买？这就形成了广告心理研究的三项基本内容，即购买动机研究、购买主体研究和购买模式研究。这些专门研究领域成果很多，本节不予赘述，而仅就广告受众的有关视觉心理反应规律做简要介绍。

6.1.2　色彩情感与曲线感受

　　据心理学研究，**视觉是人类对外部世界的主导感觉器官，正常情况下，人们获取信息的80%~90%都是由视觉系统实现的**。在广告上，色彩与曲线对于广告受众的心理情感及视觉感受影响最为重要。

　　好"色"之心，人人有之。"色"（Color）是由光刺激所产生的一种心理感觉。除白、灰及黑色之无彩色系统外，有彩色系统一般包括红、橙、黄、绿、青、蓝、紫及其明暗清浊等色彩变化。任何色都有色相、明度、彩度三种基本属性。色彩学里有所谓"混色"（Colormixture），即两种以上色彩混合形成的中间色。

　　色彩具有多种传播特性，诸如鲜明性、特异性、适切性、注目性、真实性、固定性、识别性、情感性、联想性和审美性等。人们对广告的心理反应在很大程度上取决于色彩是否运用得当或妥善调配。色彩具有引起人们注意的强大功能，广告的色彩明暗和对比搭配是决定注意度的重要因素。

　　广告受众对色彩的心理反应有一定的规律性可循。色彩有明暗冷暖之分，它们给人们的心理感应是不同的。明朗的色彩有温暖、欢快、动态之感，暗淡的色彩给人以清凉、郁闷、死板的感受。除黑白亮色外，红、橙、黄、绿、青、蓝、紫各有不同的冷暖色调（如图6-1所示）。

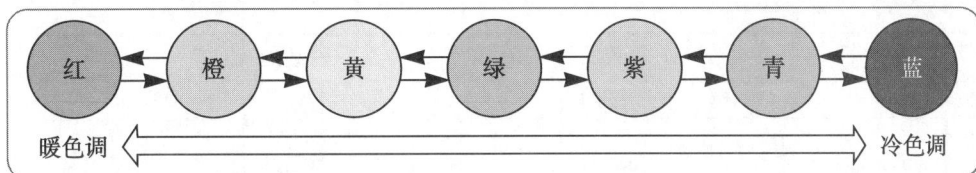

图6-1　色彩冷暖变化

　　从引起注意的角度看，凡是通过眼睛水晶体的光线波长曲折少，看起来就会越靠近，从而就越容易引起注意。在各种颜色中红色最引人注目就是这个道理。明亮的色彩不仅使人愉快，而且会使人充满激情和活力；而暗淡的色彩则给人以死气沉沉的观觉。一般说来，受众对各种色彩的心理反应如下：

——黑色，传达寂静、悲哀、罪恶、绝望、灭亡等感受；

——白色，传达洁白、明快、纯真、清洁感；

——灰色，传达中庸、平凡、温和、谦让、中立、忏悔等情感；

——红色，有刺激效果，能使人产生冲动、愤怒、热情、活力的感觉；

——绿色，介于冷暖两种色彩的中间，属中间色，有和睦、宁静、健全、生息之感，与金黄、淡白配合能产生优雅、舒适的气氛；

——橙色，传达轻快、欢欣、热烈、温馨、庄严的感觉；

——黄色，明度最高，能充分反映光线，具有快乐、希望、智慧和轻快的个性；

——蓝色，是最具凉爽、清朗的色彩，与白色混调后能显现柔顺、淡雅的气氛；

——紫色，是最具神秘感的彩色，能显现高贵、庄严、豪华的气氛。

当然，对色彩的感观会因人而异，人们对色彩的偏好与其个性特征紧密相关，不同性格的人，色彩对其心理影响是很不相同的。活泼开朗者通常喜爱鲜艳的颜色，而内向文静者则喜欢暗淡的色调。西方人多喜欢鲜艳色彩，而东方人大都倾向于喜欢暗淡的色调。年轻人通常喜欢鲜亮醒目的颜色，而中老年人则通常偏好庄重的色调。广告设计者应针对不同的消费群体，不同的地区和时令，以及广告所宣传的商品品质及物理属性在广告作品中选择最佳的色彩组合，以期收到良好的心理反应效果。

曲线有三个基本要素：形状、节奏和方向。曲线的形状又大致分为弯曲状（波浪形）和棱角状（折线形）两种，节奏有慢、中、快之分，方向大致可以分为水平、上倾和下滑三种方向。这样，三种要素就会形成18种曲线类型（如表6-1所示）。这些曲线给人的视觉感受是不一样的，因而形成不同的视觉心理定势；在广告表现上，应注意遵从这些曲线的视觉心理定势。

表6-1　曲线的视觉心理特性

变化形态		缓慢变化		中速变化		快速变化	
水平	弯		沉静的温和的		欢快的		衡动的
	棱		死板的严肃的		苛酷的		有生力的
上倾	弯		繁荣的持续的		快活的戏谑的		攀升的
	棱		强力的		苛酷的		狂暴的
下倾	弯		伤感的怠惰的无力的		衰退的		动摇的颓废的
	棱		死板的		死板的		异样的

6.1.3 视错觉与背景对比效果

视觉反应有"适应性"和"对比性"。从暗处到亮处或从亮处到暗处，视觉变化都有一个适应性时滞，这使得后来看到的色彩会因前种色彩影响而产生短暂的"走样"。**通过视觉，人们会在大脑中对所看到的对象有一个整体性主观判断，这就是通常所说的"错觉"。视错觉是所有错觉中最常见的。**俗话说"眼见为实，"其实眼睛看到的在很多情况下是不真实的，错觉实际上是日常生活中普遍发生的一种视觉现象。在广告创作中，有时巧妙运用错觉往往会收到意想不到的效果。

错觉产生一般与背景物相关，在特殊的背景映衬下，同样的东西往往看起来是不一样的。在日常生活中，人们对长短、大小、距离、黑白、线条走向等都会产生错觉。

人们观看目标时所需眼球运动量较大，则感觉线段就较长、面积就较大；否则感觉线段就较短、面积就较小；由于人眼生理构造特点，人们在观察事物时，眼球左右移动较容易且运动量较小，而上下移动较困难因且运动量较大。这样就造成对同样长的线段，横着放感觉较短，纵着放感觉较长（如图6-2A所示）。两个同样大小的正方形，空白者所需眼球运动量小，所以感觉较小；而有网格者所需眼球运动量较大，故感觉就较大些（如图6-2B所示）。同样道理，若把正方形倒置成菱形，在视觉上也要感到大一些。

人们在观察物体时，其知觉信息是由外界刺激物间的光线差别产生的，知觉的心理过程可以描述为"对象从背景中分离出来"。观察物与周边（背景）的鲜明对比会使视网膜细胞所感受的刺激变化较大，相应地神经活动增加，从而导致视觉强化；否则，观察物与周边（背景）的界限模糊，会使视网膜细胞所感受的刺激变化较小，相应地神经活动减弱，从而导致视觉的弱化。因此，在广告设计时，如何将自家广告与周边其他广告或背景物分离出来是一个基本的策略性问题。如果广告图形与背景或环境搭配得当，就会起到突出强化视觉效果的作用；否则会因为各种视错觉效应而对广告效果产生负面作用。

例如，同样长的线段，由于背景参照物的原因，会使观察者感觉长短不一（如图6-2中C、D所示）；同样大小的圆图，因为周围环境的对比作用或放置位置的不同，会使观察者感觉大小不同（如图6-3所示）。同样的平行线段，在不同的背景下，其感觉形状会不同。在图6-4中，在A图背景下，观察者会感到两端向内弯曲；而在B图背景下，观察者却会感到两端是向外弯曲的。

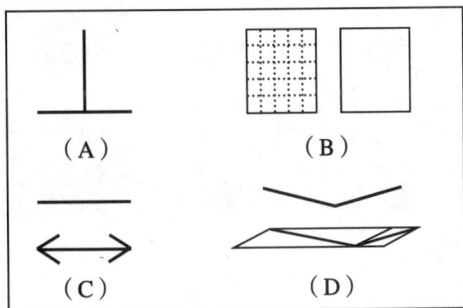

图6-2

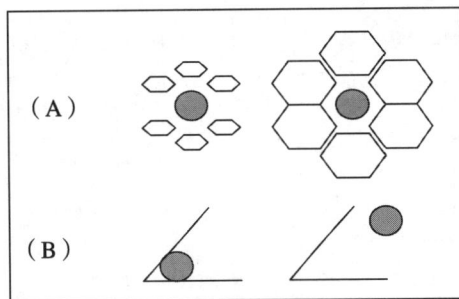

图6-3

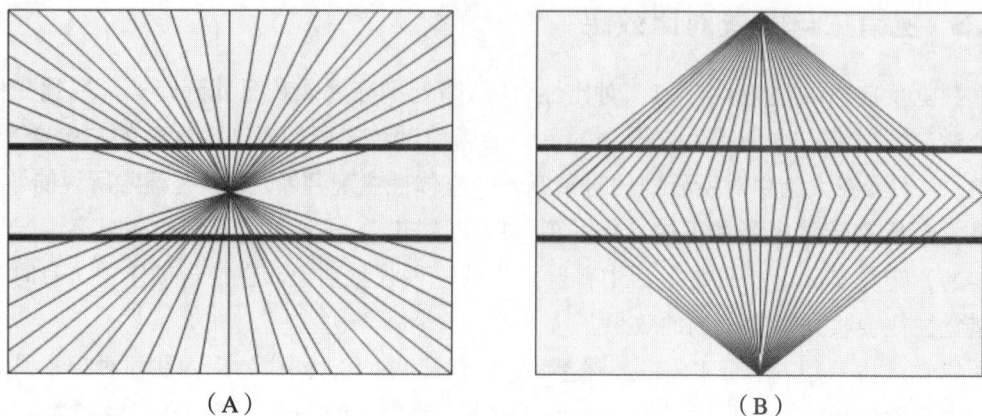

（A）　　　　　　　　　　（B）

图6-4

　　在广告设计中，还应特别注意图形与背景的可逆变换问题。受众的视觉心理与各自的生活经验及观念倾向性是紧密相关的。在观察时，人们对图形的感觉和认知会搀杂自己的"理解"，从而形成不同的"看法"。这种新信息受既存观念化合的情况，在心理学上称作"统觉"（Apperception）。这样，人们观看广告构图，往往会因"心中"的底线、基准或参照系的差异，造成所谓图形与背景的可逆变换现象。

　　例如，在图6-5中，观看（A）图，如果以上面菱形为基准，看到的是左立方体；如果以下面菱形为基准，看到的是右立方体。正视（B）图，观察者会看到六个立方体；如果侧头斜视之，则会看出七个立方体。

　　在图6-6（A）中，西洋人会马上看出大鼻子老妇人的形象，而对中国人来说，则大多可能会看出一位颈项带着饰物的年轻女子侧面头像。在图6-6（B）中，对于脑科学工作者来说，自然会认为是脑结构图；而对于文化层次较低的人来说，可能会立即看出裸体婴儿形象；而一般人，可能最先看到的是脑结构图，仔细观察后会发现是婴儿集合体。

　　总之，在进行广告图案设计时，广告人必须透彻了解这样一些视错觉现象和视觉变化规律，以提高和改善广告的视觉效果。

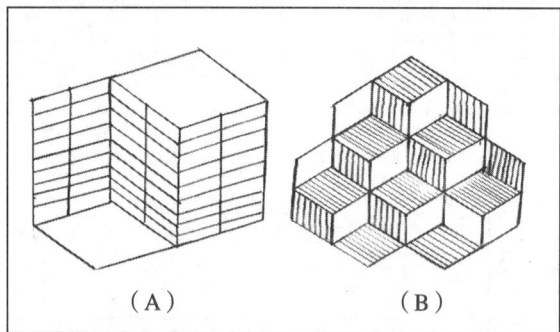

图6-5　背景对比变形错觉

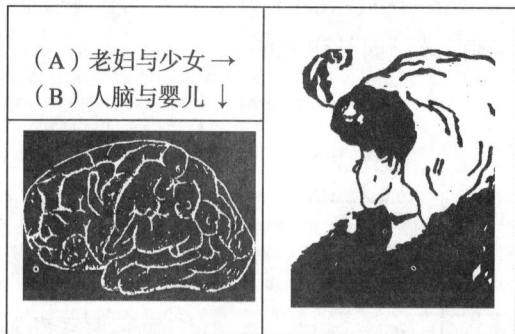

图6-6

6.1.4 广告心理诉求

所谓诉求（Appeal），是指诉以欲望或需要，博得关心或共鸣，最终达到诱致购物动机的目的。广告诉求就是要在广告中告诉消费者，他们都有些什么需要，如何去满足这些需要，并敦促其去为满足需要而购买商品或服务。**广告心理诉求的基本目标就是：诉诸感觉，引起注意；赋予特色，激发兴趣；创造印象，诱导欲望；加强记忆，确立信息；坚定信心，促成购买。**

诉求有长短快慢、直接间接、积极消极、暗示说明、感性理性等不同方式。归纳起来，它不外乎三种类型：（1）知觉诉求，**以直接或间接的事物形态诉诸人的感觉器官，通过感官刺激来激发人们的购买动机；**（2）情感诉求，**采用具有人情味的方式，着重调动人的情感、诱致其购买动机；**（3）理性诉求，**侧重于运用理性的方式直接陈述商品的好处，或是诉诸某种消费观念、哲理或概念。**

我们知道，人们观看广告时，图像、语言、商标、音响等以"感觉"的形式通过感觉器官直接对事物的个别属性作出反应，大脑将这些感觉刺激加以选择、组合和解释，就形成了通常所说的"知觉"。**所谓知觉诉求就是以直接或间接的事物形态，例如商品品质、功能或品牌、企业形象等，借助视觉引导、名人效应等表现手法，直接诉诸于人的感觉器官，通过感官刺激形成对诉求对象的知觉反应和印象，从而激发人们的原始购买动机。**

例如，由精信广告有限公司广东分公司创作的丽江花园广告："听、观、感篇"，（如图6-7所示），运用的就是典型的知觉或直觉诉求手法。广告将人的感官做意象化处理，利用感性诉求手法向楼房消费者传递了一个实在的承诺："安居于此，给你一种非凡感受"。画面风格简约凝练，诉求点准确到位。

情绪是同有机体生理需要相联系的体验，而情感则是在情绪的基础上产生的与人类的社会性需要相联系的体验，例如喜怒哀乐、惊惧爱恨等，广义的、高级的情感一般包括道德感、理智感和美感等。**所谓情感诉求，主要是指利用富有**

图6-7 丽江花园广告：听、观、感篇

人情味的各种表现手法，诉诸人的感情进行激发即"以情动人"，使受众与广告产生情感共鸣，从而诱发人们的购买动机。**

情感诉求运用比较多的是一些日常生活用品，例如服装和女性用品等，这类商品消费量大，更换率高，消费者的购买欲望往往由动情而感染。因此，浓郁的人情味是这类广告创意的诉求重点，要善于发现和挖掘引起人们情感变化的素材和细节，构思创意要有人情味，鲜活生动，贴近生活。

在现实社会生活中，不同的消费者具有不同的性格、气质、爱好和情感心理，广告创意应符合目标消费者的情感心理。情感表现注意克服庸俗的"感情投入"和"无病呻吟"，使情感自然溶入广告诉求点中。现代受众特别青睐那些外在形式并不过分显露而能使人体味到无限深厚内涵意蕴的情感表现手法。

在现代广告中，产品科技含量不断增加，使用功能多样化、复杂化，同时受众文化层次也普遍提高，因此理性诉求越来越普遍和重要。大致说来，理性诉求主要有哲理性表达和说理性表达两大类手法。

此外，还有一种特殊的心理诉求，即性心理诉求，也是广告表现经常而普遍使用的诉求手法。性心理是人类心理一个本源性、普遍性而毋庸回避的心理机制，在广告表现上恰当运用性心理诉求往往会收到比较好的效果。

精要提示

广告心理诉求的焦点在于吸引受众注意力，视觉是人类接受信息的主导感觉器官，受众对色彩、曲线和图形的心理反应定势以及视觉在背景映衬下所产生的错觉和统觉，对受众注意广告对象、感知广告形象和接受广告信息影响很大。广告心理诉求的基本目标就是：诉求感觉，引起注意；赋予特色，激发兴趣；创造形象，诱导欲望；加强记忆，确立信念；坚定信心，促进购买。在广告表现手法上，广告心理诉求可归结为三大类，即知觉诉求、情感诉求和理性诉求。此外，广告性心理诉求也是一个值得关注和研究的问题。

6.2 广告知觉诉求

6.2.1 "形象"表达

广告所宣传的商品形象、品牌形象或企业形象往往是知觉诉求的主要对象。例如，关于商品形象的表达，对于一些外部形象特点突出、有视觉美感的生活用品，往往就可以**采用直接描写和展示指称对象视觉形象的知觉诉求方式，通过各种独特形式对商品形象或性能加以修饰、衬托和美化**，以产品形象直接诉诸受众的知觉判断，使其获得直观感受。

例如，ULTRA SENSE牌丝袜广告（如图6-8所示）

这则女丝袜广告的诉求重点是薄而柔韧、不变形。广告画面的视觉焦点为一只手在拉起丝袜，力度很大，而且从拉起部分的形状看丝袜质地确实薄如蝉翼，耐拉耐穿，这足以说明该品牌丝袜的质地优良。画面很有视觉冲击力。优美的腿部特写占据广告画面的极大空间，给人以直觉感受；腿部肤色暖而透明，与明度稍高的天蓝色背景构成的浅色调给人以清新活泼的感觉。尤其是手拉丝袜以及着袜女士感觉到了拉袜力度后忙用手阻止的动作，很快将受众视线吸引过去，在探究中认知商品的特点，处理得十分恰当。

> **文案**
>
> 标题：ULTRA SENSE牌丝袜
> 正文：ULTRA SENSE牌丝袜像商店其他紧身丝袜一样薄，而且更好。这是因为它被拉扯后不会变形。这似乎看上去难以置信，而难以置信对它才是最适宜的！ULTRA SENSE，一流的织法。
> 口号：时代感才是最美好的感觉，这绝不是无稽之谈。

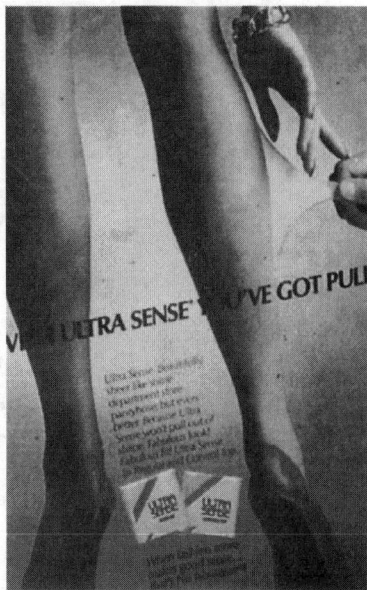

图6-8　ULTRA SENSE牌丝袜广告

广告文案配合画面，言简意骇地说明该品牌丝袜薄而不变形这一与众不同的特点；广告口号将诉求点薄而不变形归纳为时代感，这就更加对消费者产生了巨大诱惑力。广告字体编排生动活泼，有特色。文案位置没有另辟天地，而是与图像重叠或穿插设计，这样处理不仅有效避免了广告版面设计单调的弊端，而且使广告画面更显得活泼有致，生机盎然。

6.2.2　视觉引导

在利用知觉诉求表现商品形象时，对于一些不易引起人们注意的日常小商品，如果不运用特殊手法来引导受众视线，往往很难引起受众关注商品。这类广告创意要有想象力，在生活实践中发现和挖掘令人想象不到的引导方法，如此才能给受众以新奇感。

引导表达的诉求点是指称对象的特征，但其创意和表达的重点则是引导方法、手段的艺术构思，必须符合视觉流程规则，采用多样化的方式方法将受众的视线引到商品上去。 通过富有趣味性、审美性的引导形式，使受众在轻松愉快的心境下感知商品。

例如，有一则"顽童牌斜纹裤"广告（如图6-9所示），视觉引导手法独特，创意构思不同凡响。这则广告不是正面引导视线，而是采用逆向引导手法，在顽童头上套一个上面写着"顽童"品牌字样的商品纸袋，通过纸袋形象将人们视线下压到腿部，集

图6-9　顽童牌斜纹裤广告

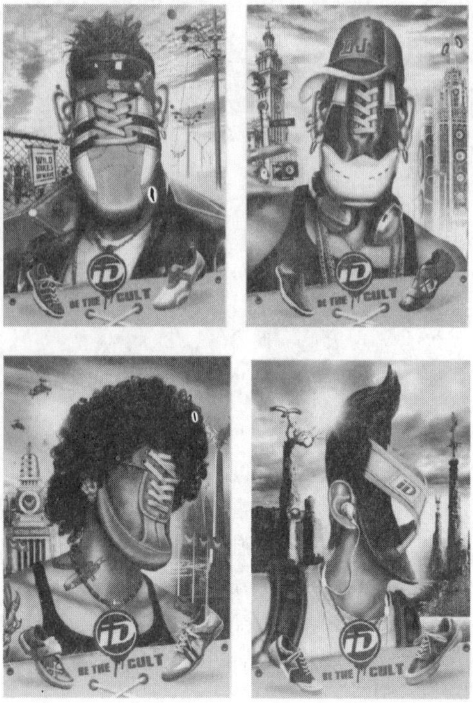

图6-10　印度ID运动鞋广告

中到斜纹裤子上面。同时，广告创意也使受众从顽童的行为举动中感受到一种谐趣幽默感，这与指称品牌珠联璧合，知觉传播效果极佳。

再例如，印度孟买Makani创意公司为ID运动鞋所做的平面广告（如图6-10所示），其作品分别采用"唱片骑师"、"摩托车手"、"旅行者"和"纹身者"四种特征人群来匹配产品个性，让鞋成为他们的"ID"。鞋与衣裤一样，很难引起人们的注意。为了引导受众视线，广告设计者竟然大胆地将鞋面造型作为人脸，安放在人的头上，用拟人化的手法生动形象地表现了ID运动鞋的款式、质地和风格，极具视觉冲击力，看后印象深刻。这样，人们穿什么牌子的运动鞋就变成了一种"身份宣言"，广告很好地锁定了特殊目标受众群体，针对其个性化消费心理诉求，准确地传达了广告产品信息，收到了很好的传播效果。

6.2.3　"通感"效应

所谓"通感"，是指受众将广告形象的视觉刺激通过心理联觉作用，转化为对商品的整体感官感受。广告要能在受众心理上激发"通感"效应，可以通过多种途径和方式，例如名人、美人肖像、令人惊叹的自然风景、感同身受的生活场景等，并在艺术表现上可以用烘托、夸张等手法来达成。

在现代广告中，有不少作品利用名人、美人在广大受众心目中的印象和好感，通过表现名人、美人使用商品的示范效应，对受众或直接推荐或间接劝诱，以提高商品知名度，或者通过"通感"使受众对商品产生审美感受。这种广告表现必须注意名人、美人的选择和形象应与指称对象密切结合，与广告主旨相一致；名人、美人应有一定的文化气质而不媚俗，其表演要求真实自然，切忌矫揉造作或故弄玄虚；而且要特别注意处理好名人、美人与普通消费者在身份、条件特别是心态、情感和价值取向上的区别或联系。这里仅举三例。

例一：香港阿兰·德隆太阳镜广告（如图6-11所示）

标题：魄力体现；正文：独家销售：名士国际贸易公司。

图6-11　香港阿兰·德隆太阳镜广告

　　这则广告是阿兰·德隆太阳镜系列平面广告之一。从创意看并没有什么独特之处，但这则广告却引起了消费者的极大关注和兴趣，其关键在于名人选择恰当到位。

　　此广告画面具有强烈的阳刚美感，主要以画面人物形象的视觉效果来突出商品形象，广告模特儿为主演影片《佐罗》的国际级著名演员阿兰·德隆，他深受全世界观众推崇，自然引起人们普遍关注。画面采用头部特写镜头，突出了视觉刺激，极具直觉感染力。

　　广告画面集中在"佐罗"的脸部表情上：正直、果断、嫉恶如仇，再配一副太阳镜，显得棱角分明、庄严无畏；透过人物的面部表情、性格和气质，人们自然联想到佐罗的英雄行为及潇洒英姿。广告指称对象是太阳镜，与充满粗犷、豪放、坚毅，充满阳刚之气的男子汉面庞互相映衬，显现出一种富有魅力的气质和个性，并与太阳镜大方、开阔、舒展、庄重的造型合成商品的整体形象，显得异常和谐、自然，恰如当年的万宝路香烟与西部牛仔，在消费者心目中牢固地树立起了鲜明的品牌形象。

　　电影中的佐罗尽管有阳刚之美，但因复仇行动需要不得不戴着神秘的黑色眼罩，而现在佐罗戴上墨色太阳镜，更显英雄本色。这种形象令人印象深刻、万分仰慕，并通过通觉效应使受众自然而然地将这种情感迁转到指称对象上。此外，广告特地设计了阿兰·德隆的签名，就更增强了受众对广告商品的信赖感。

　　例二："单身汉"（BACHELOR）牌香烟广告（如图6-12所示）

　　现在，各国都禁止香烟做广告，但这则广告在心理诉求表现手法上堪称经典。广告着力展示了一男士（也许是单身汉）抽烟时悠闲自得的姿态和心境体验。他或是经过紧张工作颇感疲惫，或是遇到挫折心情烦恼，也可能是一个人孤单，坐下来抽一支"单身汉"牌香烟，品味一下人生，实在是惬意无比，令人心旷神怡！看了广告画面，人们似乎能感受到自己抽烟后全身心的惬意和满足，其通感联觉效应显而易见。

　　这则广告刊发的时期是过滤嘴问世不久，因此诉求重点是该品牌香烟的过滤嘴，通过过滤嘴体现香烟消费的新潮流和新观念，即香烟带给人的是一种和谐、平静、安逸和舒适的全新体验，使香烟消费提升到一个更高的品位。广告紧紧抓住这一诉求点，使受众对"单身汉"牌香烟的利益点有一个全新的认识。

　　在艺术表现手法上，广告画面将男士依椅斜靠的放松姿态设计成逆光暗影效果，而视觉

标题：小小过滤嘴领导新潮流

图6-12 　"单身汉"牌香烟广告

的焦点却放在手中烟盒的品牌上，并用高强度聚光来表现，诉求重点突出，总体格调得体自然，"单身汉"品牌名称与画面人物神态相呼应，意味深长。

例三：雅芳ANEW润肤露广告（如图6-13所示）

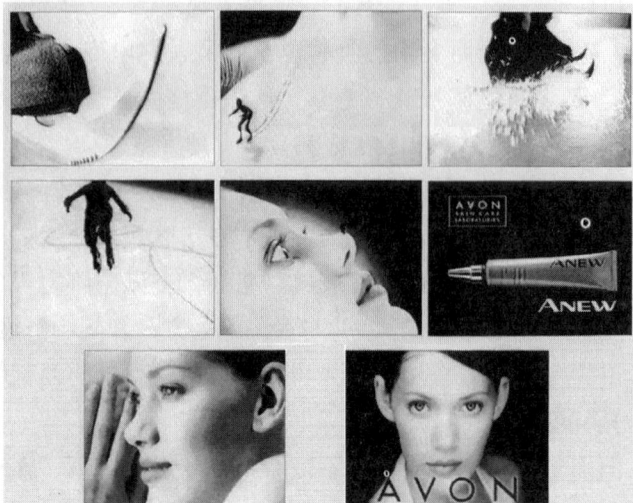

图6-13　雅芳ANEW润肤露广告（滑冰篇）

这也是一则极富创意性的通感表达作品。广告采用夸张的创意手法，利用特技摄影技术，展现了使用雅芳ANEW润肤露后润滑的面部。雅芳ANEW润肤露的作用是如此之大，以致使用后面部可以让身轻如燕的滑冰健将一展英姿。擦拭雅芳ANEW润肤露的面部如此光滑，滑冰健将在上面无奈地一再打滑，一筹莫展。

广告画面通感效应极佳。黑色背景和黑衣滑冰健儿与白润的肌肤形成鲜明对照，把雅芳ANEW润肤露潜在的功能和利益点通过视觉的通感作用巧妙地传达出来，深刻地留存在受众的脑海里。

精要提示

　　所谓"通感"，是指受众将广告形象的视觉刺激通过心理联觉作用转化为对商品的整体感官感受。"通感"效应可通过名人、美人肖像、令人惊叹的自然风景、感同身受的生活场景等艺术表现手法来达成。这种广告诉求表现应特别注意：模特儿的选择及形象应与指称对象恰当结合，须与广告主旨一致，模特儿表演要求真实自然，切忌矫揉造作；而且，要处理好名人、美人与普通消费者在身份、生活条件，特别是心态、情感和价值观上的微妙差异性。

6.3 广告情感诉求

6.3.1 亲情表达

　　情感，包括人伦亲情、民族文化情感和性爱情感，都是人类最基本、最强烈的情感表现形式，运用这种情感对受众形成积极的心理情绪可以达到认知产品、激发兴趣和购买动机的传播目的，是广告人惯常的诉求手法。其中，人伦情感是最具有普适性的一种情感，也是最强烈、最具感染力的情感，广告能够巧妙地依此为诉求点，针对特定对象进行纯朴真实、富有人情味的情感激发，可以收到跨文化、大范围的奇特传播效果。例如，美国凯兹（KEDS）童鞋广告（如图6-14所示）就是一则非常杰出的情感诉求广告作品。

广告画面中有一双圆实的儿童小脚，放置在年轻母亲的手心里，呈现了一种生命和稚嫩之美，让人感动，具有极大的视觉冲击力。母亲和婴儿可以说是人类情感世界的主角，看到由她们鲜活的手脚构成的画面，怜爱、羡叹之情油然而生。

广告画面初看起来似乎与童鞋无关，但下移视线，受众就能立即明白广告所传达的喻意。童鞋的舒适度很难感受，但小脚在母亲手心里的感觉却是人人都可意会的。这里用母亲的手心不但表现出了母亲的爱心，而且表现了一种母爱的温柔和舒适感，这对年轻母亲具有极大的感染和诱惑力。广告正是抓住了母爱这一心理诉求，情感表现自然、感人、意味深长，对受众具有极大的心灵震撼力。

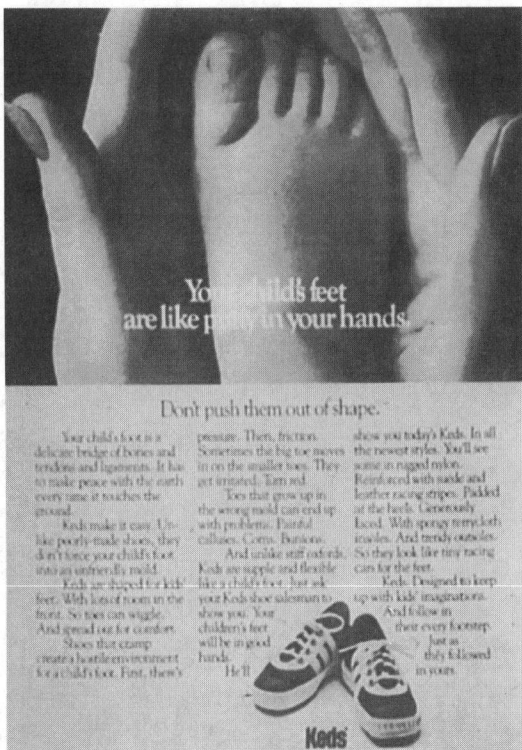

图6-14 美国凯兹童鞋广告

文案

像母亲的手一样柔软舒适的儿童鞋

孩子的脚像富有生命的精致小桥，每一步都须与地面十分吻合。

凯兹童鞋正是这种吻合的体现，它不像其他鞋那样，把孩子的脚塞进了不舒服的鞋模里。

凯兹鞋是特为孩子们设计的。前面留有适当空隙，使脚趾伸展自如。

而那些狭小的鞋，不但挤压、摩擦双脚，还会形成拇指外翻，引起疼痛、红肿。

不合适的鞋还会使脚形成多种疾病，例如饼抵、鸡眼、毛囊炎等。

与僵硬的牛筋鞋底不同，凯兹童鞋柔软和富有弹性，穿上它，孩子的双脚会得到如在母亲手心般的舒适呵护。

今日的凯兹童鞋，款式新颖，由多纹尼龙、加厚羊皮、印花皮面等多种材料制成。加垫后跟、绚丽的花边、柔软的内底，以及时髦的鞋面，穿在孩子的脚上，看起来就像一辆小小赛车，舒适而充满生机。

凯兹童鞋，犹如孩子跟随母亲一样，紧跟孩子的每一步，去畅游想象空间。

广告诉求点明确：柔软舒适。文案不厌其烦地将凯兹牌童鞋与其他童鞋比较，说明穿上凯兹牌童鞋后各种各样的好感觉。相对于母亲为孩子买鞋时的仔细劲儿，这样的长文案并不显得啰嗦冗长，反而很符合特定受众的购买心理。广告画面信号单一，形象鲜明；玫瑰粉红的主色调十分柔和温馨，与文案相互呼应，搭配得自然得体。

6.3.2 民族情感表达

民族情感表达是一种基于特定民族文化风格和特色的广告诉求手法。不同国家和民族的人们，在复杂的特殊自然历史环境因素作用下，形成了自己的文化，经过长期的自然选择、历史演化，最后累积遗存在他们的音容笑貌、言谈举止和风俗习惯上，从而形成千姿百态的民族文化情感。

例如，中华民族的文化情感特点主要表现在：注重人与自然和谐相处，天人合一；人际以官本位为核心形成了复杂的亲缘关系；崇尚实用主义生活方式；比较沿袭传统。而美国文化的特点主要表现在：注重利用科技征服自然；强调行动、成就和工作；在乎现在，讲求短期绩效。抓住特定目标受众的民族心态及文化特点，把握并瞄准特定民族的情感诉求焦点，就可以收到很好的广告传播效果。

1994年，由长城国际广告公司创作的孔府家酒广告"回家篇"（如图6-15所示）就是一个成功诉诸民族情感、巧妙传播产品文化基因的典型案例。这则电视广告片曾荣获当年度花都杯首届电视广告大奖赛金塔奖、公众奖、最佳广告语奖三项大奖。孔府家酒广告的剧情大意如下：广告一开始伴随着歌曲"千万里，千万里，我一定要回到我的家；我的家，我的家，永生永世不能忘"，一架海外归来的飞机落在停机坪上，海外游子回来，亲人们迎了上去，欢聚在一起共饮孔府家酒，一个大红纸上隶书"家"字特写镜头出现，海外游子深有感触地说："孔府家酒，教人想家。"

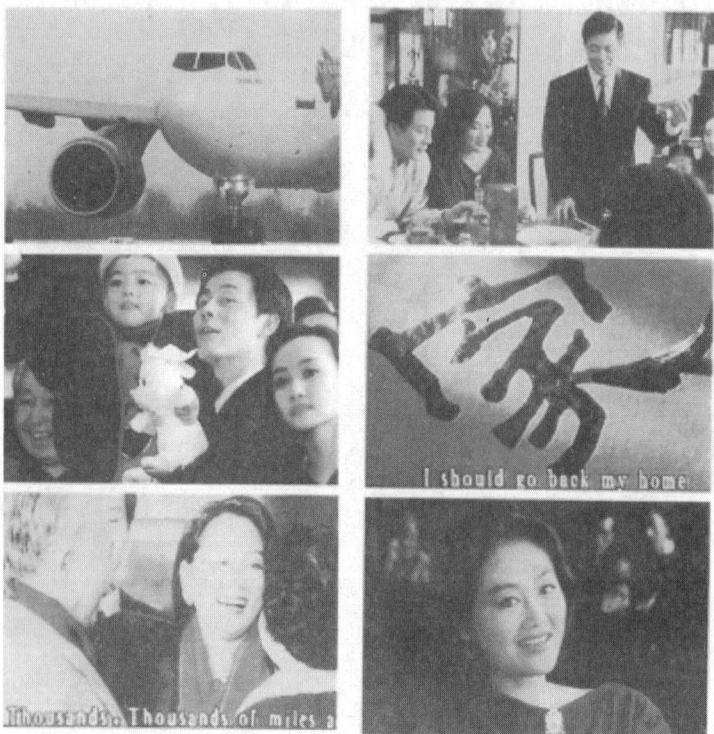

图6-15　孔府家酒广告

广告创意从酒名"孔府家酒"顺向思维，以"家"作为切入点，通过强烈的民族文化情感和个性表现使指称对象和艺术形象、产品品牌特征与海外游子"想家"的情感自然地结合起来，在充满人情味和天伦之乐的大团圆情节中，把中国特有的血缘文化、人伦亲情淋漓尽致地表达了出来；同时，突出强调了产品在维系民族情感方面的重要作用，准确地表达了广告主题，给人留下了极其深刻的印象。

广告发布时机也恰到好处。当时，正值大型电视连续剧《北京人在纽约》播放后形成了一股特有的大众文化潮流，广告用女演员王姬（女主角阿春扮演者）为形象代言人，扮演海外归来的游子；再配以歌星刘欢演唱的主题音乐，使文化热点效应和名人效应叠加在一起，将广告效果扩展到了极致。

该则定位准确、创意独到的电视广告片不仅赢得了很好的传播效果，也取得了可观的经济效益。1994年播放后，1995年该酒厂销售收入达8.8亿元，创利税3.6亿元，孔府家酒在当年白酒类商品中的市场占有率和出口量名列全国第一。

6.3.3 爱情表达

爱情是文学作品的永恒主题，也是广告心理诉求表现的永恒主题。一些日常生活用品和女性用品，例如服饰、化妆品、洗浴用品等，直接以谈情说爱的场景、情侣恩爱的形象来表达往往能够赋予受众购买和消费所广告商品以特殊的情感动机。爱情表达要有新意，充分体现时代感；要注意处理好情侣人物形象与指称对象之间的关系，坚持人物为指称对象服务的原则，不可喧宾夺主；注意强化构图的艺术氛围，文案应少而精。

例如，美国爱米斯香水广告（如图6-16所示）就是一则很好地利用爱情表达主题的经典作品。这则广告与一般爱情表达方式不同，采用的是颠倒男女主被动常态的手法，含有奇特的反向创意效果。画面展现的一对爱侣的情态有些"反常"：不是男士主动，向女士暗送秋波，而是女士拦住了男士去路，明送秋波；男士却手插裤兜，紧靠冰箱，被动等待。这是怎么回事？简洁的文案有明白的提示：男士用了爱米斯牌香水！

图6-16 爱米斯香水广告

> **文案**
>
> 世界上只有爱米斯才抵得上最负盛名的男式科隆香水，
> 有了它，前去的路也变得最诱人。
> 爱米斯，香味永不褪。

广告画面在构图上将这对情侣的体态造型表现得细微深刻。将着装、姿容都很浪漫的女士置于原本就轻松、流动的画面左半部，而将男士置于谨慎、固定的画面右半部，使广告的主题得到了贴切的表达。

> **精要提示**
>
> 情感包括人伦亲情、民族文化情感和性爱情感，这些都是人类最基本、最强烈的情感表现形式，运用这些情感对受众形成积极的心理激发可以达到认知产品、激发兴趣和购买动机的传播目的，这是广告人惯常使用的诉求手法。

6.4 广告理性诉求

6.4.1 哲理性表达

理性诉求大致有哲理性和说理性两种表达方式。**哲理探询和思考是人类创造力和精神境界的凝练体现及实现途径，一般富有"理性美感"。** 在理性诉求广告中，常用一种简明的形象或文案（多是二者配合）将富有哲理性的人生感悟展现给受众，让受众在理性思考中认识和接纳商品或企业形象。

广告哲理表达的目的主要是为了引起受众的积极心理情绪，以便其更好地认知商品。因此，作为广告形象所表达的哲理内涵应与广告指称对象有一定的内在联系，以便受众在更深刻的理性层面认知和理解广告所指称的对象。**哲理必须具有知解性，并与目标受众的民族情趣及文化水准相符合。作为广告语的哲理名言，应有一定的形象意味，并可用简洁单纯的画面形象加以直观表达和描述。**

图6-17 德艾克塞·伯翰姆投资公司广告

美国德艾克塞·伯翰姆（Drexel Burnham）投资公司是美国一家大型投资公司，图6-17是其企业形象广告，重在哲理诉求。

广告用被全美誉为"出色家伙"的足球名将、匹兹堡钢铁巨人队防御前锋乔·格林（Joe Green）作为模特儿。画面上，身材高大魁梧的乔·格林面带笑容正在注视着观众，由于他高大雄健的身躯独占整个画面，在气势上给受众一种无形的逼迫感，具有很强的视觉冲击力。与画面相配合，广告文案运用反衬方法。文案标题为："我觉得与Drexel Burnham相比，我太渺小了"；而文案正文则如此简略地写道："在投资领域，不在于你有多强大，而在于你想有多强大。如你需要投资，请拨1-800-237-8000，19分机与我公司联系！"

文案与图画相互映衬，说明：如此罕见的巨人与德艾克塞·伯翰姆投资公司比较起来也是相形见绌，可见其投资实力之雄厚。正文的哲言式广告语说明，在投资领域，你有多强大不重要，重要的是你想有多强大；而且，这也一语道破了德艾克塞·伯翰姆投资公司的核心理念和经营哲学。这样，就把德艾克塞·伯翰姆投资公司抽象的经营观念自然形象地传达给了广大受众，在人们头脑中留下了深刻且根深蒂固的印象。

6.4.2 说理劝导

准确选择指称对象和目标消费者对于广告说理劝诱诉求极为重要。做这类广告必须熟悉指称对象的功能特性和技术要求，以及消费者微妙的需求动机和消费盲点。如果说理劝诱诉求所选择的指称对象和目标消费者不当，即使广告文案再有逻辑性和说服力也是徒劳无功。

当然，**说理劝诱的表达要符合逻辑性**，这是基本要求。所谓"逻辑性"，既包括思维逻辑性，更为重要的是要有"合理性"，即符合日常生活逻辑；也就是说，广告说理要符合人们的特定生活常识和习惯，使受众有亲切感，能通过广告很快认知和接受广告商品。

说理劝诱性表达一般以文案为主。对指称对象功能品质的描述重在写实，不宜渲染夸张。对产品或劳务的品质、质量和技术性能的介绍要实事求是，准确可信；文案要有风格、有文采，语言力求简明，论证有力精确。此外，说理性广告也应注意情感因素，达到理中有情、情理交融的审美境界。

例如，香港三洋M-GT7型收录机广告（如图6-18所示）采用的就是一则典型的说理劝诱式诉求表现。但广告文案却很简单，广告插图也没有色彩和艺术形象，没有强烈的视觉冲击力，乍看起来好像一幅机械制图或教科书插图。但在广告最显著的位置，有一行醒目的黑体字标题："揭开世界最强劲收录机之秘"，很吸引读者注意；接着副标题"三洋M-GT7全天候操作，防水防尘"一语道破指称对象的好处和特点，引发读者兴趣；而后，人们会自然地向下去观看有关广告商品品质的具体剖析图案。

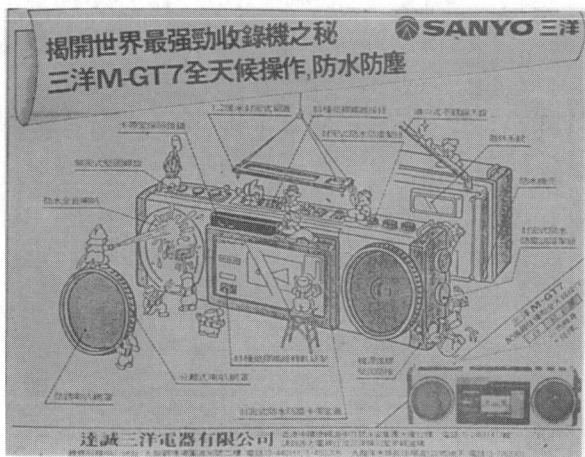

图6-18　香港三洋 M-GT7型收录机广告

人们对于像收录机这样的技术密集型产品，在认知上一般比较缓慢，特别是对其质量性能的认知极为重要，接受要有一个过程，不宜采用视觉冲击力来诱惑。广告画面极为朴实无华，几乎全用线描完成，对商品部件诸如喇叭、掣钮、机壳、卡带室盖、按钮、铝盖、螺旋、推锁等这样一些防水防尘性能及特殊装置逐一加以详细剖析。广告诉求的重点在于科学说明和演示，给人以真实、缜密、科学和信赖感。广告特别设计了漫画人物，以克服画面的单调呆板感。漫画人物滑稽传神：有的给防水全音喇叭喷水打扫，有的奋力举锤在敲打紧密而坚固的螺旋，有的使劲推动卡带室保险推锁，有的在吊装封密式铝盖，个个干活卖力认真，煞有介事，活灵活现，给人以谐趣美感。

现代广告的表现形式大多是图片加文案，但有些是没有图案、类似社论性的软广告，借助的是说理性表达手法，往往文案很长却会使读者仔细阅读。美国休斯飞机公司（Hughes）的一则广告采取长篇大论文案（见图6-19所示），这篇有些像科普论文的广告从初次发表后连续刊登十余年未做修改，可见其独特的传播魅力。

休斯飞机公司广告（文案）

科学/视野

休斯飞机公司采用先进的蒸气注入法有效解决了工业碳氢化合物对土壤和地下水造成的污染问题，采用这种方法，不必挖土掘地就可以去除和处理掉碳氢化合物。其方法是，先把蒸气注入到地下，在适当的温度和压力下，蒸气便会将碳氢化合物赶到排气井中。这些碳氢化合物一旦分解成气化物和液体，便可安全地提取进行处理。这种在原地去除碳氢化合物的方法有不少优点。采用这种方法，工厂不用停工，并能加快清除速度，降低成本。这种补救方法是休斯公司采用现有技术解决环境污染问题的众多实例中的一个。

现在，一旦遇到自然灾害，即使最偏僻的边远地区也能直接进入公众电话网。这是因为有了休斯公司建造的便携式卫星地面站，这种小型站称为微孔天线终端（VAST）。这种小型地面站在1991年三次重大救灾工作中起了关键性的作用：即菲律宾Pinatubo火山爆发；阿拉斯加Valdez大量溢油；殃及90 000英亩的爱达荷森林大火。VAST便于运输，安装迅速，采用的天线比通常的卫星通信天线小得多而通信能力更强。休斯公司设计的网络具有99.5%的可靠性和可用度，是替代常规通信系统的理想手段，因为在遇到灾害时，常规通信往往会遭受破坏或因过载而出现通讯质量严重恶化的现象。

无污染车辆将投入批量生产。通用汽车公司生产的电动游览车（Impact）是采用了休斯公司制造的高可靠性、低成本的功率变换器和充电系统来供电的。这种变换器将直流电转换为交流电来起动汽车，改变汽车的速度。休斯公司的工作涉及到许多与环境有关的领域，从开发无污染的汽车到研究无污染的生产工艺，为"Impact"游览车提供配件只是许多实例中的一个而已。

讲究音乐的人现在可采用休斯公司3D音响增强系统，这是一种独立的高保真元件。到现在为止，获得专利的声音回响系统（SRS）仅用在部分Sony和GE/RCA的电视机中。SRS使家用音响设备的真实感达到了一个新的水平，它可使来自广播和录音这两个声源的声音通过两个一般的扬声器产生出环绕式的音响效果。达到这种效果并不需要采用人为的音响处理技术，如信号延迟、编码、谐波再生以及相位校正等。此外，这种音质并不局限于室内某一个特定的"最佳点"，即使你在房间里到处走动也能保持同样的效果。

新的激光器可以帮助美国陆军检测和识别战场上的化学剂。休斯公司制造的激光器应用于固定地点、车辆和飞机上。它是传感系统中的关键元件，而传感系统具有远距离覆盖能力，可检测出神经气体、气泡以及化学战争中其他有毒气体。它具有很高的脉冲重复率，可以快速扫描广阔的区域，检测分布在很长距离内低浓度的化学剂。除了军事上的应用外，激光技术还可运用到环境保护之中，如监测工业上的化学辐射和市区污染等。

图6-19　休斯飞机公司广告

对于一般人来说，都以为休斯飞机公司是飞机制造商，其实它也是从事电子产品开发和生产的高新技术企业。这篇广告的一个重要主旨是，向受众宣传说明其研究业绩和业务范围。文案在"科学/视野"这样好似科学论文的题目下，通篇是理性说明和事实论证，详细列举了公司多年来研究开发的蒸气注入技术、便携式卫星地面站、无污染车辆、3D音响增强系统、新型激光器等解决环境污染问题的一系列新技术，立论高远，气魄恢弘，论据确凿，令人信服。读了广告，人们对休斯飞机公司刮目相看，一个拥有先进科学技术开发能力又对人类生存环境富有责任感和贡献的公司形象便深入人们心中，能够引起受众的关注、兴趣和共鸣。

精要提示

　　说理劝诱式广告诉求的关键是要选择好指称对象，锁定目标消费者群体。说理要有逻辑性，不仅要合乎思维逻辑规律，更要合乎人们的日常生活逻辑。这类广告一般以文案为主，有的甚至像科普新闻报道文章，如果表达巧妙，立论高远，气魄恢弘，论据确凿，令人信服，也能收到很好的传播效果。

6.5 性心理诉求

6.5.1 性感传播特点

　　性心理的本源性、普遍性是毋庸回避的。**恐惧、幽默和性感是广告创意表现的所谓"三大支柱"，美女、婴儿和动物是广告表现的所谓"3B原则"**。无论是"三大支柱"还是"3B原则"，利用性心理诉求进行广告表现都是必要和重要的。在广告表现上，恰当应用性心理会收到比较好的注意效果。

　　但在价值尺度上，性心理表现却具有相当大的弹性和相对性。同样的广告表现会因人、民族、文化背景的不同而有截然相反的价值判断。

　　各国各地区对广告中的色情管制弹性也很大。例如，有些地方对涉及性的广告有较明确的法律规范：广告表现不应涉及男女"性"方面之效能，并不得有猥亵、暧昧之意识；广告画面、文字和旁白应力求净化，不得有诲淫意识，不能影响儿童、青少年身心健康，例如裸露半身或全身、拥抱接吻等；内衣裤类商品广告内容应高尚典雅，避免暧昧、煽情的表现方式，并注意下列原则：

　　　　——广告中不得有异性着内衣裤出现于同一画面；

　　　　——广告应以商品介绍为主，不得特别强调人体展示；

　　　　——必要时视广告内容限制其播放时段；

　　　　——卫生巾类广告不得涉及"性"的内容表示。

　　我国近年来对广告中有关性方面的表现也逐渐被人们所接受。特别是有关性别产品、妇女用品的广告中，有关性心理的诉求极为普遍。女性形象深得广告主与广告人的青睐，他们或以女性形象美来强化受众视觉冲击力，引起受众注意，增加受众记忆度；或以女性形象美来显示商品或服务的优良品质，刺激受众购买欲望；或是以女性形象美烘托一种梦幻浪漫的情境，增加广告作品的感染力，这些都是正常的，可以接受的。

　　但在实际中，也有些广告确实存在一些问题。例如，卫生巾广告不注意"心理卫生"，丰胸广告粗俗无品位，很多广告利用与广告主题或商品服务无关的色情表演或画面让人厌恶、令人难堪等等，不一而举。

6.5.2 性感表达风格例析

广告人在利用性心理时，要特别注意受众对象的社会化背景。同样的表现手法在西方社会可能是"杰作"，而在东方社会可能就让人难以接受。这里举出两则广告以资比较。

图6-20 日本资生堂香水广告

日本资生堂香水广告（见图6-20所示）是一则典型东方式的性心理表现作品。香水是一种不可见其丽、只可闻其香的特殊化妆品，一般不宜直观表现其魅力，所以常以性感的模特来间接展示。这则广告用简洁的画面表现了丰富的信息。画面突出描绘了一只极富挑逗性的眼睛，以女子含情脉脉的眼光使受众通过想象意会广告中的性感信息，自有万种风情在其中。特别是"以扇遮面"这种东方女子含羞的传统姿态，大有"犹抱琵琶半遮面"的意境，极富感染力。这种性感表现手法很适合东方人的性心理和审美情趣。

西班牙EVIAN牌矿泉水电视广告（见图6-21所示）则是一则典型西方式的性心理表现作品。广告直白地采用全裸的母女来表现主题情节：母亲跪在一边看着女儿打开矿泉水瓶盖，指着自己向女儿示意要喝，而孩子却盖上了瓶盖；母亲仍指着自己执意要喝，

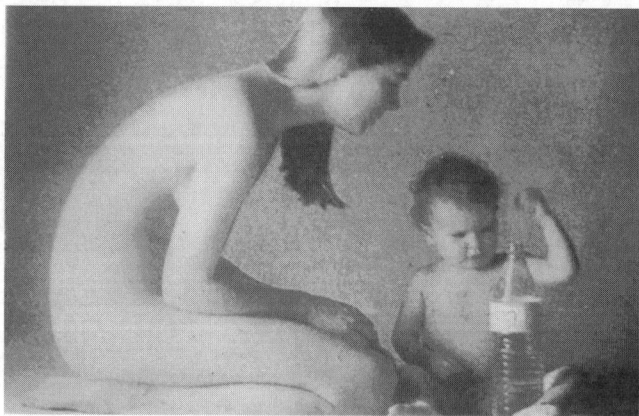

图6-21 西班牙EVIAN牌矿泉水电视广告

小女儿不仅不理睬，又进一步把盖子压实了。可见，在小女孩的心目中矿泉水有多珍贵。广告画面将裸体的母女置于中心位置，造成较强的视觉冲击力以引起受众注意。虽是性感表达，但却无丝毫不健康之感，整个画面色调轻柔、温馨，而母女间争喝矿泉水的生活情趣使人们在轻松愉快和艺术韵味中自然而然地认知商品和品牌。这则性心理广告表现应该说是十分成功的。

可见，性心理广告除了要表达普适性审美情趣而外，还要特别针对目标受众的文化背景恰到好处地传达商品信息，注意性心理的跨文化差异性。

6.5.3 特别注意事项

利用受众性心理做广告应特别注意以下几点。[1]

---

① 参见祁聿民、许之敏《世界著名广告作品分析》，经济科学出版社1988年，第208~209页。

首先，**广告必须具有一定的美学价值，健康高尚**。人体作为大自然的造化，其本身是美好的，以其为审美对象也会给人以美感，但同时由于人的社会属性，特别是将其与性心理联系起来加以表现时，就必须把握一定的度，讲究表现方式。把握得好可以使受众得到健康的精神陶冶，即使是较多的"露"或性心理传递，也会是健康的、圣洁的；否则，过了"度"或是方式不当，极易陷入低级庸俗，走向性暴露、性诱惑、性泛滥，这样，不仅不能达到广告目标，反而会令人反感从而影响产品的形象和声誉。

其次，**性感表达必须符合国情人情**。人类的道德观和性心理有很大的民族文化差异。东方人温柔含蓄，西方人率直坦白，东西方文化差异在有些方面是很难逾越的。有些在西方社会很受欢迎的性心理诉求广告在东方社会就很可能使人们接受不了，引起消费者的反感和排斥。因此，准确把握国情、体察民情是性心理诉求应遵循的一个重要原则。

其三，**广告应紧扣指称对象的功能和效用**。例如，百事可乐推出"减肥可乐"后所做的著名"看女孩"电视广告就紧贴主题，大获成功。广告描写了一个相貌平平、身材苗条的女子过街、进门、上楼，每一步都惬意于男士关注她、爱慕她的目光，突出了减肥可乐的效果：以美好身材使得异性关注。与指称对象没有关系的性心理诉求只能引起受众最初的注意，是没有意义也是有害的。

此外，**广告最好以含蓄象征性手法来表达**。成功的广告性心理诉求表现最好运用象征和想象等间接手法，例如，用高山、太阳象征男性，流水、月亮象征女性等，使广告有内涵、有品位。

精要提示

在广告心理诉求上，有恐惧、幽默和性感"三大支柱"说，以及美女、婴儿和动物"3B原则"，其中都强调了性心理表现的必要性和重要性。但在价值尺度上，性心理表现却有相当大的弹性和相对性。同样的广告表现会因人、因民族、因文化背景的不同而有截然相反的价值判断，在西方社会可能是"杰作"的广告若放在东方社会可能就让人难以接受。广告在利用性心理诉求时要特别注意受众对象的社会化背景，具有一定审美品位，最好以含蓄的象征性手法来表达，符合目标受众的国情人情，紧扣指称对象功能及效用。

❑ **复习思考问题**

（1）试述广告心理的一般原理。

（2）请简要说明色彩和曲线的视觉心理特点。

（3）广告心理诉求大致分为哪几种类型？其表现特征是什么？

（4）你如何看待广告表现中的"性心理"问题？

❏ **综合案例演练**

广告案例心理诉求分析

试分析说明如下几则广告在心理诉求上的表现手法。

第一则：美国强生"天生的，强生的"系列广告

第二则　橄榄油广告（三篇）

橄榄勺篇

文案：今天的地中海沿岸依然流传着有关橄榄树的古老神话和传奇。据说，埃及的女神Isis教会人类怎样栽种它，并且告诉人们它的果实中具有的奇妙物质——橄榄油。希腊的奥林匹克运动员要用橄榄油按摩，并且相信神赐予人类的三种物质将会从中流淌出来——智慧、体能和力量。令人会享受的美味。你会发现这是一个健康的源泉和力量。

树篇

文案：在古老的地中海，人们认为橄榄油拥有神奇的力量。希腊哲学家德谟克利特相信，如果以蜂蜜和橄榄油为食，人们可以活到一百岁。你会发现这是一个健康的源泉。令人享受的美味。橄榄油有灵。

蔬菜篇

文案：在四十天的洪水之后，诺亚看到了一只鸽子嘴中的橄榄枝。这标志着洪水即将退去，陆地就要重新出现。从那以后，橄榄树成为和平与重生的象征。更美味、更健康、更令人享受的美餐。

第三则：K—gold18K金饰2008新品广告

📖 **本章主要参考文献**

樊志育著. 广告学原理. 第八章, 上海：上海人民出版社，1999

祁聿民，许之敏著. 世界著名广告作品分析. 北京：经济科学出版社，1998

马谋超著. 广告心理：广告人对消费行为的心理把握. 北京：中国物价出版社，1997

黄合水编著. 广告心理学. 厦门：厦门大学出版社，2003

3

第 3 篇 Part Three

广告操作实务

本篇包括第7、8、9、10四章，进一步从广告公司业务运营层面介绍广告策划、创意和制作，以及广告效果测定等广告业务方面的基本操作技艺。学习掌握有关广告实务方面的基础知识和技能，对于将来从业实践具有直接而重要的教育意义。

第7章

广告策划

□ **学习目标引导**　现代广告公司的经营运作以策划为核心。广告策划伴随整个广告活动运作全过程，所以，讲广告策划，在一定意义上就是讲广告的经营运作过程本身。本章首先概要介绍广告策划的基本原理，包括广告策划的意义、程序和内容，以及广告调查、广告战略和广告策略等问题；而后重点讨论媒体策划的相关问题，其他策划问题将在有关章节中分别讨论。通过本章的学习，希望读者能对广告策划有一个全面的了解和总体把握，熟悉并重点掌握有关媒体策划的相关操作方法。

□ **逻辑架构图示**

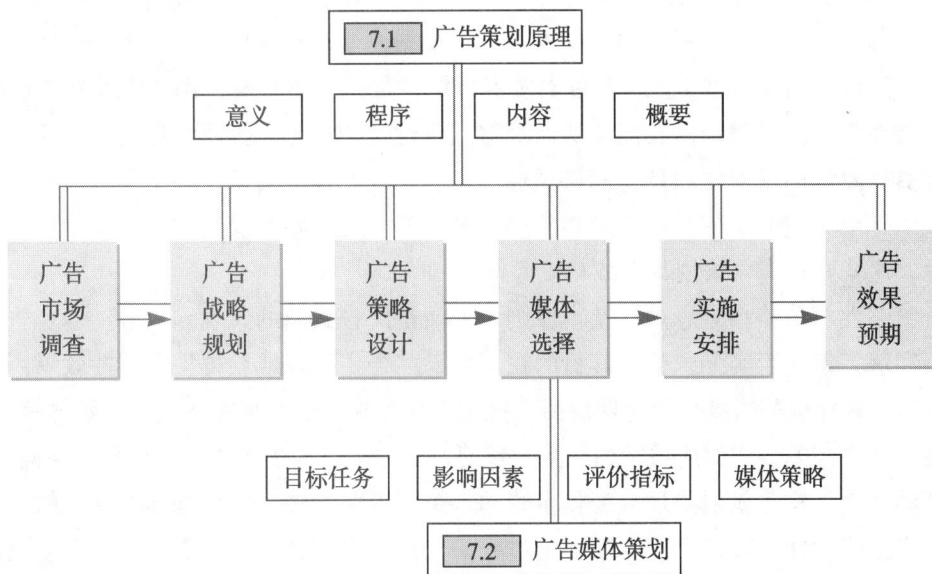

```
                        ┌─────────────────────┐
                        │ 7.1  广告策划原理      │
                        └─────────────────────┘
          ┌────────┐  ┌────────┐  ┌────────┐  ┌────────┐
          │  意义   │  │  程序   │  │  内容   │  │  概要   │
          └────────┘  └────────┘  └────────┘  └────────┘

  ┌──────┐   ┌──────┐   ┌──────┐   ┌──────┐   ┌──────┐   ┌──────┐
  │ 广告  │   │ 广告  │   │ 广告  │   │ 广告  │   │ 广告  │   │ 广告  │
  │ 市场  │ → │ 战略  │ → │ 策略  │ → │ 媒体  │ → │ 实施  │ → │ 效果  │
  │ 调查  │   │ 规划  │   │ 设计  │   │ 选择  │   │ 安排  │   │ 预期  │
  └──────┘   └──────┘   └──────┘   └──────┘   └──────┘   └──────┘

        ┌────────┐  ┌────────┐  ┌────────┐  ┌────────┐
        │ 目标任务 │  │ 影响因素 │  │ 评价指标 │  │ 媒体策略 │
        └────────┘  └────────┘  └────────┘  └────────┘
                ┌─────────────────────┐
                │ 7.2  广告媒体策划      │
                └─────────────────────┘
```

7.1 广告策划原理

7.1.1 广告策划的意义

所谓广告策划，一般可以定义为**关于未来时期广告活动的整体战略及统筹规划**。具体有两种理解：一种是狭义、朴素的理解，另一种是广义、现代的理解。狭义、朴素的理解是把广告策划看作是在某种确定条件下对广告活动方案进行排列组合和计划安排；基于此理解，广告策划仅是整个广告活动的一个环节，以广告策划方案或策划书的编写为终结。广义、现代的观点，认为广告策划是从广告角度对企业市场营销管理进行系统整合和策划的全过程；从市场调查开始，根据消费者需要对企业产品设计进行指导，对生产过程进行协调，并通过广告促进销售，实现既定传播任务。

现代意义的广告策划基本上以此广义为共识，把广告策划看作是**以企业营销组合为基础，对企业广告活动进行的规划、决策、组织和协调，并从市场营销的角度参与企业经营管理的全过程**。据考，现代广告策划思想最初是由英国伦敦波利特公司创始人斯坦利·波利特首先提出的。经过数十年的传播和发展，广告策划的现代意义和思想不断推陈出新，形成热潮。广告策划作为广告公司运作业务的战略性统筹谋划，具有不同于一般计划的特殊性。

全局性　在实际工作中，策划可以针对某次广告活动、某个环节或阶段的某项工作来进行，称作单项广告策划；但这种单项广告策划往往是整体广告策划的一个组成部分或子系统，**广告策划在本质上是全局性的统筹谋划，是关于企业整合营销传播的总体策划**。

战略性　**广告策划是在战略层面上对广告运作的运筹，其眼界应高远、宽广，其作用应该具有原则的指向性和抗衡的协同性**。广告策划的各个要素、各个环节、各个部分内容构成了一个完整的系统，广告策划活动本身是各个构成要素及其关系的整体性运作和协调过程，这就要求广告策划具有战略统筹性。

策略性　战略指导思想、基本原则和方向是广告策划的灵魂和核心。但广告策划的出发点和落脚点在于实际执行，其目的在于帮助广告主更好地获得特定传播效果。因此，一旦决定"做什么"的战略问题解决后，就要有与此相匹配的可操作性、巧妙的战术和方法，就要同时决定关于"如何做"的一系列策略，例如广告表现策略、广告媒体策略等。

动态性　广告策划要适应变化多端的未来环境和条件，应该是富有弹性的、不断变化的。广告策划伴随着整个广告活动全过程，包括事前谋划、事中指导和事后监测，应是周而复始、循环调整的。广告策划活动必须根据环境的变化而采取相应的对策，使广告策划的内容适应市场环境条件的变化，符合客观规律发展的要求。策划绝不是拟写出策划书就算万事大吉，在整个广告活动过程中都有相应的阶段性策划工作重点，应该把策划作为广告活动的调控器来运用。

创新性　策划之所以称之为策划，关键就在于其创新性。**广告策划是由广告公司的智囊性广告人以其拨动受众心弦的特质、训练有素的直觉反应和应有的创造性商业想象力，**

对广告活动进行开拓创新和谋划。策划工作极具创造性和挑战性，策划方案就是新点子的巧妙组合，是策略方法的集合。无中生有、独特创意是广告策划的基本要素和内在要求。创新性是广告策划的本质特征。

真实性 真实是广告的生命，也是广告策划的基本原则。广告策划的内容必须以事实为基础，对客观实际情况进行准确把握和真实反映。广告策划必须对症下药、有的放矢，针对不同的企业、产品、市场等实际情况提出相应的战略方向以及策略和战术，使其具有独创性、差异性和个性。此外，讲求实效、合法合理也是广告策划的基本要求，要从实际出发做到经济效率、社会效益和传播效果三者的统一。

总之，借助广告策划，广告活动才能迅捷地、持续地运作，各项广告活动才得以有机整合，使广告人按照最经济、最有效率的方式走到一起，为一个共同目标而奋斗。同时，广告策划作为整合营销策划的有机组成部分，在企业经营活动中发挥着重要作用，它能够创造新的市场需求，增强企业竞争力，提高企业经营管理水平和声誉。

7.1.2 广告策划的程序及内容

当广告公司接受广告主委托后，一般要进行周详的广告策划。首先，在组织上要成立广告策划小组，作为整个广告活动的协调监控机构；其次，以领导小组为核心，组织联络各部门进行具体的策划工作。按照广告主要求，经过广告策划小组研究，确定初步方案，将方案下达各职能部门，明确其具体任务。经过各部门广泛讨论，提出建设性的意见和建议，而后撰写广告策划报告书。广告策划报告形成后，要送交广告主审查，经广告主同意方可最后确定，进入实施阶段。在具体实施过程中，广告策划领导小组始终负有协调、监督和控制的职责。其具体程序和工作内容如下。

首先，在组织上要成立广告策划小组，作为整个广告活动的协调监控机构。其人员组成一般包括：业务主管人员，负责广告业务对外联络和协调工作，是策划小组的中坚和关键人物；专业策划人员，一般由策划部门的主管或业务骨干承担，具体负责广告策划报告的草拟和制定工作；市场调查人员，例如统计人员、通信人员等；文案写作人员，专门负责撰写各种广告文稿，例如广告标题、口号、新闻稿等；艺术设计人员，包括平面美术设计及各种音乐、音响效果的设计专家；媒体联络人员，专门负责媒体选择、媒体时段、版面购买等与媒体有关的业务；此外，还应该包括公共关系人员等。

其次，以领导小组为核心，组织联络各部门进行具体的策划工作。按照广告主要求，经过广告策划小组研究，确定初步方案，将初步方案下达各职能部门，明确其具体任务。经过各部门广泛讨论，提出建设性的意见和建议，而后撰写广告策划报告书。

然后，召开提案会议。由广告公司和广告主双方参加，客户主管代表广告公司向广告主递交广告策划书，说明广告策划内容，并根据广告主意见进行修改和敲定，最后由广告主审核、批准。

最后，将广告策划意图交各个职能部门实施，监督实施情况并测定广告效果。设计制作部：将广告创意转化为可视、可听的广告作品或各种促销工具；媒介部：按照广告策划书的要求购买媒介时间和空间；公关部门：按广告策划书的要求配合广告实施公关活动。广告策划小组要对实施过程进行适时监控，并对不合实际的情况做出及时的修改，同时安排调查部门测定广告效果。

广告策划实际上囊括了整个广告活动的所有内容。一个完整的广告策划活动及策划报告一般应包括以下内容。

广告市场调查 市场调查研究是广告策划的信息基础和依据，一般在《策划报告》中以"情况分析"的形式加以详尽表达。市场调查内容主要围绕着广告及其产品或服务和市场供求状况来进行，策划工作要对有关资料收集渠道和方法做出战略部署和策略性安排。具体地说，广告市场调查有广告环境、广告主背景、产品情况、消费者情况、市场及其竞争状况五个方面的分析研究工作。通过这些方面深入细致的调查研究，了解市场信息，把握市场动态，研究消费者的需求方向和心理嗜好，并明确广告主及其产品在人们心中的实际地位和形象，为广告策划提供大量的第一手信息资料。

广告战略规划 广告战略作为一定时期广告活动的指导思想和总体构思，规范和指导着广告活动的各个环节。广告战略是具有全局性的决策，是为实现总目标或根本利益而制定的行动纲领，具体包括广告战略思想、广告战略目标、广告战略步骤和措施等内容。

广告策略设计 广告策略是在广告信息传播过程中为实现广告战略目标所采取的对策及应用的方式、方法和特殊手段。广告策略主要包括目标市场策略、定位广告策略、广告产品策略、广告表现策略、广告媒体策略等一系列策略体系。

广告媒体选择 广告媒体的选择应充分考虑媒体的性质、特点、地位、作用、媒体的传播数量和质量、受众对媒体的态度、媒体的传播对象和传播费用等因素，再根据广告目标、广告对象、广告预算等综合因素分析与权衡，来进行媒体组合和运用。

广告实施安排 主要是对后期的广告创意表现、制作与发布等推进程序的计划安排。它是广告最终影响消费者、产生实效的关键所在，也是广告策略的具体运用。

广告效果评估 广告效果评估是广告策划的最后环节和内容，也是广告主最关心的部分。要对判定广告传播效果的标准、方法和指标体系作出计划安排，以使评估结果客观准确，并为下期广告策划提供参考依据。

7.1.3 广告市场调查概说

广告市场调查的最终目的是促进营销，间接目的是选择确定广告实施的方案，而直接目的在于从总体上对市场经济运行情况有一个基本的了解。其程序和步骤和一般市场调查相类似，包括确定广告市场调查目标，拟订广告市场调查计划，设计广告市场调查表，进行实地广告市场调查，统计分析广告调查资料，提出广告市场调查报告等步骤。

从广告运作规律角度来看，广告市场调查的内容和范围，即在进行市场调查工作的时候，应该调查的问题和所需收集的资料，包括**市场营销环境调查、广告主企业经营情况调查、产品情况调查及定位、市场及其竞争性调查和消费者调查**五项内容。

市场营销环境调查，是以一定的地区为对象，有计划地收集有关人口、政治、经济、文化和风土人情等情况。通过市场环境调查，一方面，可以为细分市场提供依据，从而为确定广告诉求对象提供依据；另一方面，可以为确定广告的表现方式和广告日程及制定产品策略、市场销售策略提供依据。其基本内容包括以下几个方面。

——人口环境调查。包括人口的数量、自然构成（年龄、性别等）、民族构成、增长速度、教育程度、职业分布、收入情况、家庭人口、户数和婚姻状况、地区分布以及地区间的移动等因素。

——社会文化与风土人情调查。主要是对目标市场所在地的民族特性、信仰、文化特点、风俗习惯、民间禁忌、生活方式、流行风尚和民间节日等内容进行分析比较，从中找出广告宣传可以强化诉求的突出点以及应该注意回避的禁忌。

——经济环境调查。包括经济发展状况、社会购买力、消费收入与支出、行业状况等方面。

——政治与法律环境调查。包括国家政策，地方性政策法规，重大政治活动，政府机构情况，企业营销中的法令、法规，经济管理体制，政府与企业的关系等。

广告主企业经营情况调查，是指对广告主企业的历史和现状、规模及行业特点、行业竞争力等情况的调查。其主要内容包括企业历史、企业设施和技术水平、企业人员素质、经营状况和管理水平、经营管理方法等方面，从而为广告策划和创意提供依据，有的放矢地实施广告策略，强化广告诉求。

市场竞争性调查，要查清市场竞争的结构和变化趋势，主要竞争对手的情况以及本企业产品竞争成功的可能性，对各种广告手段与效果进行分析以及提出新的广告策划思路。通过竞争性调查，明确企业所处的竞争地位、市场角色及其营销策略，有利于企业识别自己所处的地位和角色以及优势和劣势。其主要内容包括：

——广告产品的市场容量；

——广告产品的市场占有率、其他品牌同类产品的市场占有率；

——广告产品的市场潜力、其他同类产品的竞争潜力；

——广告产品的销售渠道、竞争产品的销售渠道；

——广告产品的销售政策和促销手段、竞争产品的销售政策、促销手段和广告策略；

——广告产品和竞争对手产品的销售服务方式、消费者的评价、生产经营管理水平、广告类型与广告支出等内容。

产品情况调查，是以某类产品为调查主题，从产品的各方面性质和特点入手，确定此类产品是否在市场上适销，对产品进行定位，为企业的营销战略和广告策划提供指导性意见和参考。产品调查主要包括产品生产、产品性能、产品类别、产品生命周期、产品服务、产品形象等项内容。通过产品调查，进行产品定位可以突出产品的个性，突出产品符合消费者心理需求的鲜明特点，确定产品在竞争中的优势并赢得竞争优势。

消费者调查，包括对工商企业用户和社会个体消费者的调查。通过对消费者购买行为的调查，研究消费者的需要欲求、行为方式和购买决策，为广告战略和策略的制定奠定基础。其主要内容包括：

——消费者的风俗习惯、生活方式，不同消费者的性别、年龄、职业、收入水平、购买能力，以及对产品、商标和广告的态度与认识；

——产品的使用对象的定位，消费者对产品的质量、品质、供应数量和时间、包装和服务等方面的意见和要求，潜在客户对产品的态度和要求，消费群体对新产品的需求趋势；

——影响消费的购买动机、购买行为、购买习惯等因素。

广告市场调查，按选择对象的不同，可分为市场普查、抽样调查、典型调查；按收集资料的方法不同，可将广告市场调查分为观察法、实验法和访谈法。在设定调查的主题和制定调查问卷方面，可以采取二项选择法、多项选择法、排序法、自由回答法、比较法、表格测试法和文字联想法等多种调查技巧。

7.1.4 广告战略规划要点

广告战略规划是对整个广告活动的战略指导思想、战略目标以及战略步骤和措施的宏观运筹与谋划，具有全局性、长期稳定性和指导性。

首先要确定战略指导思想。广告战略思想是广告活动的指南，要回答和解决"为什么做广告"这个问题。在进行广告战略指导思想选择时，要决定是积极进取，还是高效集中或长期渗透，亦或是稳健持重或消极保守。要弄清楚广告活动对企业整个经营会产生什么样的影响，对广告预期达到的效果做到心中有数。

其次要进行广告战略环境分析，包括内部环境分析和外部环境分析。内部环境分析是对企业自身的规模、产品、资金、人员、经营发展战略、营销战略、企业观念和文化进行分析。外部环境分析是对本行业有关的经济、生产、市场、技术、竞争对手、消费者和有关法规及政策等因素进行了解和分析。

在环境分析的基础之上，要确定广告活动的基本战略目标和任务，具体要回答以下问题：需要争取哪一部分市场需求，把哪些人作为广告的目标受众，如何进行产品定位，产品诉求的重点是什么，广告活动应取得什么样的效果，具体广告任务怎样安排等。基本战略目标和任务确定后，就要相应地制定广告战略步骤和实施措施。

广告战略的类型，从市场角度，可选择**目标市场战略**、**市场渗透战略**和**市场开发战略**。目标市场战略是企业把广告宣传的重点集中在目标市场上；市场渗透战略是占领、巩固原有市场并采取稳扎稳打的方式逐渐开辟新市场；市场开发战略是在巩固原有市场的基础上将未改变的产品打入新市场。

从内容角度，广告战略可选择**企业广告战略**和**产品广告战略**。企业广告战略是以通过对企业的规模、业绩、历史、实力、精神等特点的介绍和宣传来提高企业知名度和美誉度，树立企业形象，宣传企业信誉为主要内容的广告战略；产品广告战略是通过重点宣传该产品独有的特点、功能以及给消费者带来的好处，借以推销产品为目的，向消费者提供产品信息，劝说消费者购买其产品的广告战略。

此外，广告战略，从时间长度角度看，可选择长期（2年以上）、中期（1年）和短期（1年以内）广告战略；从空间范围角度来看，可选择特定区域和全球广告战略；从消费者心理角度，可选择广告诱导心理战略、广告迎合心理战略和广告猎奇心理战略；从媒体的角度，可选择多媒体战略或单一媒体战略；从攻防的角度，可选择进攻性战略或防御性战略，等等。

7.1.5 广告策略选择与设计

目标市场策略 目标市场就是企业营销活动所要满足的市场需求，是企业决定要进入的市场。在市场细分的基础上，可供选择的目标市场广告策略有以下几种：市场渗透广告策略或市场开发广告策略；无差别市场广告策略或差别市场广告策略；密集性广告宣传策略或广告促销策略（其方法包括馈赠广告、文娱广告、折价广告、中奖广告和公益广告）等。

定位广告策略 定位是从为数众多的商品概念中，发现和形成有竞争力、差别化的商品特质，即确定商品在市场中的位置。广告定位的核心是产品定位，产品定位是企业诱导消费者对产品进行评议的一种逻辑方法，产品定位主要分为**实体定位策略、观念定位策略和历史定位策略**。

——**实体定位策略**，是指在广告宣传中突出产品的新价值，强调与同类产品的不同之处和所能带来的更大利益的一种广告策略，可划分为功效定位、品质定位、市场定位、价格定位、质量定位、商标定位、造型定位、色彩定位等。

——**观念定位策略**，是指突出商品的新意义，改变消费者的习惯心理，树立新观念的广告策略，具体方法有逆向定位、是非定位等。例如，美国第二大出租车公司——艾维斯出租车公司采用"第二位宣言"的逆向定位而取得了成功；而美国七喜汽水公司采用"非可乐"的是非定位使其成为美国市场的三大饮料之一。

——**历史定位策略**，是指利用企业或产品的历史资源作为定位的内容，以迎合消费者对具有一定历史的企业或产品的信任和依赖的心理，如"百年张裕葡萄酒"，北京市百货大楼的"新中国第一店"等。文化定位是指在广告中突出产品包括特定的文化内涵，按文化象征进行定位，例如IBM通过"四海一家的解决之道"将其电脑定位于"跨越文化障碍"。心理定位以消费者的需求心理作为定位的内容，如雀巢咖啡的"味道好极了"，就是迎合消费者对咖啡口味的需求心理。

广告产品策略 产品竞争是市场竞争的一个重要内容，广告策划中必须采用适应产品生存和发展的广告策略，可供选择的广告策略有以下几种。

——**产品生命周期广告策略**，在生命周期的不同阶段，包括引入期、成长期、成熟期和衰退期，广告策略会有所不同；

——**提高产品知名度策略**，通过产品推介、广告宣传、赠送样品、公共关系，促销等方式提高产品在消费者心中的地位或提高消费者对产品的依赖程度；

——**产品差别化广告策略**，是指企业在对原有产品进行改造后重新打入市场时所采用的一种广告宣传策略；

——**产品系列化广告策略**，是指在广告宣传上把对同一系列的不同产品的宣传合并进

一个广告;

——**产品好处宣传广告策略**,是指广告传播重点放在所推销的产品和服务能为消费者带来什么好处和利益上;

——**承诺性广告策略**,是在广告宣传中向消费者表示的某种承诺或保证,如功能性承诺、质量承诺、利益承诺、安全承诺和服务承诺等;

——**产品品牌形象策略**,是在广告宣传中通过表现消费者享用这种产品的风度、形象或生活氛围,给人以心理的冲击,从而吸引消费者的策略,一般适用于食品、化妆品、体育用品、汽车、服装、饮料等产品。

广告表现策略　广告表现是指通过语言和非语言的手段,为广告信息寻找有说服力的表达方式。广告表现策略可以从多个角度加以分类,如在第6章中,我们从消费心理角度将广告表现策略分为感性诉求、情感诉求和理性诉求策略三大类型。

——**感性诉求策略**,是指广告诉求定位于受众的情感动机,通过表现与广告企业、产品、服务相关的情绪与情感来传达广告信息,以此对受众的情绪与情感带来冲击,使他们产生购买产品或服务的欲望和行为的表现策略。一般有:视觉冲击型表现策略、前卫型表现策略、超现实主义型表现策略、幻想型表现策略、气氛或印象型表现策略和3B(Baby、Beauty、Beast)表现策略。

——**情感诉求策略**,是指主要针对人们的社会文化的情感来进行广告表现的策略。一般有:民族文化型表现策略、性爱情侣型表现策略、文艺娱乐型表现策略、警示恐怖型表现策略、幽默谐趣型表现策略、人生片断型表现策略、故事讲述型表现策略和生活情景型表现策略。

——**理性诉求策略**,是指广告诉求定位于受众的理智动机,通过真实、准确、公正地传达广告企业、产品、服务的客观情况使受众经过概念、判断、推理等思维过程,做出理智决定的表现策略。一般有:直白写实型表现策略、比较独特型表现策略、权威代言型表现策略、实物示范型表现策略、夸张说明型表现策略、科学证明型表现策略和类比比喻型表现策略。

此外,从传播目标实现的角度,还可以将广告表现策略分为三大类,即**强化认知型表现策略、引导态度型表现策略和影响行为型表现策略**。

——**强化认知型表现策略**,是指以影响消费者品牌认知为目标的表现策略,具体包括:引起注意的表现策略、激发兴趣的表现策略、加强理解的表现策略、提高记忆的表现策略和品牌定位的表现策略等。

——**引导态度型表现策略**,是指以影响消费者品牌偏好态度为目标的表现策略,常见的有:采用美感诉求的表现策略、采用幽默谐趣的表现策略、确立品牌形象的表现策略和改变品牌态度的表现策略。

——**影响行为型表现策略**,是指以影响消费者行为为目标的表现策略,主要有:以影响促销为目标的表现策略、采用恐怖诉求的表现策略、引发焦虑的表现策略和刺激消费者直接反应的表现策略。

精要提示

　　广告策划是以企业营销组合为基础，对企业广告活动进行的规划、决策、组织和协调，并从市场营销的角度参与企业经营管理全过程，是关于未来时期广告活动的整体战略及统筹规划。广告策划具有战略性、全局性、策略性、动态性、创新性和真实性等特殊性规定。广告策划要按一定的组织程序和规范要求进行。广告策划的内容包括广告市场调查、广告战略规划、广告策略设计、广告媒体选择、广告实施安排和广告效果预期。

7.2 广告媒体策划

7.2.1 基本目标和任务

　　媒体策划属于整个广告策划的一个有机组成部分，它是针对既定的广告目标，在一定的预算约束条件下利用各种媒体的选择、组合和发布策略，为把广告信息有效地传达到市场目标受众而进行的策划和安排。媒体策划要从既定广告目标出发，在选择目标受众的基础上具体拟定媒体目标和任务，即首先研究解决向谁广告（广告对象）、何时广告（广告时机和频次）的问题。

　　确定广告对象，即解决"向谁广告"的问题。广告对象是指一些可做出购买决策的人。这些人可能是商品的直接使用者，也可能是非使用者但对购买决策有决定性影响的人。明确了目标受众，并结合市场分析，即可拟定媒体目标和任务。广告媒体策划的基本任务就是把握各种广告媒体渠道的作用和特点，进行科学系统的选择、优化组合，选定最好的时机进行合理安排，有效、准确地将广告信息传播给广告对象。

　　例如，佳能公司1976年开发出AE-1单镜头35毫米反光照相机，打算投入美国市场。据调查，美国35毫米相机拥有量为10%，主要生产商是美能达、奥林巴斯、潘泰克司三家，这几款相机机型笨重，价格昂贵，但功能完善，销售对象多为专业摄影家。佳能据此制定媒体战略规划，将18~45岁、高收入、充满活力、喜爱运动、受过良好教育的人群作为目标受众，他们主要是那些曾买过一两架相机，认为相机是有用的、能给人带来愉悦和激发创造力的男性业余摄影爱好者。

7.2.2 媒体策略影响因素

　　在实际中，媒体策略的影响因素是相当复杂的。一般来说，在选择和规划媒体策略时应考虑如下几个方面的因素。

（一）媒体自身的特性、媒体发布情况和经营情况

目前，我国报业集团化发展已是大势所趋，区域化格局已经基本形成，版面专业化使报纸广告受众针对性大大增强。杂志媒体竞争加剧，一些大众性读物（例如《读者》）广告覆盖面极为广阔，专业性期刊各有特色和优势。星网结构的广告电视传播体系已基本形成，估计其综合覆盖率接近90%，电视媒体数量众多（达3 000多家），电视观众数量超过九亿人，但广播听众有日趋减少的趋势；同时频道、电台增多，竞争日趋激烈。此外，随着信息技术、微电子技术等现代信息通信的迅速发展，广告媒体现已步入数字化、网络化时代，广告媒体推陈出新、花样百出。从经营状况看，目前电视媒体经营规模最大、收入最高，集中化、规模化经营形式看好，同时随着竞争的加剧，媒体买方市场渐次形成。省级卫视与中央电视台的竞争是以本省为阵地展开的局部竞争，显而易见，目前仍然是中央电视台独步天下的时代。①

（二）广告信息特性

选择广告媒体要充分考虑广告本身的信息特性，例如广告表现形式简单还是复杂，信息量的大小，商品的功能特性、外观、款式、色彩、感观，诉求形式属情感性、幽默性还是理性表达等。根据信息特性选择相应特性的媒体与之匹配，才能收到良好的传播效果。

（三）视听众方面的特性

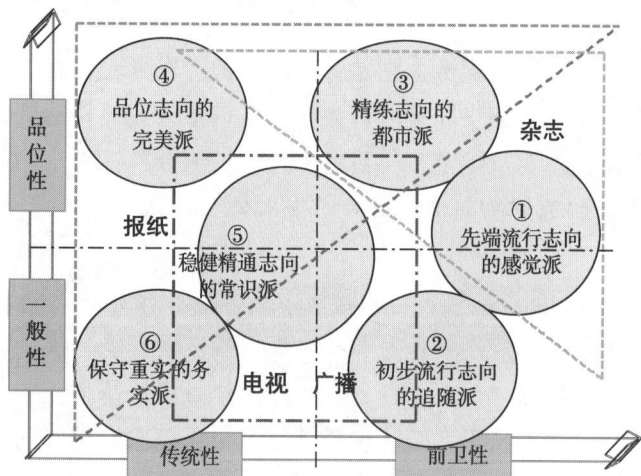

图7-1 受众群体特性与媒体特性的匹配

选择和规划媒体策略应根据人口统计资料及其他市场调查资料，全面了解目标受众的各种情况，包括购买周期、消费心理、购买习惯、文化潮流等。例如，以消费的前卫性为横标，以品位性为纵标，可以把受众群体作大致分类，不同媒体相对应于不同的群体特性（如图7-1所示）。

（四）竞争者广告策略

例如，可以采取"侧面迂回"策略，即避开竞争者占优势的媒体对象、媒体时间、版面和位置，选择能取得优势的媒体对象、时间和位置；也可采取"先发制人"策略，使竞争者"知难而退"。1984年美国洛杉矶奥运会前，美国柯达与日本的富士两家世界最大的胶卷生产商就奥运会赞助商的位置展开竞争，结果富士取胜，柯达只好采取"侧面迂回"策略另辟蹊径，在洛杉矶市内街道及会场外利用各种手段进行广告宣传，弥补了由失败而带来的损失。

（五）政府有关法规

媒体策略规划还要考虑不同国家政府的有关法律政策规定方面的因素。例如，我国禁止大众传媒做香烟广告，有些伊斯兰国家禁止在大众传播媒体做酒类和化妆品广告。

---

① 参见袁方《全国卫星频道竞争状况分析》，载《国际广告》2001年第8期（媒体专刊）。

另外，广告预算费用是媒体策略规划的外在约束条件，应根据预算数额确定目标受众的媒体分配。

综合考虑以上因素后，就要对有关媒体的接触能力及视听众构成、覆盖范围、声望价值、表达能力、具体资料（例如时间、周期、版次、位置、面积、色彩、版面）、媒体成本等做进一步详细的调查研究，然后选择确定具体媒体及媒体组合，拟订周详的分布计划和发稿日程表。

7.2.3 广告媒体主要评价指标

（1）**覆盖率**（Coverage） 又称占有率，**指媒体或媒体的某一内容在某一特定时间内所吸引或占有的特定对象与拥有此媒体的视听众总量的百分比。**

电波广告媒体的覆盖率称"视听率"，平面广告媒体的覆盖率称"阅读率"。覆盖率是评价某一媒体受众范围、影响力、被接受程度的最有说服力的指标。例如：某一地区总人口为100万人，而实际收看者为30万人，则视听率即为30%。

（2）**毛频点**（GRPs，Gross Rating Points） **某媒体在一定时期覆盖率的总和，是刊播次数和每次覆盖率的乘积，即某一特定媒体所送达的视听率总和，它反映某一媒体在一定时间内传播的总强度。**

例如，某报纸每期的覆盖率为40%，共刊出三次，则毛频点为40×3=120。

再如，某节目分别在电视、广播、报纸上刊播三次，其覆盖率分别是20%、30%和40%，则该节目的毛频点为20×3+30×3+40×3=270。

（3）**视听众暴露度**（Impressions） **特定时期内收听、收看某一媒体或某媒体节目的人次（户次）总和。它是以绝对数反映某媒体影响范围的指标。**

视听众暴露度=视听众总数×毛频点=视听众总数×（覆盖率×刊播次数）

（4）**到达率**（Reach） **特定对象在一定时期内（一次广告活动或广告战役期间），广告信息至少有一项到达目标受众的人数或户数占总人（户）数的比率。**这里，"到达"仅指暴露信息的机会，至于人们是否真正看到或听到该广告则不考虑。到达率有时也称作"累积视听众"、"净视听众"或"无重复视听众"。

例如：企业某品牌商品在一个时期内利用中央电视台、北京电视台、凤凰电视台做广告，在总观众300万人中有210万人至少有一次看到了此广告，则到达率为70%。

（5）**暴露频次**（Frequency） **一定时期内每人或每户接到同一广告信息的平均次数。暴露频次（F）=毛频点（GRP）/到达率（R）；或GRP=F×R。**

例如，100户中有40户（人）看了电视节目（广告）一次以上，其中具体观看次数分布情况如下所示：

次数（x）	一次	二次	三次	四次	Σ
到达率（R）或户数（f）	17	11	7	5	40
毛频点（GRP）或频次（xf）	17	22	21	20	80

那么，

$$F=GRP/R=\sum xf/\sum f=80 \div 40=2（次/人）$$

（6）**有效到达率**（Effective Reach）又称**有效暴露频次**，是指一定时间内同一广告通过媒体到达同一个人（户）的有效数量界限。这是揭示广告效果的一项重要指标。目前在研究有效到达率时，一般都参照迈克尔·耐普莱斯（Michael·J·Naples）在《有效暴露频率：暴露频次与广告效果之间的关系》一书中的研究结论。其主要结论如下。

——除极少数例外，若在一个时期只做一次广告，一般其影响甚少或毫无价值；

——在分析媒体频次时，暴露频次比到达率更为重要；

——在一个购买周期（4~8周内），至少要有2次暴露频次才能产生一定效果；

——一般说来，在一个购买周期内要取得最佳效果，至少需要3次暴露频次；

——达到一定频次后，其后暴露所产生的效果递减，再往后会变得毫无价值，并可能产生副作用（有观点认为超过8次可能会产生负效应，6次为最佳）；

——暴露频次的有效性与在不同媒体上所进行的广告无关，只要暴露频次一样，效果就无异。

据上面结论可计算有效到达率指标。例如若把有效频次范围定为3~6次，那么据图7-2所设例子，可算得有效到达率为38%。

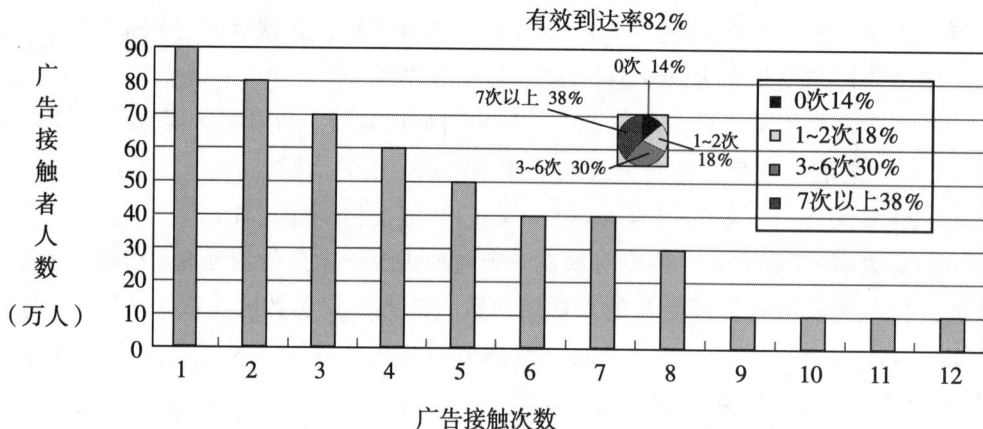

图7-2　有效到达率的计算

有效频度受诸多因素影响：例如媒体注目度、广告对象阶层、广告目标、竞争商品活动水平、过去广告的累积、口头传播程度、广告单元大小、商品市场占有率高低、新商品复杂程度等。一般来说，影响有效到达率的因素或需要研究的问题主要有以下几方面。

——最低有效频次。应针对广告而言，而非媒体，媒体接触不等于广告接触；

——刊播多少次才能达到阈值；

——有效频度与购买周期之间的关系；

——最高有效频度是否存在；

——有效频度与广告内容的关系；

——衡量有效性的标准。

（7）信息暴露成本（媒体成本）　　**在既定媒体预算条件下，将一定数量信息传播给消费者（媒体接触者）所花费的成本。** 它常以"千人成本"（CPM）指标来反映和计量。CPM为英文"Cost Per Millenary"的缩写，其实应为"Cost Per Thousand"，但人们习惯用CPM。

$$CPM（电视）= \frac{广告费总数}{全区域内人数×电视普及率×视听率}×100\%$$

$$= \frac{媒体成本（广告费）}{区内拥有电视户数×视听率}×100\%$$

$$= \frac{媒体成本}{视听众总暴露频次}×100\%$$

例如，某企业媒体预算为50万元，每千人次暴露成本为10元，那么可购得50万元÷10（元/千人）=5 000万人次展露机会。若目标受众总人数1 000万人，决定平均暴露频次为5次，那么广告接触人数为5 000万次÷5次=1 000万人，信息到达率为100%；若平均暴露频次为6次，要使广告信息达到1 000万目标受众，这样广告预算就要增加。所以广告预算制约着媒体选择策略。

7.2.4　广告媒体选择策略

媒体种类的选择方法，大致说来有经验法和分析法两种。

经验法，又称**尝试法**，即先对各种媒体做小规模和短期的试验，评价其传播效果，然后做出选择决策。这就需要一定的测试时间和费用。在实践中，多是根据过去使用各种媒体的经验及其效果评价来加以选择。

分析法，又称**剔除法**，是首先将企业在该次广告活动中对媒体选择的要求一一列出，然后对各媒体进行整体评价，选择出符合要求或评分较高的媒体。通常采取表格打分的分析方法（如表7-1所示），以10分或5分制最为常见，某项满分代表该项最符合要求，最后计算总分，并结合各个单项的表现选择合适的媒体。这种方法费时短、成本低，但理论与实际往往有一定距离，而且评分多是主观性估计，其可靠性存在问题。

表7-1　媒体选择分析表样式

媒体\条件	报纸	杂志	电视	广播
能充分表现图像	5	8	10	0
能在当天发布	10	0	10	10
能较好地激发情感	4	7	10	8
……				
Σ				

基本媒体策略包括**单一媒体策略**与**组合媒体策略**。

单一媒体策略：集中力量和费用投资于某一种（个）媒体，可以取得较高的信息到达率和暴露频次。此策略适合于广告预算较少的中小企业和大企业的临时性广告活动，操作风险较大。

组合媒体策略：选择两种以上的租用媒体，取长补短、互相配合，可以获得较大的广告覆盖面。此策略适合预算充足的大企业采用，其关键是各媒体在发布时间、频度及表现重点等方面要相互配合好。具体罗列有：

——做好主要媒体与辅助媒体的组合运用，媒体之间有所分工，预算分配上应有重点；

——做好自用媒体与租用媒体的配合工作，使大众传媒广告与销售点广告互相激荡，发挥最佳传播效果；

——做好视觉媒体与听觉媒体、临时媒体与长期媒体的组合，以跟随方式24小时环绕进行媒体组合。

7.2.5 媒体发布策略

媒体发布策略主要指广告发布时间和频度的把握技巧。广告发布时间是指广告刊播的时机，可分为集中刊播和分散刊播。广告频度是指单位时间内广告发布次数的多少。频率和时机通常是配合使用的，例如在旺季来临前、新产品投放市场前等情况下，一般均强调高频率，而在产品销售淡季、衰退期等情况下，则以维持低频率为主，只强调到达率。具体地说，有以下三个方面的问题需要注意。

首先，关于广告发布频度的确定。

前面讲广告频次多以"平均频次"为指标加以衡量，而"平均数"的局限性恰不能确切反映实际频数的分布。例如平均频次同为"3"，但频次分布可能会大不相同（如图7-3A、B、C所示）。因此媒体发布频次，首先要估计有效暴露频次的范围，不仅要衡量平均频次，而且要检核频次分布状况，尽量以较低成本实现最大的有效到达率。

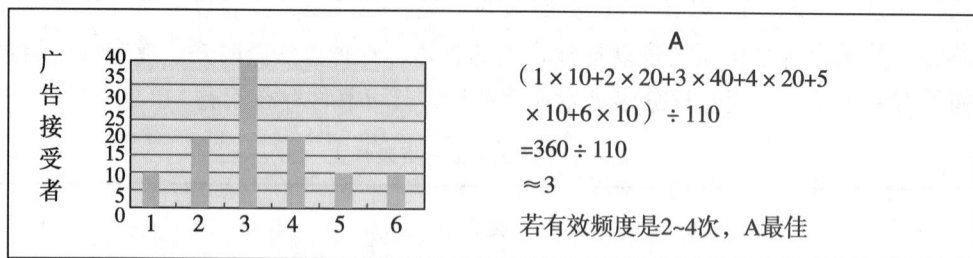

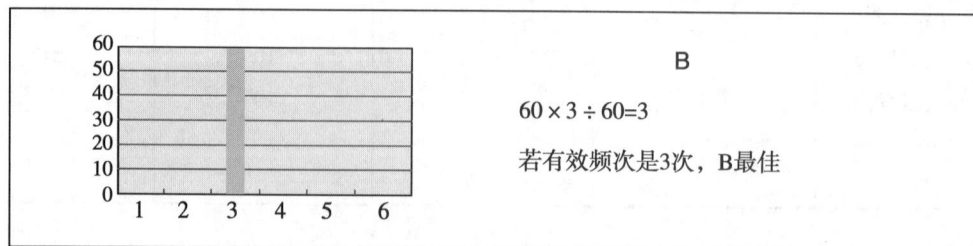

A

$(1 \times 10 + 2 \times 20 + 3 \times 40 + 4 \times 20 + 5 \times 10 + 6 \times 10) \div 110$

$= 360 \div 110$

≈ 3

若有效频度是2~4次，A最佳

B

$60 \times 3 \div 60 = 3$

若有效频次是3次，B最佳

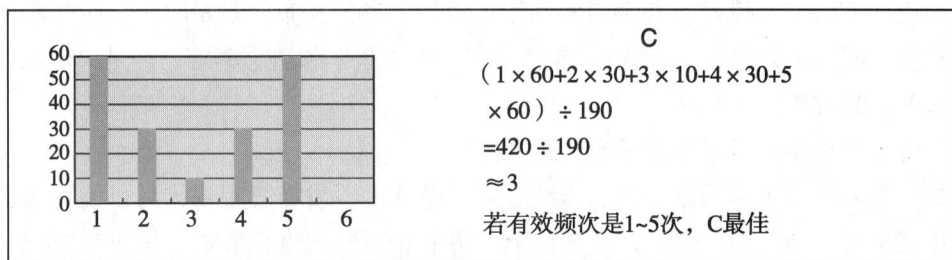

图7-3 平均频次和实际频次的关系

其次，关于媒体发布的集中与分散决策。

媒体发布在时间分布上有集中与分散两种策略选择。同量广告，既可以分散在全年刊播，也可以集中在3个月内刊播。美国学者Zielske1959年对女性消费者进行随机抽样调查结果显示：**集中型广告接触比分散型广告记忆速度快，但不接触广告时马上忘却，不过广告量的大小、效果会有所不同。**

Zielske将随机抽取的女性调查对象分为两个小组，在全年内分别用两种方式邮寄13次报纸广告：一组采取集中发布方式，在13周内每周邮寄一次；一组采取分散发布方式，在全年每隔13周邮寄一次。然后以商品属性为线索电话访问广告再生率，其每周变动情形如图7-4所示。集中发布时，广告再生率在前13周急速攀升，第13周达到最高点63%，而后急速下降，但降速递减；分散发布时，广告再生率升降呈锯齿状波动，但总趋势是上升的，最高点达到48%，没有集中分布时高；全年平均广告再生率，分散分布为29%，高于集中分布时为21%（如图7-4所示）。可见集中分布与分散发布对广告受众记忆度或再生率及其变化有着直接的影响。

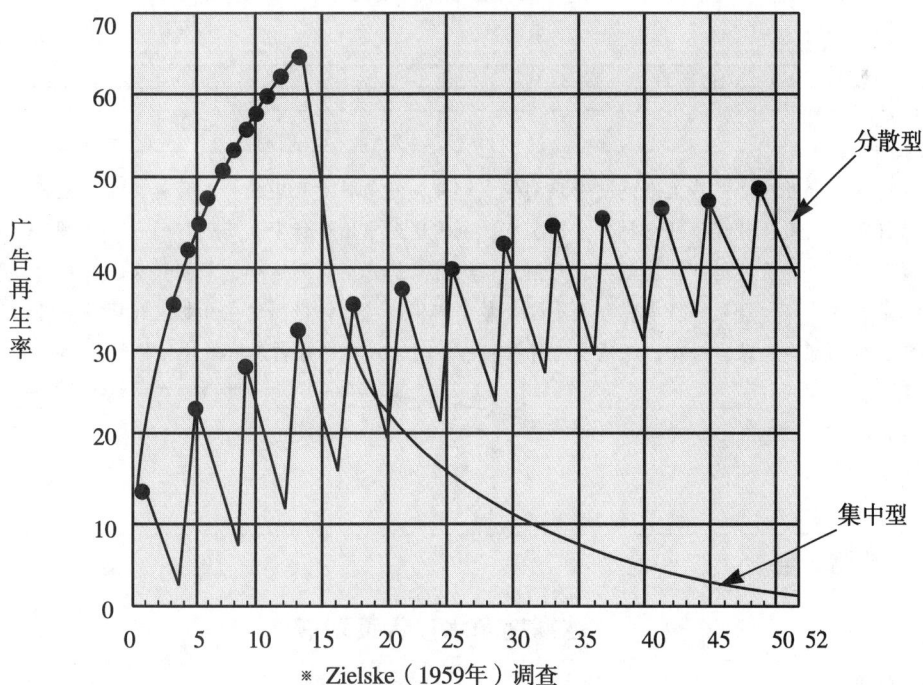

※ Zielske（1959年）调查

图7-4 广告发布形式对传播效果的影响

资料来源：樊志育. 广告学原理. 上海人民出版社，第93页。

总之，广告发布策略受各种因素制约，诸如，广告发布的起始时机、时间跨度，发布频次和发布间隔（天数），以及购买者流动率、购买频率和遗忘率等，都是决定发布策略时需认真考虑的因素。

此外，关于媒体发布日程形式的选择。

媒体发布模式可以是集中式、连续式或间歇式的，发布日程安排可以是均衡型、递增型、递减型或波动型的。这样，在理论上就可能有不同的组合形式（如图7-5所示），应根据实际情况加以选择。

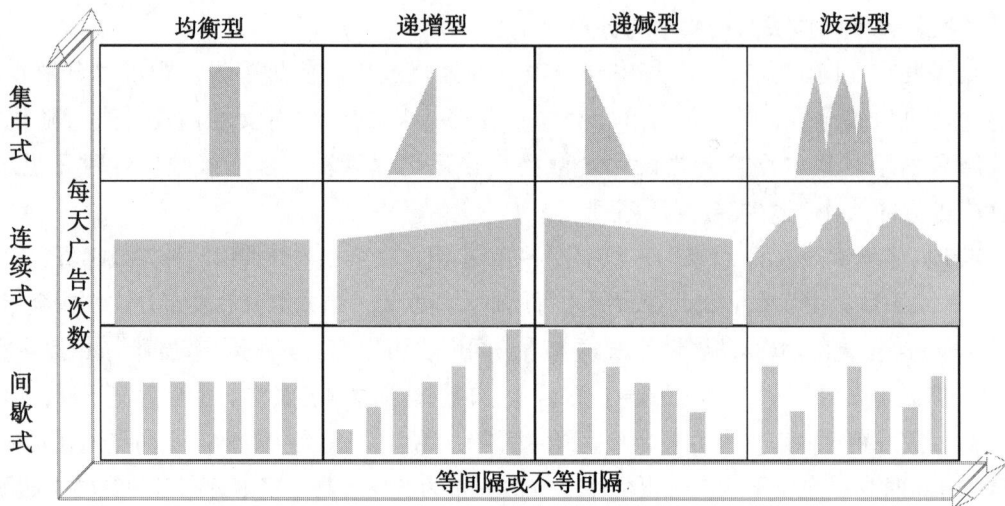

图7-5　广告发布日程形式

精要提示

　　媒体策划属于整个广告策划的一个重要组成部分，它是针对既定的广告目标，在一定的预算约束条件下，利用各种媒体策略把广告信息有效地传达到市场目标受众而进行的一系列筹划和安排。媒体的主要评价指标有：覆盖率、毛频点、视听众暴露度、到达率、暴露频次、有效到达率及千人成本等。媒体策划的基本任务就是综合考虑各媒体特性，根据这些指标进行比较评价，而后选择合适的媒体和媒体组合，以适当的时机和恰当的方式把广告信息有效地传播给目标受众。

- -

专栏7.1：范例参照

冰露纯净水广告策划书

一、前言

目前，可口可乐公司拥有可乐、醒目、芬达、雪碧等碳酸饮料以及酷儿等果汁饮料。冰露纯净水作为可口可乐投入中国市场的饮料产品之一，自2002年投入市场以来，没有像可口可乐的其他饮料品牌那样以塑造品牌形象为核心展开广告宣传。

近年来，可乐的"抓住这感觉"，雪碧的"晶晶亮，透心凉"广告语已成为当下的时尚语；而冰露却没有进行品牌运作，悄无声息地一夜间就出现在了消费者面前。为塑造与可口可乐公司相适应的冰露纯净水品牌形象，提升冰露纯净水在消费者心中的地位，有必要针对冰露纯净水进行广告策划。

二、市场分析

市场前景　近两年来，虽然继低浓度果汁饮料的热潮之后，新一轮的功能性运动饮料正在兴起，但瓶装水以其低廉的价格和天然纯正的特性一直在饮料市场上占有30%左右的份额。目前，中国内地人均瓶装水消费量仅为世界平均水平的1/5，随着人民生活水平的不断提高，内地瓶装水市场增长潜力和空间巨大。

竞争对手　主要竞争对手：娃哈哈、乐百氏、农夫山泉；其他竞争对手：小品牌瓶装纯净水和地方品牌瓶装纯净水。调查结果显示：娃哈哈、乐百氏和农夫山泉三大品牌占据了瓶装水市场的绝大部分份额，在消费者最常饮用的瓶装水品牌中有35.2%的被访者选择了娃哈哈，28.3%的被访者选择了乐百氏，17.8%的被访者选择了农夫山泉。这说明人们在购买瓶装水时有着较强的品牌消费意识，而以乐百氏为代表的三大知名瓶装水的成功在很大程度上也得益于其正确的品牌策划与战略实施。

消费者接受程度　虽然矿泉水、果汁等其他软饮料的出现对纯净水造成了冲击，但调查显示，在中国七大中心城市中，有30.1%的人喜欢纯净水，有21%的消费者表示无所谓；消费者在购买瓶装水时除受广告影响外，亲自品尝、经过售货员推荐和亲戚朋友介绍的购买者分别为38.3%、25.4%和11.1%，这说明广告是瓶装水消费者在购买瓶装水时的最佳"导购"。

三、广告策略

目标策略　通过广告宣传在数月内使冰露纯净水的品牌认知度提高到90%，销售量增加50%，进入中国瓶装水销量前三名。

定位策略　冰露纯净水定位于大众品牌，以中青年消费者为诉求对象。

媒体选择　电视，报纸，公共汽车车身，站台，超市。

诉求策略　冰露纯净水广告宣传诉求一种品质，塑造一个坚强而不失缠绵的品牌形象。

广告创意

——A.平面广告文案

标题：冰露，永远不认输！

广告语：相信你自己！

正文：人生，充满无数的赛场，面对一个又一个强有力的对手，谁又会是永远的赢家？输，绝不会是重点，坚强，也不等于永远。心，依然坚强如冰，流在你的脸庞，只是水，是对冰的坚强的安慰。输，只是再来一回，冰露，永远不认输！

随文：冰露纯净水由可口可乐公司出品，国际品质，带给你非一般纯净的感觉。

——B.电视广告文案

口号：冰露，没你不行！

画面一：挥汗如雨的田径赛场，终点线上欢呼和沮丧的人们。

画面二：空旷的田径赛场，一个人的比赛。

画外音：近镜特写，失败者的沮丧，手持冰露纯净水喝一口，然后从头上淋下来，露出不服输的表情。

画外音：输并不可怕，可怕的是你不知道你的对手永远不服输，人生的赛场，没你不行！

四、广告计划

广告工作计划　3月份开展全面广告宣传，同时在超市开展促销活动；5月份结束本次广告宣传，开始新一轮的广告策划。

广告发布计划　3月，展开电视广告宣传，同时在各大城市公共汽车车身做广告、制作站台广告，在各大城市晚报登广告。

其他活动计划　赞助各种大型体育活动。

经费预算（略）

五、效果预测

通过广告宣传，在×月内冰露纯净水的品牌认知度提高到90%，销售量增加50%，进入中国瓶装水销量前三名。

资料来源：http://www.marketingman，net/blog/UploadFiles/2006-4/412762486.doc；陶应虎，《广告理论与策划》，清华大学出版社，2007年9月，第25~27页。

专栏7.2：实践观察

近年来我国电视业发展及市场格局

近年来，随着经济发展和居民消费水平迅速提高，城镇居民平均每百户彩色电视机拥有量从1996年的93.50台上升到2004年的133.44台，农村居民平均每百户的电视拥有量从1996年的87.97台（其中彩色电视机65.06台）上升到113.01台（其中彩色电视机75.09台）。与此同时，电视台也加强了自身建设，电视节目套数迅速增加，从1996年的848套增加到2389套，加强了电视业内容供给。在电视市场供求共同拉动下，电视市场的规模迅速扩大，电视人口覆盖率从1996年的84.5%上升到2004年的95.29%（见图A）。

电视机拥有量的增加意味着有更多人开始选择用电视媒介获取信息；电视节目套数的增加让观众可以有更多的可选的信息渠道；电视人口覆盖规模的扩大则代表着更多的人有机会接触电视，在经济发展的推动下，我国的电视市场规模迅速成长。为满足

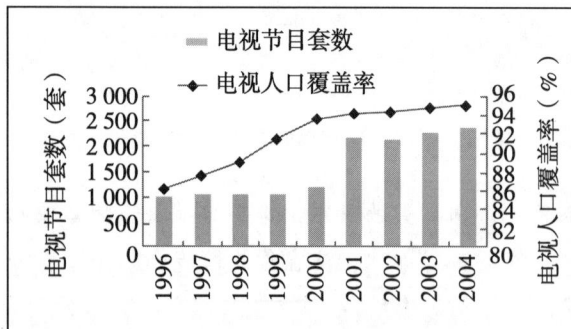

图A　1996—2004年中国电视人口覆盖率和电视节目套数发展变化状况

不断增长的观众收视需求和频道播出需要，十年间，电视台的电视节目时间也迅速增长，到 2004年时已接近212万小时，是1996年电视节目制作时间的近4倍（图B）。

经济发展催生了市场对电视量的需求，频道数量和节目制作规模的增加正是顺应经济发展趋势和市场需求的结果；不过，在近十年来，我国电视市场的变化远远不只局限于规模的变化，事实上，市场规模的扩大和竞争的加剧已经深刻触动了我国电视的市场结构，这主要表现在三个方面。

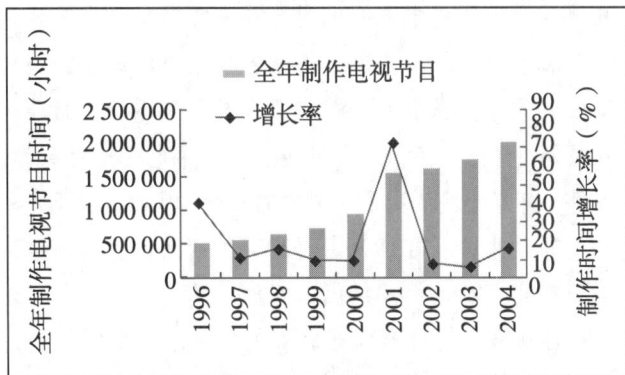

图B　1996—2004年中国全年电视节目制作量变化情况

其一，市场资源的聚拢与整合。在1996年至2006年期间，我国的电视业经历了"局台合一"和"集团化"两次重大变革。1997年，针对我国四级办电视台，电视台数目激增、发展资源分散的现象，国家广播电影电视部（后改为国家广播电影电视总局）出台相关政策加强电视台资格审批，并力推市县级广播电视播出机构合并，拉开了"局台合一、多台合一"的序幕；1999年，我国电视台数量由1998年的923个锐减到1999年的347个，在随后几年中，电视台数目一直波动平缓，保持在300多个的水平（图C）。1996年，无锡广播影视集团的成立开启了我国电视集团化的风潮，随后各类、各级广播影视集团如雨后春笋般萌发，我国电视市场迅速实现了资源的整合和聚拢，从而培育出了以中国广播影视集团、上海文广新闻传媒集团和湖南广播影视集团等一大批广电集团巨头，并通过产业化运作和品牌营销拓展电视机构的市场影响，进一步推动了电视市场的提升发展。

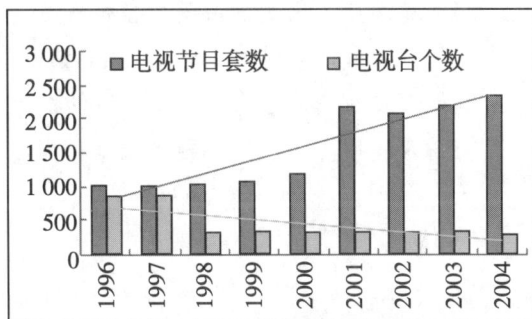

图C　1966—2004年中国电视台数目和电视节目套数变迁

其二，竞争层级的明确与分化。在早期的中国电视市场上，中央一台独揽全国电视市场，省级台和地方台则多把目光集中在有限的区域性覆盖。90年代初期，在政策扶持下部分西部省区的省级电视台开始上星转播，到90年代中后期，省级电视台上星的潮流已经波及全国，省级卫星电视台开始在全国市场上与中央台展开竞争。与此同时，部分地方台在"局台合一"之后走区域化、特色化的道路，赢得了当地观众的青睐，开始在地方市场上崭露头角。我国电视市场的竞争逐步出现两极分化——全国性竞争和区域性竞争。在两大竞争层级上，电视频道之间已经开始出现分化。在对观众"注意力"的争夺过程中部分频道抢占先机，迅速扩展频道覆盖范围，通过优势节目培养起观众忠实度，在市场竞争的早期阶段就形成了自己的市场优势和品牌地位。在观众市场和广告市场总体规模有限的情况下，电视市场已经开始出现"双虞效应"，"强者愈强、弱者愈弱"，市场20%的频道逐步占据了市场80%的份额，致使在我国电视市场的各个竞争层级上都出现了分化。

　　其三，市场角色的增加与多元。由于经济发展提升了人们在社会交往和认同方面的需求，电视观众需要更丰富的电视节目内容来满足自己的信息和娱乐需要；与此同时，电视市场本身的发展也迫切需要构建一条完善、系统的产业链来提升产业效率。在社会需求和经济需求的双重压力下，在我国加入WTO等契机的引导下，近十年来，我国政府逐步放宽了对电视市场的准入限制，部分民营、外资机构加入到了电视节目制作、开发和流通领域，数十个境外电视台也有条件、有范围地实现了在国内的落地，从而使我国电视市场的参与者数量增多，性质多元。

　　总体来说，在1996年至2006年期间，我国的经济成长推动了受众对电视的需求，使我国的电视产业在20世纪90年代末期加速成长。到21世纪之后，我国电视的覆盖率已逐步达到95%以上；在各种新媒体和娱乐方式的侵蚀下，电视的人均收视时间已经出现了轻微的下降。各类数据都显示我国电视市场的观众需求已经从成长期走向了饱和期，电视频道很难在现有市场之外开拓新的"注意力资源"，开始对相对恒定的"注意力"资源进行争夺，电视市场进入了"份额竞争时代"。

资料来源：《注意力经济：中国电视和广告的十年发展（1996—2006）》，载《收视中国》2006年8月。

❑ 复习思考问题

（1）现代意义上的广告策划有哪些特殊规定性？

（2）试述广告策划的主要内容和程序。

（3）广告媒体策划的基本工作内容有哪些？选择和规划广告媒体策略须考虑哪些因素？

（4）简要说明广告媒体的主要评价指标。

（5）覆盖率、毛频点和视听众暴露频度是什么关系？到达率、毛频点与暴露频次是什么关系？

（6）如何确定有效到达率？

❑ 综合案例演练

30秒赢走100万
——"法国路易十四·波旁王子酒"电视广告策划案

◇ **100万：从何而来？**

　　1997年7月16日，京城内外诸家颇有影响的媒体都传递着这样一个消息："热烈祝贺北京钓鱼台国宾馆隆重举办的中法经济文化交流鸡尾酒会圆满成功。"与之相呼应的是，同时推出用百万巨资在全国征集的30秒钟电视脚本广告。主办这一盛典行销方式的正是法国波旁王子酒分销商香港利生集团。该集团是号称世界惟一的"名人名酒"——法国酒类产品"波旁王子"系列在中国（包括港、澳地区）、越南、俄罗斯等国的惟一指定分销商，独家经销这个以法国波旁王朝最杰出的皇帝路易十四波旁王子命名的王室佳酿。

　　米切尔·波旁王子是路易十四皇帝的直系后裔，是现任西班牙国王的表兄弟，是法国皇室和西班牙王室所共同拥有，并为两国政府所保护的王子。他不仅是法国最具权威性、拥有3 500名会员的干邑协会的领导人，而且还是全世界惟一用皇室封地所种优质葡萄并在皇室酒厂酿出极品酒的王子。"波旁王子"商标是品质的保证，"波旁王子"酒是波旁皇族千百年来辉煌成就的结晶，凝聚着法国的优秀文化，是献给具有敏锐品位和高雅气质人士的佳酿。

近年来，随着改革开放、经济发展与生活条件的改善，中国人高档消费趋势明显，人们对喝红酒有益健康的观念已逐渐形成，对高档酒的需求量增大，但中高档红葡萄酒市场却是一片空白。这给销售波旁王子酒带来契机。另外，法国总统希拉克访华期间与江泽民主席共同签署了中法联合声明，而加强两国葡萄酒种植和生产的合作交流是其中一个重要内容。在这种前提和背景下波旁王子酒进入中国市场，其意义不同凡响。据此，策划者相信，通过成功的广告策划正确地找到潜在顾客，必将会使"波旁王子"酒成功打入中国市场。

◇ 100万：一石激起千层浪

如果说在大市场营销决策过程中，利生集团通过高层官员文化交流这一政府行为作为整个公关策划的第一环，给尚未上市的波旁王子酒做了极高层次的定位；那么，其后相继推出的百万价格重酬的广告电视脚本，无疑在潜在顾客群体中树立了品牌形象。

且不说在半年时间里，该广告在总发行量达700万份的报纸媒体连番轰炸所带来的辐射效应，单就其重酬征集广告创意这一策划本身已成为"不是宣传的宣传"。正面出击无疑是武林大忌，在酒言酒更易事倍功半。惟有避开套路，以重酬广告创意将人们的注意力吸引到"波旁王子"酒上才能出奇制胜，收到意料不到的效果。

"百万稿酬、瞬息之博"引发出更多的可思之处。首先，利生集团在知识价值论上做文章：100万对于30秒电视脚本的诠释真可谓是"一寸光阴一寸金"了。其单价时间、开价之高绝对是石破天惊。但是，利生集团对此却神色自若：知识无价，他们希望能通过此活动来引起人们对知识的重视，再者，他们征集的是一个具有国际水准的脚本创作，对于一个绝佳的创意100万按国际标准而言不算高，如果同时考虑到给利生集团带来的效益那就更加值得了。

话虽如此，在商言商，谁都难以估算出这一创意引发层层关注所带来的隐性效益究竟如何。任何偶然看到这则广告的人士，且不说他是否参与，只对广告本身所引发诸如"广告是真是假"，"百万是否为骗局"，"该不该如此重酬"及"稿酬是否交税"等细节问题的争论已是潜在地让人们意识到有这么一个品牌叫"波旁王子"，有这么一家资金雄厚的集团名叫利生，这种舆论就已完全达到了为波旁王子酒进军大陆市场鸣锣开道的效应。

一时间专业的，非专业的，相信的，怀疑的各方人士的函电纷至沓来。利生趁机两次以延时利于创作为由，频发告示，把人们的好奇心牵到极致。谁也猜不透这其中到底有什么奥妙，只知至10月中旬的期限，遍及中国20多个省份的近万人参与了这次征稿活动。利生集团以无法让人具体衡量的"国际水准"一词从来稿中分出A、B、C、D等级，选出了最初入围的16人，再圈出8人，又定到2人，最后，尘埃落定，帷幕落下，在八方关注、众首翘盼之时，利生集团以轰轰烈烈的大手笔推出了百万得主：蒲洱（本名蒲跃泉）。

◇ 100万：蒲洱破天价！

蒲洱生于巴山蜀水，从小受到天府之国人杰地灵的熏陶，"命中洽谈师说我是要吃文化教育这碗饭的。"看到那则广告时，他正在欣赏"天鹅湖"选段。突然间，在天鹅湖乐曲与手中波旁王子酒广告之间产生了通感：法国宫庭芭蕾舞是欧洲文化历史上的一朵奇葩，与"波旁王子"酒一样，是法国文化的最高典范。"波旁王子"酒柔润醇厚的口感，亮丽的色泽，具有皇家风范和高雅气质，显示了法国波旁王朝的辉煌，而宫庭芭蕾的音乐如史诗，造形如流水，旋律优美无比，故事动人心魄，这一切就如镶嵌在法国灿烂文化皇冠上的一颗名珠，闪耀着永世不衰的光芒，把法国中世纪文化推向极致。"波旁王子"酒如一首诗，法国芭蕾像一幅画，都深含着法国上层社会典雅文化生活的精髓。

品味"波旁王子"酒如同品味高雅的宫庭芭蕾，相拥着至爱的情怀，分享着成功的喜悦，岁月越悠久越缠绵、越浓郁、越醇厚。它能超越国界、超越时空，把东方和西方、中国和法国紧密相连，是因为她正像一首绝世佳曲，用爱的华彩谱写出如"天鹅湖"般美妙的乐章。于是乎，百万稿酬所征得的脚本灵感从中而来，在前后不到一周的时间里，蒲洱设计出这极富文化底蕴的广告。

◇ 100万：利生集团卖的是什么药？

乍一看去，不论是新推出的百万富翁蒲洱，还是已"移情别恋"的叶汉，抑或其他几位入围者都在这一活动中成功地摘取了各自所需的硕果。但是，若仔细想来，不能不为利生集团恰如其分地选取百万得主的用意而佩服。从某种角度上看，最后入围的人选中，的确不乏从设计、艺术的角度出发的专业作品，如内蒙古尹金托的作品，也有叶汉这样真正商业运作中所必需的"大广告"制作，但在这些所谓"国际水准"的作品中，利生集团独独选中了极具文化氛围的蒲洱之作，原因何在？

利生集团终究是商业集团，最终要为其所销产品服务；而波旁王子酒挺进中国市场最独树一帜的地方就在于它是名人名酒，如同法国的浪漫、法国的香水、法国的服装一样，是法国文化的最重要组成部分。这也即是利生集团手中最具实力的王牌：文化，无论是酒文化还是法国文化，抑或是中法文化交流，都需其以"波旁王子"酒作为传情之物。从这一角度出发自然选择最具文化特色的蒲洱之作。

归根结底，惟有利生自己才能充分意识到他所需何物，况且利生集团总裁黄莉民先生已明确表示，利生在近期铺市阶段根本不会考虑做电视广告，黄董算了这样一笔账：100万，是个什么概念？在广告费中，它只可以连续5~7天在类似特区报这样有影响的报刊媒体做半版的通栏广告，抑或在中央台的黄金时段播15次左右的30秒电视广告，在这么短的一段时间内做广告只可谓昙花一现，而付出百万稿酬征集创意活动带来的效益却无可估量，而且一举数得。

尽管利生集团意识到，它的潜在客户都不会是中央台黄金时间留守在电视机前的人士，那时他们多半在商会活动、聚会抑或打保龄球，但电视广告毕竟是中国媒体覆盖率最高的，在潜在顾客意识到"波旁王子"酒之后，这个品牌势必要做到家喻户晓。而到彼时，百万元征集的广告必然可以让利生集团集思广益，正由于不了解一家公司的内部运作，局外人更能够冷静评说正在发生的事情，而外界就是潜在顾客的心智。

抽样调查显示：这个活动已引起了一定范围的专业或知名人士关注，品牌定位的成功已初露端倪。与此同时，尽管该广告的焦点是立足于100万的电视脚本，但已引起人们对酒的关注，完全达到了"不是酒广告胜似酒广告"的作用。利生更进一步用隐形受益点对人力资源进行挖掘，一虚一实中，他们既包装出一个类似于中法文化信使角色的百万稿酬得主，也觅到了一些真心乐意效力"波旁王子"酒这一品牌的分销商。

◇ 100万：利生之意就在"酒"

"项庄舞剑，意在沛公"，利生之意就在"酒"。利生集团推出100万稿酬得主绝不仅是证明公司实力、兑现承诺这么简单，这只刚拉开了一个序幕，而高潮还在后面。利生集团以中法文化交流鸡尾酒会这一盛典行销方式作为"波旁王子"酒进入中国市场铺市阶段的第一环节，已逐步开始占领酒市场的"高价位空隙"。随后100万稿酬的兑现表明，只有利生集团才有经济实力推出这项活动，而也只有"波旁王子"酒才能匹配100万元所等价的广告脚本。

一波未平，一波又起。利生集团的系列公关活动并未嘎然而止，而是步步推进，接着，以"旨在促进中法友好，推动中国全民健身运动蓬勃发展"的"波旁王子"杯（中国）保龄球赛在全国展开。近年来，这个在中国方兴未艾的健身活动正日益融入白领阶层的生活，而这一阶层的人士恰恰又是"波旁王子"酒的潜在顾客，这项活动不仅将进一步树立"波旁王子"酒品牌，更重要的是密切了"波旁王子"酒与国人的关系，使之成为人们生理和心理的共同需求，融入到生活之中。

其后，利生集团还举行了赴法文化交流活动，义卖横跨三个世纪的"世纪之酒"以捐助"希望工程"，在一年多时间里以相当可观的资金投入来完成"波旁王子"酒的铺市过程。利生集团在分析其潜在顾客时认为，在中国现有近13亿人口中，先富起来的那部分人占总人口的5%，约有7 000万人，倘若从中能吸引10%的人，每人每年买1瓶波旁王子酒的话，就可年销600万瓶酒，也只有在能牢牢抓住这部分潜在顾客的情况下，利生集团的大投资方可有回报。

附件：法国路易十四皇帝·波旁王子酒30秒钟电视广告分镜头脚本（A方案）

一、广告释意

优秀的法国文化，辉煌的路易皇朝，使波旁王子酒华贵无比，诱惑无限。品味波旁王子酒如同品味王子和天鹅的故事一样，相拥着至爱的情怀，分享着成功的喜悦，岁月越悠久，便越缠绵、越浓郁、越醇厚。它能超越国界、超越时空，把东方和西方，中国和法国紧密相连，是因为它正像一首绝世佳曲，用爱的华彩谱写出了如"天鹅湖"般美妙的乐章。

二、舞台上

芭蕾舞"天鹅湖"舒缓的名曲如从字空传来，余音袅袅。

1. 王子扶天鹅翘首向天、展翅欲飞。［风景，仰拍，120帧/5秒］

2. 金黄华丽的帷幕徐徐落下，掌声暴起。［远景，平拍，48帧/2秒］

三、卧室内

（一）金黄华丽的窗幔在夜风中袅娜飘荡。［近景，侧拍，12帧/0.5秒］

（二）万籁俱寂、月华如水。

1. 西装革履的王子和着真丝睡衣的天鹅倚窗相拥，款款缠绵。［近景，移，平拍，60帧/2.5秒］

2. 袅娜飘荡的窗幔似翻卷的海潮。［近景，移，侧拍，12帧/0.5秒］

3. 波旁王子酒的琼浆玉液似从天而泻，自杯底至杯颈，回环卷起一股诱人的光与色的旋

流，泛华溢彩，透剔流汁。［特写，192帧/8秒］

（三）"天鹅湖"音乐又起。

1. 王子和天鹅举杯侧拥，情深无限。［近景，平拍，60帧/2.5秒］

2. 法国路易十四波旁王子酒在法国巴黎皇宫、香榭丽舍大道、艾菲尔铁塔和巴黎圣母院流动，由小到大推出，定格在金黄色的底幕上。［"叮叮"，夜空中回荡着碰杯的清音。一个浑厚的中气饱满的男低音深沉念道："波旁王子酒，高雅的享受！"］［推，特写，216帧/9秒］

资料来源：雷鸣雏主编. 顶尖策划：中国企业著名策划全案. 北京：企业管理出版社，2000

研讨提示：

（1）结合此策划案，你认为一个成功的广告策划应具备什么要件？

（2）广告策划与企业战略规划和营销策划是什么关系？案例是怎么关联的？

（3）就广告策划来说，此案例中哪些是偶然机遇，而哪些为普适性通鉴之道？

本章主要参考文献

张翔，罗洪程，余明阳编著. 广告策划. 长沙：中南大学出版社，2003

纪华强著. 广告战略与决策. 大连：东北财经大学出版社，2001

雷鸣雏主编. 顶尖策划：中国企业著名策划全案. 北京：企业管理出版社，2000

第 8 章

广 告 创 意

□ **学习目标引导**　广告创意及其表现是广告作业的一个关键环节。广告创意研究要解决的基本问题就是如何把商品信息及创意点以最恰当的、异乎寻常的方式传达出去。通过本章的学习，读者可以清楚地了解广告创意的基本原理，掌握并能够鉴别、分析有关创意思维模式及其常用操作技法。

□ **逻辑架构图示**

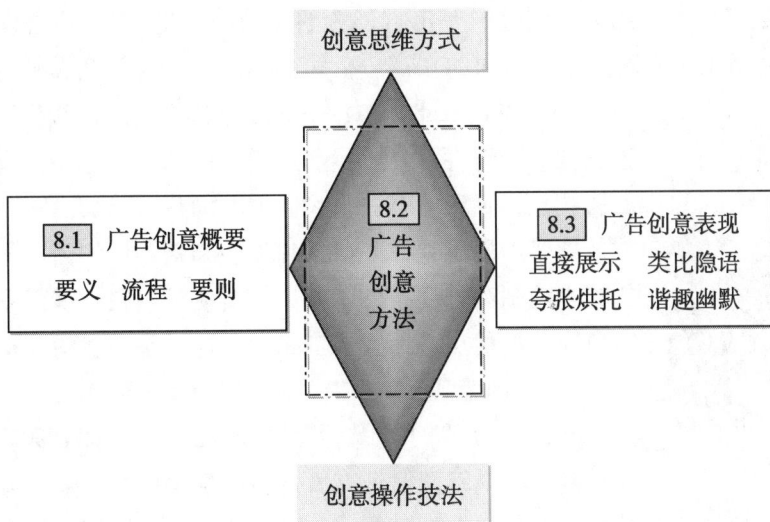

创意思维方式

| 8.1 广告创意概要 |
| 要义　流程　要则 |

8.2 广告创意方法

| 8.3 广告创意表现 |
| 直接展示　类比隐语 |
| 夸张烘托　谐趣幽默 |

创意操作技法

8.1 广告创意概要

8.1.1 广告创意要义

"创意"一词的词源意义就是创造意外、别出心裁、独创一格。英文词"Producing Ideas"可以大致与汉语"创意"一词相对应，表达的意思都是创造性理念、巧妙构思，即一般人们所说的"出主意、想点子"。创意成为现代社会流行语应归功于广告界，**广告创意是现代创意活动最集中、最典型、最普遍的体现**。

所谓"广告创意"，即是广告人员在对市场、产品和目标消费者进行调查分析的基础上，根据广告客户的营销目标，以广告策略为基础，对抽象的产品诉求概念予以具体而艺术化表现的一种创造性思维活动。从静态角度看，它是根据广告目标对广告的主题、内容和表现形式所做的创造性立意或构思；从动态角度看，它实际上是指广告人所进行的某种创造性思维活动。具体来说，广告创意有四个层面的规定性。

其一，广告创意是赋予广告以"精神及生命"的创造性思维。

独创性是广告创意的本质属性，是广告创意的"精神及生命"。广告创意是一种别出心裁、发人之所未发的新点子。美国DDB广告公司创始人、广告创意大师威廉·伯恩巴克（William Bernbach，1911—1982）认为，**广告最为重要的就是要有独创性和新奇性**。在世界上形形色色的广告之中，有85%根本没有人去注意，真正能够进入人们内心的只有15%。正是根据这一无情的数据，伯恩巴克才坚持把独创性和新奇性作为广告业生存和发展的根本法则和首要条件。他说：**要使观众在一瞬间发生惊叹，立即明白商品的优点，而且永不忘记，这正是创意的真正效果**。他还指出，广告创意要具有"关联性"（Relevance）、"原创性"（Originality）和"震撼性"（Impact）。原创性要求突破常规、出人意料、与众不同，没有原创性广告就失去了吸引力和生命力；震

威廉·伯恩巴克

撼性要求创意能瞬间吸引受众注意，并能深入到人的心灵深处，触及人的心灵和精神，从而产生震动的能力，没有震撼性的广告就很难给人以深刻的印象。

20世纪70年代，美国DDB广告公司在伯恩巴克的带领下，曾发起"大众汽车广告运动"（Volkswangn Campain），不但创造了销售奇迹，也开辟了广告界的创意革命。当时，整个汽车市场似乎只有一个主题，各个商家广告无不在鼓吹汽车"宽大豪华"的好处，而大众汽车的广告却反其道而行之，提出"想想小的好处"的广告创意，以反常规诉求手法、与众不同的传达方式及独树一帜的表现风格带来了不可抗拒的震撼力，被美国广告界权威杂志《广告时代》评为"最杰出广告"（1976年），并称誉它是"向惯例挑战"的最伟大宣言。

其二，广告创意是广告的促销因子。

广告创意的目的并非自己"出嫁"，而是为人作嫁衣。广告创意必须与广告目标和营

销目标相吻合，应是以广告服务对象为出发点和落脚点的创造性活动；不与广告目标和营销目标相关联，再好的创造性方案也是无用的。大卫·奥格威强调，**好的创意应是把消费者的注意力"引向产品"，甚至"不引起受众注意就把产品卖掉了"**。伯恩巴克也强调：**广告创意应在"一瞬间"让消费者"立即明白商品的优点"，而不是"广告的优点"**。因此，广告创意除了要讲究原创性和震撼性外，还必须讲究关联性，即创意必须与商品、消费者、竞争者相关，没有关联性也就失去了广告的价值或意义。

其三，广告创意实际上是对旧要素进行新组合。

广告创意的原创性并不是要"在消费者不需要的地方创造出需要来"，广告创意最多是帮助消费者发现已经存在的需要和利益点。**好的广告创意往往能以简洁、质朴的意境，合乎受众的社会文化"情理"达到一种"一语天然万古新、豪华落尽见真淳"的效果。**

有一则小故事，说的是美国麦迪逊广告大道上，一位广告人早上跑步，看到行乞者面前放着一个牌子，上面写道"我是盲人"（I'm blind），同时发现他讨到的钱很少，此人就在牌子上加了一句话，把它改为"春天来了，我是盲人"（It's spring, I'm blind），结果赢得众多人的同情，于是收获大增。这说明，广告创意并非是复杂莫测的事情，正如被誉为美国广告杰出人物、自称以创意维生的詹姆斯·韦伯·杨（James Webb Young，1886—1973）所说：**创意完全是把原来许多旧要素做新的组合，在心智上养成寻求各事实之间关系的习惯，这是产生创意最重要的事情。**

詹姆斯·韦伯·杨

其四，广告创意要善于将抽象的产品概念转换为具体而艺术的表现形式。

广告创意虽然是创造性的思维活动，但又与一般意义的创造性思维有所不同，其在思维方式上不是寻找解决某个问题的方法，而是寻求如何用具体、形象、生动的表现方式来说明某个事物或产品的某个概念，其关键在于转换过程，即：**如何将抽象的概念转换为具体的形象，将科学的策略转换为艺术的表现。**

例如，美国卡米克尔·林奇广告公司为斯特云钓具生产商所做的广告设计了三幅画面，画面一：一根鱼线吊起重达千斤的铁砧，铁砧下面一只可爱的小鸡在悠闲地散步；画面二：一根鱼线拔起一颗大牙；画面三：一根鱼线作为裤带拴在一个胖子的腰上。广告通过这样三幅画面将斯特云钓鱼线产品的有关坚韧可靠的性能非常形象生动地传达了出来，使受众一眼就能准确无误地理解广告所要表达的主题概念。

专栏8.1：相关链接

智得创意五因子

1996年，台北智得沟通事业股份有限公司受以产销康师傅品牌知名的顶新国际集团邀约，投资成立上海智得广告公司，并从1997年起连续数年荣获上海市百强私营企业称号。上海智得广告公司在整合营销传播作业中，导入智得独自研发的"智得创意五因子"（如图8-1所示）创意策略，以此为构思主轴，将消费者的习性、需求与趋势等奉为圭臬，寻找与消费者之间的共鸣因子，让创意表现发挥最高的传播效益，取得了很好的业绩。

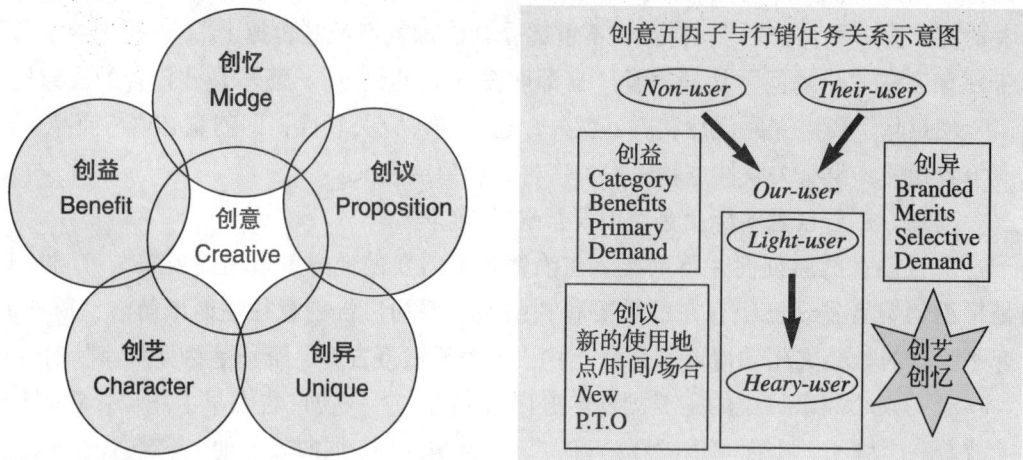

图8-1　智得创意五因子

◇ 创意要有"创益"

广告创意要让消费者觉得有意义，必须要让消费者能够充分了解该商品或服务能够帮助他们解决生活中的哪些需求与困扰。换言之，就是要在广告中传播产品和服务带给消费者的"利益点"。"创益"这种创意共鸣因子，特别适合针对产品生命周期中的导入期与成长前期的消费者需求，因为这个时期的营销目的就是要让从未使用过该产品的非使用者成为使用者。广告创意必须要"创益"，要在广告中提出产品的"基本需要"，进而让消费者产生初次试购。

◇ 创意要有"创异"

广告创意要让消费者了解商品服务利益，必须让消费者充分了解该商品服务与其他竞争者间的相对魅力与优势差异何在。换言之，就是要在广告中传播产品或服务带给消费者的"独特点"。"创异"这种创意共鸣因子，特别适合针对产品生命周期中的成长期后期到成熟期的消费者需求，因为这个时期的营销目的就是要让目前正在使用他牌的"别人的使用者"成为"我们的使用者"。广告创意必须要"创异"，要在广告中提出独有的"选择性需求"，让消费者对其他品牌感到不满，进而产生"品牌转移"。

◇ 创意要有"创议"

广告目的如是要巩固现有顾客的品牌忠诚度，就必须让受众对品牌产生"心理定势"现象，也就是要不断提醒该商品或服务，可在他们日常生活中扮演更积极的角色。换言之，就是要在广告中传播产品和服务带给顾客的"生活场景"与"生活方式"。"创议"这种创意共鸣因子，特别适合针对产品生命周期中的导入期与成长前期的消费者需求，因为这个时期的营销目的就是要让目前对我们品牌使用量并不多的"轻量使用者"成为"重量级使用者"。广告创意必须"创议"，必须在广告中强化品牌现象，并向消费者提出"生活提案"，让消费者有更多的理由提高购买的次数与数量。通常的"提案"包括新的使用时机、地点、场合（Place，Time，Occasion，简称P.T.O）。

◇ 创意要有"创艺"

广告创意要引起消费者注意，必须要有赏心悦目的艺术表现，要让消费者能对广告产生注意和情绪冲击，并乐于阅读和观赏。换言之，就是要在广告中传播产品和服务留给顾客的"品牌个性"（Character）。

◇ 创意要有"创忆"

广告创意要让消费者留下良好的品牌印象，必须要有"伟大构想"，让消费者永远难忘。换言之，就是要在广告中让消费者对产品或服务留下深刻的记忆，也就是能形成独树一帜的"品牌印象"。"创艺"与"创忆"这两项创意"共鸣因子"，可视为广告表现创意"基调"（Tone & Manner）与"格式"（Plate Form or Style）的适切性，以及广告制作品质的精致度。其实，广告创意并不自由，惟有掌握趋势，针对需求，广告才能发挥效益，必先民之所欲，才能自由创意！

资料来源：《中国广告》，2001年第7期。

8.1.2 广告创意基本流程

广告创意是一种创造性思维。关于具体的创意流程，不同广告专家有不同的概括。例如美国广告界泰斗詹姆斯·韦伯·杨认为，广告创意流程是收集原始资料→用心仔细检查这些资料→综合孵化→灵光突现→发展、评估创意；英国心理学家G·沃勒斯提出的创意流程模式是准备→酝酿→豁朗→验证，加拿大内分泌专家、应力学说创立者G·塞利物则把创意与生殖过程相类比，提出恋爱或情欲→受胎→怀孕→产前阵痛→分娩→查看与检验→生活的"七阶段"创意流程模式等。这里，我们以詹姆斯·韦伯·杨的观点为蓝本，将广告创意流程概括为四个基本阶段。

流程1：收集资料，进行创意准备 资料是创意的食粮。广告创意建立在广泛占有资料、充分把握相关信息的基础上。收集资料，不仅要收集与创意密切相关的特定产品或服务、消费者及竞争者的资料，而且需要特别注意日常生活素材、一般性知识和信息的积累。**广告人应是一个生活的有心人，随时随地观察和体验生活，并把观察、体验到的东西随时记录下来，才能在创意中"厚积薄发"。**詹姆斯·韦伯·杨认为，广告知识是"普通知识"多过"专业知识"；广告的意念来自生活、来自个人对周围事物的观察力和洞察力。广告大师里奥·贝纳（Leo Burnett，1891—1971）在谈到其天才创意时说：创意的秘诀在哪里？就在他的文件夹和资料剪贴簿内——文件夹是他随时随地记录下来的使其感动的"只语片言"或构想，而资料剪贴

里奥·贝纳

簿是他每星期从报纸杂志上剪贴下来的各种广告。**广告创意实际上是一个综合调动广告人一生知识、经验及记忆印象，并将此按特定意图加以重新组合的过程。**

流程2：分析归纳，进行创意酝酿 对收集来的资料进行分析、归纳和整理，依据广

告目标列出广告商品与竞争商品的共性、优势或局限，通过比较分析，从而找出广告商品的竞争优势及其给消费者带来的利益点，即诉求点，然后再找出消费者最关心、最迫切的需要，即定位点，以寻求广告创意的突破口。这样的过程，按照詹姆斯·韦伯·杨的说法，是"信息的咀嚼"，是创意者"用心灵的触角到处加以触试"，从产品特质与人性需求的关联性去寻求诉求点。在"问题"的引导下积极思考，把积累的形象、言语、片断等在脑海中进行各种排列组合，绞尽脑汁、冥思苦想，因此这时创意者往往处于焦躁、激动不安和煎熬之中。詹姆斯·韦伯·杨提醒人们，在进行广告创意时，要能够从宏观和微观两个角度分析事物，洞悉事物的"大画面"，并将不同事物的关系连在一起加以重新组织，小心掌握及控制以下整套广告过程的每项元素。

——**销售提案知识**（Knowledge of Priosities），发掘产品最有力的销售提案；

——**相关市场知识**（Knowledge of Markets），了解市场走势及消费动向；

——**消费信息知识**（Knowledge of Messages），抓住以销售提案为中心而使消费者无法抗拒的广告销售信息；

——**信息传播知识**（Knowledge of Carriers of Messages），借助适当传媒把广告销售信息发布出去；

——**销售渠道知识**（Knowledge of Trade Channels），认识产品散货网的种种渠道；

——**广告技巧知识**（Knowledge of How Adwertising Works），了解多种有助促销的广告技巧；

——**特定环境知识**（Knowledge of Specific Situation），明白不同环境广告应有不同的策略和战术。

流程3：灵感闪现，顿悟产生创意　经过长期思考酝酿之后，一旦得到外在的触发或刺激，头脑中已形成的尚不清晰的思维模式就会如同电路接通电流那样灵光闪现。在百思不得其解的状态下，如果创意者暂时离开他所思考的问题，松弛一下紧绷的神经，去做一些轻松愉快的事情，例如睡觉、听音乐、沐浴、散步等，这时往往会发生灵光乍现，收到"踏破铁鞋无觅处，得来全不费工夫"的效果。可以说，**广告创意的产生过程是一种基于生活底蕴厚积薄发的过程**。在广告创意中，詹姆斯·韦伯·杨相信：

——"没有人可以两次踏入同一条河流"中，广告如生命一样变化多端，神秘莫测；

——通才杂学之士才是有智慧、有远见的广告人；

——以宏观和微观的角度来看事情，懂得看清楚广告过程的"大画面"和"小画面"才可以炮制出深思熟虑、思想通透的广告大计；

——多观察、多洞悉人性之最，才可以设计出"击中要害"的广告；

——穿梭于通才与专才知识之间是灵感和直感的源泉所在，也是广告创作的财富所在地。

流程4：实践验证，发展完善创意　创意形成后，需要对闪露智慧光芒的创意构思进一步完善，应联系广告实践进行认真检验和验证，仔细推敲，征求他人意见，使之不断成熟和完善。大卫·奥格威为劳斯莱斯汽车创作的经典广告语"这辆新型劳斯莱斯时速达60英里时，最大闹声是来自电钟"，就是由六位广告同仁从26个不同文案中评审出来的。将创意构想交于专家、同事、公众进行批评修正，集思广益、反复验证，是广告创意发展完善的重要途径。詹姆斯·韦伯·杨把这一阶段称为"寒冷清晨过后的曙光"。他认为，有效的广告需做到如下几点。

——**家喻户晓**（By Familisrizing），不断重复广告，令消费者对广告、产品或品牌加深认识；

——**耳提面命**（By Remainding），不断把握机会，通过广告不断提醒消费者产品的存在，令他们念念不忘；

——**推陈出新**（By Spreading News），不断为新产品开发新闻、不断替"旧产品"开发"新新闻"；

——**超越障碍**（By Overcoming Interties），不断通过广告形象、画面或文字刺激观众的感观，不要令他们呆滞、毫无反应，要引发他们的积极反应、立刻行动；

——**以情动人**（By Adding A Value Not Into Product），以广告将活的灵魂注入到产品中，为产品附加主观的、非实体性的价值。

有中国广告学者借用名句，将广告创意流程做如下表达：**准备阶段，广告创意犹如："昨夜西风凋碧树，独上高楼，望尽天涯路"；酝酿阶段，广告创意好似："衣带渐宽终不悔，为伊消得人憔悴"；顿悟阶段，广告创意犹如："众里寻他千百度，蓦然回首，那人却在灯火阑珊处"；而验证阶段，广告创意则要："大胆假设，小心求证"。**

8.1.3 广告创意七要则

要则1：目标导向 广告创意必须与广告目标相一致，**必须围绕广告目标进行创意，从广告服务对象出发、最终又回到服务对象**。迷失目标的广告创意肯定是失败的，任何偏离广告目标的广告创意都会导致"差之毫厘，谬以千里"的结果。例如，某空调电视广告花百万元买来某超级电影女明星"回眸一笑百媚生"，却没有传达出有效的商品信息，使人们对女星的笑难以忘怀却没有达到营销传播效果。

要切记，**广告创意的任何艺术性营造都是为了刺激人们的消费心理，促成营销目标的实现**，正如广告大师大卫·奥格威所说："我们的目的是销量，否则便不是广告。"这应成为广告创意的圭臬。因此，在广告创意过程中，任何创意都必须首先考虑要达到什么目的和效果。**惟有"妙不可言"的创意和"步步为营"的营销目标有机融合在一起，才能算作成功的广告创意。**

要则2：关注为先 广告创意要"捉住"广大受众的眼睛和耳朵，千方百计地吸引消费者的注意力，使广告内容在消费者心中留下深刻印象，让他们来买你的产品。因此，运用各种可能的手段去吸引尽可能多的人注意是广告创意的一条重要原则。

例如，在一则立邦漆广告（如图8-2所示）中，画面主体是8个顽童的小屁股对着受众。立邦漆为家庭装修产品，而孩子是家庭生活的中心，多种肤色的孩子表现出立邦漆是一个国际品牌，而小孩屁股上的亮丽油漆就像皮肤一样细嫩鲜艳，强烈的视觉冲击效果表达了产品的天然性能和丰富内涵，引人入胜又回味无穷。同时还要牢记，广告若想真正引起关注，最根本的还在于利益点。**有效的广告创意必须把产品和服务的性能转化**

成利益点，承诺的利益必须明确、独特、可信、有意义且没有利益冲突，如此才能真正引起人们的关注。

图8-2　立邦漆广告

要则3：简洁是金　又称"KISS"原则，即是"Keep it Simple Sweet"的缩写，意思是"使之简单甜美"。广告创意必须简单明了、纯真质朴、切中主题，以使人过目不忘、印象深刻。正如伯恩巴克所说："在创意的表现上只是求新求变、与众不同还不够。**杰出的广告既不是夸大，也不是虚饰，而是要竭尽你的智慧使广告信息单纯化、清晰化、戏剧化，使它在消费者脑海中留下难以磨灭的记忆**"，"我毫不犹豫地宁愿选择一个平凡简单但却活泼、充满意义和生命的广告，也不愿选择一个美丽而无头脑的广告"，"恰到好处的创作手法定能令产品销量得到有效地提升"，"**花拳绣腿，为卖弄艺术而卖广告是最危险的事**。""我奉劝你一句，切勿相信广告是科学。"伯恩巴克认为，广告创意无需刻意与严谨，只要能使产品信息有效传达即可，平凡亦是非凡；如果过于追求情节化效果，必然使广告信息传达模糊，令人不知所云。

要则4：不懈创新　针对产品特点与消费者需求寻求交叉点是形成广告创意的重要前提。在进行广告创意时必须针对不同的消费者、不同的产品、不同的竞争者、不同的媒体，从而形成独特的创意。千篇一律的广告创意不仅很难起到理想的销售效果，而且还有可能适得其反。伯恩巴克强调：**广告创意要以崭新的意念吸引注意力，建立独特个性始能成功。**他以烤面包作比喻：只有那些新鲜出炉，热力四射的崭新意念才会令人垂涎三尺，胃口大开。他进一步指出：对一件事抱有自己的立场，你通常会发现面对的是两部分人，即"支持你"或"反对你"，但当你对任何事都无个人立场时，你将会找不到反对你的人但更找不到支持你的人；人们往往怀疑那些看起来模棱两可并难于掌握的技巧，但事实上，这可能预示着你正在走近最实用的创意境界；**广告巨人大多是诗人，他们从产品资料跳进无限的创意和幻想领域之中，因为只有意念崭新的才干和经营手法才可在今天暴力和花边新闻过盛的社会里争夺到消费者的注意力**。知识人人可以拥有，但穿梭于知识中的直觉，一个伟大的意念，才是真正有价值的精神财富。要"令一个广告、一个人或一件商品起眼乃至成功，先要为其建立独特的自我个性。否则，它永远都不会被人注意"；"无论任何景象符号，有朝亦会变旧，枯谢而死，但阁下亦要不断寻找新的影像符号……即使手上是心手沥血的崭新佳句，有朝一日亦会变成隔日黄花……"因此，广告人要与时俱进、不断创新，不懈追求独特非凡的个性，这才是成功广告的至真"情理"。

要则5：统筹整合　"大创意"往往能够使广告诸多要素连接在一起，将众多的创意作品锁定在广告目标上，从而产生统一、完整、和谐的品牌印象，有助于创立有价值而且是越来越有价值的品牌形象，而良好的品牌形象本身就具有强有力的促销作用。这样既能达到传播品牌名称信息、提升品牌形象的效果，又能达到促进产品销量的目标。例如，大

众汽车电视广告"受检两次篇"（如图8-3所示）。在一家汽车制造厂里，有个质检人员在检验单上逐项画着对号："所有的汽车制造商都有质量检验程序。所有的汽车制造商都要检验他们的生产。但是，有那么一家汽车制造商对此极为重视，因此它建立了世界上最为严格的质量检验系统。每个零

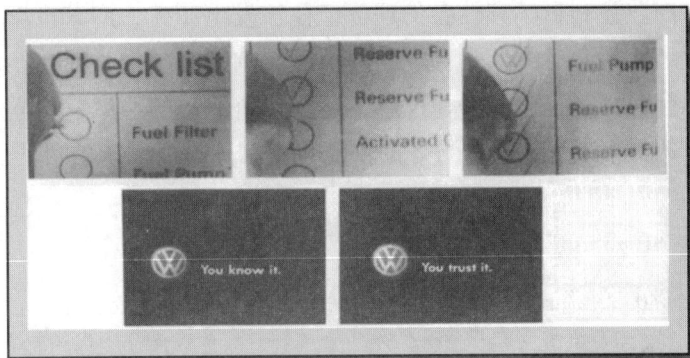

图8-3　大众汽车广告

件都要经过彻底检验……"验单人员划着最后一项："然后还要再检一遍。"镜头跳回检验单，每一项旁边又划上第二个对号……双对号"√"重叠变得像"W"一样。"大众，你了解它，你信任它。"该片的创意就使受众对大众品牌，无论是品牌符号，还是高品质、认真、严谨等品牌个性都留下了深刻的印象，难以忘怀。

要则6：以情感人　情感是人类永恒主题，以情感为诉求重点来寻求广告创意是广告人普遍的做法。在现代社会，人们的消费追求越来越"感情化"，如果广告创意能够通过爱情、亲情、友情、乡情、同情、人情、物情等，将广告内容注入浓浓的情感因素，动之以情，诉

诸感性，渲染气氛，便可以打动人心，使人们在强烈的感情共鸣中认知和接受广告产品，达到非同寻常的广告效果。

例如，麦当劳广告"婴儿篇"（如图8-4所示）。一个摇篮中的婴儿、一扇敞开的窗户，摇篮上下起伏。当摇篮上升时，婴儿露出开怀的笑，当摇篮下沉时，婴儿骤然哭泣，这样的情节周而复始。镜头转向窗户，

图8-4　麦当劳电视广告（婴儿篇）

当摇篮上升时，看到的是蓝天下麦当劳的店标。当摇篮下沉时，只留下一片蓝蓝的天空……此广告通过婴儿的哭笑来表达对麦当劳的喜爱之情。

再如，美国贝尔电话公司的一则电视广告：一对老年夫妇在饭厅里静静地吃着饭，忽然，房间里电话铃响，老妇人进去接电话，老先生在外边停下吃饭，侧耳倾听。一会，老妇人从房间里出来，默默无言地坐下。老先生问："谁来的电话？""女儿打来的。""她有什么事？""没什么事。""那为什么从那么远的地方打电话来。""她说她爱我们。"一阵沉默，两位老人泪水盈眶。这时，旁白不失时机地插入："贝尔电话，随时传递你的爱。"一语破题，感人肺腑，令人回味无穷。

要则7：合理合法　广告创意必须符合广告法规，体现社会责任感。现代广告活动的商业盈利目标和社会伦理价值往往发生冲突，商家市场竞争的火药味也愈来愈浓，广告对广大受众、尤其是青少年的负面影响越来越大。因此，广告创意要注意遵循广告法规、社会伦理、宗教信仰、民族文化及风俗习惯的约束，这样才能达到正面的、被社会大众认可的传播效果，否则再好的创意也不会达到所欲求的目的。

精要提示

广告创意是广告人根据广告目标对广告的主题、内容和表现形式作出的创造性意念或构想，它是赋予广告以"精神及生命"的创造性思维，是广告的促销因子，其技术特性就是对旧要素进行新组合。广告创意流程可以概括为四个基本阶段：收集资料，进行创意准备；分析归纳，进行创意酝酿；灵光闪现，顿悟产生创意；实践验证，发展完善创意。广告创意要坚持目标导向、关注为先、简洁是金、不断创新、统筹整合、以情感人和合理合法七项基本原则。

8.2　广告创意方法

这里所说的广告创意方法包括广告创意思维方式和广告创意操作技法两个方面的内容。广告创意思维方式按照创造性思维所借助的媒介不同可分为抽象思维、形象思维和灵感思维；按照创造性思维的常规性可分为顺向思维和逆向思维；按照创造性思维的方向可分为发散思维与聚合思维，或纵向思维与横向思维。广告创意的常用操作技法有头脑风暴法、检核表法、联想法和组合法等。现分为四个方面予以简要介绍并举典型案例说明之。

8.2.1　抽象、形象与创意灵感

抽象思维，又称理性思维、逻辑思维或线型（一维）思维，它是**借助概念、判断、推理等抽象形式来概括验证创意的一种思维方式**。抽象思维贯穿于广告创意的全过程，特别是在广告准备酝酿阶段，要运用逻辑思维方法进行归纳分析，在广告创意中往往用抽象化手法表现具体事物和意念，使广告语的内涵有更大的理解张力。

　　形象思维，又称**直觉思维、面型（二维）思维，它是借助具体形象的生动性、实感性来进行创造性思维的一种方式**，包括具体形象思维、言语形象思维和逻辑形象思维。形象思维又通过表象、联想和想象的方式来表现。表象是人在其知觉的基础上形成的感性形象，其在大脑中的重现为记忆表象，改造成新形象叫做想象表象。联想是由一事物想到另一事物的心理过程，其在已经存入的记忆表象事物中展开思维活动，并不断将这些记忆表象联系、组合、接续，以诱导、激励出好的广告创意。而想象则是人脑思维在改造记忆表象基础上创建未曾直接感知过的新形象和思想情境的心理过程。形象型思维是广告创意最为常用的一种思维方式。

　　广告创意中，常用的操作技法就是联想法，即借助想象，把相似的、相联的、相关的或在某一点有相似之处的事物加以联结，以产生新构想。通常有接近联想、相似联想、对比联想和因果联想四种联想创意方法。接近联想是由时空上的接近而形成的联想，例如由母鸡踩破鸡蛋联想到"鲜蛋"，由过节联想到"礼品"等等。在图8-5中，广告创意采用接近联想法，由鲜花的芳香联想到酒香，酒香把蜜蜂都吸引过来，而不去采花了，这是典型的接近联想创意手法。类似联想是由性质、形状或内容上相似而引发的联想。例如，PARMALAT辣番茄酱的广告创意，瓶口倒出的番茄酱如同一个人伸出的舌头，够辣够味，令人垂涎三尺（如图8-6所示）；再如，由冰冷特性把雪糕与"北冰洋"联系起来，由抽烟把地毯与肺的健康联想起来，由平面把田野与镜子联想在一起等，都属于此种创意方法。MIC长途电话公司利用与美国电话电报公司"对比联想"作广告：一对夫妇刚刚到美国电话电报公司，给千里之遥的儿子打完电话，母亲双手一摊，眼泪汪汪地问："你知道我们打这个长途电话花了多少钱吗？"对比说明MIC公司电话资费公道合理。此外，在逻辑上有因果关系的事物易发生联想，因果联想也是常用的方法。例如，在丰田汽车公司的维修站，其修理工坐在那儿无所事事，晒太阳看报纸，而原因是该品牌的汽车质量可靠，根本无须到维修站维修，维修站的员工当然无事可干。

图8-5

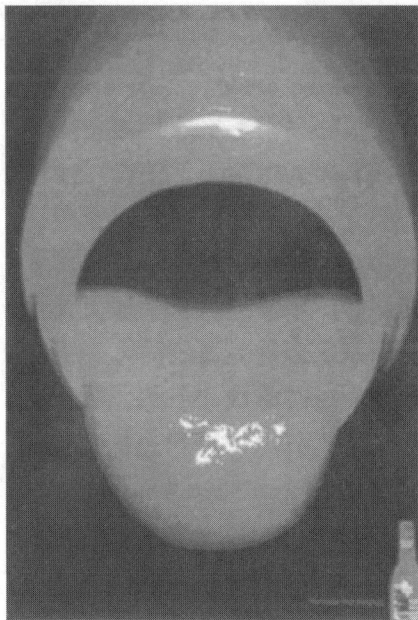

图8-6

灵感思维，又称顿悟思维，或体型（三维）思维，它是**具有突发性、瞬时性、随机性、跳跃性、创造性的思维活动方式，是潜意识转化为显意识的一种特殊表现形态**。其往往是现象思维、形象思维交叉使用，相互补充，有效综合，从而创造性地解决问题。像阿基米德看见洗澡水溢出而想出检验金冠真假的办法，牛顿看到苹果落地发现万有引力，这些都是灵感思维的结果。如何进行潜能训练，挖掘潜意识在广告创意中的特殊作用，是广告创意原创性的一个重要课题。

8.2.2 多向思维与广告创意

广告创意往往来自于顺向、逆向、发散、聚合、纵向和横向等多向思维模式的激发，广告人在主观上应对这些思维模式有一个清楚的了解，并在日常创意工作中依据这些思维定律进行创意技法训练。

顺向思维，即按常规定势思维。在广告创意中采用顺向思维就是按照常规定势从上到下、从小到大、从左到右、从长到短、从低到高等进行思考，自然顺畅，使人容易接收；但这种思维易形成习惯性定势，影响思维的创新性开发。

逆向思维，即反常规、反传统的思维方式。在广告创意中，逆向思维往往能找到出奇制胜的新思路、新点子。广告史上许多经典的广告创意都是借助逆向思维获得的。例如，宝洁公司广告采用逆向思维方式创意，以男模特表现妇女用品的益处（如图8-7所示）；美国美特牌丝袜广告，曾用著名男棒球运动员乔·纳米斯作代言人；加拿大西格拉姆酿酒公司，曾在美国150家报纸刊发"劝君切莫饮酒过量"的广告，都曾收到很好的广告宣传效果。

图8-7 宝洁公司妇女用品广告

同样的宣传主题，既可以采用顺向思维也可以运用逆向思维，收到的效果同样理想。例如，2001年10月，广东江门金铃电器有限公司主要针对蓝领中低层收入消费群体推出一款"净神"洗衣机新产品，征询广告创意要求很直接：让消费者了解"净神"的超强洗涤功能。一家广告公司利用顺向思维创意出一组"自然系列"报纸广告（如图8-8A），获得2001年广州日报杯全国报纸广告大赛家用电器类铜奖；而广州佳美广告有限公司采用逆向思维方式，抓住"脏"字做文章，将人们日常生活中最熟悉的"地毯"、"垃圾铲"和"扫帚"三样与"脏"打交道的物品巧妙地组合起来，以强烈的视觉冲击力从反面准确地表达了金铃"净神"洗衣机的超强洗涤功能，收到了很好的创意效果，并获得2001年香港"最佳海报广告大奖"和"中国最佳广告大奖"（如图8-8B所示）。但是，该平面广告中将金铃这样不知名的品牌标识采取西方知名品牌广告惯用的表现手法，将其缩小到不能再小的角落里，这可能会大大影响广告传播效果。

发散思维 又称**扩散思维、辐射思维、开放思维**等。这是一种由一点向外联想、发散思考的方式。在广告创意中利用这种思维方式可以充分调动沉淀在大脑中的素材、运用丰富的想象异想天开，产生新思维。例如，一个小小的别针，可以从材质、重量、体积、长度、颜色、弹性、形状等层层发散构思，可以举出数千种用途。在开始创意阶段这种思维方式非常有用。

聚合思维 又称**收敛思维、辐合思维、集中思维**等。与发散思维方向正好相反，它是一种异中求同、归纳集中、由外向里的思维方式。在广告创意中运用聚合思维有利于创意的深刻性、系统性和全面性，特别是在选择创意、验证创意时，聚合思维具有特殊意义。

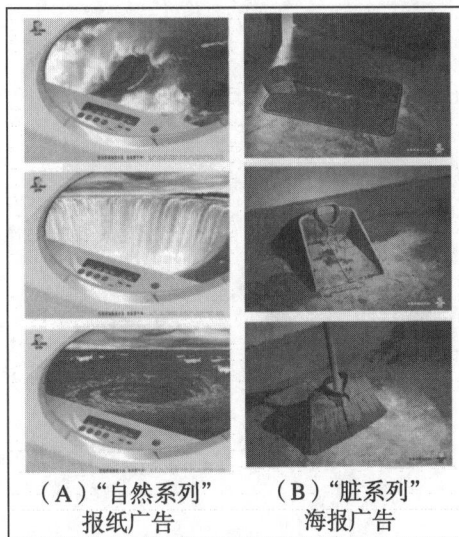

（A）"自然系列"报纸广告 　（B）"脏系列"海报广告

图8-8　金铃"净神"洗衣机广告

纵向思维，又称**垂直思维**。它是指根据事物本身的发展过程，按照既定的思考路线进行上下垂直式思考。这是一种选择性的、分析性的、按部就班的、遵循可靠途径的、必然的、排除不相关的思维方式，是一种探索前因后果、把握来龙去脉的传统思维方式。在广告创意中运用这种思维方式，能历史地、全面地看待问题，有利于思维的深刻性、系统性，但因思维点一环一环紧密联结，若一个环节中断就会使整个思维过程不能继续下去。

例如，广州致诚广告公司2001年全面策划海尔007系列冰箱的上市，经与广告主沟通，为007冰箱做出产品定位：独有的-7℃保鲜技术，保鲜最精确的中高档冰箱。广告人员通过纵向思维：新鲜是什么（是天然，是原汁原味）→天然和原汁原味想到什么（鲜活力）→鲜活力想到什么（欢蹦乱跳）→欢蹦乱跳想到什么（有弹性）→有弹性想到什么（最有标识性的弹簧）。这样，便找到了创意的表现元素："弹簧"。广告主题和创作表现自然水到渠成，"-7℃保鲜，当然弹性十足"（如图8-9所示）。

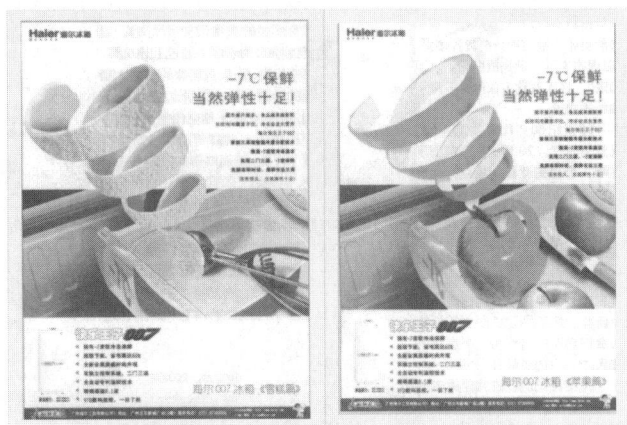

图8-9　海尔007系列冰箱广告

横向思维，又称**水平思维**。它**是从与某事物相关联的其他事物的分析比较中寻求突破口，是一种生生不息、激发性的、跳跃性的、探索最不可能途径的、随机的、欢迎新东西进入的思维方式**。在广告创意中运用这种思维方式，可以引发灵感，产生新构想，收到意想不到的创意效果。例如，图8-10是一组雀巢咖啡系列广告，利用蝴蝶猎艳、少女新欢、金鱼寻味和青藤爬墙等跳跃性、多元化的手法表现雀巢咖啡味美香浓的产品特性，采用的是典型的横向思维方式。

图8-10　雀巢咖啡系列广告

8.2.3　头脑风暴创意法

个人的智慧总是有限的，利用集体智慧、团队精神来激发广告创意是广告人早已关注的问题。早在1938年，美国BBDO广告公司的阿勒斯·奥斯本（Alex F. Osborn）首次提出了头脑风暴法，现在此法不仅被广告界广泛采用，而且也成为各行各业进行创新活动的通用方法。

头脑风暴法（Brainstroming）　又称**脑力激荡法或智力激励术**，其英文含义是"Use the brain to storm a problem"。它是指**借助会议形式共同思考、集思广益、相互启发和激荡，从而引发创意的一种操作方法**。其基本形式如下：由一组相关专业技术人员组成团队，通过集会的形式围绕某一主题进行自由思考和联想，各自可以无任何约束甚至是异想天开地发表看法、设想和提案，这样彼此启发，相互激荡，知识和信息互补，引发创造性思维的共振和连锁反应，最终产生个人所无法达成的创新目标。其操作步骤一般有三，即确定议题—脑力激荡—筛选评估（如图8-11所示）。

首先,要选择确定议题。议题应尽可能具体、明确,一会一题,会议主持者应事先将议题通知学员,明确范围,以便学员预先做好资料准备、调查研究和酝酿想法。与会者人数一般以10~12人为宜,要有一名风趣幽默、能够调控会议气氛的主持人,此外,还要有一名记录员。参加人员可以多样化,既可以有内行也可以有外行,既要有领导也要有一般员工,既要有年长者也要有年轻人,以保证思路开阔。

其次,开会进行头脑激荡。召开头脑风暴会进行智力激荡是该训练项目的关键环节。会议一般持续半小时到一小时,主持人说明议题后,学员便可以自由发

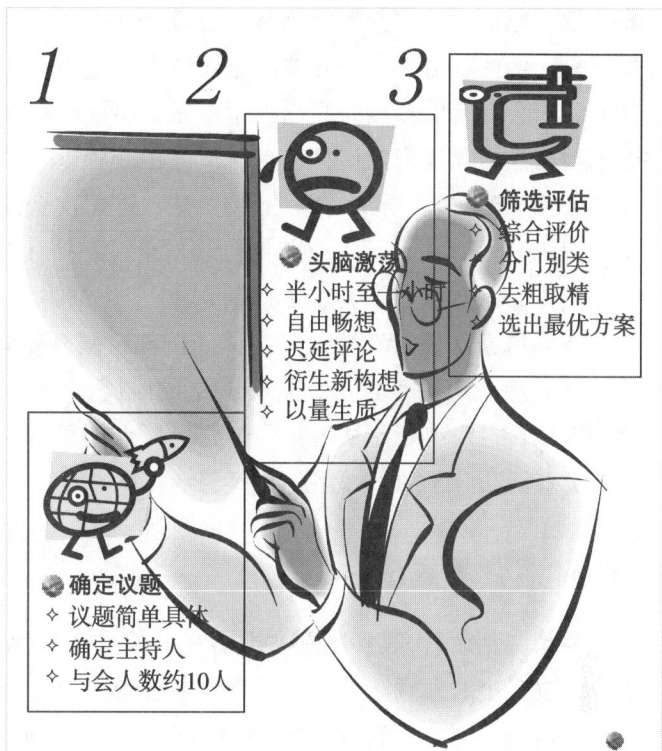

图8-11 头脑风暴法操作程序

表自己的意见。要让大家在一个轻松快乐的气氛中尽情地遐想,激发自己的想象力,让思想自由流动,在与别人的交流中产生新的火花。允许所有参与者都先把自己的想法说出来,无论这些想法是多么没有"逻辑",没有"关联",甚至看起来非常"荒唐"和"离奇"。要保证每个参与者都能自由地设想、大胆地表达意见。会议节奏要尽可能地快,记录员的记录速度要快而准确,忠实地将大家的发表意见一一记录下来。头脑风暴会议要严格遵守如下规则。

——**延迟评论**,要求参与者一定要先"悬置"自己的判断和评价,禁止对他人或自己的设想进行任何褒贬评价和判断,任何人不得在会议中做任何判断性总结,不许以集体、多数人意见来阻碍少数或个人的意见或设想;

——**自由畅想**,提倡自由思考,鼓励大胆设想、畅所欲言,想到哪里说到哪里,与会者不分资历、地位、身份一律平等;

——**衍生构想**,以问题为中心提出的设想越多越好,每人每次发言只能讲一个设想,所有构想都须一一记录,鼓励借题发挥、在别人想法的基础上衍生新构想;

——**相互激发**,发言要力求简单扼要,尽量使用短语或单词,不要使用长篇大论,也不要作任何解释、扩展或论述,以便使更多人发言,相互之间形成思想交流和意见激荡局面。

最后,优选方案。按科学性、可行性原则对所提构想、建议进行筛选、排序和分析,选出最优创新方案。个人或小组通过头脑风暴法提出了各种观点,现在将所有观点写在卡片上,一张卡片写一个。然后将所有卡片分类,指派记录员贴到墙上,全体参与者一起讨论,经过综合评价和归纳整理,确定最适当和可行的创新方案。

头脑风暴法具有时间短、见效快的优越性,它能够促使参与者发挥创造性、想象性和

开放性思维，集思广益地发挥集体智慧来开展创新活动。当然，头脑风暴法也有其特殊的局限性。例如，对于那些习惯沉思而颇具创造力的人来说，采用头脑风暴法就难以发挥其优势，与会者有时会因时间局限争着发言可能会影响灵感激发。鉴于此，德国专家荷立肯根据德国人习惯沉思的性格特点，设计出一种以"默写"代替"发言"的头脑风暴法，简称"6·3·5"法。所谓"6·3·5"法，即每次会议由6人参加；要求每人每次提出3个设想；以5分钟为单元，经半小时传递6次卡片，产生108个设想。此法虽缺少了激烈的相互激荡氛围，但弥补了传统方法的不足之处。

头脑风暴法还有其他一些变体。例如"围圈轮转法"，即通过围圈轮流进行发言，每人一次只能说出一个想法，且有一定的时间限制，没有想法或不想表达者可以说"过"，直到大家再也没有新想法为止。这样可以保证每个人都参与进去，具有广泛平等性，但限制了有些活跃分子的"即兴"发挥。

8.2.4 组合创意法

所谓"创新"，其实就是"旧要素，新组合"，如何将已有的要素"颠三倒四"地进行组合，发掘出"新意"来，此乃广告创意操作的实质真义所在。1964年，在长期广告创意实践探索的基础上，亚历克斯·奥斯本（Alex Paickney Osborn）提出了检核表法，即用一张清单对所需要的问题一条一条地进行核计，从各个角度诱发多种创造性设想，以有效把握创意目标和方向。**检核表法通用性强、简便易行，一般包括转化、适应、改变、放大、缩小、代替、重组、颠倒、组合九个方面的检核**。后来，有学者将奥斯本的检核表进一步通俗化，提出如下12个"一"的检核表。

1. 加一加：加高、加厚、加多、组合等；
2. 减一减：减轻、减少、省略等；
3. 扩一扩：放大、扩大、提高功效等；
4. 变一变：改变形状、颜色、气味、音响、次序等；
5. 缩一缩：压缩、缩小、微型化；
6. 联一联：把因果、相关因素联系起来；
7. 改一改：改缺点、改不便或不足之处；
8. 学一学：模仿形状、结构、方法，学习先进；
9. 代一代：用其他材料代替，用其他方法代替；
10. 搬一搬：移作他用；
11. 反一反：能否颠倒一下；
12. 定一定：定个界限、标准，以提高效率。

沿此思路，人们提出了广告创意的"组合法"，又称拼图游戏法或万花筒法。它是一种对旧元素进行巧妙结合、重新配置以获得整体效应的常用创意技法。我们已指出，**创意实际上就是旧材料的新组合，组合是创意的本质特征，无穷的创意来自巧妙的组合**。这犹如万般美妙、变幻莫测、有无穷创造空间的音乐，无非是"Do Re Mi Fa So La Xi"七个音阶的排列组合。因此，利用事物间的关联性进行组合创意是广告创意中的一项重要技法。

在利用组合法进行广告创意时，**可以将某令人喜爱的、尊敬的、权威的人或物与某个品牌的产品或服务组合、嫁接、联系起来。**例如：欧洲著名服装品牌C&A在阿根廷上市时，广告代理商运用组合法，让模特穿上以巴黎凯旋门、罗马斗兽场等这些著名欧洲标志性建筑为图案背景的时装，以表达C&A服装作为欧洲著名显赫品牌的高贵典雅品质（如图8-12所示）；爱多VCD电视广告，利用

图8-12 C&A服装广告

以拼搏著称的成龙的形象和《真心英雄》歌曲来表达爱多"我们一直在努力"的拼搏精神。

日本索尼立体声组合音响广告（如图8-13所示），为了突出高昂激越、雄壮有力的音响效果，广告利用组合法把完全处于不同空间、风马牛不相及的两个事物——尼加拉大瀑布和美国纽约摩天大楼巧妙地组合在一起，创造出神话般奇幻美丽的超现实画面：在广袤辽阔的天际下，举世闻名的尼加拉大瀑布从纽约摩天大楼群上奔腾而下，其宏伟的气势、飞动的力量给人以强烈的视觉冲击和听觉刺激，从无声的画面中就能感受到声波的强劲激越。

图8-13 日本索尼立体声组合音响广告

在组合创意时，**还可以将不同的事物以新的形式组合在一起，给受众以新颖、意外、强烈的感受和印象；或者把拟人化的物、拟物化的人组合到产品或服务上面；也可以利用语音、语义或画面含义有意识地使语言或画面（或使语言与画面同时）具有内外在多层寓意。**例如，2003年的伊拉克战争期间推出的统一润滑油广告以"多一点润滑，少一点摩擦"为主题创意电视广告，使商业宣传与时事新闻巧妙结合、相得益彰；再如，YLENOL广告利用政治人物和事件进行组合创意，曾将莱温斯基的照片贴在克林顿的额头上，表达"TYLENOL，强力专治剧烈头疼"；还有邦迪创可贴广告，曾借用朝韩峰会，传达"邦迪坚信没有愈合不了的伤口"等都是运用组合法进行广告创意的成功典范。

精要提示

广告创意方法包括思维方式和操作技法两个方面。思维方式有抽象思维、形象思维和灵感思维、顺向思维和逆向思维、发散思维和聚合思维、纵向思维和横向思维等。广告操作技法有头脑风暴法、检核表法、联想法和组合法等。

8.3 广告创意表现

从构想到表现，是广告创意的重中之重。**广告表现手法就是将创意构想以适当的形式传达出来，构想是创意的内容，而表现则是创意的形式，二者是一体两面的关系。**再好的创意构想也需要通过恰当的形式表现才能实际形成并发挥作用。广告表现的手段可以分为语言性与非语言性两大类，进而又可分为有声与无声两种情况。有声的手段包括歌曲、对话、旁白、音响等；无声的手段有文字、姿态、构图、色彩等。广告表现的具体形式就是广告作品，关于广告作品的制作技术，我们将在第9章作专门介绍。有关广告创意的表现手法，我们在前面有关章节已有所介绍，这里我们再对其他一些典型表现手法作简要的举例解析。

8.3.1 直接展示表现

直接展示法是一种最常见的表现手法。它是**将某产品或主题，充分运用摄影或绘画等技巧，以直白感性的形式直接如实地展示出来。通过精细刻画和着力渲染产品的质感、形态和功能用途，将产品的精美品质写实性地呈现出来，给人以现实感、亲切感和信任感。**由于这种表现手法是直接将产品推到消费者面前，所以，要特别注意画面上产品的组合和展示角度，应着力突出品牌标记和产品本身最容易打动人心的形象，运用色光和背景进行烘托，使产品置身于一个具有感染力的空间环境，以增强广告画面的视觉冲击力。

在设计时，**应该注意运用各种方式，抓住和强调产品或主题本身与众不同的特征，将这些特征置于广告画面的主要视觉部位或加以烘托处理，使观众在接触画面的瞬间即能很快感受到，以达到引起注意、激发兴趣和刺激购买欲望的目的。**在广告表现中，需要突出和渲染的产品特征，一般应该是富于个性的产品形象、与众不同的特殊性能、显著的品牌和企业标志等要素（如图8-14所示）。

在直接展示表现的广告设计中，也要注意对立体形象进行强调、取舍、浓缩，以独到的想象抓住一点或一个局部加以集中描写或延伸放大，以更充分地表达主题思想。**以小见大中的"小"是广告画面描写的焦点和视觉兴趣的中心，它是广告创意的浓缩和升华，也需要匠心独具的安排，是小中寓大、以小胜大的高度提炼产物，是简洁的刻意追求。**这种以点带面、以小见大、从局部到整体的表现手法为接受者提供了广阔的想象空间，获得了生动的情趣和丰富的联想。

图8-14 突出品牌的广告实例

8.3.2 类比隐喻表现

该方法通过设置悬念，以日常生活中人们最熟悉的事物形象表现隐含的意向，从而达到"取象近而意旨远"的效果。"简单就是美"这一生活哲理在现代社会具有时代性的美学意义，简单成为现代广告艺术表达的新潮流。

例如，在1996年戛纳广告节上获平面广告作品金奖的日本沃尔沃汽车"安全别针"广告（如图8-15所示），采用比喻表现手法，以人们日常生活非常熟悉的一枚小小别针开合形象做"复杂"的、安全至上的汽车广告，可以说是现代广告简单性表达的一个杰出范例。

广告构图以深蓝色调为背景，具有沉稳安全的视觉效果。这枚别针以沃尔沃汽车轮廓造型处于正中央位置，上面弯曲成汽车顶盖形、下面弯曲成汽车底板和车轮形，针环为车尾，针扣为车头，十分传神；但令人好奇的是，别针针尖并未扣在扣槽之内，而是跳了出来，以"不安全"的形态传达"安全"理念，造成极强的悬念，与图案下部简洁的文案"沃尔沃，令你信赖的汽车"相呼应，准确传达了沃尔沃"外壳钢特别好，碰车不变形，安全系数

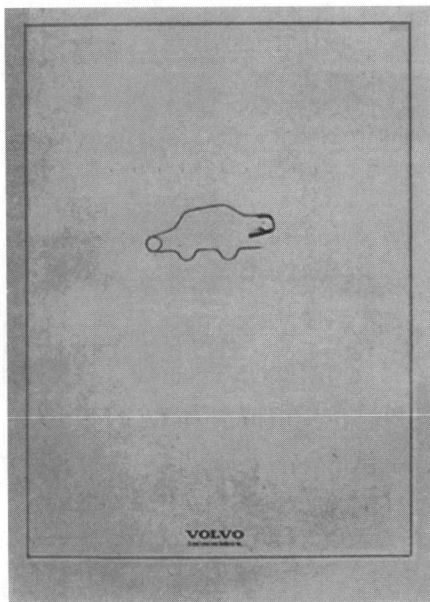

方案：沃尔沃，令你信赖的汽车

图8-15 日本沃尔沃汽车广告

高"的主题信息。受众从别针的钢质和形态自然会联想到沃尔沃汽车的外壳钢与使用性能，以极简洁的形式表达了丰富的信息内容和商品特点，具有独特的艺术魅力和传播效果。

月亮在中国人的心目中，是宁静、美丽、思念、团圆的代名词，海尔银色变频冰箱报纸系列广告（形象篇、功能篇、利益篇，如图8-16所示），运用这样一个人们熟悉而平凡的事物作为有高科技概念和含量的冰箱的信息载体，确实收到了"外表平常如水，内在震撼如雷"的传播效果。2000年11月底广告推出仅一周，仅广州14家大中型商场就销售海尔银色变频冰箱200多台，其他型

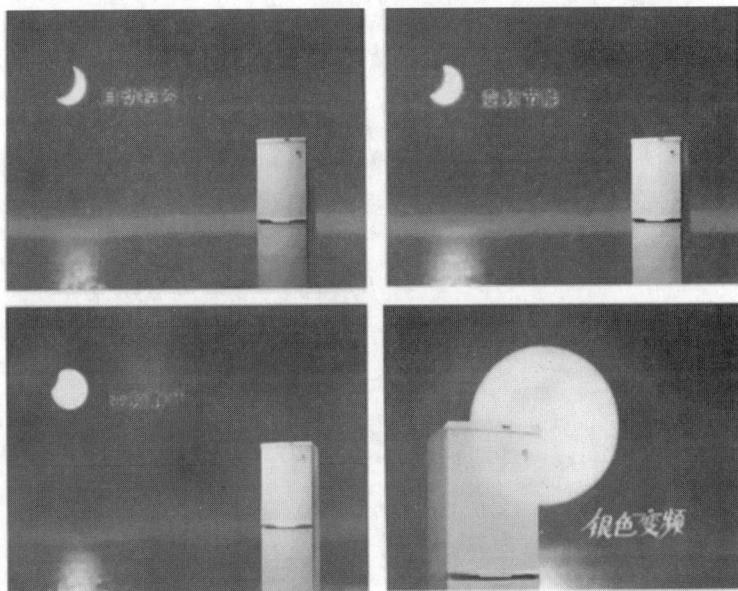

图8-16 海尔银色变频冰箱报纸系列广告

号800台；2001年春节刚过，广州市场200多台海尔银色变频冰箱全部销售一空，引起其他竞争品牌的关注和震惊。

8.3.3 夸张烘托表现

该方法通过艺术夸张烘托表现指称对象的某些诉求特性。运用这种广告表现手法，要创意新颖，画面具有视觉冲击力，文案高度凝练，将震撼性与趣味性有机结合，但要特别注意区分艺术真实与生活真实的差异，以艺术夸张不致引起对诉求对象的误解为原则。

文学家高尔基指出："夸张是创作的基本原则。"通过这种手法能更鲜明地强调或揭示事物的实质，可以加强作品的艺术效果。夸张是一般中求新奇变化，通过虚构把对象的特点和个性中美的方面进行夸大，赋予人们一种新奇与变化的情趣。按其表现的特征，夸张可以分为表象性的形态夸张和含蓄性的神情夸张两种类型。通过夸张手法的运用突出广告宣传对象的品质或特性，为广告作品美注入浓郁的感情色彩。

例如，加拿大BBDO多伦多广告公司所做吉普汽车广告（如图8-17所示），一直沿用特定的诉求表现策略：在高山峻岭险要处设置与交通相关的标志，以此夸张表现吉普车无处不达的越野特性。

图8-17 吉普汽车广告

再如，一则具有强烈视觉冲击力的奥林巴斯相机变焦镜头广告（如图8-18所示），以夸张表现手法描述了一位在西方演艺界以厌烦别人拍照而著称的女艺人（Sandra Ber-hardt），她惊恐、愤怒地用手掌拒拍的狰狞面孔，令人印象无比深刻。尽管如此反对拍照，但她最终还是被拍摄下来，而且清晰度极高。特别有趣的是，文案中她以愤怒的口吻说道："再敢拍我，我就要越街过篱、穿林过河、攀上那座山头，把那台鬼相机摔到你脸上。"表达了奥林巴斯相机变焦镜头的特殊性能，相机距她如此遥远，而拍摄效果却如此清晰，可见奥林巴斯相机的变焦镜头多么了得。这显然是夸张，但将夸张手法寓于一个饶有趣味的情节中，形成的强烈视觉冲击力与文案夸张形成的幽默风趣性巧妙结合，使产品功能得到准确和突出的表现。画面在此很成功地提升了文案的分量，给受众以明晰的、统一完整的冲击力，堪称佳作。

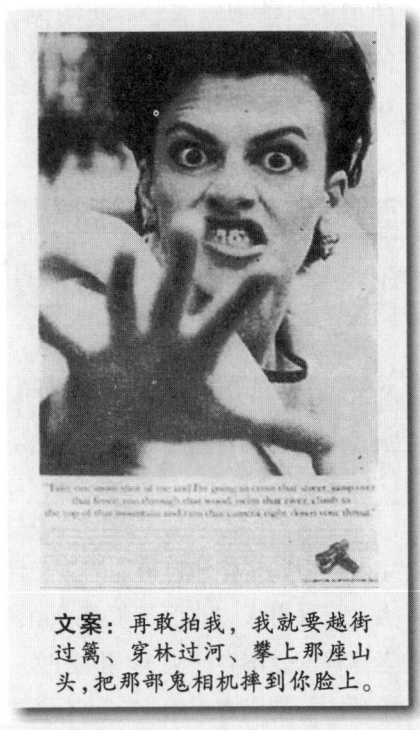

文案：再敢拍我，我就要越街过篱、穿林过河、攀上那座山头，把那部鬼相机摔到你脸上。

图8-18 奥林巴斯相机的变焦镜头广告

8.3.4 谐趣幽默表现

该方法运用理性倒错、寓庄于谐的表现手法，形成诙谐幽默的效果，让人们在欢快愉悦中认知广告意向。这种表现手法往往运用饶有风趣的情节安排，把某种需要肯定的事物无限延伸到漫画状态，造成一种充满情趣、引人发笑而又耐人寻味的幽默意境，达到出乎意料之外又在情理之中的艺术效果。但是，运用这种广告表现手法应注意：寓庄于谐，但切忌离题；与受众文化背景相贴近，须有美感和内涵；出其不意，不媚俗。

例如，美国男式长裤平面广告（如图8-19所示），属于谐趣性表现广告中倾向滑稽的表现形式。本来法庭是严肃、庄严的场所之一，而这则广告却运用逆向思维创意的喜剧表现手法，形成了一个十分有趣的喜剧氛围："长裤使审判中断！"。法庭正在审理案件，本来正襟危坐的法官、唇枪舌剑辩论的律师以及旁证旁听席上

图8-19 美国长裤广告

的证人和听众何以变成个个惊叹不已、忍俊不禁的样子，原来被告穿着一条十分漂亮的西式长裤，该图达到了强烈的滑稽表现效果。广告画面以暖色为基调，造成一种热烈喜悦、异常活跃的气氛，大大增强了喜剧效果。为了将人们的视线引导到长裤上，画面将被告身体以上部分隐去，而使下身长裤占据画面中央的位置，突出展现指称对象即长裤

的形象：造型潇洒、外表熨贴，做工精美；被告者双腿站立、双手插腰，一副自信高傲的样子，产品形象塑造得十分直观注目。画面视觉语言明确，故广告文案十分简洁，只用几个字画龙点睛。

再如，一则古奇领带的杂志广告作品（如图8-20所示），其创意表现很有谐趣意味，两幅

图8-20　古奇领带广告

广告画面都讲述了一个喜剧故事。一幅广告"戴丝巾的女人决不容许自己受伤"，把古奇领带推到爱情法码的高度，由一男两女演绎出一幕诙谐喜剧。画面中，那位戴丝巾的女人一手握着半条领带，一手

拿着剪刀，正洋洋自得地离去；而仍然泡在酒馆中的一对男女如梦初醒，惊奇地望着离去的女人，只是男人胸前那条飘逸的领带成了残缺品。画面中的故事不言自明：戴丝巾的女人已是半老徐娘，她不容许丈夫移情别恋，于是就想出了她最得意的招数，古奇领带也因这幕让人忍俊不禁的喜剧成为主角。它已不必再直白诉求，古奇领带会让人更加在意。

另一幅广告画面则讲述了一个更加荒诞滑稽的故事。四男士遭绑架被关在一起，其中三个系古奇领带，只可惜此刻的领带并不是系在领下，而是塞住嘴巴。不佩戴领带者此刻好不狼狈，嘴里竟被塞满卫生纸。广告标题为"与众不同，不总是件好事"，广告表现的就是古奇品牌的大众化和不变的人格尊严与魅力。

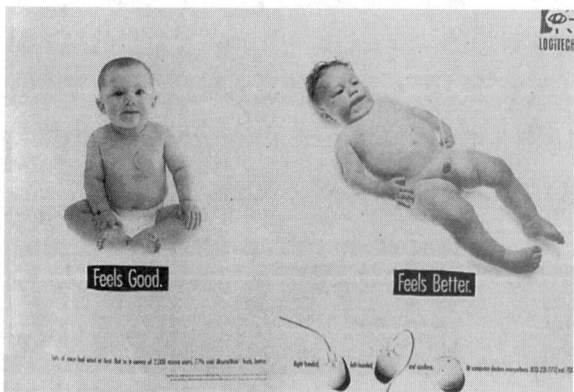

标题： 感觉良好　感觉更好；**正文：** 许多鼠标器最初感觉都良好，但调查了2000户鼠标器使用者，有77%觉得鼠标人感觉更好些。

图8-21　美国鼠标人广告

对于鼠标器这种作为电脑部件的高科技产品，广告表现一般采用理性方式。但美国LOGITECH公司的广告（如图8-21所示）由两个赤条条天真无邪的婴儿把鼠标人（Mouse Man）产品表现得谐趣自然、温情脉脉。画面中的两个婴儿：一个感觉良好，因为他穿着"尿不湿"，尽管尿了但并不因湿了裤子而难受，安然自得、若无其事；另一个就更潇洒、感觉更好了。他仰面朝天，顺其自然，感受着"温泉"的快活，欣赏着自己的"杰作"，这种状态与前一种相比，简直到了自由王国：随心所欲，得心应手。

这正是广告的指称对象——鼠标人在被使用时给人的感觉。这样就将一个理性十足的产品广告表现得富有生活情趣，创意自然。

广告指称对象是高科技产品，但通过人人最初始、最熟悉的生活情景及其谐趣美，

找到了人类共有的心理通道，从而使广告所传达的信息超越民族文化障碍，走向全世界。谐趣美主要来自于画面幽默有趣的视觉冲击力。婴儿全身心地欣赏和审视着自己的"杰作"，稚态可掬。这种喜剧效果使受众在自然风趣的氛围中达到对广告指称对象的认知，并在"良好"与"更好"的对比心态配合下记住产品特征和品牌。广告的文案与画面形成了鲜明的对照。文案一反视觉形象的浓郁情趣和感情色彩完全采取说明手法，没有夸张，没有渲染，质朴平实地用数字来说明调查结果。文字虽少但说明力度不小，使受众从对视觉形象的感受回到了理性认知，从而理智地决定是否采取购买行动。

精要提示

　　广告表现是将创意构想以适当的形式表达出来。广告表现策略有多种分类，常用的表现手法有写实、比较、权威、示范、幽默、警示、文娱、故事、夸张等。

❑ 复习思考问题

（1）广告创意的基本特性是什么？

（2）简述广告创意的基本流程。

（3）试举例说明在广告创意中有关思维方式的运用。

（4）如何运用头脑风暴法进行广告创意？

（5）试结合12个"一"检核表说明广告创意的技术特性。

❑ 综合案例演练

　　试就如下几则广告，分析说明其创意表现手法。

之一：电子游戏软件广告　　**之二：瑞典香水广告**

广告语：认真点！！肉脚！你到底让我阵亡几次！？

文案：警告！

这则广告获戛纳国际广告节优秀作品金狮奖。两个彪形大汉正在进行激烈的摔跤争斗，突然一个紧紧搂抱对方，闭着双眼，撅起嘴唇，使劲地闻着对方脸颊，他完全陶醉在一种奇香之中。而对手被这突如其来的举动搞得不知所措，他力图推开，使劲挣脱，但无济于事。他不知这是怎么回事，目光充满疑惑。后面的裁判员也为这种场面惊诧，以为运动员犯规而发出警告。

之三：健身中心广告

之四：美国JEEP汽车公司广告

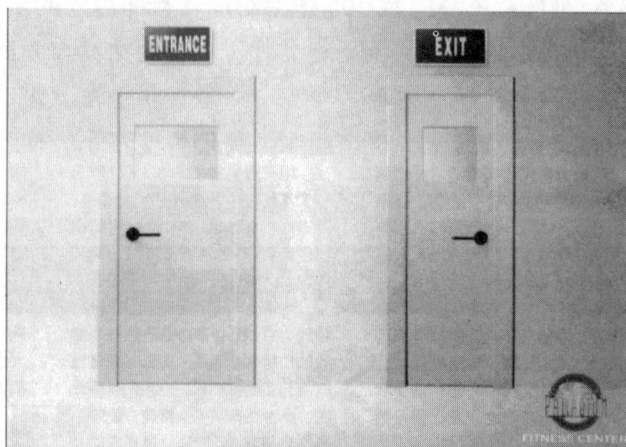

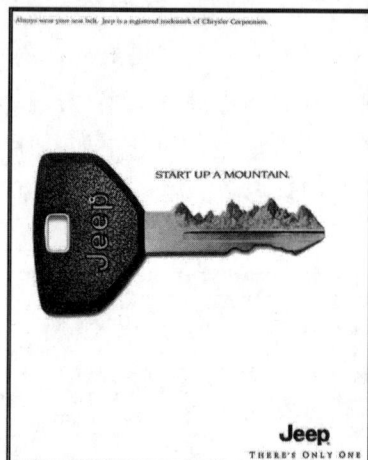

之五：捷达汽车广告（钥匙篇）

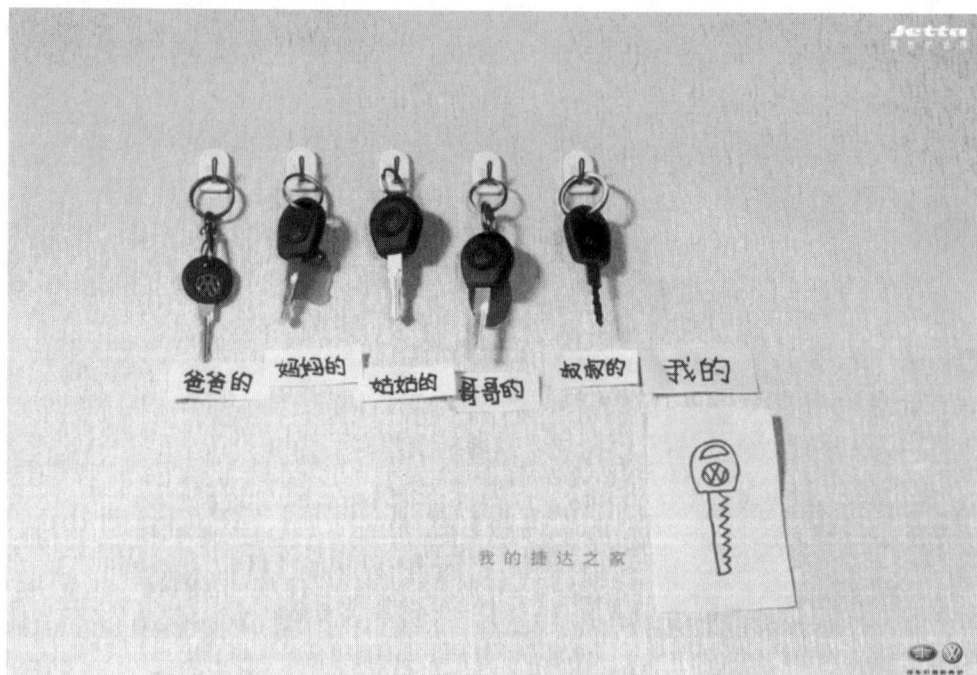

本章主要参考文献

余明阳，陈先红主编. 广告策划创意学（第2版）. 上海：复旦大学出版社，2003

丁邦清，程宇宁著. 广告创意：从抽象到具体的形象思维. 长沙：中南大学出版社，2003

第 9 章

广 告 制 作

□ **学习目标引导**　广告制作实际上是广告策划和创意的具体实现，具体运作过程要考虑的因素和事情很多，但万变不离其宗，在广告业务制作工作中，每一个广告人都不能忘记三点，即消费者欲求、产品特性价值和竞争者状况。现代市场已经进入高度同质化阶段，单纯从各种技术参数上看它们之间的差别不大，消费者会不会选择某商品或品牌，关键在于消费者"说行就行，说不行就不行"，商家"不服不行"。因此，广告制作者要洞察消费者的消费特性，以消费者为导向研究产品特性，广告要列出产品特色、消费利益点和价值取向，并针对消费者需要确定竞争对手及自己所处的市场位置，从而将广告制作策略与营销策略、品牌策略联系整合起来，在保持高度一致性的战略框架下具体运作实施。广告制作是专业技术性很强的工作，本章主要从业务操作层面分三节介绍广告文案创作、广告布局设计和广告制作实务。通过本章学习，希望读者能对广告制作基本原理、技术和方法有个初步了解，以便为实践打下坚实的基础。

□ **逻辑架构图示**

9.1 广告文案创作	9.2 广告布局设计	9.3 广告制作实务

9.1 广告文案创作

广告文案（Advertising Copy），是指广告艺术形式中的语言文字部分。通常所说的广告文案一般是指平面（印刷）广告的文字部分；至于电波广告，在电视广告中称作"故事板"（Story Board）或广告脚本。随着网络的普及，网页广告的文案设计也逐渐受到重视。

9.1.1 平面广告文案结构

图9-1 《财富》（中文版）的一则
PIAGET牌手表广告

平面印刷广告文案的基本结构一般可分为广告标题、文案正文和辅助说明三部分（参见图9-1所示）。

广告标题（Headline）是大多数平面广告最重要的部分，它是决定读者是否读正文的关键。奥格威认为，读标题的人是读正文者的5倍，也就是说，标题代表了一则广告所花费用的80%。**标题好比商品价码标签，用它来向你的潜在顾主打招呼**。每个标题都应带出给潜在买主的利益承诺，要有新意、品牌名称和好字眼，有利于激发读者好奇心并引导其去读正文。

文案正文（Body Copy），即广告文案的主体部分。**它是具体承载广告信息、反映广告主题、说明广告对象的语言文字，是广告文案的核心所在**。广告正文的体例可是散文体、诗歌体（格律诗、自由诗、民歌、对联）、故事体、戏曲体（小品、相声、曲艺）、书信体、新闻体或说明体等。一般地讲，文案正文在表述格式上大致有三种，即概括表述法、罗列表述法和分段表述法。大部分报纸杂志类广告采用的是分段表述法。例如，当年威廉·伯恩巴克为奥尔巴克百货公司所写的广告文案（见图9-2），其正文分三段娓娓道来，平易近人而又引人入胜，文风朴实无华，平铺直述而令人信赖，堪称经典之作。

你为什么要欺骗自己，认为自己买不起最新的与最好的东西？在奥尔巴克百货公司，你不必为买美丽的东西而付高价。有无数种衣服供你选择——一切全新，一切使你兴奋。

现在就把你的太太带给我们，我们会把她换成可爱的新女人——仅花几块钱而已。这将是你有生以来最轻松愉快的付款。

做千百万的生意，赚几分钱的利润。

图9-2 奥尔巴克百货公司广告文案

辅助说明（Caption）是广告文案的附属部分，即对广告内容进行补充说明，包括商标、品牌、公司名称、地址、联系方式、购买方法等。有的还有广告语（Slogan），又称口号、标语、广告标语，即简洁上口的几句短语，可持续使用在不同广告上。在一些杂志广告上还常设置箱形框（Box），系用各种装饰线条或花纹围成四边形框文，置于广告醒目之处，以用作提供赠券（coupon）、赠品样式及条件等。

业内人士公认：**广告语是标题中的标题，是灵魂中的灵魂**。好的广告语对整个广告能起到画龙点睛的作用。这样的标语，真正是"一字值千金"。据调查统计，凡**广受消费者欢迎的商品广告大都有一句生活化的、轻松的广告流行语**。好的广告语之所以能够流行，其深层缘由就在于它能够以消费者为导向，反映大众心声，真正肯定消费者自身的价值追求。广告语的写作要与企业或产品品牌的个性、特点相吻合，使用大众化、口语化语言，具有浓郁的生活味道，注意从社会流行语中寻找灵感。

9.1.2　电波广告文案：故事板或脚本

所谓故事板（Story Board），又叫"故事画纲"，**它是电视广告的文案形式，是艺术化作业阶段借助美术手段，以"连环画"的形式对广告创意所做的图画和文字说明**。

绘制故事板对创作人员整理自己在策划阶段形成的创意构思很有好处，通过绘画和文字可以把创作过程中的想法表达出来，便于审视斟酌和进一步完善或修改。同时，故事板还是与客户沟通的必要手段，借助故事板很容易向客户介绍说明电视广告脚本的主题内容及表现手法，从而获得客户的理解和认可，并以客户在此故事板上的签字为据形成契约关系。此外，故事板也是电视广告制作的重要依据，制片公司将根据故事板的画面编制预算、安排场景并挑选演员，导演、摄影师和灯光技师都要以此为依据进行再创作。

故事板并没有统一的标准和规格尺寸。故事板的主要目的是便于客户审查认可或给制作人员提供拍片依据，所以只要客户和制片公司看得懂、能说明问题，画法、格式可以多样。内容一般包括：客户名称、产品名称、长度、画面、声音的说明，镜头与镜头的连接方式以及拍摄方式等，正式的脚本还应附上创意说明。

每个故事板的画幅数最好能与镜头数相符，究竟应画多少幅根据具体情况决定，只要把意思表达清楚就可以了。例如，《东阿阿胶》电视广告由4个较长的镜头组成，其故事板绘成四个长条形图画（见图9-3）。

图9-3　《东阿阿胶》电视广告故事板

广播广告的文案，即广播广告脚本，相当于电视广告的故事板。

广播广告脚本有较固定的格式。一般应该在左上角标出产品名称及题目，第二行说明播出时间长度，接着是文案主体，注明是现场广播稿还是录音广告。音响效果要在底下画线，用以提醒制作人员注意，并且单列一行。如果音响必须在某行的对话中出现时，可用省略号表示，然后再从头写一行说明音响的内容，在下面一行对话开

资料来源：周建梅，路盛章，董立建著. 电波广告·平面广告：四大媒体广告的实际创作。北京：中国物价出版社，1997

始前加上省略号表示恢复对话。音乐内容和音响效果作同等情况处理。

为了方便阅读，广播文案最好能够隔行书写。撰写文案时，应该尽量注明声调的要求，比如要求某人用生气、乞求、讽刺等表达方式念出来，如果不能成功地达到所要求的表达方式或不能表现出特殊的声音，广告效果就会大打折扣。

电波广告文案的常见形式有如下几种。

直截了当式（Straight Announcement）。这是广播、电视广告中最古老、最简单的一种形式，也最容易写，由一个人（多半是电台、电视台的播音员）播送销售信息，也可以配有背景音乐。这种形式较为流行，因为它几乎适用于所有产品或条件。在广播中，直截了当式广告还可以设计成整合广告（Integrated Commercial），即可以与某一节目穿插或针对指定节目专门制作。

主持人式（Presenter Commercial），即用一个人或角色来表现产品，传递销售信息。

证言式（Testimonial）即让某人（多是名人）作为心满意足的用户，现身说法地告诉观众产品如何如何好。无论在电视广告还是广播广告中，采用这样的表现形式都显得非常可信。名人当然引人注目，但他们必须令人信服，且不得喧宾夺主，削弱产品传播意图。实际上，各行各业的人都可以扮演推荐人的角色，无论是著名人物还是无名小卒，抑或非专业人士。至于采用哪种类型的人充当推荐人，这要视产品属性和广告战略而定，满意的用户是最好的证言资本，因为他们的真诚一般都颇具说服力。

演示式（Demonstration），即利用电视等进行视觉演示。演示比口头信息能更快更好地说服公众，不要滔滔不绝地劝说，而是进行示范。在传播技术特性上，电视比广播也更容易演示产品，不过也有不少广告主利用广播成功地进行了幽默、风趣的演示。演示式广告可以演示产品的使用状态、竞争状态或使用前后的状态，这有助于观众直接看到产品具有什么性能。

音乐式（Musical Commercials）又叫歌谣式（Jingles），即将整个信息编成歌；可以在歌谣中间穿插旁白（Donut），也可以用合唱的方式表演交响乐式或流行歌曲式编排。许多广告创作者采用统一的音乐主题作为背景或结尾。广告音乐来源有三个渠道：从版权所有人那里购买曲子的使用权，通常费用较高；利用已无版权问题的曲子；专门请人创作一段原创曲子。有些原创歌曲，如可口可乐广告著名的"我想教这世界一齐唱"，往往变成了流行的歌曲。

生活片段式（Slice of Life），即按现实生活情景进行表演。其成功的关键在于简洁，广告应突出表现产品利益，使受众印象深刻。

动画式（Animation Techniques），即利用卡通、木偶和电脑动画表演等动画技法达到宣传产品的目的，这是处理那些较为麻烦的信息和到达特殊市场（如儿童）的非常有效的方法。

9.1.3 广告文案主题选择

主题是广告文案的中心思想，是统帅和灵魂，具有突出重点、统领全文的作用。文案写作首先要明确主题，然后围绕主题组织材料、结构和词语。**主题选择要准确、深刻、**

新颖、集中；切忌失真、贫乏、俗套、模糊。主题一般可采用"选择确定法"，即在多角度分析的基础上选择立意最佳者。

有时，广告目标主旨是为了宣传企业或品牌形象。在这种情况下，广告主题的确定往往需要采用组合法，将多重信息组合在一起来确定主题。具体做法有要点式组合法、分类列举式组合法等。

要点式组合法，如在四通打字机广告文案中便有运用。

来自四面八方，汇集千言万语。

四通中外文打字机为您谱写厚意深情。

虽未谋面，相见恨晚。四通中外文打字机把友谊传扬。

千言万语传递一片深情。四通打字机——您的最佳选择。输入千言万语，打出一片深情。

分类列举式组合法，如农业银行储蓄卡广告文案。

喜庆佳节，礼尚往来，是我国人民的优良传统，为您在喜度春节、馈赠好友之时增添一份喜庆，农业银行推出贺卡储蓄。

储蓄贺卡，集艺术贺卡和储蓄存单于一体，美观精致，高贵典雅。既有保存价值，又可养成储蓄习惯，是最理想的馈赠礼品。

储蓄礼品卡，送给您一份诚挚的祝福，一声亲切的问候。

储蓄生日卡，祝贺您美好的一天，祝贺您幸福的开端。

储蓄祝寿卡，原您生活万事如意，原您开心健康长寿。

储蓄婚礼卡，原您们意似鸳鸯，情如鸾凤，永寿偕老。

储蓄奖金卡，送给您荣耀，赞美您辛劳和奋斗的成果。

9.1.4 广告文案写作的基本要求

在传播功能上，广告文案就是利用语言文字的"义"、"形"、"音"三要素来传达广告信息内容。广告文案创作要求是多方面的，常见的是5I模式，或称5I法则，即：

"准"（Idea）——准确表达广告主题和诉求点；

"深"（Impact）——文案要有深刻的思想内涵，有强烈的冲击力；

"新"（Information）——文案创意别出心裁、不落俗套，能提供有价值的信息；

"趣"（Interest）——文案写作要有艺术情趣；

"奇"（Impulsion）——文案表达要有奇特的艺术魅力，能促成购买冲动。

5I模式主要是就广告本身的传播力而言，强调广告本身高妙的创意是广告宣传成功的关键。但它只是从广告本身谈广告，不大注重消费者的理解和接受能力。随着"定位"理论的风行，文案创作也强调广告不仅要引发消费者注意，更要让消费者满意，留下深刻的印象。AIDAS模式就是这种观点的代表：

Attention——要引起消费者的注意；

Interest——让消费者产生兴趣；

Desire——广告让消费者产生了购买或进一步了解的欲望；

Action——为消费者做出购买行动提供足够的信息，扫清前进的障碍；

Satisfaction——广告营销活动最终的评价标准和目的就是让消费者感到满意。

专栏9.1：经典金言

奥格威广告文案写作建议

◇ 不要旁敲侧击，要直截了当，避免使用"差不多"、"也可以"等含混不清的语言。

◇ 不要用最高级形容词、一般化字眼和陈词滥调，要实事求是、坦诚、友善且引人入胜，使人难以忘怀。

◇ 在文案中采用用户的话现身说法更易令人信赖，应该常在你的文案中引用用户的经验之谈。

◇ 不要单纯地展示产品本身，应向读者提供有用的咨询或服务。

◇ 我从未欣赏过文学派的广告，高雅的文字、精雕细刻的笔法对广告是明显不利的因素。

◇ 在短文无法奏效时，不要怕写长文案。

◇ 讽刺的笔调无助于推销商品。

◇ 避免在广告正文中唱高调。

◇ 除非有特别原因在广告里使用严肃、庄重的字，通常应使用顾客在日常交谈中常用的通俗语言写文案。

◇ 不要贪图写获奖文案，得奖与绩效好不是一回事。

◇ 优秀的撰稿人从来不从以文字取悦读者的角度去写文案。

◇ 照片下面必须附加说明。

资料来源：大卫·奥格威著. 一个广告人的自白. 北京：中国物价出版社，2003

9.1.5 广告文案语言技法

广告文案的语言要讲究修辞技法，但修辞技法要运用得当，否则机械模仿、词不达意、渲染过分、牵强附会、含糊其词会大大影响广告传播效果。广告文案的语言形式主要有三种类型，即口语、文学语和陈述语。

口语 是指以通俗易懂的生活化语言传达广告信息，具有通俗性、亲近感和生活化的特点和要求。这种语言形式多用在娱乐体广告文案中，强调文化韵味、审美情趣和愉悦欢快。

文学语 广告文案要讲究文学艺术性，广告作为一种诱导人们购买的语言艺术，要求具有很高的修辞技巧。文案撰写人员要有娴熟的文学艺术修辞技巧，以便能写出引起消费者共鸣的话语来。广告语言的修辞技巧也无外乎比喻、对比、拟人、对偶、夸张、双关、仿词、烘托、反复等。

陈述语 多用于理性诉求的场合，以陈述语句介绍广告信息，具有客观性、准确性及条理性的特点和要求。这种语言形式强调淳朴真实、陈述事实、条理清楚。

哈特威衬衫广告（见图9-4），是一则典型的直述型广告。它是美国赫赫有名的广告大师大卫·奥格威最为人们称道的得意之作，曾在市场取得了神奇效果，也是广告学必讲的经典案例之一。

广告标题"穿'哈特威'衬衫的男人"平直无奇，语气十分平和、朴实无华、单刀直入地告诉人们一个信息了事。文案介绍说明中肯、具体、实在、令人信赖。

文案一开始，就很能打动男士们的心，引起人们阅读兴趣。第一段以平直的口吻着重说明了男子追求着装效果的一个简单道理或普遍感受：衬衫对西装具有"绿叶红花"般的衬托作用。几乎所有男士都知道，西装再好，衬衫较差，便会黯然失色，甚至会反美为丑；而一件高档的好衬衫，会使西装气度不凡、顿然生辉。哈特威衬衫正具有这样的效果，男士穿上哈特威衬衫会如戴眼罩的模特儿一样帅气。

> **穿"哈特威"衬衫的男人**
>
> 美国人最后终于开始体会到买一套好的西装而被穿一件大量生产的廉价衬衫破坏了整个效果，实在是一件愚蠢的事。因此在这个阶层的人群中，"哈特威"衬衫就日渐流行了。
>
> 首先，"哈特威"衬衫耐穿性极强——这是多年的事。其次，因为"哈特威"的剪裁（低斜度）及"为顾客定制的"（衣领），使得您看起来更年轻、更高贵。整件衬衣不惜工本的剪裁，因而使您更为"舒适"。
>
> 下摆很长，可深入裤腰。钮扣是用珍珠母做成——非常大，也非常有男子气，甚至缝纫上也存在着一种南北战争前的高雅。
>
> 最重要的是"哈特威"使用从世界各地进口的最有名的布匹来缝制。
>
> 衬衫——从英国来的棉毛混纺的斜纹布，从苏格兰奥斯特拉德来的毛织波纹绸，从英属西印度群岛来的海岛棉，从印度来的手织绸，从英格兰曼彻斯特来的宽幅细毛布，从巴黎来的亚麻细布，穿这么完美风格的衬衫，会使您得到更多的内心满足。
>
> "哈特威"衬衫是缅因州的小城渥特威的一个小公司的虔诚的手艺人所缝制的。他们世代在那里工作，已整整114年。
>
> 您如果想在最近的店家买到"哈特威"衬衫，请写张明信片到"C·F·哈特威"缅因州·渥特威城，即复。

图9-4 奥格威经典广告文案

接着，文案分段论证了哈特威衬衫的一系列特点：耐穿，衣领斜度低，切身；用料考究，做工地道，高档典雅；面料皆为名牌，工艺上乘优良；历史悠久等。整个文案用事实说话，说服力强，令人信赖，诉说的利益点和承诺都十分具体、明确。

直述式广告最易流于一般化，缺乏新意。奥格威化腐朽为神奇，广告形象设计别出心裁，引人注目。他仅用了一个小技巧——给模特儿戴上眼罩，一来使人们的视线在接触图像时自然从模特儿脸部移达广告诉求的重心——衬衫上面；二来使文案的平直说明不显得呆板，让人们在生气盎然、新奇有趣的心态中接收完全部的广告信息。衬衫在深色背景下格外显眼，这就较好地突出了商品形象。衬衫穿在身材俊美的模特儿身上，配以协调的领带、皮带，右手下垂，左臂弯曲握拳插腰，这就将衬衫的典雅、优美、潇洒、高档的风格表现得淋漓尽致，给人留下了极为深刻而美好的印象。

另外，广告很契合杂志媒体特点。图片精美，标题和正文编排规范、统一，整个广告布局具有完整的经典艺术美感。

9.2 广告布局设计

　　布局（Lay out，即laying out the element的缩写），意指"将有关元素配布于适当位置"。**广告布局主要是指一则平面广告整体的构图设计，其构成要素主要包括适当图形、字体和商标等。广告布局设计就是对广告的插图、文字形式和商标图案等要素所做的整体安排，它是根据主题与创意需求将各要素进行创造性组合的设计。**

9.2.1 广告插图

　　广告插图是广告的"吸引力发生器"，在引人注目、美化版面方面具有不可替代的作用。有调查数据显示，图画对视觉的刺激作用远远高于文字，阅读插图和文字说明者是阅读正文者的两倍，人们对图形和文字的注意度分别为78％和22％。

　　广告插图能够生动形象、直观逼真地表现商品特性，将那些难以言传的商品信息（如造型、包装、色彩等）进行直观的视觉展现；**生动的图解、鲜艳的色彩和有趣的符号可以不由分说地"飞"进读者的视线，往往能达到有效的沟通效果。**例如，《广州日报》广告（见图9-5）曾获1994年全国报纸优秀广告金奖，其广告标题为："日日十六版，天天多姿彩。"为了使十六版丰富多彩的内容更加具体、形象，广告作者在画面上设计了16种大小不一、颜色各异的蝴蝶形象，使人一目了然、直观准确地把握广告所宣传的主旨。

　　广告插图主要有广告照片、绘画、卡通和图示四大类。

　　广告照片是应用最广泛的插图形式，一般有产品陈列照、使用现场照、使用效果照以及与产品宣传有关的其他照片等，其特点是生动逼真、有立体感。例如，德国杜塞尔多夫BBDD广告公司创作的博朗剃须刀广告采取艺术肖

图9-5　《广州日报》广告

像摄影技术，将面部相像的猩猩和人进行对照，以形象化的视觉冲击力展示了剃须刀快速净化（进化）的功能，真可谓"亿万年太久，只争分秒！"，形象、巧妙地凸现了剃须功能（见图9-6所示）。

图9-6　博朗剃须刀广告

广告绘画主要用来营造氛围，比如夸张地表现某种情趣或幽默感。从制作手段上广告绘画可以分为手工绘画和电脑绘画。手工绘画包括油画、水彩画、水墨画、版画、素描或速写画等。电脑绘画主要是在创意思考的基础上运用电脑工具与创作软件进行具体创作，它能绘制出手工创作无法实现的复杂设计图案，目前已成为广告绘画创作的主流形式。

例如，NORDSTROM服装广告（如图9-7所示），请时尚画家鲁宾·托勒多按照公司制订的创意思路为该公司的服装品牌绘制了平面系列广告画。该广告刊登于2001年2月的《时尚》和《W》杂志上。而中国电信广告（如图9-8所示）利用中国古典绘画艺术形象地表现了现代网络通信技术的便利性。

媒体：《新民晚报》

广告语：有Internet，红娘就不辛苦了；有Internet，就不用相思苦了；有Internet，就不用再辛苦了。

图9-7　NORDSTROM服装广告　　　图9-8　中国电信广告：西厢记篇　牛郎织女篇　西游记篇

图9-9是伦敦DDB广告公司为德国大众在英国推广"新款甲壳虫"汽车制作的广告。这则广告，外部背景是简单易玩的数字拼图画，而里面是一幅精雕细琢的达·芬奇名画。广告语"乐趣其外，精艺其中"画龙点睛、图文配合、相得益彰。

卡通漫画是运用拟人手法把无生命的事物赋予人性化形象的一种艺术形式。卡通漫画具有幽默性和滑稽性，适合表达广告的谐趣，对少年儿童的影响尤为显著。例如，英国麦肯广告公司为雀巢Ice冰淇淋制作的广告（见图9-10），以童趣漫画构图，主题鲜明。

图9-9 德国大众汽车公司广告

图9-10 雀巢冰淇淋广告

广告图示，即采用示意图，像机械制图或建筑蓝图那样的图解方式，可以表现产品构造、工作原理、作用机理或地理位置等，可以使复杂现象条理化、抽象概念形象化，从而使不易用文字或其他形式说清的广告信息得到形象化具体展现。

9.2.2 广告文字形式

广告文案涉及的是文字内容，而文字形式则属于广告布局的组成要素。文字形式包括字体、字号及文字编排三个方面。

图9-11 2008年北京奥运宣传广告

广告字体一般可分为印刷体、手写体和美术体三类，美术体广告范例见图9-11所示。

印刷体庄重规范，其基本体有四种：宋体、仿宋体、楷体和黑体。宋体横轻直重、平易朴实，一般用于正文，大号者用作标题醒目大方；仿宋体笔画细致轻灵、秀美飘逸，一般用作小标题或正文；楷体笔划浑圆庄重、柔中带刚，一般用做轻松性标题，不宜用于内容较多的正文；黑体横竖笔画同粗细、凝重有力，多用于广告标题。

手写体轻松随意，充满亲切感，具个性色彩，一般有篆、隶、碑、草、行、楷等。秦篆古朴圆劲，汉隶圆润生动，魏碑朴拙峻雄，颜书肥庄正伟，柳书瘦健劲秀。例如，TBWA上海广告公司制作的马爹利酒广告"昨夜星辰篇"（见图9-12A）是与电视广告连结互动的平面广告，广告以手写文字配电视"美酒佳人"画面背景来表现品牌形象，其手写文案自然飘逸，与画面人物情态浑然一体，很有视觉美感；肯德基广告（见图9-12B）主体部分采用毛笔书写，庄重大气，既与中国特色完美结合，又突出了以消费者为中心的企业文化，该广告曾获得第十届中国广告节铜奖。

美术体具艺术装饰性，喜闻乐见。一般也有宋、黑等变体。各种变体美术字可以据文字内容含义和丰富想象力灵活变化，如装饰美术字、形象美术字、立体美术字和书法美术字等，其中书法美术字具中国文化特色，在国内广告装饰和商品包装设计中最为常见。

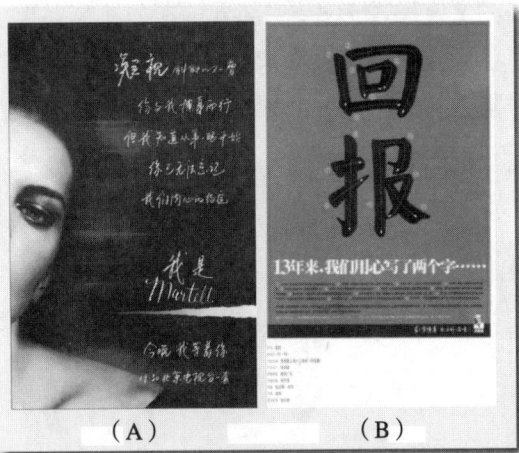

图9-12

在选择字体时，需要充分考虑广告商品的特性、广告主题和整体风格等，使用国家正式颁布的规范化字体。例如，家电广告字体宜选用优美轩昂的黑变体以体现商品质感，化妆品、针织服饰类商品可选用轻秀畅婉的宋体，中西药品、乐器类商品可选用中西文书法美术体表现民族文化特色等。但在一幅广告画面中字体变化太多会显得零乱，应根据广告画面整体布局情况，适当搭配和使用标题和正文的字体，以增强美观。

2001年4月4日《广州日报》"国际新闻"版以半版发布的UPS广告（见图9-13），利用特大写的中国书法字体"信"，立人头与口字尾连接中国与美国，既告诉了书信通信的业务内容，也蕴涵了UPS的"守信"理念，即安全、及时、可靠。广告语"至上之选，至速之道"和UPS商标图案所表现的企业形象也十分到位，体现了快速运达的理念，代表了一种完善、地道的服务。

图9-13　UPS广告

字号即量度字体大小的标准单位。国际字号标准单位是"点"，每点0.35毫米，误差不超过0.005毫米。根据点数的多少一般分为1-6号字体，字号越大越引人注目。广告中的字号选用要服从整体构图安排，须与插图相呼应，视视觉效果而定。

文字编排是指文字的位置、线条形式和方向动势。常见的文字编排形式有横排、竖排、斜排，齐头齐尾、齐尾不齐头或齐头不齐尾编排，中央对称编排，沿着图形编排以及将文字排成图形等多种形式。

图9-14的《南方周末》广告，与画面形态相呼应，采取齐尾不齐头的文字排列形式，十分得体。在图9-15中，A部分湖南食品节广告采用的是齐头不齐尾的编排形式。B部分香槟酒广告文字编排采用沿着图形编排的形式。C部分瑞典伏特加酒广告是将文字排成图形的典例。D部分奥林匹克花园广告采取齐头齐尾

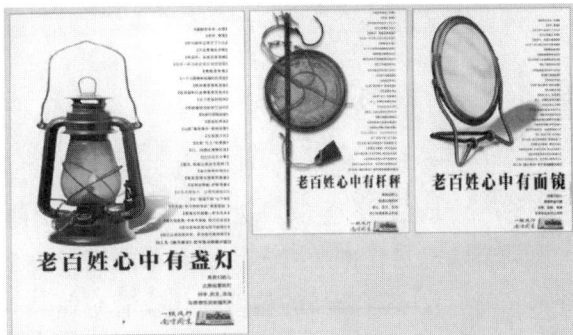

图9-14　《南方周末》广告

的文字编排形式，E部分抗击非典公益广告的文字编排形式是中央对称。F部分贝克生啤酒广告采用古代发布禁令的竖排毛笔字形式。各种文字排列形式的具体选择和取舍皆以画面整体构图需要为准。

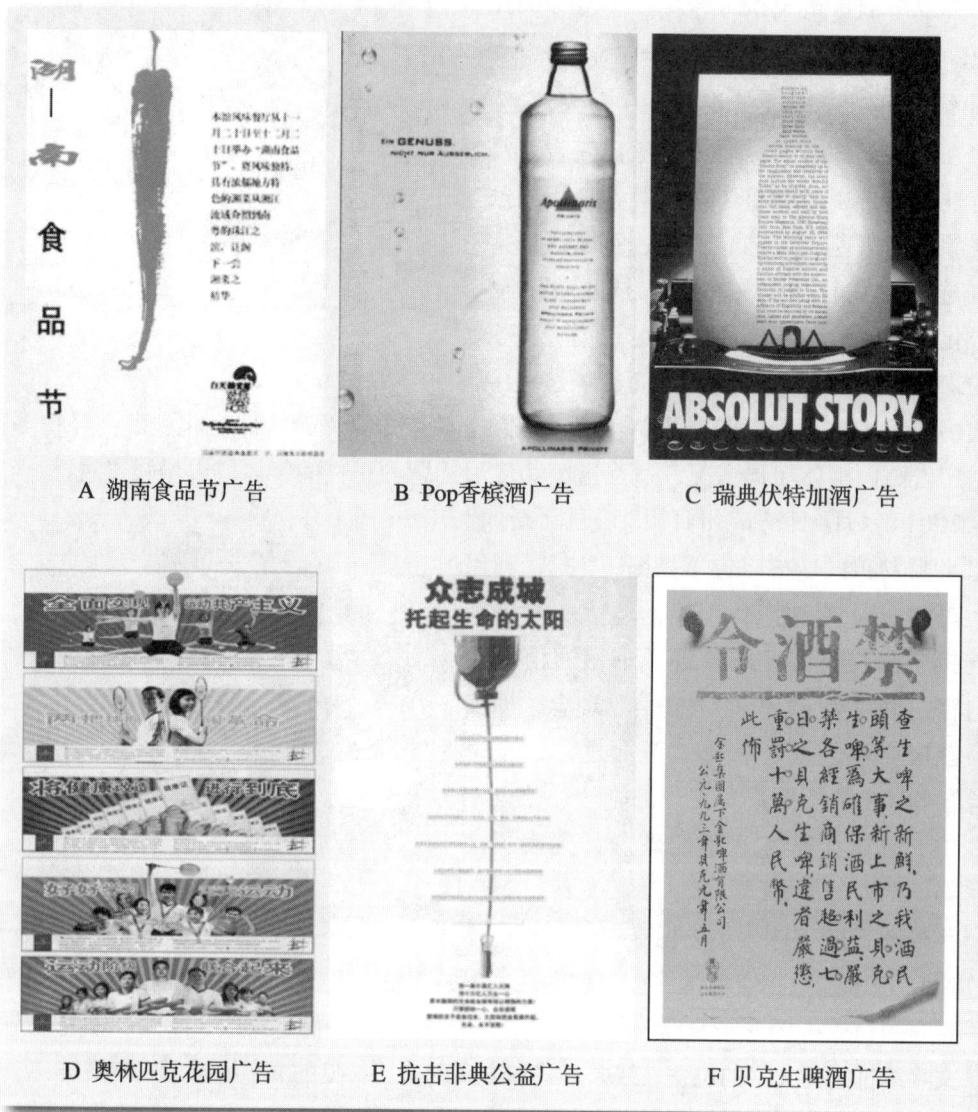

A 湖南食品节广告　　B Pop香槟酒广告　　C 瑞典伏特加酒广告

D 奥林匹克花园广告　　E 抗击非典公益广告　　F 贝克生啤酒广告

图9-15　文字编排形式

9.2.3　广告商标图案

商标俗称"牌子"，通常由文字或文字缩写、变体而形成"图案化文字"（logotype，或称"合成文字"）来表现。它是用以区别商品来源及特征的标记，是一种商品所独有的视觉辨认符号，也是广告特别是平面广告必不可少的构成要素。

商标代表着产品的特性，代表着企业经营理念的个性，是企业形象的缩影、商品价值的代表。同时，作为"平面广告的眼睛"，商标也是引导消费者选购的重要标记和手段。

在平面广告中，商标图案一般与商品或企业名称编排在一起，形成统一的产品或企业形象视觉识别标记。在相似、相接近或商品造型、款式接近的情况下，商标可以使消费者在商品海洋中以最短的时间识别出某个品牌的商品，广告商标图案集锦请见图9-16。

图9-16 广告商标图案集锦

　　商标图案作为形象识别标记长期出现在不同的广告中。例如，可口可乐的平面广告，其他内容形式经常变化，多则一年更换三四次，但其商标图案却始终如一，且往往在画面中占据着十分醒目的位置。

　　商标图案的设计要求新颖别致、别具一格。一般而言，商标设计的手段主要有以下几种。

　　（1）字母表现法是以商标名称头一个字母的形象为基础，进一步注释、发挥，把企业或商品的含义结合进去，就可以创造出比较切题的商标。例如，英国比沃特化学公司的标志（9-17A），图案由该公司的第一个字母B的小写体b变形而成，看上去又犹如一个化学试管，把企业的行业特征明显地表露出来，使人过目不忘。

　　（2）连字表现法是由两个以上的字母组合设计而成。设计时注重糅合企业、商品、理念等相应的内容，将连体字进行变形处理。例如，日本健伍株式会社的标志（9-17B），由粗渐细的斜线构成的"W"上方的红色倒三角形形成了标志视觉中心，给人以视觉冲击效果，同时表现了音响所特有的发散性，并给人以现代性的精密感，使人联想到健伍的产品特征和企业理念。

（3）写实表现法是将自然形态下的物体或人物造型加以简化、变形，创造出更集中、更简洁、更具有视觉冲击效果的商标方案。写实表现法也可以再进一步与汉字、英文字母

图9-17　商标设计若干方法示例

组合，从而象征、比喻商品理念或特性。例如，"蝴蝶牌"化妆品的商标（9-17C）通过把自然蝴蝶的外形概括、提炼变形，以"一笔画"的形式表现出来，一挥而就，意境深远。

（4）抽象表现法是以点、线、面组成的抽象图形表现设计主题，紧紧抓住形态的"神韵"并加以简化或强化，对具像进行高度升华和概括，使之更集中、更具有视觉冲击力，让人过目不忘。例如，保加利亚捕鱼业的标志（9-17D）在C字为主体的图案里巧妙地点上一点，即把"鱼"画龙点睛地展现出来，而C字把白色的鱼围绕在中间，这就把行业特点"捕鱼"淋漓尽致地展现了出来。

9.2.4　广告布局基本法则

广告布局　是指对广告的插图、文字形式和商标图案等要素所做的整体安排，是根据主题与创意需求将各要素进行创造性组合的设计。它是一种平面造型艺术，必须遵循所有构图艺术形式的基本法则，例如统变、主从、静动、对称、均衡、协调、连续等审美规则。这里做如下几个方面的简要概括。

统变有度　广告布局须遵循统变有度法则，即在整体上要统一完整，而在局部上则应**活泼多样。广告中一切要素就局部而言是相对独立的，有变化的；但在整体上要精神相关联，情感有呼应，形式协调统一，形态顾盼有情。**广告插图、产品形象、商标图案，文字形式等都要相互呼应、关联统一。统一与变化在动态上具体表现为连续与反复的关系。连续是变化形态间的联系与统一，系列商品等的反复排列是有规律、有节奏地伸展和连续，连续与反复搭配得当，既可强调广告信息、强化记忆度，又可增强广告画面的韵律美、节奏感。

例如，请看上海联通广告（如图9-18所示）的布局，蓝天白云的图案背景中蝴蝶风筝与文字排列错落有致，不枝不蔓，统一中有变化，较好地表现了"持有如意通，使用手机更轻松"的主题。再看三星手机广告（如图9-19所示）的布局，在动态中实现了统一与变化，将"Girl'Cell"（女孩子的手机）的产品主题表现得淋漓尽致。

图9-18 上海联通广告

图9-19 三星手机广告

有主有从　广告构图要素要有主有从，主从分明，详略得当。一则广告，有主无从显得单调呆板，有从无主则散漫零乱。在进行广告布局时，首先要根据广告主题确定以何种要素形式为主体，将之置于画面的中心位置，以此主导和统摄整个广告画面的造型，其他要素形式则从属于主体态势，使之不呆板，富有生气。

广告布局最主要的主从搭配是插图与文案之间的搭配，一般无外乎主图文辅和主文图辅两种基本类型。一些形象易于表现而富有美感的商品，如服装鞋帽、珠宝首饰、化妆品等，广告构图多采用图主文辅的搭配形式，这样可以增强视觉刺激效果，吸引读者注目和阅读正文。文主图辅的搭配形式通常借助文字形式特别设计和编排来突出文案内容，使广告信息能以更加单纯醒目的文字形式加以直接传达。实际上，图文的主从搭配是相对的，二者常常是互相呼应、相得益彰的。

主图文辅布局如2001年4月17日《文汇报》"新闻点击"版位上以1/3通面发布的摩托罗拉手机广告（见图9-20）。广告主要以图像为主，画面在热烈的暖色调背景下，描述了机灵、可爱的卡通小狗与小巧、精致的心语T189之间的对话场景，

图9-20 摩托罗拉手机广告

辅之以广告语"人缘比我好，个子比我小！"，简洁、轻松、诙谐地表现出了摩托罗拉心语T189的特色和功能。整个基调轻松愉快，具有较高的记忆度和亲和力。

太阳神广告（图9-21）则属于文主图辅的典例。广告针对市场上许多营养液含有性激素、安全性问题突出的情况，为了使受众信服太阳神产品，文案用了较大篇幅对产品品质进行详细的技术性说明，而图案则相对处于次要位置。但画面虽小效果独特，左立型的图像采用了一个健美运动员肌腱凹凸、强健有力的身体造型，在单深色背景衬托下"尽显健

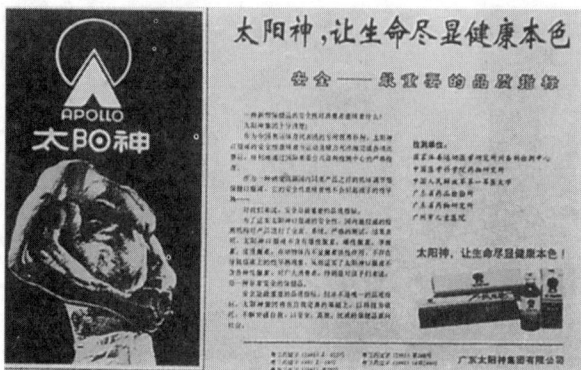

图9-21　太阳神广告

康本色"；其头部有意换成太阳神集团标志，将受众视线导入右侧上方的标题，再进入下面横向排列的广告正文。广告图文相互呼应，相得益彰，表现效果相当出色。

均衡协调　广告布局还须讲究均衡对称效果，即广告画面结构应对称均衡、对比协调。

首先要做到对称均衡。所谓"对称"即以一点为基准向上下或左右同时展开的形态，包括上下对称、左右对称、三面对称、四面对称和多面对称等。它以同形、同量、同距、同色的组合形式体现出秩序美和规则感，形成平稳庄重、严谨宁静的美感；所谓"均衡"不是形式上的机械平衡，而是指广告画面所引发的安全平稳感，给人以飘逸、生动、玲珑、自由的美感。例如，图9-22中太太口服液广告：充润的季节篇（2001）是广州星际艺术传播公司为深圳太太保健品有限公司做的七组系列广告之一。广告以浪漫的秋季表现多彩的女性生活，三组图均采取人物形象居左，齐头齐尾文案居右，中间显目位置展现产品形象的构图方式，整个图案具有均衡对称、动静协调的美感。

同时要做到对比协调。所谓"对比"是指正反两事物并列在画面上所产生的分离感，如色彩冷暖、色泽明暗、动静曲直、位置高低、线条粗细、面积大小、数量多少等，都可以形成对比效果，使广告构图引人注目、广告商品特性突出。例如，图9-23《福建日报》"专栏广告"形象宣传系列广告其采用上下左右、明暗色调的对比手法，使画面、文字均衡搭配，交相呼应，视觉效果极佳。

图9-22　太太口服液广告

图9-23　《福建日报》专栏广告形象系列之一

9.2.5　广告布局设计要领

广告布局设计一般经历如下三个阶段：创意布局（Idea Layout）；粗略布局（Rough Layout）；最后布局（Comp-rehensive Layout）（如图9-24所示）。

（1）创意布局　　　　　（2）粗略布局　　　　　（3）最后布局

图9-24　广告布局步骤

资料来源：Rajeev Batra等著. 广告管理. 清华大学出版社，第334页。

广告布局设计的一个关键步骤就是设计草案（Thu-mbnail Sketches），它是广告企划员、文案员、美术员等经头脑风暴会议共同创意并将创意以粗线条勾画出来的，故称"创意布局"。它通常是画在一系列小幅画纸上，不刻意描绘创意细节，主要是粗略表达创意的不同布局形式，以用作广告表现导向。草图一般要画很多幅，经过反复比较，以选择最佳布局。

粗略布局是当广告标题、副标题、主文以及广告插图等广告元素确定后，设计者就要从营销观点出发来判断应强调的表现主题和主体是什么，然后本着轻重有序、平衡谐调的原则安排其他要素的位置和形态，形成有视觉（vision）效果的粗略布局。这种布局，一般用以征求广告主初步认可，也是与上级主管人员磋商定案的基本依据。

粗略布局被认可后，美工人员要进行最后版面的综合布局，又称为"完稿布局"（Finished Layout）。完稿布局要求比较精密，文字处理讲究，通常要用正式的照片图像、打印字体、正规插图等，布局要高度精细化和具体化，整体效果应如同正式印刷作品。

广告布局是依靠智慧和经验的艺术创作活动，需要在不同规格的版幅上参考以往成功范例，按照一定的视觉效果要求，旁敲侧击多方联想才能做出具有创意的布局。一般来说，广告布局设计应注意如下要点。

——根据既定构想，应用线条描绘出各种可能的布局轮廓。在设计过程中，标题、主文、插图等表现要素可能有各种不同的配置形式，可考虑使用更多的线条作布局的骨干，用你的视觉判断和认识这些线条，不断变换图形尺寸和比例，在变化多端的范例中，选择其一作为激发灵感的思绪火花，通过头脑激荡会议形成创意布局。

——设计之初，先决定设计区域范围，如设计区域须占多大面积、应放在什么位置上，广告轮廓图形大小，才足以表现广告主题和效果（大要多大、小要多小）。先要设想一个视觉构架，把设想的"图""文"形象作成简图勾画出来。

——把标题和正文试着配置在适当位置。大标题是广告的重要元素，凸显大标题是广告设计的法宝；副标题是大标题的延伸，根据大标题决定副标题的形式及位置；从各种角度撰拟标题，不论可行与否均尽量一一列出，然后去芜存菁，审慎评估。主文作为广告信息的主要载体，在整个广告架构中十分重要，可用不同的线条显示主文所在位置，以达到最佳阅读效果。试用不同的字形、字体和字号表现主文和标题，看哪种视觉效果最佳。

——彰显商品标志（mark）为图案设计第一要务。尝试使用不同的广告制作工具，以平时设计经验和即席灵感激发，勾画出多彩多姿的图案，以主导视觉效果。尝试把标志图案作成各种尺寸及不同色彩，看哪种效果更好。

——针对不同媒体特点设计相应的广告草图，比较其效果差异。

——各种因素在布局上力求均衡。广告布局设计完成必须经过必要的评估环节，应深思熟虑，切勿草率行事。

专栏9.2：经典金言

奥格威广告布局建议

◇ 要在报纸广告杂志登出的广告必须设计得符合该报纸杂志的风格，要把设计原稿实际粘贴在报纸杂志上，来确定其广告效果。

◇ 使用编辑的布局（Editorial Layout）应避免罐头式的编排，不要玩弄小技巧，以致搞乱整个构图的布局。

◇ 注意使用视觉效果的对比（Visual Contrast），如"使用前使用后"。

◇ 不要用黑底白字，因为它不好看。

◇ 段落要分明，每一段的前面最好要有标示。

◇ 尽量缩短"句子"与"段落"，第一个句子不要超过6个字。

◇ 每一段当中，使用"↑"、"*"、"注解"等记号，便于读者阅读正文。

◇ 使用标示、黑体、字体、画线，以避免广告文案上的单调。

◇ 不要把正文放在照片上面。

◇ 不要把每一段落编排得四四方方，每段最后一行的空白作为喘息是必要的。

◇ 在广告正文上，不要使用粗黑体。

◇ 赠券（Coupon）要放在最上面的中央，以便取得最强烈的效果。

◇ 不要只为了装饰而使用文字。

资料来源：大卫·奥格威著. 一个广告人的自白. 北京：中国物价出版社，2003

精要提示

广告布局的构成要素包括图形、文案和商标等，所谓布局就是将这些要素搭配在适当位置。广告布局设计一般要注意遵守统变有度、有主有从、均衡协调等原则。布局设计的一般步骤是：创意布局；粗略布局；最后是布局。广告布局设计是依靠智慧和经验的艺术创作活动，需要在不同规格的版幅上参考以往成功范例，按照一定的视觉效果要求，旁敲侧击多方联想才能做出令人满意的布局。

9.3 广告制作实务

广告制作是专业技术性很强的工作，实际业务操作相当复杂，难以用书面语言详加描述。这里只能对平面广告及广播电视广告制作实务的基础知识和基本操作规范做一些简要介绍和说明。

9.3.1 平面广告设计正稿

所谓"设计正稿"就是平面广告的制版稿。由于印刷工艺不同，制版稿的要求略有区别。传统上，进行平面广告设计，设计人员不懂印刷工艺、不会制作制版稿是不行的，许多设计创新往往因印刷工艺限制而无法制作。但今天电脑二维制版分色片制作技术已经普及，过去设计人员需要苦练的绘制制版稿技术可以完全省掉，对设计人员在印刷工艺或制版稿制作知识方面的要求有所降低。现在广告制版稿的制作完全可由电脑制作商代劳。尽管如此，平面广告设计人员通晓印刷工艺、了解从设计到成品之间的技术环节仍然是必要的。这就如同任何没有摄影知识的人都可以用傻瓜相机拍摄照片，但若要拍艺术照还是要懂得曝光、胶片等专业摄影知识。

目前，四色胶印广告的制版稿工作印刷厂即可代办，设计人员只要有设计效果正稿就可以了；大型户外广告的喷绘业务，一般也由电脑控制进行，广告画布的制作是靠在电脑中生成的设计稿来规范的，所以设计人员同样只提供效果正稿的素材给喷绘公司就算完成了任务。借助电脑辅助设计，霓虹灯广告设计人员也已从枯燥烦琐的工程蓝图手绘中解放出来，灯光动态效果正稿基本上是由电脑来做了。但由于电脑制版的成本较高，平面广告制作人员在涉及凸版式网版印刷或工程蓝图绘制的业务时，往往仍采用照相晒版及手工制图的传统技术。

总之，现代印刷技术的进步使原本枯燥和要求严格的手工制图工作变得非常简单和轻松，无论是手绘还是用电脑绘图，只要能够制作出效果彩样就可以了。因此，关于平面广告的制作已不必详细讲解制图要求和实例，只需对有关印刷工艺的基本知识作些介绍即可。

9.3.2 印刷工艺技术简介

印刷工艺首先涉及到纸张问题。一张标准的印刷用纸通常是787mm×1 092mm，而用于特殊用途或高质量的特种纸的尺寸要小得多。印刷用纸的计算单位为"令"（Ream），每500张标准纸为1令，英美制是1 000张纸1令。印报纸的新闻纸是卷筒状的，每卷应为5 000标准张。每张纸的重量因用料和厚度而不同，广告业常用纸是每张重105克至157克的铜版纸，一般多使用128克纸，在制作POP作品时就需要使用210克以上的铜版卡纸。常规上，以标准纸为开型的计算依据，具体规格如表9-1所示。只有在纸的开型范围内安排印刷品面积才不致造成浪费，从而降低制作成本。

表9-1　纸张开型与规格标准

开型	规格	开型	规格
全裁	787×1092	16开	196×273
对开	546×787	20开	196×218
3开	262×1092，364×787	24开	136×218，182×196
4开	393×546	32开	136×196，98×273
8开	273×393	40开	109×196
10开	218×393	48开	98×182，131×136
12开	218×273，196×364	64开	98×136

平面广告制作的印刷工艺技术一般有如下几种。

凸版印刷（LETTER PRESS-Relief Printing）印刷面凸出而接受油墨，着墨部分压印于纸上，此法即凸版印刷。印刷品所需的文字、图形和照片均经过照相制版过程。文字部分由电脑激光排字机以所需比例制成晒版用透明胶片，经暗房冲晒出晒版用负片（即阴片）；图形部分往往是平色的组合，如需要使用照片则只能使用一种颜色来表现，用连续调正片过网屏加挂网线的办法制成带网点的负片；色块部分根据设计效果稿指定的颜色，以制版稿的尺寸为依据制成与成品等大的分色负片，每种色彩一份晒版负片。将所有的素材以同一色为一组拼成每一色的晒版负片，分别晒图并使用感光腐蚀的制版方法制出每种色的锌版。在锌板上，凡是需要印出的部分是相对凸出的，空白的部分已在晒版过程中被腐蚀掉，所以称作凸版印刷或锌（铜）版印刷。印刷用的油墨根据设计要求进行调配，经过打样校对无误后就可以正式印刷了。报纸传统上是采用凸版方式印刷的，所以报纸广告代理公司的工作之一就是制作广告制版稿，现在报纸基本都是双色胶印或四色胶印，广告制版工作由电脑完成。由于每色一版的工艺限制，一般情况下凸版印刷的广告，在设计时只能使用四、五种色彩或更少，现在大多数平面广告基本上不再采用这种成本虽低但表现力不足的印刷方式。

网版印刷（Mimeographic & Silk-Screen Printing）是利用绢布或金属网的通透性，使油墨或树脂材料漏在纸或玻璃、皮革、塑料承接面上的一种印刷工艺。网版印刷的制版过程与凸版大致相同，都是要制作同样的晒版负片，一色一版，网版也要涂专用的感光剂。凸板与网板印刷的区别仅在于凸版在感光后保留了要印的部分、空白部分腐蚀掉，而网版是要印的部分被感光分解掉了，露出网目用来透滑油墨。广告灯箱、广告路旗、赠品广告、即贴材料的POP广告品和一些广告文化衫、广告服装、公交广告等都是采用网版印刷方式加工的。

平版印刷（OFFSET LITHOGRAPHY-Surface Printing）即胶版印刷。在胶印工艺中采用了"油水不相融"原理，用水作为要印的部分与空白部分的间隔物，即把印刷用的金属版上的油墨印在沾了水的胶皮版辊上，再把胶辊上由水托着的油墨印到纸上。把图案从正版印到胶辊上时成了反像，再把反像形态的油墨转移到纸上就又成了正像。由于真正的金属版不与纸磨擦而用胶辊代劳，所以胶版印刷可大量复制同一个版的成品，它采用把原稿的四种原色分解制版再逐版叠印还原的方式，使印刷品呈现出逼真的自然色彩，故又称"四色印刷"。提取原稿自然色制成单色版的过程就是所谓的分色，目前的电子分色技术只使用一种药液和一种底片就可以得到直接晒印刷版的四色底片，对原稿的尺寸已无限制，其代表机型即为华纳Mds分色系统。由于电脑图形处理技术的飞跃发展，在电脑上即可同时完成设计、分色输出晒版软片的工作。现在广告印刷品大都是由电脑做前期处理业务的，只是电脑制版时监视器与印刷品在色相和纯度上差别很大，往往影响制作色彩效果，在这里电子分色知识对设计人员就显得很重要。

从理论上讲，什么色彩都可以由三原色组成后复制出来，但实际上三色叠印后不能真正还原色彩，必须加印一次黑色增加其光影变化产生的立体感，所以才使用了四种色版叠印。用来制胶印版的分色网线，有65、85、110、120、133、150、175、200、300、400线的变化。用纸质量越精越可以使用高密度网版印制精细作品，而纸的纤维越粗就越要用粗网线的版印刷才不致把网点糊住。例如65-85线版适用于印报纸，110线版适用于印胶版报纸和一般书籍，133-150适于印月历、说明书等，175-200线版ravure适于印细致的印刷品，现在大多数产品说明书和广告都采用175-180线网版印制。

凹版印刷（GRAVURE-Intaglio Printing）：这种工艺与凸版正相反，要印的部分低于版面。在凹下的部分挂上油墨，其他部分擦净，在压力下把凹槽的油墨倒在纸或涤纶、乙稀材料上，印刷品视墨的浓淡程度由凹槽深浅而定。目前使用的四色彩印凹版都是在经过电子分色之后用电子雕版机分别雕刻四根单色的金属版辊，经镀膜后使用。简单的凹版版辊用照相感光的方式制作。它可以使印刷品色彩充足饱满，又可以大量复制印刷品。凹版印刷机相当庞大且价格昂贵，如无大的批量一般商用印品不敢问津。我们经常接触的各种涤纶膜的包装袋、瓶贴以及耐磨、有质感的货币都是这种多色凹印机印制的。

此外，平面广告采用的印刷工艺还有烫金银电化铝膜的烫金版、浮凸压印版、立体视感印刷和静电复印技术等，但均非大规模使用的方法。

9.3.3 户外平面广告制作技术

户外大型平面广告的印刷制作技术，具有代表性的是机械化的大幅丝网印刷和超大型滚筒式彩印机。这两种技术主要是以专用的印刷机来制作广告路牌的画面。在欧洲和美国，户外广告的租期可以以周为单位（我国通常为6个月至3年），而且户外广告媒体公司往往没有地域发布权限制，这使户外广告很容易迅速扩散到各目标市场，同时也形成了以专门批量生产路牌广告的印刷业。通常，每块广告牌由10或12张画纸拼合而成，用丝印机印好后分别装入注入胶水的塑料袋快递各地，打开袋子顺序将带胶的画纸贴在广告牌上，效率高而成本低。滚筒式彩印是以卷筒纸为材料的，所以印出的大面不受标准纸规格的限制，但这种工艺的成本很高，现在已不再流行。

目前大型平面广告制作技术主要有以下几种。

传统手工绘制技术　以建筑物墙面为绘图面的巨型户外广告、整幅车身都彩绘的交通工具广告以及体现文化意味的电影院广告牌等平面广告的制作，目前仍以传统手绘技术手段为主。手绘技术的决定性因素有三：一是具有绘制巨幅形象的审美观和整体观察力；二是具备根据季节与画面色调来配制油彩及调和剂的专门经验，以保证油彩长期稳定、不剥落和褪色；三是充沛的体力和优秀的绘画表现力。现在具备这些技能的手绘广告师凤毛麟角。

电脑分色及彩印技术　俗称"电脑写真"，常用于中小型灯箱的制作。它采用类似胶印的网点叠印方式，在专用的灯箱软性透光膜上，印出具有胶印效果的画面。由于制作密度高、形象还原度和色彩饱和度均较理想，所以成为有经济实力的广告主首选的灯箱广告画制作方式，现在国内广告制作业已普遍采用。

适用范围：
户外大幅面的广告宣传画、舞台背景、
车身广告、户内小幅装饰画等

电脑喷绘技术　常用于大幅广告灯箱和巨型广告牌画布制作。这种技术不是逐色生成画面，而是用专用四色喷头，把电脑中的画面一行行地喷上经过分色比例调配的油墨雾点，然后通过电脑打样，其输出方式近似喷墨打印机原理，喷绘时保留不同原色彩点之间的细小间隙，最宽的喷画机可以喷绘6米宽的画面而无需接缝。在一定视距（10米以外）条件下，其色彩间隙会被观看者的视网膜自动混合，看上去非常逼真、清晰，所以大幅户外广告均以这种设备制作。电脑喷绘技术极具应用弹性，制作时只需在电脑中加入新指令，画面内容相同而比例相异的广告设计就迅速生成，这样应用起来就非常方便。

三面翻转画面装置技术　"三面翻"（Trivision）是把喷绘、电脑写真或即时贴制的广告画成品裁成装置上棱柱的宽度并贴在其上，使用这一装置可发布三幅广告画。其优点是节省广告位，且具有可视性，在繁华街区能引人注目，其局限性是制作成本高，对设备的精度和材质要求较高。

霓虹灯装置技术　霓虹灯广告通常由底板、文字/图形及灯光变化所构成。用在霓虹灯广告牌上的文字有四种：最常用的是槽型字，字体的边框部最高，笔划呈凹槽形以埋放霓虹灯管，凹槽深200mm左右，一般使用镀锌铁板按照设计稿放大后加工制成；第二种是箱型文字，字体呈凸形，霓虹灯管在字的边框上围绕或放在字的后面，可以是铁制喷漆或不锈钢或铜制的；第三种是槽型灯箱字，即槽型铁字加装灯管后，在表面盖上聚脂透光板材，贴上彩色透光膜，这是霓虹广告牌中最豪华、最昂贵的制作；第四种是纯灯管字，没有铁字作依托，利用霓虹灯管的透明特性，在同一牌面可安排四层文字图形，晚上逐次点灭可以增加广告信息容量和视觉变化。

　　霓虹灯管需要使用变压器来工作，大型的霓虹灯广告牌的灯管排布方式是以100mm为间距（两根灯管的中辅线间距）排列，也可以是以200mm为间距排列，灯管排得越密，变压器用量越大，但视觉效果更好；国内常用的灯管是直径12mm、长2m的玻璃管，分透明型和色彩荧光型两种，彩管因本身已涂彩粉，可与底色融为一体，白天看时更鲜明不凌乱，但其不透明管壁会使多层灯管相叠时显得很凌乱，所以无法用来制作多层文字。广告板面，常用镀锌铁板制作，外表使用铝扣板喷涂塑基色彩或彩色户外即时贴，造价高昂。目前使用的霓红灯灯光点灭变化控制装置有可控硅、单板机及专用电脑控制柜（IC卡）三种，以IC卡方式最先进，这种方法可随时在电脑主机上调整每台变压器的启动、延时和断电动作，只要把新编好的动作程序拷贝到IC卡上插入控制柜即可变成新的灯光动作形态。

　　LED显示器装置技术　大型霓虹灯的文字都是用霓虹管来填色和发光闪烁，如在文字上使用LED装置，其跳变动态较霓虹管丰富得多。LED装置色彩单一、解像度低，但其点阵比霓虹灯要细密，可以灵活的灯光变化来丰富广告画面表现力；在100~200米视距内LED装置可视度较好，超远距离时则不如霓虹灯亮度高，所以目前常把LED和霓虹管混用。在国内常使用LED组成大型显示屏，其实这是一种得不偿失的方法，因为以显示屏方式轮番发布广告既单调又不符合户外广告长久展示独立形象的特性。

　　热转印技术　它是根据设计将专用药膜材料裁剪成型贴在灯箱透光底材上，每种色彩的药膜经热压后即成为美观坚固的色彩膜，揭去表面的纸基后广告制作即告完成。在大型广告灯箱布的制作工程中，采用热转印技术制作广告最为耐久且色彩鲜艳，对于无需使用照片的广告画面最有效果。这种技术工艺操作便易，但成本不菲。

9.3.4　影视语言艺术特性

　　影视媒体的技术构成要素是光波与声波，影视语言艺术有其独特性，影视广告制作是将电波影象技术与影视语言艺术相融合的创作实践。

　　影视不同于一般文学作品，它是依靠摄影机、摄像机的记录功能，通过有景框的画面来整体展现故事情节，画面永远是"现在时"，是通过断续性的镜头切换来表现。影视与戏剧都属于视听艺术，但影视打破了戏剧观众的单一视点限制，使观众通过特写镜头可以清晰地看到演员细微的表情变化；在时空变换上影视表现极具自由度，它可以在1分钟内叙述100年的历史，也可用10分钟来描述几秒钟的现象，可以平行地同时交代几条线索和事件，也可以在1秒钟内走遍全世界。

　　影视语言是视听语言，是由镜头画面和声音构成的，而其中主要是镜头画面。著名电影理论家欧纳斯特·林格伦（Ernest Lindgren）曾指出："无论如何，对绝大部分观众来说，印象最深和最持久的东西还是电影中的视觉部分，而且那些最有效果的影片都是先满足眼睛，其次才满足耳朵。"这是因为人们获取信息80%是借助视觉，只有不到20%是通过听觉等其他感觉器官。因此画面是电影语言最基本的元素。

　　声音是360°的，它在传达信息、塑造形象方面有着不可估量的作用，听觉范围实际上包括人们周围的全部空间，视觉却不能同时看到60°以上的空间，甚至在专心观察时也勉强只能看到30°。声音和光一样，是塑造空间的手段，特别是在塑造画外空间方面更有着不可替代的作用，而现代立体声录音技术更使影视的空间感大大增强。在电影默片时期（1895—1927年），由于没有声音帮助，情节表现纯靠画面，每部片子有2 000~3 000多个镜头；而有声电影，每部片子的镜头数便下降到500~700。可见声音在传达信息、表现情节方面起了多么巨大的作用，尤其是在受时间局限的电视广告中，声音的作用更是举足轻重，如何有效地利用声音（人声、音响、音乐）辅助表现，使画面与声音相得益彰是电视广告制作的一个重大研究课题。

人类的感觉器官都只能是对空间的感知，而偏偏没有衡量时间的感官，所以人的时间感最不完善，总是借助其他参照物来间接衡量时间，例如日常所说的"一袋烟工夫"等，所以人对时间的感知具有相当大的不确定性。一般说来影视时间概念有三种：（1）放映时间，故事片一般为90分钟或120分钟，电视广告一般为5秒、15秒、30秒；（2）表现时间，即影片故事内容的时间长度；（3）心理时间，即观众心理感受时间。借助多样化的摄影技巧和剪辑手法，如快动作、慢动作拍摄及定格技术，使影视时空以省略、跳跃或延迟的形式得到丰富表现。

9.3.5 影视镜头画面专业术语

画格与画帧　为影视画面最小的构成单位，即电影每秒钟24格之中的一格，电视每秒钟25帧中的一帧，如果单独地、静止地来观看，它们都是一幅完整的画面（实际上不能拿出来单独地欣赏）。因此，一般习惯称"画面"（英文为Frame），准确的术语是"画格"或"画帧"。

镜头　一般技术含义是指摄影机上的光学镜头，即由透镜系统组合而成的光学部件。而影视语言中的"镜头"则是指**摄影（像）机每拍一次所摄的镜头画面**，再严格地讲，是**摄影机（摄像机）每一次从开机到关机所摄取的那一段连续画面**，是拍摄过程中自摄影机的马达开动至停止这段时间内被感光的那段胶片；从剪辑角度看，乃是剪两次与接两次之间的那段影片；从观众角度看，便是两个镜头变换之间的那段影片。镜头是由画面构成的，但镜头并不等于画面。

机位与景别　在实际生活中，人们总是根据自己所处的位置和当时的心理需要，或扫视全局或盯住局部，或看轮廓或瞧细节。电影由"记录"成为一种"艺术"，与摄影机位置的解放是分不开的。摄影机位改变带来视点的革命性改变，通过模拟人的感知形式逐步产生了镜头机位和景别的变化，从而使电影成为能够用来准确表达人类观察感受的"镜头艺术"。所谓"机位"就是摄影机与被摄体的相对位置，也就是影视观众视点所处的位置。选择机位也是导演的基本功之一，机位确定了，视点也就确定了；而在一定视点上，观众究竟能看到一些什么、视域的大小如何，那就要看"景别"了。景别划分并无绝对标准，一般而言可分为远景、全景、中景、近景、特写、大特写。

——远景也叫大全景，是视距最远的景别，远取其势，这种景别的画面可以展示辽阔深远的场景，展示人物活动的空间或环境气氛。

——全景画面比远景小一些，在取景框内以能容纳站立的全身人像为准。它可以使观众看到人物的全身动作及其周围部分环境。与远景一样，全景也是一种最基本的"介绍性景别"，用来介绍环境和展示事物的全貌或叙事定位，所以又称"定位镜头"。

——中景可显示人物大半身的形体动作，一般摄取人的膝盖以上部分。它能给人物表演以一定的自由空间，能表现人物间的基本关系，又不会与周围环境气氛脱节，尤其可以表现手的动作。

——近景一般摄取人物腰部以上的画面，使观众看清楚人物的面部表情或某种形体动作，或者物体的某些细节，在广告中很常用。

——特写，其取景是将所要突出、强调的物体占满银幕。如拍摄人像的面部、肩部以上或人体的一个局部、一件物品或物品的一个细部，是视距最近的镜头。有的把视距更近、取景更小的特写称为"大特写"或"细部特写"。特写的表现力极为丰富，能给人以体察入微的感觉，也是主观性极强的镜头，有时带有极大的强迫性，有很强的提醒和暗示作用。在广告中特写常被用来强调产品形象。

运动镜头　镜头运动是影视艺术的优长和根本属性。它可以使画面显得特别真实，而且能使观众在与摄影机一同移动时产生一种身临其境之感。运动镜头种类很多，常见的有推、拉、摇、移、跟等。

——推镜头，即被摄体不动，摄影机变焦距镜头向主体推进，被摄体就在画面中逐渐变大，观众的注意力随之被引导过来。推镜头的作用很像我们视线的投向与集中，使所要强调的人或物从整个环境中突出出来。

——拉镜头，在技术上与推镜头正好相反，是由局部到整体，使人有远离目标的感觉。在情绪上，它比推镜头更能吸引人的注意力，有时还有制造悬念的作用。

——摇镜头，拍摄时摄影机机位不变，只是镜头轴线方向发生变化，机身做上下、左右、旋转等运动。摇镜头包括水平方向运动的左右摇、沿垂直方向运动的上下摇以及上下左右相结合的复合摇。摇拍使人产生在一个定点上环顾四周的感觉，它可以跟踪动体、展示环境、烘托情绪、营造气氛。

——移镜头，在拍摄过程中摄影机机位边移动边拍摄。这样拍下来的画面给人以巡视或展示的感觉，具有行进中观看四周的感觉。移镜头可以灵活地进行场面调度，有效地表现空间感和运动感，画面造型具有连续性和完整性。

——跟镜头，摄影机跟随运动的被摄体拍摄，被摄主体始终处于画面中而背景却不断变化。跟拍可以交代被摄体的运动方向、速度、体态，使其动态保持连贯和完整，产生视觉追随的效果。

拍摄角度　角度是画面构成的要素，机位相同而角度不同，所得到的画面情感和心理含义也会有很大差异。拍摄时常用的角度有一般角度、仰角、俯角、倾斜角、主观或客观拍摄角及长镜头等。

——一般角度也称平角，即将摄影机调置到相当于被摄体的视平线水平，以一般人观察事物的角度来拍摄。这样得到的画面观众会感觉很亲切。

——仰角拍摄就是将摄影机置于视平线以下，从低处仰摄被摄体，这会使观众感觉被摄体形象高大、强壮、精力充沛。

——俯角与仰角相反，拍摄时将摄影机置于视平线之上的位置，从高处俯拍被摄体。俯拍一般容易展示全貌，但被摄体常显得渺小无助，给人以凄凉之感，常带贬意。

——倾斜角是使被摄体与视平线呈一定角度，再改变取景框中水平线的位置。这种画面往往使人感觉惊险、滑稽、不安定和捉摸不定。

——主观拍摄角度也称"主观镜头"，就是将摄影机置于影片中某位演员的位置上，以该演员或某物体的视点向观众展示景物，可以用来表现人物的亲身感受。

——客观拍摄角度也叫"客观镜头"，从导演者旁观角度来叙述和表现一切，它往往能给观众一种客观印象。

——长镜头是指比较长时间的、连续拍摄的镜头，亦即从开机到关机的时间比较长。当然在拍摄的过程中镜头、景深也可以任意变化。

光线与照明　影视的画面完全是靠光线来创造，画面中影像的造型和色彩效果如何，取决于如何为被摄体照明。灯光师在为一个场景照明时，实际上是在用光来绘画，照明在影视创作中起着很关键的作用。照明通过调控曝光量以获得正常图像，决定着被摄对象质感、立体感、空间感等表现效果。通过多种光线处理对人物和环境加以渲染，特别是可以展现人物的形象、情绪和性格，以增强画面的感染力；此外还可以利用光影、明暗和光色配置，达到突出主体和美化画面的目的。用于照明的光有自然光和人工光两种基本类型。按光的性质，照明光又可分为直射光和散射光；按光源位置不同，可分为顺光、侧光、侧逆光、逆光、脚光、顶光等；按造型作用不同，又可分为主光、副光、过渡光、修饰光、背景光、眼神光、环境光、效果光等。

——自然光，如日光和天空光等，自然光的特点是光照范围大，普通照度高、照明均匀、不受摄影者意向控制，自然光因时间、季节、气候、地理条件的不同有很大差异。

——人工光即灯光照明，影视摄影常用的有白炽灯、碘钨灯、卤钨灯、碳弧灯等，按性能分则有聚光灯、散光灯、高色温灯和低色温灯等。人工光可适应各种照明的需要，在使用上有较大的灵活性。

——直射光是指在被摄体上产生清晰投影的光线，如日光和聚光灯照明，其特点是：有明显的投射方向，能在被摄影体上构成明亮部分和阴影部分及投影，能表达出被摄体的立体形态、轮廓形式和表面结构，易产生局部光斑；能显示时间性；直射光造型性好、光感强，并能构成多种影调形式和确定明暗配置，一般多用作主光。

——散射光是指在被摄体上不产生明显投影的光线，如阴天的照明和轻柔化的灯光，其特点是：没有明显的投射方向，照明均匀，能用光调描绘对象的立体形状，层次细腻，效果柔和。散射光常用作补助光、底子光、天片光。

——主光又称"塑型光"，是影视摄影用以照明被摄体的主要光线，是画面中最引人注目的强光。它确定被摄对象的立体形状和概貌，并决定着场景总的照明格局、明暗配置、光斑位置、光影分布以及景物或人物的造型。其特点是：有明确的方向性，显示光线的主要射向，产生明显的阴影，亮与暗分界鲜明，形成一定的反差。主光处理得好坏影响着被摄对象的立体形状和轮廓形式以及影片基调和风格。

——副光又称"补助光"，是补充主光照明的光线，用于平衡亮度，帮助造型。副光多为散射光，为阴影部位提供适当的照明，提高影像暗部的造型表现力。副光的亮度变化可改变影调反差，但不能强于主光而产生副光光影，破坏主光造型效果。

——过渡光是主光与副光之间的光线，用以增加明暗过渡层次，消灭死角，从而获得更好的造型效果。

——轮廓光是指使被摄对象产生明亮边缘的光线，是逆光效果的一种。它能勾划出被摄对象富有表现力的轮廓形像，在繁杂、重叠的景物条件下区分物体界限和前后层次。在人工照明中轮廓光经常与主光、副光配合使用，使画面内光线多样化和影调层次丰富化，从而形成良好的造型效果，增强画面的空间感、形式美与感染力。

9.3.6　镜头组接与蒙太奇

所谓镜头组接就是将分散、零碎的镜头连接在一起。它首先是一道技术性很强的工艺活动，但剪接是按照一定的思想原则和逻辑来进行，因此剪辑更是一种独立的艺术形式。由于影视的根本属性是动态，既有画面内部人物、景物的运动，也有镜头本身的运动和转换，这就必然会产生一定的节奏，而这种节奏感对观众的情绪又会有强烈的影响。每一次影片的剪接都会打乱现实时间的进程和现实时空关系，而形成影片中新的时空关系、新的节奏。影视作品中的逻辑性和节奏性直接关系着影视作品内容的传达和艺术感染力。

镜头连接的方式一般有如下几种。

分切　又称无技巧剪辑，就是把两个有内在联系的镜头直接剪接在一起，前者叫"切出"，后者叫"切入"。这种方法简洁朴素，使用最多，它可以收到对比强烈、节奏紧凑的效果。例如可口可乐广告《劲舞篇》，在30秒内完成了30个镜头的分切，广告强烈的节奏冲击力给人留下了深刻的印象。

叠化　是指将两个或两个以上不同时空中不同景物与有内在联系的人物、画面重叠起来，复印在一条胶片上，以简化的时空段表现人物的精神状态。例如，一个人在回忆或梦幻中重叠交替隐现多种不同景象，可使人物的潜在意识形象化，表现出情绪纷繁的精神状态。

渐隐渐显　也称"淡入淡出"、"渐明渐暗"，性质有点像戏剧的换"幕"，即前一场景的画面逐渐暗淡直至完全消失（渐隐）和后一场景的画面逐渐显露直到十分清晰（渐显）。这种手法用以表现情节之间的起承转合关系，有节奏舒缓、平稳的视觉效果。

划入划出　也称"划变"，即后一个镜头从前一个镜头画面上渐渐划过，前后交替。此手法是为了加强某种视觉效果、情绪或节奏，或为了表现时空转移或在同一时间、不同空间所发生的事件。此手法在广告中经常使用，且花样繁多，如左右划、上下划、多角形划、棱形划、螺旋形划等。

关于镜头组接，20世纪20年代初，著名电影大师库里肖夫做过一个有名试验。他把当时的著名男演员莫兹尤辛的一张没有具体表情的脸庞与一盆汤、一副棺木及一个小孩分别组接在一起，然后请人分别观看，结果观众感受和印象完全不同。这个试验说明了镜头组接的神奇效果，后来经过一批苏联电影艺术家的探索，在电影界逐渐形成了"蒙太奇电影美学学派"。

"蒙太奇"（Montage）原是法语中的建筑学名词，意思是安装组合，借用到电影中最初就是指镜头组接，现在作为电影专业通用术语，已泛指一切关于"镜头调度"和"声音构成"的表现技巧。在蒙太奇的发展过程中起到重要作用的苏联导演爱森斯坦认为蒙太奇的意义不仅仅归结为选择，也不仅仅归结为将情节元素加以联结，而是按照内在叙事节奏和联想之需来联结材料。他发现两个镜头的队列以及它们之间的内在冲突会产生第三种东西，即对所描绘的事物进行思想评价的契机，这是蒙太奇最重要的特点。他认为蒙太奇的作用不仅仅在产生效果上，更重要的可以通过它的特殊功能来阐明思想。**蒙太奇一般可以分为两大类，即叙事性蒙太奇和表现性蒙太奇。**

叙事性蒙太奇　叙事性蒙太奇就是用来讲故事、交代情节而用的蒙太奇。这是蒙太奇中最简明、最直接的一种表现形式，其作用是通过连接段落、转场、贯穿动作线索等手法节约时间、压缩空间，使情节清晰自然。叙事性蒙太奇可以分为连续式、平行式、交叉式、积累式、复现式和颠倒式几种基本形式。

——连续式，连续式是影视中用得最多的、最基本的一种叙事手法。其优点是有头有尾、脉络清晰、层次分明，观众易于理解和接受。

——平行式，平行式是两条或两条以上的情节线索交错叙述，把同时但不同空间的事件一起交待出来，使之具有同时性。一般的警匪片经常采取这种手法，一边表现坏人逃窜，一边表现警察追踪。

——交叉式，交叉式即具有同时性的、两个以上的平行动作或场面交替出现。这种蒙太奇互相交叉，相互加强，能给人以"惊心动魄"的印象。

——积累式，积累式是把一连串性质相近、说明同一内容的镜头组接在一起，造成视觉累积的效果。

——复现式，复现式是前面出现过的画面、动作或对白以及场面、道具、音乐等在后面重复出现，产生前呼后应的效果。

——颠倒式，颠倒式是把故事情节从现在转到过去，又从过去转回到现在，造成倒叙或插叙的效果。

表现性蒙太奇　表现性蒙太奇主要是为了表现某种寓义、精神、情绪，追求的是镜头和镜头组接后所产生的"新的含义"，它往往以镜头和镜头的对列为基础，利用画面的类比象征新关系，从而获得独立的艺术效果。常见的有以下几种类型：

——对比式，把不同内容、不同形象、不同声音的画面组织起来，造成了强烈的对比关系，"强迫"观众把这两种情形加以比较，以起到互相衬托、互相强调的作用。

——隐喻式，隐喻式不是像对比式那样硬将相反的两件事物放在一起形成对比，而是将貌似相同而实质不同的两个事物加以并列，以此喻彼，所以又叫"比拟式"或"类比式"。

——象征式，象征式与隐喻式相近似，将某一具体事物与另一事物并列用以展示这一事物的意义，用具体的事物比喻抽象的概念。

学习蒙太奇，最重要的是要掌握电影的形象化思维能力，学会通过画面的组接与声音的配合清楚生动地表达思想。其次，要准确地把握镜头的长度，每个镜头时间的长短影响着电影电视的节奏感和观众的情绪及最终的表现效果，精心控制镜头的长短对影片、尤其是对电视广告的意义极大。其三，要注意画面的方向感和轴线原理，在画面中如果出现两个或两个以上的人物动作方向及互相交流时，要特别注意画面中的方向感，不要发生倒错，以免误导观众。

此外，学习蒙太奇还要学会画面与声音的组合技巧，影视中声音与画面的关系大致有三种组合方式：一是"同步"关系即声画合一，在这种情况下，画面处理应注意表现声源与发声的人或物的统一；二是声画对位即非同步关系，在这里声音不是机械地重复画面中已经表达了的东西，而是声音和画面独立发展、同时进行、两相呼应、相互对比，或声音推动画面中动作的进展，或画面影响声音的转化；三是声画分立，亦属非同步关系，声音和行动、视觉对象和听觉对象平行出现，分别独立存在，将这种无联系而有逻辑关联的声画结合在一起，常产生多重含义的表现效果，使银幕形象有某种象征寓意。

9.3.7 电波广告制作程序

广告制作是电波广告（电视和广播广告）创作的具体实施阶段，任务紧张繁忙，工作专业化性很强，因此应做好计划安排，做到循序渐进。电视广告制作是指电视广告创意脚本完成之后到电视广告播出的工作过程，广播广告制作则是把已创作好的广播广告脚本变成音响直接播出或制成录音带。电波广告制作过程大体可分为拍摄前准备、正式拍摄、后期制作三个阶段。

前期组织与准备 拍摄一部广告片相当复杂，需要方方面面专业人员配合与协作，做好拍摄前的准备特别重要。电视广告制作人员一般包括广告策划负责人、广告制片人、电视广告导演、摄影师、照明师、美工师、作曲、音乐音响编辑、模特和演员、化妆师以及配音演员等。

——广告策划负责人的职责主要有：决定创意和表现原则；以"监制"身份与广告制作人员合作；向导演准确地解释创意意图；在实际制作过程中不断调整和完善创意。

——广告制片人应懂得广告和影视制作，负责寻找和选择导演，特别是摄制组的主创人员和制作公司，并负责整个制作的经费控制。

——广告导演的主要职责是：把创意转化成更为具体的艺术构思；根据策划的要求，选择合适的制作人员；根据创意脚本编写导演分镜头剧本；组织领导实际拍摄工作，并负责最后的剪辑、合成。

——摄影是"半个导演"，摄影师的工作受自身主观创作思想、兴趣、经验、情绪等因素的制约，但在拍摄过程中，摄影师要与导演思想统一，要能深刻理解与准确把握广告创意，能够选择最佳角度去表现人物的情绪、心态，以最佳镜头塑造个性鲜明的形象。

——灯光照明师要正确领会创意意图，并与导演、摄影、演员、美工、道具、服装等各部门取得协同一致。

——广告音乐作曲者要根据创意脚本和导演构思，塑造音乐补充广告中产品形象或烘托环境气氛，广告作曲创作受时代、环境、民族、风俗等条件的制约，也受创作者对创意的理解把握以及兴趣、情感、意志等心理因素的制约。

——化妆师的主要工作是按照导演意图进行人物造型。

——广告演员的选择非常关键，因为演员是一种标志，象征着产品的形象。因此，在拍板之前，广告主和广告公司要首先考虑几个因素：演员的音调、演员的声音表现力与创造力、演员的知识结构与思维方式以及演员的声望。汤姆·博德特的声音风格为汽车旅馆6表现出的特殊魅力足以说明好演员的价值：在三年内，汽车旅馆6从近乎倒闭的状态进入令人惊异的盈利状态，竟然成了全美最大的经济型汽车连锁旅店，就凭着广播和汤姆·博德特亲切和蔼的广告"我们只收您20块钱，而且永远亮灯等您"（We'll only charge you 20 bucks and we'll leave the light on for you）。

电视广告前期准备阶段最重要的工作是开好摄制前准备会议。这是一次广告制作人员最重要的沟通机会，所有工作人员都应参加。会上，广告公司企划负责人首先要作全面动员，讲述创意经过、诉求重点，然后导演、摄影、主要演员都要发言阐述自己的看法，以便统一思想，减少实拍时的麻烦。会后，要制定工作排期表，做周密详细的日程安排。

广播广告的前期准备主要是确定演播脚本及录音文案。严格说来，广播广告同样需要专职的导演来负责完成广播广告方案及脚本的录制，但实际工作中往往由广播广告方案脚本的撰稿者自己兼任导演。如果是聘用专职的导演，则要最终确定播出脚本的每一句台词、音响效果和音乐情调、整体格调及录音方案，并核定脚本是否与广告目标和广告策略意图相吻合。

广播广告脚本中的各种角色分别由谁来扮演同样是广播广告成败的关键。与电视广告不同，选择播音员和演员的标准不是外观形象而是声音形象，是合适的音质、音调和音色，最好是用专业演员，应注意避免公式化、概念化的声音，一般应摆脱播音腔调，不要咬文嚼字，应尽可能具备亲切感。

广播广告制作另一项准备工作是音乐、音响资料的收集和确定。选用已有的音乐曲目也要事先准备好，专门作曲的，则更应该与作曲家、演唱者及乐队事先联系好，确立最后的音乐演奏、演唱方案，其他音响效果资料也应尽早备好。

实际拍摄或录音 电视广告制作是以导演为中心进行的。摄制组一进入拍摄场地，导演即成为对各工种进行总控制的指挥中心，一切应在导演领导下有条不紊地进行。导演应充分调动演员的创造性。

演员在电视广告中处于重要地位，广告成败，演员表演关系重大。为了使演员能将原创意中的人物形象赋以鲜明的广告个性有效地表现出来，导演应在现场对演员进行启发，使其在表演中充分发挥能动性和创造力。影视作品是分镜头拍摄，而后接到一起成为一个完整的广告作品，导演要从总体上把握各镜头之间的关系，必须精心把握每一个镜头的长短、节奏。

电视广告拍摄有预算约束、时间限制。在实际拍摄过程中，用什么样的道具、从什么样的角度拍摄、以什么样的情绪表演等问题，虽事前都已有准备，但临到现场导演还必须根据现场情况随时调度、灵活处理，这就要求导演要具有很强的判断力、灵敏的反应力，还要有特别的耐性。现场拍摄受到很多因素的干扰，如有时演员始终找不到感觉，这时导演切不可急躁，一定要将企划脚本中的镜头全部拍完，以便后期制作。

广播广告制作过程就是录音。在一切准备就绪之后就可以进录音棚录音了。最好在录音前把脚本交给演播者，以便他们熟悉文本，导演也要针对问题进行启发，而且要与录音师做充分的沟通，使他了解脚本文案的意图。在制作时可先进行预演，将脚本的台词或需要录制的其他声音演练一遍至数遍，同时检查录音设备的情况及效果，其中包括话筒的摆放位置、角度远近等。彩排之后，在导演整体艺术气氛的准确把握以及录音师技术指标的严格控制之下便可正式录音。

后期剪辑与合成 剪辑是广告片创作的最后一道工序。后期制作的程序一般为冲片—胶转磁—电子编辑—配音录制合成。

在剪辑之前，音乐、音响以及旁白都必须录制完成以备使用。广告片剪辑师首先要对广告创意非常了解，仔细研究所拍素材，精心挑选组合；其次剪辑师对时间的控制要特别精确，在广告剪辑中画面以帧来计算，每帧取舍都要考虑时间；此外，剪辑师还要注意广告片的节奏以及声音与画面的配合。

电视广告是一种不同于一般影视创作的特殊艺术形式，它要在极为有限的时间内运用众多艺术元素的组合来达到明确的诉求目标。首先，视觉冲击力对电视广告特别重要，画面形象的选择、镜头的运动方式以及剪辑时的组合及节奏都要以创造视觉冲击为核心；其次，电视广告时空构造更大胆，时间的构成高度精炼和自由，空间构成要多采用"局部表现整体"和"概括动作"的手法来描述画面形象，还可以用创造"虚拟时空"的方法来表达创作者的特殊意图；再次，要注意电视广告的主角是商品或服务而不是演员或其他别的什么东西，在广告中可以通过各种手法，如多次反复出现商品形象，设定一种特殊的情境和活动使商品形象在情节活动中处于主导和中心的位置，或用反衬方法突出形象，亦可利用人物行为指向引导观众去接受广告主体形象等，把产品塑造成"主角"和"英雄"。

不论绘制电视广告脚本还是拍摄广告片，画面的大小问题都是不容忽视的。在剪辑工作中，应注意画面与刺激的关系，一般来说，大画面比小画面更让人印象深刻，近景比远景印象强，动比静印象强。广告制作也应遵循"刺激渐增法则"，即越往最后越应当有深刻或刺激的画面，剪辑时更要以此作为连接原则。此外，广告片剪辑不必拘泥于电影中讲究的方向性和画面规格，但电视广告在省略镜头时也常会遇到"表述不清"的情况，这时就必须插进一些短的中间镜头加以补充说明，但基本的剪辑规范还是需要遵守的，如全景之后不要突然接特写镜头，叠印手法的使用不宜太滥等。

合成是广播广告制作的最后一道工序，也是最重要的环节，与影视广告的编辑合成阶段非常相象。合成绝不是把录音阶段分别录制的素材或工作版简单地编辑合成在一盘带子上，而是一项具有高度艺术性、技术性和经验操作性的编辑工作，需要导演和录音师默契配合。广告是否能达到所要求的创作境界全赖最后合成阶段的控制与把握，各种声音的主次、轻重、衔接都是在最后合成的瞬间完成的。

与其他广告不同，在广告文案创作完成之后，网络广告的制作对软件工具的选择与使用是十分重要的。由于目前网络技术进步及软件更新很快，网络广告制作人员要随时在"干中学"，跟进才能与时俱进。总之，电波广告制作既是技术性极强的工作，又是充满神奇的艺术性创作，唯有精益求精、一丝不苟，才能获得最后成功。

精要提示

　　广告制作实务，平面广告、电波广告与网络广告三者有很大的不同。平面广告的设计正稿因印刷工艺不同，其制作方法有所不同。广告印刷工艺一般有凸版印刷、网版印刷、平版印刷、凹版印刷等。户外大型平面广告作品的制作技术一般采用机械化的大幅丝网印刷和超大型滚筒式彩印机。电视广告有一系列专业化的影视艺术语言，包括影视镜头画面术语、声音与时间、镜头组接及蒙太奇等。电波广告制作程序一般为：前期准备；实际拍摄（录音）；后期制作（合成）。广告制作是一项专业性很强的工作，随着技术进步，电脑及软件技术在广告实际制作中起着日益重要的作用，熟练运用电脑及相关软件成为广告制作的基本功。

❑ 复习思考问题

（1）什么是广告文案？试举例说明平面广告文案的内容与构成。

（2）广告文案语言的基本形式有哪几种，试举例说明。

（3）平面广告布局有哪些构成要素？试举例说明。

（4）平面广告印刷工艺技术一般有哪几种？户外大型平面广告制作技术有哪些？

（5）影视语言有哪些传播及艺术特性？

（6）试简要说明影视镜头画面的有关术语。

（7）什么是"蒙太奇"？一般有哪些型式？

（8）试简单说明电视和广播广告的一般制作程序。

（9）试结合下列"有效广告十原则"思考如何提高广告的设计制作效果。

| （1）使你的广告容易辨认 | （2）简单质朴的布局 | （3）运用有力的要素 | （4）有益于消费者的醒目标题 | （5）以空白突出商品名称 |
| （6）坦诚无华的广告文案 | （7）明示商品的价格 | （8）彰显商品的品牌 | （9）涵盖相关商品细目 | （10）敦促顾客马上购买 |

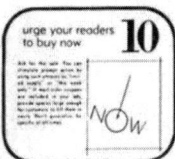

有效广告十原则

❑ 综合案例演练

（1）试简要分析太阳神广告文案的写作特色。

太阳神，让生命尽显健康本色
安全——最重要的品质指标

一种新型保健品的安全性对消费者意味着什么？

太阳神集团十分清楚！

作为中国奥运体育代表团的专用营养补品，太阳神口服液的安全性意味着当运动员精力充沛地完成各项比赛后，顺利地通过国际奥委会兴奋剂检测中心的严格检查。

作为一种销量高居国内同类产品之首的机体调节型保健口服液，它的安全性意味着绝对不会引起孩子的性早熟……

对我们来说，安全是最重要的品质指标。

为了证实太阳神口服液的安全性，国内最权威的检查机构对产品进行了全面、系统、严格的测试。结果表明，太阳神口服液不含有雄性激素、雌性激素、孕激素、皮质激素，在动物体内不显激素活性作用，不存在导致临床上的性早熟现象，从而证实了太阳神口服液不含各种性激素，对广大消费者特别是对孩子来说，是一种非常安全的保健品。

安全是最重要的品质指标，但不是唯一的品质指标。太阳神集团将在自我完善的基础上，以科技为依托，不断自我突破，以安全、高效、优质的保健品形象面向社会。

检测单位：

国家体育总局运动医学研究所兴奋剂检测中心

中国医学科学院药物研究所

中国人民解放军第一军医大学

广东省药品检验所

广东省药物研究所

广州市儿童医院

（2）试分析COACH皮件广告文案特色及总体布局特点。

（3）IBM广告"停止空谈，开始行动"活动系列宣传广告的图文布局特点。

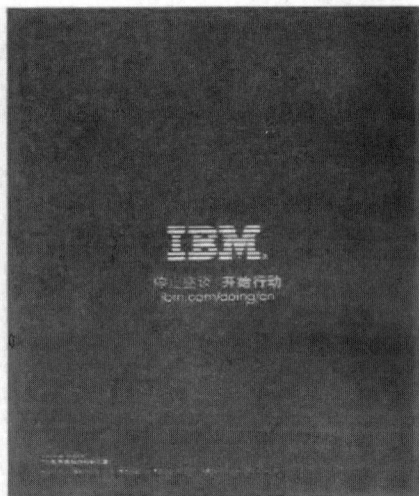

📖 **本章主要参考文献**

大卫·奥格威著. 一个广告人的自白. 北京：中国物价出版社，2003

樊志育，姜智彬著. 广告制作. 上海：上海人民出版社，1997

王肖生编著. 现代广告设计. 上海：复旦大学出版社，2002

李世丁，周运锦编著. 广告文案写作. 长沙：中南大学出版社，2003

周建梅，路盛章，董立津著. 电波广告·平面广告：四大媒体广告的实际创作. 北京：中国物价出版社，1997

第 10 章

广 告 效 果

□ **学习目标引导**　整个广告经营活动的出发点和落脚点，也是广告人最为关心的就是广告刊播出去后究竟取得了什么样的传播效果，成本收益状况如何，它对受众的社会影响是好是坏，显而易见，对广告效果的评估监测是广告运营活动的必要且重要的工作环节。本章在简要介绍广告效果及其评估意义的基础上，重点考察广告传播效果和广告经济效果的评估原理及方法。通过本章的学习，读者可以明确广告效果及其评估的意义及类型，了解广告传播效果与经济效果的一般评估指标，熟悉广告传播效果调查评估和实验评估的有关方法，熟练掌握有关广告营销效果的评估模型。

□ **逻辑架构图示**

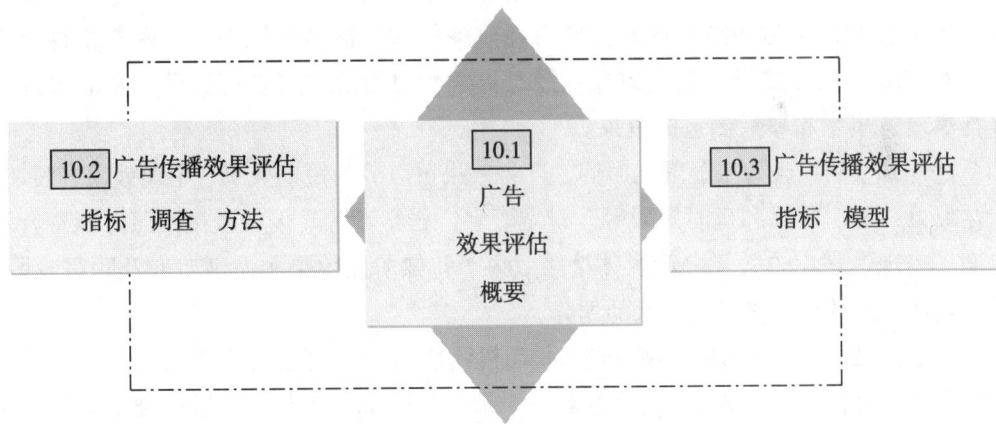

10.2 广告传播效果评估	10.1	10.3 广告传播效果评估
指标　调查　方法	广告效果评估概要	指标　模型

10.1 广告效果评估概要

10.1.1 广告效果类型及特性

广告效果可以理解为广告信息传播出去之后对受众产生的所有直接或间接影响效应，**也就是广告活动对信息传播、产品销售及社会经济等产生的各种影响及作用**，具体包括如下三个方面。

——**传播效果**，传播效果又称"心理效果"或"接触效果"，是广告效果的核心。它是指广告刊播后对受众产生的各种心理效应，如广告对知觉、记忆、理解、情感、欲求及行为等方面的影响。传播效果是广告传播效力的直接反映，其大小取决于表现效果和媒体效果的综合作用。

——**经济效果**，这是广告主最为关心的效果。它主要是指广告主从广告活动中获得的经济收益或损失，也就是由广告引发的产品和劳务销售以及利润的变化情况，也指由此引发的市场竞争变化、行业及宏观经济波动等。

——**社会效果**，社会效果泛指除经济效果之外，广告对整个社会的文化、道德、伦理等方面所造成的影响。本章主要研究广告传播效果和经济效果问题，关于广告社会效果的一些问题我们将放在第11章讨论。

从广告活动过程来看，广告效果有**预期效果**、**预测效果**和**测定效果**。**预期效果反映的是管理层对广告活动结果的期望或主观效果要求；预测效果是经专家严格科学论证后认定可实现的广告效果；测定效果是经过科学检验测定的广告实际已产生的效果，它又包括事前、事中和事后测定的效果。**

此外，按照广告效果显现的时间，广告效果可以分为短期效果、中期效果、长期效果、潜在效果、即时效果和延时效果等。日本著名广告学者八卷俊雄教授按照对消费者的影响程度和表现，把广告效果分为媒体接触效果、认知阶段效果和态度改变及购买阶段效果。这都是从不同的角度对广告效果的划分。

广告效果一般具有时间的滞后性和长期累积性。广告对受众的影响受经济、文化、风俗、习惯等多种因素影响。受众反映快慢不一，有的连贯及时，而有的间断迟效，广告效果一般具有明显的时间滞后性。同时，广告活动往往是连续不断、反复进行的，某时点的效果往往是以前多次广告宣传积累的结果，从广告刊播到产生购买行为，有一个相当长的累积期。

广告效果也具有多维性和多重复合性。广告信息传播是多种复合因素综合作用的结果，表现形式、媒体组合、同业竞争、营销整合等都可能影响广告效果，广告效果具有复合性，测评广告效果时要分清哪些是直接和主要因素，哪些是间接和次要因素，以及经济效果与社会效果、眼前效果与长远效果各是什么。

广告效果还具有二次或多次传播性。受广告宣传影响，消费者购买广告商品，在使用过程中会对商品的质量与功能有进一步认识，若觉得确实物美价廉、质量上乘，他们就会产生信任感，重复购买或把该品牌推荐给亲朋好友，从而间接地扩大广告效果，否则可能间接削弱或否定广告效果。

10.1.2 广告效果评估的意义及原则

广告效果评估是完整的广告活动不可缺少的重要内容，是检验广告活动成败的重要手段。通过评估广告效果可以检验广告决策是否正确，总结广告活动的经验和教训，帮助企业调整、完善广告策略，从而提高企业广告的设计和制作水平，取得更加良好的广告效果。

首先，对广告效果进行测定和评估，是广告运营活动中的一个重要环节。通过广告效果评估，可以了解消费者对整个广告活动的反应，对广告主题是否突出、诉求是否准确有效以及媒体组合是否合理等做出科学判断，从而使有关当事人对广告效果做到心中有数。广告效果评估是广告公司提高业务素质、监控能力和经营效益的重要手段，是促进广告策划、创意、设计和实施科学化、规范化的重要保障。

其次，广告效果评估贯穿于整个广告运作过程的各个业务层面，是广告公司目标管理系统的有机组成部分。广告效果的事前预测评估对于广告决策具有重要的目标导向作用。在广告战略方案和广告计划制订的过程中，以预定的广告效果为起点，从果溯因进行分析，并据此确立广告战略和策略。这时，预测效果评估对提高广告策划案的科学性具有支持作用。在实施阶段，广告效果评估对于选择表现策略、媒介策略和实施策略，控制广告费投入具有重要的监督控制作用。此外，事后的广告测定评估可总结经验教训，为今后广告经营活动提供经验借鉴和参考依据。总之，广告效果评估有助于提高整个广告业务活动过程的监控能力和业务能力。

此外，对于广告主来说，广告效果评估有助于其检测广告决策的正确性，有助于改进、调整和完善其广告战略和策略，也有利于企业合理安排和控制使用广告预算，以不断提高其广告投资的经济效益。广告效果评估应遵循如下原则。

目标性原则 企业进行广告活动往往具有非常明确的目标，因此在进行广告效果评估时，必须首先评估广告达到广告目标的程度。广告效果评估包含众多的内容，应该对广告主要目标的评估项目给予较大的权重，使广告效果的评估更加合理。

分因性原则 影响广告效果的因素多且复杂，在具体评估过程中还有许多不可控因素的影响。因此，在评估广告效果时要综合考虑各种相关因素的影响，排除其他非广告因素的影响，使广告效果的评估更加准确。

可靠性原则 广告效果评估的结果只有真实可靠，才能起到提高广告效益的作用。在效果评估中，样本的选取一定要有代表性、典型性。对样本的选取数量，也要根据评估的要求，尽量选取较大的样本。测试要多次进行，反复验证，这样才能取得可靠的检测效果。

经常性原则 在广告效果评估上不能有临时性观念，因为某一时间和地点的广告效果并不一定就是此时此地该广告的真实效果，它也许包括前期广告延续性或其他营销活动的影响等。所以，应该掌握前期广告活动和其他营销活动及其效果的全部资料才能推定现时广告的真正效果。同时，广告效果的评估历史资料提供了大量的检测经验与教训，对后续广告效果评估有很大的参考价值。而且，长期的广告效果评估只有在经常性的短期广告效果评估并掌握详细的评估资料的基础上才能进行。

经济性原则 进行广告效果评估，所选取的广告样本的评估范围、地点、对象、方法以及评估指标等，既要满足评估的要求，也要充分考虑企业经济承受力，尽可能做到以较少的费用支出取得满意的评估效果。

可行性原则 制订广告效果评估计划，在不影响评估要求和准确度的前提下，要尽可能使评估方案简便易行。或者说，评估方案不仅要在理论上可行，而且在实施中也有较强的操作性。

10.1.3　广告效果评估的基本类型

广告效果评估应遵循目的性、科学性、整体性、经济性及动态全程跟踪性原则。按照动态全程跟踪性的原则要求，广告效果评估一般分为事前评估、事中评估和事后评估三种类型。

事前评估是指在广告活动实施之前对广告的策划方案、表现效果及媒体效果进行评价，以预期测定广告活动的实施效果。通常在实施前采用对局部市场或部分受众进行现场访问或心理实验等方法，对策划方案、广告作品的创意、设计和制作及各种选用媒体及媒体组合效果进行测试。概括地说，事前评估的对象主要有二：一是针对媒体情况的调查；二是针对作品效果的测验。媒体调查一般通过访问日记、访问电话或自动记录仪器等对各个媒体的单位数、视听人数及视听率、社会信誉等情况进行事先调查研究；作品测验是对广告创意构想、文案创作的效果等，采用自由表述法、联想法、残象法、德尔菲法、检核表法及仪器测定法等实验心理学测验的手法进行调研，从而为最后定稿提供参考。

事中评估是指在广告活动实施期间随时了解受众反应、测试和验证广告策略是否符合实际等监督测试活动。通常采用市场实验法、回函测定法、分割测定法等方法对广告实施过程中的传播及营销效果进行监测评估。例如，在广告推广过程中，对某地区或市场推出广告的前后销售状况进行纵向比较，或将广告推广的"实验市场"与没有广告推广的"比较市场"进行横向比较，以观测广告实施中的促销效果，这就是所谓的市场实验法。再比如，有两种广告文案，事先无法确定孰优孰劣，在实施过程中就可以采用分割测定法，在同一媒体或媒体组合条件下将它们同时刊播出去，然后比较其效果作出取舍和选择。事中评估实际上是对广告活动即时调整和监控的必要和重要手段。

事后评估是指在广告活动结束后，有关方面对广告效果所进行的综合测定评估。通常在一次广告活动完结后，广告公司或广告主自己或委托有关社会中介评估机构都要进行一次事后评估，综合运用访问、统计、实验等调研手段和方法全面考察和测定该广告活动的传播、营销及社会效果，以期为今后改进广告作业、提高广告效果提供经验。这是最常用、最普遍的广告评估活动。

本章主要是从事后评估的角度来介绍有关广告效果的评估方法和实务。

广告效果即广告信息传播出去之后对受众产生的所有直接或间接的影响效应，也就是广告活动对信息传播、产品销售及社会经济等产生的各种影响作用。传播效果、经济效果和社会效果是广告效果的三种基本类型。对广告效果进行测定和评估是广告运营活动中的一个重要环节，贯穿于整个广告运作过程的各个业务层面，是广告公司目标管理系统的有机组成部分。根据动态全程跟踪原则要求，广告效果评估有事前评估、事中评估和事后评估三个基本环节。

10.2 广告传播效果评估

10.2.1 传播效果评估指标

广告传播效果评估的对象主要是广告传播后对受众心理的影响程度。广告信息作用于受众引起的一系列心理反应，在第2章"广告理论"中所讲的AIDA理论和第5章"广告目标"中所介绍的DAGMAR模型都是关于广告信息传播的心理及扩散规律的经典理论概括。从心理反应过程来看，广告传播效果一般表现为注意感知、理解记忆、情感激发、态度改变和购买行动等相互继起的传播阶段和影响层面。在实际操作中，还可以用一系列心理测量学指标或客观性的生理实验指标来反映。

（一）广告主要传播效果评估指标

感知记忆效果 用于测定广告内容即广告主及其商品或服务、商标品牌等的认知程度，主要由阅读率或视听率及记忆程度等指标来反映。平面广告阅读率方面的指标包括注目率、阅读率和精读率等；电波广告视听率方面的指标有视听率和认知率等。记忆程度评估指标有记忆效率与瞬间记忆度两个方面。

认知理解效果 反映受众对广告所传达信息或观念的认知、理解程度和思维状态，例如，对广告是否感兴趣，对广告商品有无好感，对广告商品的信任度、忠实度、偏爱度以及品牌印象如何等，通过调查做出心理测量学意义上的评价。

行为影响效果 广告信息传播的宗旨是通过影响消费者对产品、品牌及厂商的态度倾向，从而引导消费者选择和购买的行为方向。广告行为影响效果评估指标主要包括购买动机和购买行动这两个方面的衡量指标。

（二）广告传播效果生理性实验评估指标

生理性实验评估指标主要是指视觉反应测试指标，这是通过视向仪测定观众对广告信息的顺序、时间长短以及瞳孔变化，以此来判断广告的视觉冲击力。其主要指标有眼动轨迹描记图、视觉反应时间和瞳孔直径变化以及其他一些生理反应性指标，如皮肤电反应指标、脑电波图变化等。

眼动轨迹描记图　人们在观看广告时，眼珠处在不断的运动中，这种运动就是眼睛对广告画面的不断扫描运动。因此，在视向测验法中，使用视线扫描器将眼动轨迹记录下来就形成了眼动轨迹描记图，由此可以清楚了解消费者观看广告时眼睛的注视次序与重点部位。

视觉反应时间　在瞬间显露测验中，消费者观察或看清广告对象所需的时间长短，可以此作为衡量广告视觉效果的客观性评估指标。

瞳孔直径变化　与瞳孔扩散反应法相联系，人们接受广告信息时会产生不同的情绪，这会通过瞳孔放大或缩小反映出来，利用瞳孔直径变化可以判断广告对受众心理的影响效果。

皮肤电反应　在皮肤电反射测量中，人们在接受广告信息时会引起情绪变化，进而会引起出汗量增减变化，通过生理电流仪可以观察到皮肤电阻变化情况，即皮肤电反应指标。

脑电波图变化　人们观看广告时，大脑产生的自发电活动，通过脑电波仪器将之收集、放大并记录下来，便形成脑电波图变化指标，由此可测试出广告对受众的心理影响程度。例如，当受众完全被广告画面所吸引，会出现14~25赫兹的低幅快波（β波）当受众对广告画面不感兴趣时，大脑中会出现8~13赫兹的高幅慢度（α波）。通过观测脑电波图变化可以测定消费者接触广告以后所产生的心理感应情况。

10.2.2　传播效果调查方式

对广告传播效果的调查，从调查方式上可以分为询问调查和问卷调查，从内容上可以分为对广告记忆度调查、认知度调查及态度调查等。

询问调查　这是通过询问的方式来获取广告效果测定评估依据的方法。在操作上无外乎两种做法，即直接询问法和反馈询问法。

直接询问法，这种方法操作较简单，一般通过电话或访谈等方式，由厂商或调查公司直接向购买者询问，了解影响其购买行为的媒体、信息和动机等，收集他们对某一广告的意见，将询问结果统计整理，从而判断广告的传播效果。直接询问法可以分为一问一答式和小组访谈式。在小组访谈中，一个人的反应可能会刺激其他人的思考，这种相互作用会产生比同样数量的人单独访问时所能提供的信息之和更多的信息量，但这种方法对主持人的要求比较高。

反馈询问法，这种方法是根据广告刊播后，广告受众向厂商询问的数量、问题和情况来衡量广告的传播效果。厂商一般通过诸如免费咨询电话、广告附赠券、赠送商品样本和目录等方法，鼓励受众或消费者积极反馈信息，然后依据收到的电话或索函、回寄赠券的数量和询问人身份等情况了解和评估广告的传播效果。

问卷调查　即事先根据调查意图，设计一套调查问卷对广告传播效果进行测试。问卷内容无外乎有关广告理解方面的问题，有关广告记忆方面的问题，消费者对广告产品印象、评价和意见方面的问题，以及有关广告创意、信赖度、说服力及购买意图等方面的问题。问卷在数据收集的过程中起着非常重要的作用，如果问卷设计得不好，所有精心设计的抽样计划、训练有素的访问人员、合理的数据分析技术都将徒劳无功。问卷调查具有系统性，在操作上具有很大弹性。

问卷调查的基本程序如图10-1所示。

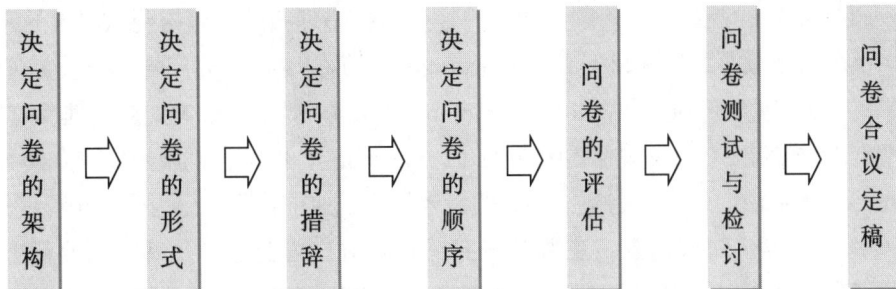

图10-1　问卷设计的基本程序

10.2.3　广告记忆与认知度调查

我们知道，广告效果具有延时性和累积性，广告传播效果调查的一个重要内容就是测定评估消费者对广告商品、企业标志、品牌商标以及广告创意等的理解、记忆与联想情况。

广告记忆调查方法一般有自由回忆与提示回忆两种。

自由回忆，即对受众在不加提示的情况下让他们自由回忆，以测验记忆情况。目前运用最普遍的是"波克日后回忆法"（Burk'Dayafter Recall），其一般做法是：在电视广告播出24小时后，要求受调查的电视观众回答事先设计好的一系列问题，以此确定他们记住了什么广告和广告的什么内容。

引导回忆，最经典的方法是由盖洛普与鲁滨逊（Gallup & Robinson）公司创设和发展出来的"盖洛普-鲁滨逊事后效果测试法"，调查采用提示回忆的方式进行，受调查者回忆时可以从测试者所提供的广告产品、品牌名称、广告词句或图像以及其他相关信息中得到暗示或提示。

盖洛普-鲁滨逊事后效果测试法的要点有三：（1）对市场上各广告的表现进行评估；（2）分析全盘广告活动及其策略的效果，并与其从前的广告策略和其他相同商品的广告进行比较；（3）针对同一类型产品或某一行业的销售情况和执行方案进行广告效果评估。其基本要求是：每次抽选样本，人数约为150名，年龄在18岁以上；样本户分布于10个城市；被调查者可以选择自己常看的媒体接受测试，如杂志广告必须看过最近四期中的两期，但要求没有看过最新一期。

具体测试办法是：测试人员事先不透露测试内容，同时要求被调查者不要在访问当天阅读有关杂志；利用电话访问时，首先询问被调查者在某一期杂志的所有广告中记得哪几则广告，以确定这些广告的阅读率。在媒体受众指出所记得的广告后，就可以问他们以下问题：

（1）那则广告是什么模样？内容说些什么？

（2）该广告的销售重点是什么？

（3）您从该广告中知道了什么？

（4）当您看到该广告时，心理有何反应？

（5）看完广告后，购买产品的欲望是增加了还是减少了？

（6）广告中什么因素引起你的购买欲望？

（7）您最近购买的产品是什么品牌的？

根据被测试者对这些问题的回答，经过分析整理归纳，可得到该广告的三种传播效果：（1）**品名认知效果**（Proved Name Registration，简称PNR），即广告在吸引受众注意力方面的效果；（2）**观念传播效果**（Idea Communication），即广告影响受众心理反应或对销售重点理解程度的效果；（3）**说服购买效果**（Persuasion），即广告说服媒体受众购买产品的能力，媒体受众看了该广告后，购买该产品的欲望是否增加了，购买行为受影响程度是大是小。

关于广告认知度调查，主要是研究消费者对广告商品、品牌、企业标志、广告口号、图像及创意等的认知程度。对于一则广告的认知度调查，主要测试项目有以下几点。

（1）**阅读率**，这是指"的确看过广告"的人的比例（一般以被调查对象是否能辨认该广告为判定标准），其公式为：

$$阅读率（\%）=的确看过广告的人数/读过刊载该广告的报纸杂志的人数×100\%$$

（2）**注目率**或**视听率**，这是指快速浏览过该广告的受众的百分比率，一般以被调查对象是否能较清楚地记得该广告中曾出现过的一些最突出的要素如产品名称、商标等来判断，其公式为：

$$注目率（\%）=快速浏览过该广告的受众人数/读过刊载该广告的报纸杂志的人数×100\%$$

（3）**精读率**，即认真看过并详细了解该广告内容的受众的百分比，一般以被调查对象是否能记得该广告50%以上的内容为判断标准，其公式为：

$$精读率（\%）=认真看过并详细了解该广告内容的受众人数/读过刊载该广告的报纸杂志的人数×100\%$$

对一项广告活动的效果调查，一般是在广告活动各阶段结束时采用抽样调查法对样本消费者进行个别访问或电话访问，分阶段多次调查可以对整个广告活动过程的传播效果进行有效监控。

专栏10.1：学术档案

美国民意调查研究开拓者

乔治·盖洛普（George Gallup），1901年出生于美国艾奥瓦州，1983年以82岁高龄去世。他的一生是在向人们提问题的过程中度过的。盖洛普是现代民意调查研究的重要开拓者之一，他创立的许多民意调查方式和方法都沿用至今。

盖洛普在读书期间就通过杂志和报纸调查读者对不同问题的兴趣，其博士论文的题目就是《确定读者对报纸内容兴趣的客观方法》。1930年发表题为《用科学方法而不是猜测来确定读者的兴趣》一文，成为民意调查研究的奠基性文献。

乔治·盖洛普

1932年，盖洛普的岳母作为民主党候选人在艾奥瓦州竞选州务卿。此前，艾奥瓦州较高公职一直都由共和党人担任，因而人们大都猜测其岳母会落选，但盖洛普没有凭猜测，而是运用他创立的方法进行科学民意调查研究，结果发现艾奥瓦州选民对其岳母的支持率超过她的共和党对手，由此预测说其岳母会获得选举胜利，结果证明盖洛普应用科学调查的预测是准确的。于是，这次民意调查就成为了美国政治史上科学民意调查的成功先例。受这次成功的激励，盖洛普在1935年成立了美国民意调查研究所，从此与民意调查结下了不解之缘。

所谓民意调查，简单地说，就是通过对一些人进行提问，然后对回答数据进行统计分析，从而反映整个社会对某一问题的看法。那么，究竟向多少人提问得出的结果才能和现实最接近的呢？盖洛普认为，随机性是民意调查的基础，只要能够真正随机地选择被提问的人，那么1 000人左右就足够了。

经研究显示，在任何一个特殊场所，如商店、体育馆、火车站等地找到的人都不能完全代表所有的人，只有去登门拜访才能确保被提问的人代表了所有的人。数十年来，盖洛普民意调查研究所在美国各地的调查员，一直是按照随机抽样的名单去每个人家里面对面进行提问。在先后10余次美国总统选举的调查中，盖洛普民意调查的准确率都非常高。

80年代中期以后，由于95%的美国家庭都拥有了电话，使得利用电话进行调查成为可能，同时也使调查费用大大降低，调查结果也能得以迅速发表。关键问题是，在确定1 000个电话号码时，要确保所有家庭电话都有被随机选取的可能。其方法是利用计算机从全美电话号码中随机选出一些电话，并严格确保提问方式的中立性。

盖洛普民意调查以其准确性和权威性在世界各地享有极高的声誉。它涉及人们社会生活的各个方面，其中，有关政治领域的调查以其敏感性和新闻性更受人们关注。如今每到大选之年，美国各大新闻机构每天都要对民主党和共和党两党候选人进行报道，而谁在选举中领先了几个百分点，其根据是什么呢？就是几大民意调查，其中盖洛普民意调查是非常重要的一个。

资料来源：http://wiki.mbalib.com/

10.2.4　态度调查常用方法

语意差异法　这是由美国伊利诺大学奥斯古（C.E.Osgood）创设的，是一种测定商品、品牌、公司、商标等印象或态度的调查方法。其操作原理如下：首先要准备几组形容商品或公司不同方面的正反意义的形容词（如便宜的—昂贵的，距离远的—距离近的），然后让被调查者根据自己对这几个方面的印象在标尺的适当位置上做记号，以表示自己对某方面的评价。这样厂商便从一定的调查对象中获得某方面在他们心目中的印象或态度。图10-2所示是关于某次广告传播活动对于两个百货公司形象影响效果的的部分调查结果。运用这种方法，可以测定广告商品或公司印象的评价因素（Evaluation）、潜在

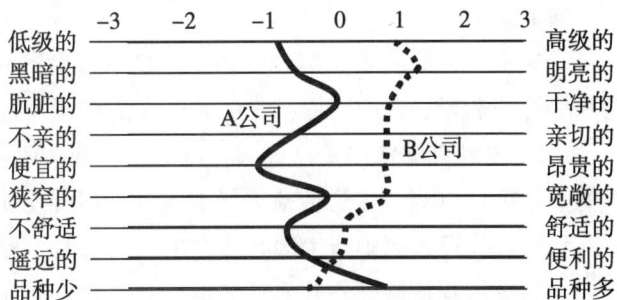

图10-2　百货公司形象调查结果（部分）

资料来源：黄升民等著. 广告调查. 中国物价出版社，2002，第90页。

因素（Potency）和动态因素（Activity）三大类基本信息，据此可基本了解广告给受众留下什么样的印象。

态度标尺法 态度标尺法又称"**桑士顿尺度法**"，是一种利用精神物理学原理测定广告社会态度的调查方法。根据桑士顿（L. L. Thurston）的构想，人类的社会态度虽然复杂多变，但任何态度都可以在两个极端态度之间（态度标尺）上找到相应的位置。后来，广告学家将之引入广告态度调查，并得到普遍推广。

态变量表法 态变量表法又称"**李嘉图法**"（Likent Method），属问卷调查方法。其操作原理是：设计调查问卷，使用辨别力项目分析法拟定表示态度的问题约20个，答案选择项分极同意、同意、不确定、不同意、极不同意或其他多项数，越正面的意见分数越高，总分为各项得分之和，以总分高低作为计算标准，实际应用时利用"常模"量度解释调查结果。

10.2.5 传播效果实验评估方法

广告传播效果实验评估最常采用的方法是投射实验法，此外，也常采取视觉流程测验、视镜研究测验、影院综合测验、节目分析测验和瞬间显露测验等其他一些视觉心理实验方法。

投射实验法 投射心理实验法具有间接性和隐蔽性，常用来测定广告受众的深层动机和欲望。在广告传播效果评估中常用的投射法有文图完成法、文字联想法、形容词选择法和主题统觉法等。

1. **文图完成法**是提出不完整的文句或图画（如："最喜欢的汽车颜色是＿＿＿"或"包装良好的牙膏是＿＿＿"），要求被调查者将其补充完成，以分析受众对广告的感受、态度和倾向。这是利用不完全的提示，刺激被调查者表现出隐藏在心里的动机。由于受访者专注于对问题的作答，这种方法较能探测出他们潜在的意识，能够在深层次上显示广告效果对他们的影响。

2. **文字联想法**、**形容词选择法**与语意差异法相类似，是将相关广告词句或形容词列出来，由被调查者自由联想（如"请举出您所喜爱的纯净水品牌"）或限定联想（如"在下列纯净水品牌中，请举出您所喜爱的品牌"），如心情联想、动作联想（如"吵架—打骂"）、场所联想（如"话剧—剧场"）、要素联想（如"钟表—发条"）和类似联想（如"胡萝卜—红萝卜"）等，或选择符合自身感受的特定形容词，这两种方法多用于商品或企业命名方面的调查。

文图完成法着重于测知受访者感情、态度的倾向及注意的范围或对象等，文字联想法和形容词选择法偏向于探测受访者的生活空间及行动范围。

3. **主题统觉法**则是让被调查者从广告画面或广告词想象、描述或解释其中的情景、人物关系等，以测试广告传播效果，尤其可以测量出广告对消费者产生的实际心理作用与厂商和广告代理人期望产生的心理作用之间的差异程度。

视觉流程测验 在观看广告时，从侧面向被测者的瞳孔投射光束，利用视向扫描仪记录被测者眼动情况，以判断观看广告的时间长短与顺序，由此分析广告作品的布局、插图及文案的合理性。

视镜研究测验 特别设计一测试室，室内一面墙壁由单向视镜与邻室相连，在邻室可以透过镜子看见测试室里面的景物。测试室横向一分两半，一为测试室；一为准备室。准备室堆放一些被测试者等待时可翻阅的杂志。主测者透过视镜可以观察被测试者翻阅杂志的一举一动，并加以详细记录，然后针对被测试者所读内容或所看广告当面询问。这种非强制性心理测验法能帮助调查者获得有关广告心理效果的可靠信息。

影院综合测验　这是一种综合评估电视广告传播效果的心理实验方法。其基本做法是：利用抽样调查技术抽取一群观众到电影院接受实验，在观看广告的过程中利用仪器记录下他们的情绪反应，看完后进行态度测试；然后继续延长时间让他们观看其他节目，再进行回忆测试；最后让受试者进行一次品牌选择。通过所得资料进行统计分析，可以综合评定广告的趣味性、传达力、品牌选择倾向和说服力等，但这种方法仅局限于电视广告效果实验，成本较高，且只能考察消费者初次接触广告的情况。

节目分析测验　利用"节目分析器"（Program Analyzer），让多位被测者以按键的方式表示自己对所观看广告的喜好态度，依据自动仪器统计结果就可以推断广告的视觉心理效果。

瞬间显露测验　利用"速视器"（Tachistoscope），在极短的时间内（1/1 000秒至数秒）闪现广告内容，以检测受众对广告各要素注意程度。这是一种判定广告作品的辨识度、记忆度、理解度等广告信息传播效果的心理实验方法。

> **精要提示**
> 广告传播效果评估的对象主要是广告传播后对受众心理的影响程度。广告信息作用于受众引起的一系列心理反应，通常表现为注意感知、理解记忆、情感激发、态度改变和购买行动等相互继起的传播阶段及影响层面，这在实际操作中可以用一系列心理测量学指标或客观性的生理实验指标来反映。相应地，广告传播效果评估有调查评估与实验评估两个基本层面，具体有广告记忆及认知度调查、态度调查和其他一系列心理测量学试验评估方法。

10.3 广告经济效果评估

10.3.1 广告经济效果指标

销售额和利润额是衡量广告经济效果的两个基础指标，广告经济效果评估主要是利用统计分析方法对一定广告投入所带来的销售额、利润额的增减变化情况进行比较研究，以反映广告传播所带来的经济效果。在进行广告评估时，常用的经济效果指标可以归结为**广告效益指标**、**市场竞争力指标**和**相关分析指标**三大类。

广告效益指标，是利用成本—收益分析方法测试广告活动经济效益状况的统计分析指标。有正指标和反指标两种形式。正指标是指支出单位广告费用能够带来的销售额或利润额增加量，包括单位（或边际）广告费用销售额增加量和单位（或边际）广告费用利润额增加量等指标。反指标是指广告费同销售额或利润额的比率，主要包括单位（或边际）销售费用率和单位（或边际）利润费用率等指标。

市场竞争力指标，一般通过市场占有率来反映。市场占有率是指企业某种产品在一定时期内的销售量占市场同类产品销售总额的比率，或单位广告费用销售增加额与行业同类产品销售总额的比率，它在一定程度上反映了本企业产品在市场上的地位、竞争力和广告的市场拓展能力。

相关分析指标，一般通过相关统计分析方法计算广告费用变量与经济收益变量之间相关系数等相对指标来反映和研究某项广告活动的经济效益情况。相关系数指标的取值在+1与-1之间，越接近于1表示广告活动越成功，越接近于-1表示广告活动越失败，系数为0表示广告没有经济效果。

广告营销效果评估的主要模型有：罗瑟·瑞夫斯（Rosser Reeves）的"UP"模型、沃尔夫（Harry Wolfe）的"PFA"模型、德米尔·斯塔齐（Dmiel Starch）的"NAPP"模型等，各评估模型的具体设计程式各有差别，但基本评估思路是相通的。

10.3.2 瑞夫斯UP模型

"使用牵引率"（Usage Pull，UP）评估模型实际上是采用一种大样本抽象调查模式，其基本原理最初由广告专家罗瑟·瑞夫斯在其1961年出版的名著《广告现实》中首先提出，所以简称"瑞夫斯UP模型"。

在全国范围内进行抽样询问调查，把所得大样本分为如下两类。

一类是未受广告影响者，统计那些不知广告却使用产品者，即对目前所实施的广告一无所知但却正在使用该产品的人，计算出该类人所占的比例（如记为X%）；

另一类是受广告影响者，统计那些因知晓广告而使用该产品者，即对所实施广告有深刻记忆而目前也正在使用该产品的人，计算出该类人所占的比例（如记为Y%）。

这样，显而易见：如不做广告，只有X%的人购买商品；若做广告，则有Y%的人购买商品，其差额即（Y-X）%的人是被广告影响或引导而购买和使用该产品的，这个差值就称作"使用牵引率"。

按照瑞夫斯的说法，**此模型是判断广告促销效果最为简便的算术计算法**。有人戏称此模型的做法是"把全国人民关进两个大得不得了的屋子里"。

10.3.3 沃尔夫PFA模型

广告专家沃尔夫（Wolfe）提出的"PFA"评估模型实际上是把瑞夫斯的"使用牵引率"模型进一步细化。这种方法同样是通过调查将被调查者划分为接触广告与非接触广告两大群体，进而甄别购买者与非购买者人数，由此测量"因广告而带来的销售效果"（Plus for Ad）。

在调查时，首先要明确消费者是否看到或听到该品牌的广告，然后再询问其是否购买了该品牌的产品或服务，并将所得数据列示出来（如表10-1所示），取得确切的数据后，可计算如下PFA指标。

表10-1 广告营销效果调查数据示例

广告接触情况	接触广告者		未接触广告者		总计	
购买情况	人数	比重%	人数	比重%	人数	比重%
购买者	1 400	35	1 500	25	2 900	29
非购买者	2 600	65	4 500	75	7 100	71
总计	4 000	100	6 000	100	10 000	100
	40%		60%		100%	

——PFA的购买率，即因接触而购买产品或服务的人数占接触广告者人数的比率与未接触广告而购买产品或服务的人数占未接触广告者人数的比率之差，相当于理夫斯的"使用牵引率"，在表10-1中，PFA购买率=35%-25%=10%；

——总体PFA比率，即相当于全体人口的PFA购买率，它是PFA购买率与接触广告者人数占全体人口百分比的乘积，在示例中，总体PFA比率=40%×10%=4%；

——PFA购买者数，即全体人口中因广告牵引而购买产品或服务的人数，在示例中，PFA购买者数=10 000×4%=400；

——所有购买者PFA比率，即全体人口中因广告牵引而购买的人数占所有购买者人数的百分比，在示例中，所有购买者PFA比率=400/2 900≈13.8%

10.3.4 斯塔齐NAPP模型

纯广告销售效果（Net Ad Produced Purchases，NAPP）评估模型由美国广告专家德米尔·斯塔齐首创。斯塔齐的NAPP指标同样是表示纯粹由广告引导而购买的效应，其分析思路与瑞夫斯的"使用牵引率"模型和沃尔夫的"PFA"模型思路基本上是一致的，只是比瑞夫斯、沃尔夫的分析更加清晰和精密而已。

斯塔齐认为，看到广告与购买产品或服务之间不一定有直接的因果关系，看过广告且购买广告产品或服务的人中，有的是也有的不是受广告刺激而购买的。广告销售效果应剔除看到广告但非因广告刺激而购买的情况。那么，这部分的比例如何确定呢？斯塔齐认为，可以将"未看到广告但却采取购买行动者"视同"看到广告却非因广告刺激而购买者"，以前者所占比重来衡量后者的比重。据此，从"看到广告的购买者"的百分比中减去"未看到广告却采取购买行动者"的百分比，剩下的就显示出"纯广告销售效果"。其操作的基本原理是：**在"阅读广告而不受广告刺激购买者的比率和未阅读广告而购买者的比率相同"的假定下，依据统计分析的结果计算NAPP分值，以此测定广告的销售效果**。下面举例说明其具体计算步骤。

第1步 将某商品广告刊载在报纸或杂志上，在一定期间（例如一周内）调查计算出：

（1）读者中阅读过该广告的百分比（如40%）；

（2）未阅读过该广告的百分比（如60%）；

（3）阅读过该广告的人中购买该广告商品的百分比（如15%）；

（4）未阅读过该广告的人中购买该商品的百分比（如10%）。

第2步　计算：

（1）阅读广告者中购买者的比率（40%×15%=6%）；

（2）未阅读广告者中购买者的比率（60%×10%=6%）；

（3）购买者比率（6%+6%=12%）。

第3步　计算：

（1）阅读广告者中非因广告而购买的比率（40%×10%=4%）；

（2）受广告影响而购买的比率（6%-4%=2%）。

第4步　算得"纯广告销售效果比率"（NAPP分值），即所有购买者的PFA比率，受广告影响而购买的比率与购买者比率的比值（2/12×100%≈16.7%）。

10.3.5　广告效果指数

综合以上各评估模型，我们可以给出更为一般化、更有涵盖力的综合评估指标分析框架，即广告效果指数（Advertising Effectiveness Index，AEI）

我们将表10-1中的数据一般化，用字母表示为表10-2。表中假定：A是看过广告而购买的人数；B是未看过广告而购买的人数；C是看过广告而未购买的人数；D是未看过也未购买的人数。

表10-2　广告营销效果综合评估模型

广告接触情况 未接触广告人数	购买情况	接触广告人数	总计
购买者	A	B	A+B
非购买者	C	D	C+D
总计	A+C	B+D	N=A+B+C+D

那么，上述三大评估模型的指标数值计算方法分别是：

UP = PFA购买率 =[A/（A+C）]-[B/（B+D）]

总体PFA比率=[（A+C）/N]{ [A/（A+C）]-[B/（B+D）]}

　　　　　　={A-（A+C）[B/（B+D）]}/N

NAPP=所有购买者PFA比率

　　　=[（A+C）/（A+B）]{[A/（A+C）]-[B/（B+D）]}

　　　={A-（A+C）[B/（B+D）]}/（A+B）

上述指标都可统称为广告销售效果指数，不过通常所说的"广告效果指数"（AEI）实际上大多是指总体PFA比率，即从看到广告购买的A人中减去那些不是因广告而购买的人（A+C）[B/（B+D）]，就是真正因广告而唤起购买的人数，将之除以全体人数N，其值即是一般所说的"广告效果指数"（AEI）。

专栏10.2：相关链接

企业如何提高广告促销效果

首先，企业要重新与广告代理商建立联系。

在选择合适代理商的标准上，企业应该关注代理商的创意水平、既往经营业绩、人才结构和素质，尤其是负责本广告业务的主管的素质，代理商在本企业产品的广告方面有过哪些成功的经验。由于代理商的创意水平是一个技术性指标，很难通过表面的观察就能得到，所以，企业一方面可以通过代理商是否为其他客户做过成功出色的广告来判断，另一方面也可以通过代理商的人员素质来判断。例如通过接触了解代理商是否拥有富于进取、创新、有效率的领导层？负责文案、策划、市场研究的人员是否业务能力强，有无强烈的敬业精神和责任意识等。定期地与代理商的业务主管谈论企业的品牌资产和经营战略。这种高层次的互动会有细水长流的效果，有助于企业在各个方面建立广泛的代理客户关系。

第二，仔细地分析企业的广告政策，检查这些政策对各种类型广告的影响以及能否被接受。

企业的高层管理者既要激励广告主管的创新能力，又要要求他们与企业其他职能部门协调；既要保证广告策略与企业整体经营策略的一致性，又要增强广告部门独立自主的创新意识。广告不是一种简单的营销功能，而是企业经营战略的智慧表达。从广告风格和策略中可以折射出企业的文化和经营优势。所以，高层管理者的授权对广告策略的执行是非常重要的。

第三，平衡广告和其他销售的相互促进策略。

在安排广告与销售促进的平衡策略方面，一般认为销售促进是对广告的补充，而在以下条件下使用广告会比其他促销措施更有效：消费者对产品的第一需求倾向很高，产品差别明显，产品具有高质量并有足够的证据支持，适合使用情感诉求方式等。既然广告并不是总是有效，因此广告计划的首要任务就是争取使广告效率最大化。

最后，研究与制定产品生命周期各阶段的广告策略差异，监控广告执行情况。

最基本的方法是比较所有广告事先测试的记录和实际执行之间的差距，测评系统要依据效率而变化。为了确定哪一种广告有效，可以在进行全国性的广告推广之前在不同市场使用并测试不同的广告版本。这一方法的思路是用零预算开始，用增量方式将费用在各种广告和促销活动中合理分配，从而确定对产品长期盈利贡献最大的方案；继续增加在选定方案上的投资，直到增量投资获得满意的收益。只要一个广告活动仍然能够赢利就应该增加广告投资，而当市场测试证明其效果明显下降时就应削减费用；同时，广告主管要不断地寻求新的、更有驱动力的广告并与以前的广告进行测试比较。

对于新产品，广告能很好地完成传播新产品信息的基本功能，此时增加广告投资是一种有效的广告策略，因为新产品广告首先能影响受众尝试新产品从而形成重复购买，它的效果可能是长期的。如果这个新产品在接触广告多的群体中与在接触广告少的群体中卖得一样好，那么企业投放过多的广告费显然是不必要的。相反，如果接触广告较多的群体尝试新产品的频率更快和更高，而企业认为新产品用户的长期价值大于广告成本，那么高暴露率的广告就是有意义的。因此，测试"广告费增加到什么程度为好"对于新产品广告是一个重要挑战。

一旦新产品广告产生了试用效果，且产品在市场上已经有了一定的地位，此时，持续的、大规模的广告也是不必要的。事实上，如果没有更具竞争力和创新的广告文案出现，那么老产品的广告费几乎有一半不能产生增量销售，这就是人们常说的"广告费的一半是浪费"产生的主要原因之一。所以为老产品做一个新广告被证明是非常有效的方法，它总能给消费者提供新的形象、新的希望。广告对销售的积极效果甚至在广告停止之后还会持续一年以上。

这种增量测试方法可以帮助广告管理者决定应当在什么时间、什么地区范围内增加或减少广告费用，以提高广告决策的质量和效率。最优决策的预测力应该是可以得到证明或检验的。有时一个小小改进可能节约一大笔资金，而且能够经受一个更大的市场冲击。

资料来源：夏清华《如何衡量和提高广告效果》，《中国广告》2001年第11期。

精要提示

广告经济效果评估主要是对广告所带来的营销绩效变化进行监测和计算。销售额和利润额是广告经济效果的两个基础指标，基于此可以计算广告经济效益指标、市场竞争力指标和相关分析指标等来反映广告营销效果。广告营销效果指数计量模型有瑞夫斯UP模型、沃尔夫PFA模型、斯塔齐NAPP模型等，各模型具体设计程式各有差别，但基本评估思路是相通的。

❏ **复习思考问题**

（1）什么是广告效果？广告效果包括哪三种基本类型？
（2）试说明广告效果评估的意义。
（3）从广告经营管理过程来看，广告效果评估有哪三个基本类型？
（4）广告传播效果的基本调查方式有哪些？
（5）试说明"盖洛普—鲁滨逊事后效果测试法"的操作要点。
（6）态度调查的常用方法有哪些？
（7）试简要说明广告传播效果评估中有关的视觉心理实验方法。

❏ **综合案例演练**

假设有关广告营销效果的一次调查数据如下表所示。

购买情况 ＼ 广告接触情况	接触广告者人数	未接触广告者人数	总计
购买者	700	600	
非购买者	1 300	2 400	
总计	2 000	3 000	5 000

试根据上表中提供的数据计算如下指标：
（1）"使用牵引率"（UP）或PFA购买率；

（2）"广告效果指数"（AEI）或总体PFA比率；

（3）"纯广告销售效果比率"（NAPP分值）或所有购买者PFA比率。

本章主要参考文献

樊志育著．广告学原理．第十一章，上海：上海人民出版社，1994

樊志育著．广告效果研究．北京：中国友谊出版社，1995

黄升民，王冰，黄京华著．广告调查（第2版）．北京：中国物价出版社，2002

赵海风，蒋艳君编著．广告目标与效果测定．北京：中国商业出版社，2007

4

第 4 篇 Part Four

广告宏观环境

广告活动是在一定的社会经济宏观环境下进行的经营活动。广告宏观环境是泛指对从事广告活动的广告主、广告机构和广告人员具有监督检查和控制约束作用的社会经济文化条件。一般地，广告宏观环境可以归并为一个国家的法规政策管理环境和国际政治、经济、文化环境两个层面，本篇分两章分别对这两个层面的相关问题加以讨论。

第 11 章

广 告 规 制

□ **学习目标引导**　广告活动与其他市场经济活动一样，在很多情况下具有负的外部性。因此，广告主、广告经营机构及广告人在从事广告活动时，同样要受到政府政策法规约束和控制，接受有关行政主管部门管制和规范以及各种消费者组织、社会团体及公共传播机构的舆论监督，还要受有关行业组织制定的自律条文和规定或公约的限制。广告规制对广告业依法经营、健康发展具有重要意义。本章首先介绍广告规制的基本原理，然后特别针对我国广告规制实践，重点介绍和讨论广告规制的法律操作规范。通过本章学习，读者可以明确广告规制的意义及类型，了解世界各国关于广告规制的一般做法，熟悉我国目前有关广告法规政策和工商行政管理操作规则。

□ **逻辑架构图示**

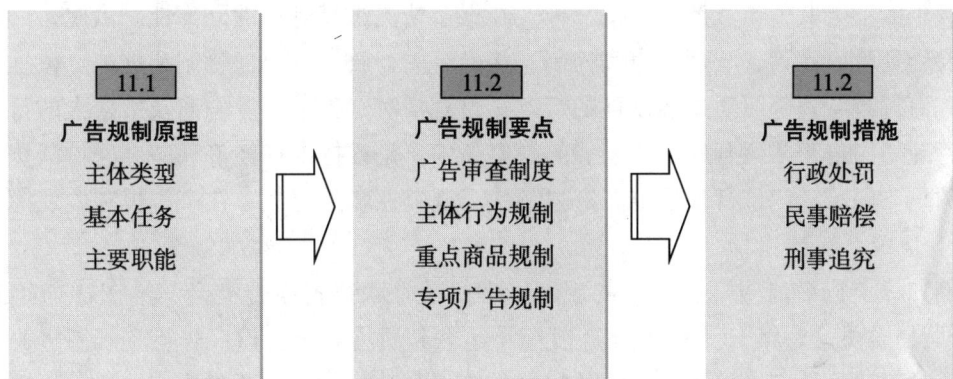

11.1	**11.2**	**11.2**
广告规制原理	**广告规制要点**	**广告规制措施**
主体类型	广告审查制度	行政处罚
基本任务	主体行为规制	民事赔偿
主要职能	重点商品规制	刑事追究
	专项广告规制	

11.1 广告规制原理

11.1.1 广告规制含义

所谓"**广告规制**"（Advertising Regulation），主要是指**工商行政管理部门依据《广告法》及其他有关的法律、法规对从事广告活动的广告主、广告商和广告人的行为进行监督、检查、控制和指导**。广告规制是政府行政管理的题中之议，是政府对市场经济活动整个干预活动的有机组成部分。

其次，依据国家广告法规、政策，社会性组织监督也是广告规制的必要途径和重要形式。为维护自身合法权益，各种消费者组织和社会团体及公共传播机构可对各种违法违纪广告进行监督与举报。

第三，广告经营业通过行业协会等组织形式，制定章程、公约、会员守则和各种规定，在行业内部进行的自我约束、自我限制和自我协调也对广告业依法经营和健康发展具有重要管理意义。

因此，广告规制从管理主体的差异性角度，可以大致分为**行政性规制，社会性规制**和**行业自律性规制**三种基本类型。

11.1.2 广告行政性规制

广告活动与其他市场经济活动一样，在很多情况下具有负的外部性。因此，广告活动同样要受到政府政策、法规约束和控制，接受有关行政主管部门管制和规范。依据法律规范，工商行政管理部门通过强制性的行政权力直接对广告主、广告商及广告人的行为进行监控管理是广告正常运营和健康发展的必要条件，是维持市场经济秩序、保护消费者合法权益的重要保障。广告行政规制具有强制性、规范性和稳定性，在广告规制中发挥着主导作用。

例如，美国政府对广告活动的规制管理机关是联邦贸易委员会。早在1914年通过的《联邦贸易委员会法案》（FTC法案）就赋予了联邦贸易委员会以广告行政规制机关的法律地位。对于欺骗性广告等违法行为的规制是广告行政规制最重要的内容。FTC的广告规制最初是出于保护竞争而不是保护消费者的考虑来处理有关欺骗性广告问题的。第一个案例是1919年西尔斯连锁店低价广告欺诈案。即使如此，直到1931年那拉戴姆广告案后，FTC的广告规制权力和职责范围才得以重新界定，广告行政规制职能转向主要保护消费者权益方面。随着网络数字化通讯技术的发展，网络广告的规制管理提上议事日程，1994年9月14日，美国联邦贸易委员会处理了第一个因特网广告欺诈案，所有受损害的消费者均得到了赔偿。

改革开放以后我国广告行政管理的主要法律规范有：1982年颁布的《广告管理暂行条例》；1987年颁布的《广告管理条例》；1995年2月正式颁布实施的《中华人民共和国广

告法》以及针对广告宣传和经营中的新问题先后制定和颁布了十几个单项广告规制细则，如《药品管理办法》、《印刷品管理办法》（2001）等。法律规定，县级以上人民政府工商行政管理部门是法定的广告监督管理机关。

广告行政规制就是由工商行政管理部门根据有关法律规定，运用行政手段对广告活动进行监督、检查、控制和指导。

监督，即对广告活动进行监察和督促，将其广告经营业务纳入国家法制轨道；

检查，即对从事广告的机构和个人进行日常检查，一旦发现违法广告活动就要及时查处惩办，从而"保护合法经营，取缔非法活动，查处违法行为"；

控制，这是指通过核发营业执照等工商行政管理办法，使广告活动在国家准许的领域或范围内从事经营活动；

指导，主要是由工商行政管理部门牵头，联合有关部门、社会中介机构和行业团体，举办有关广告知识、政策法规的宣传培训活动，以帮助和引导广告经营和制作者提高业务水平，学习和遵守广告法规，建立行业自律制度及规范等。

11.1.3 广告社会性规制

在广告规制中，社会团体、特别是各种消费者组织对广告活动的监督及行业管理具有不可替代且越来越重要的作用。第二次世界大战后，经济民主化运动蓬勃发展，消费者主权地位受到世界各国政府的重视，目前世界上已有30多个国家成立了消费者组织。消费者组织集中表达消费者意愿，帮助分散的弱势消费者保护自己的合法权益，同时在监督管理广告活动中发挥着重要作用。

世界上最早的消费者团体是1929年创建于美国的消费者研究公司。20世纪70年代以来，美国一直试图建立一套比现行管理更快捷、更有弹性的社会性广告规制系统。美国优良商业局理事会（CBBB）是禁止虚假和欺骗性广告、进行社会性管理的主要行业管理组织，已有70多年的历史，其具体职能机构"全国广告处"（NAD），一般要求广告主提供广告诉求证据，如果接到投诉而广告主又提不出足够的诉求证据，那么广告主就必须修改或撤销广告。NAD每年收到的投诉上百件，虽惩罚措施并不严厉，但它为广告机构和人员设立了须遵循的行业标准可以通过媒介曝光制造不良公众影响或向FTC再申报，发挥重要的行业管制作用。1995年11月，NAD第一次宣布了其对互联网络虚假广告的处理决定，在社会上引起普遍关注和很大反响。此外，消费者同盟作为美国最大的消费者组织也发挥着重要的广告规制作用，它定期向社会公布有关商品比较试验报告，以供消费者购买商品时鉴别并调查监督广告欺诈行为。

从20世纪50年代开始，英国、法国、德国等国家都陆续成立了消费者社会性组织，如英国的"消费者协会"（CA）、德国、法国的"消费者联盟"、日本的"主妇联合会"和"消费者协会"等。德国消费者联盟主要以主妇同盟、消费者团体为活动中心，出版《购物指南》等，并通过电台、电视台对消费者进行商品知识教育；德国商品检验基金会在消费者和商品生产者中很具权威性，它从市场上随机抽样购买商品，密封编号，委托检验机构测试，并将结果分为优、良、可、劣、甚劣五个等级，在《测试》杂志上公布，对有关广告活动进行监督管理。法国消费者协会由宗教团体、妇女同盟、工会、消费者协会组成，是消费者利益的主要代表。其主要活动包括对消费者提出的问题，如商品、质量、价格与使用方法等进行调查研究，并提供资料。日本消费者组织制定了消费者运动六大原则：确保公开竞争；确保消费者在丰富的商品中自由选择；正确地普及商品知识；尊重消费者的意志；完善消费者组织；加强消费者的社会责任感。目前，许多国家都成立有各种消费者组织或其他民间组织，这些社会性组织对广告活动起着重要的监督管制作用。

我国于1984年成立了"**中国消费者协会**"，由各人民团体，有关部门，各省、市、自治区以及各有关方面消费者代表组成，是代表我国广大消费者的组织。其基本宗旨是：对商品和服务进行社会监督，保护消费者的利益，指导广大群众的消费，促进社会主义市场经济的发展。中国消费者协会及各地的分会依据《中华人民共和国消费者权益保护法》（1994年1月1日颁布实施）等法规在政府工商行政管理、商品检验、标准、物价、卫生等部门的协助和支持下，通过建立消费者权益保护监测信息网络体系等途径，在维护消费者各项合法权益方面发挥着重要作用：了解商品和服务的权利；选择商品和服务的权利；获得商品和服务安全、卫生的权利；监督商品和服务价格、质量的权利；对商品和服务提出意见的权利；受到商品和服务损害时索取赔偿的权利。维护消费者合法权益是消费者协会的主要工作职责。随着市场经济发展和经济民主活动的普遍开展，消费者组织等对广告活动形成的监督、控制和约束力越来越大。

11.1.4 广告行业自律规制

行业自我管制是广告规制的另一有效途径。广告行业组织是指属于群众性的学术团体或行业的联合组织，如广告协会、广告学会、广告业联谊会等。广告行业组织一般具有代理政府实施广告行业管理，开展行业内或对外业务合作和技术交流的作用。广告行业自律管理是广告行业组织机构根据广告法律规定制定行为规范或广告公约，进行自我约束，自觉承担责任，以保证本行业或组织奉公守法、贯彻执行国家有关广告法规。

经济发达国家广告行业自律体系一般比较健全。美国1916年成立的更佳商业管理局（BBB）是全美最大的商业管理组织，拥有会员10万个，该组织由广告主，广告经营机构及媒体代表组成，负责各行业的广告规制。美国的媒体机构都拥有广告的审核权，有时尽管广告本身并非欺骗性质，媒体也可能拒绝刊发。英国的广告自我限制是由以"广告活动标准协会"为中心的18个广告团体进行的，这些团体在组织和职能上完全是独立的机关，有各自的限制标准。日本从1947年2月成立日本广告会（现名东京广告协会）开始，目前已发展到50多个广告协会，其全国性自律机构是全日本广告联盟，该联盟制定的《广告伦理纲要》是全国广告界必须遵守的最高准则。

在规则内容上，自律规范不仅规定了全行业普遍适用的准则，而且还针对具体广告作出规范。例如，1975年美国广播事业协会制定的《美国电视广告规范》；加拿大广告标准委员会颁布的《加拿大广告标准规则》，单项准则有《儿童广播广告准则》、《应说明药物消费广告准则》、《妇女卫生保护用品广告准则》等；日本广告自律组织颁布的《广告伦理纲领》、《报纸广告伦理纲领》、《杂志广告伦理纲领》、《电影广告规程》等。这些自律规则不仅含有比较原则、抽象的规定，而且制定了内容上能够相互衔接、措辞严谨、颇具细节色彩、具有实际操作指导意义的规定。

我国在20世纪70年代末，广告行业自律组织逐渐恢复并获得发展。**"中国对外经济贸易广告协会"是我国最早（1981年8月21日）成立的广告行业组织**。协会成立以来采用多种形式推动对外经贸广告行业提高经营管理水平，积极组织会员单位参加国际广告业务交流和开展对外交往活动，协会的自身建设也得到了健全和完善。协会第五届二次理事会讨论制定的《中国对外经济贸易广告协会会员关于出口广告工作的自律守则》，对于保障出口广告业务和经营活动的正常开展起到了重要作用。

我国最大的广告行业组织——"中国广告协会"于1983年12月27日宣告成立。它在国家工商行政管理局的指导下，按照国家有关方针、政策和广告法规，以其广泛的社会代表性（中国对外经济贸易广告协会会员已基本加入进来）协助政府对全国广告行业进行指导、协调、服务和监督管理。[①] 在中国广告协会成立以后，又先后成立了报纸、广播、电视、广告公司、公交、铁路等7个专业委员会，并在省、自治区、直辖市、地区、县设立了地区性广告协会，从而形成了全国性的自律组织系统。中国广告协会在领导会员遵守广告法律、法规的同时，开始建立全国广告业者统一的自律规则和行业规范，先后制定和实施了《广告行业岗位职务规范》和《中国广告协会自律规则》，自律规则要求会员树立良好的行业风气，维护正当竞争，抵制不正当竞争，建立良好的广告经营秩序，提高广告业道德水准和整体服务水平。

1993年7月，国家工商局和国家计委颁布《关于加快我国广告业发展的规划纲要》，要求在国家广告监督管理机关的指导下，中国广告协会等广告行业组织按照政事分开的原则，逐步向民间行业商会过渡并强化自律和服务功能。中国广告协会多次组织广告企业，研究自律和发展等问题，向广告监督管理机关提出改革的意见和建议，筹建广告业共享的信息服务系统。**未来我国广告行业自律管理发展的基本趋势是：逐步面向全社会实行产业化、社会化服务，在保持基本行业管理职能的基础上打破地区、部门和行业界限，形成一体化、富有弹性的广告行业管理体系。**

虽然我国广告业发展起步较晚，广告竞争才刚刚起步，广告的行业管理水平还比较低。但近年来已开始迅猛发展并逐步走向规范化，随着广告行业自律法规法制的健全和完善，广告行业自律将实现自我约束、自我监督和自我管理。

11.1.5　广告规制的基本任务

真实性是广告的最基本特性和要求，真实广告是企业在市场经济条件下生存与发展的前提。杜绝欺骗性广告，维护广告的真实性是广告规制的基本任务和最重要内容。

关于广告真实性，在世界各国的政府管理中都有明确的规定。例如，美国联邦最高法院关于广告真实性的规定："广告每段叙述文字都应是真实的，在整体上也不应给人以误解

---

① 1987年5月13日，中国广告协会和中国对外经济贸易广告协会共同组成国际广告协会中国分会。

的印象；广告不得模糊或掩盖事实真相；广告不得巧妙地设法使读者对其词语的真实含义和一项保证的实际内容产生忽视和误解；广告不得施展圈套来博取人们的购买行动"。对于虚假广告，美国联邦贸易委员会（1983年）的定义为："凡是含有虚假表述或由于省略了有关信息等做法，而可能误导行为理智的消费者，致使他们遭受损害的广告。"也就说，判断广告是否虚假，不仅要看广告表述是否真实，更重要的是看广告是否给理智的消费者留下错误印象，而不管有无造成消费者受骗的事实。欧共体（欧盟前身）1984年通过的《欧共体部长理事会关于误导性广告的法令》指出："'误导性广告'系指以包括演示在内的任何形式出现的，欺骗或有可能欺骗其诉求对象，或欺骗它所接触到的人的广告。同时，这类广告也包括那些由于其内在的欺骗本质，有可能影响观众、听众经济行为，或由于同样原因伤害及可能伤害竞争者的广告。"欧盟各国已在1986年9月前对本国法令作了相关修改，使之于此相一致。我国有关法律规定：广告内容必须清晰明白、实事求是，不得以任何形式弄虚作假、蒙蔽或欺骗用户和消费者，有缺陷的处理商品、试制和试销商品都应当在广告中注明以免引起误解。

理论上讲，**凡是内容上实事求是，广告诉求切合实际，且作为一个整体不会给人造成误解的广告，就是真实性广告；凡是广告内容与实际情况不符，影响到消费者的购买行为并损害了其利益时，均属欺骗性广告。**在经济发达国家，最常见的也是广告规制最棘手的情形是：广告本身看起来并没有什么弄虚作假，但广告信息会引起人们误解，给受众造成的印象往往与真实情况不符。诈骗性广告的主要表现有如下一些情形。

——**广告利用虚假的产品示范、图片、实验或测试数据，故意夸大商品的优点或用途，证明其产品的一种特性或证明其产品优于其他产品。**例如，美国《读者文摘》一则箭牌香烟广告声称在一次香烟测试中其产品的焦油和尼古丁含量最低，其实并非如此。又如，一则沃尔沃汽车电视广告，画面是一辆巨型卡车冲向一排轿车，撞碎了其他所有轿车，唯沃尔沃车安全无恙，FTC指控沃尔沃公司及其广告代理公司没有真实地反映其他轿车的性能，要求其支付赔偿金。

——**使用模棱两可、易引起误会的语句，暗示一种并不存在或只是部分存在的利益，或暗示某利益是该商品独有的。**例如，一种叫做"艾菲森"的药品广告声称"不含有阿司匹林成分"，虽然这是事实，但是美国政府管理部门认为此诉求会使人误以为这种产品"没有阿司匹林的副作用"。

——**不正确地暗示某部门或某人使用并支持该品牌。**布莱克–德克尔公司宣称它的熨斗超过一定温度有自动关闭的功能，并得到了全国防火委员会（NFSC）的认可，而NFSC并非检测防火设备的权威机构，也没有对产品做过认证。在我国最常见的现象是骗取或假冒某权威机构或消费者的名义，如宣称某某部门推荐或利用虚假的消费者"感谢信"等做广告宣传。

——**在广告信息披露中遗漏了必要的信息。**例如，坎贝尔汤品公司曾在"汤是优良食品"的广告系列中宣扬其产品脂肪和胆固醇含量较低，降低了心脏病的发病率，但它没有披露其汤品中钠含量较高，而纳含量高的饮食会增加心脏病的发病率。

——**广告隐瞒商品的重大缺陷，特别是那些会给消费者生理或心理造成严重危害的缺陷**，常见于药品、食品、低压电器、日用品等的假冒伪劣商品广告中。在美国，政府管理部门要求所有涉及安全性、有效性、质量、性能和对比的广告诉求必须提供能够帮助消费者做出判断的证据，否则提供没有或无法证明的诉求就属欺骗行为。

——**在广告中做出根本不可能实现或根本不准备实现的许诺**，以欺骗和吸引消费者购买，或利用消费者缺少商品知识或利用缺乏论证的科学结论对消费者进行误导，或利用广告使消费者产生某些恐惧或不健康心理，诱使消费者购买其所推荐的商品。

在诈骗性广告中，有些是由于广告主、广告制作单位和媒体机构的主观原因造成的，他们或故意用含混不清的、夸大的表现方式使消费者产生错觉，或无原则地与广告主勾结共同欺骗消费者；有的则是由于某些客观原因造成的，广告主和广告代理公司在主观上虽无欺骗意图，但广告客观上却造成有违事实或具欺骗性的误导。

造成这类广告的客观因素很多，归纳起来无外乎媒体和广告主、广告公司两个方面的因素。一是广告媒体对广告表现的限制。如媒体对广告播放时间和版面等的局限，或特定媒体对广告表现形式的限制，以及媒体传真程度的影响使广告产生信息遗漏或失真。二是广告主、广告公司方面的原因。如广告主对自己的商品过分自信，或广告主忽视或根本不了解商品在使用过程中可能给消费者带来的损害，广告主或广告制作人员本身缺少商品知识，广告主的许诺在客观情况有变化的条件下不能实现，广告主、广告公司制作人员与消费者对同一商品及其表现可能会产生理解上的差异等。所有这些大都可以通过加强管理、提高技术水平和业务素质等加以克服。

从实际广告监测情况及投诉举报情况看，我国目前虚假广告主要集中在医疗广告、房地产广告、加工承揽广告、致富信息广告、招工招生广告等几种商品或服务广告类上，其主要特点是如下。

——隐蔽性较强，不易识别。如加工承揽广告，广告主说请厂商加工产品，由其来收购包销，钻加工承揽者无法辨别真伪的空子，然后借口加工者的产品不合要求，以此诈骗订金。

——涉及的金额较大。如房地产广告金额最少几十万元，多则上百万元。

——极具诱惑力。部分广告主利用人们的求知欲、求生欲、致富欲等心理，在广告中虚假承诺，医疗广告包治百病，加工承揽广告包销产品，招生、招工广告包学历、包分配，吹得天花乱坠，有的还盗用国家机关、学术科研机构、专家的名义，增加广告的可信度，诱使消费者上当受骗。

——后果严重。如虚假加工承揽广告使加工者无法收回成本，造成经济损失，有的甚至破产。甚至一些虚假医疗广告不仅使患者白白浪费钱财，倾家荡产，更为严重的是因此耽误了疾病治疗，后果十分严重。

对于欺骗性广告的行政管理措施一般有命令停止、赔偿、正面披露以及更正广告等。命令停止即通过正式行政程序禁止广告发布者进行进一步的欺骗活动。赔偿措施要求违法行为者对消费者给予经济补偿。如果一则广告没有向消费者提供完备的信息，就需要颁布一条"**正面披露**"（Affmative Disclosures）命令，要求对遗漏信息进行"**明确无误**"的披露，所涉及的信息常常是事关健康或安全的商品或服务的缺陷及不足。"**更正广告**"（Corrective Advertising）要求广告商要在以后的广告中做出适当的声明，更正过去的欺骗性言论。

11.1.6　广告规制的主要职能

关于广告规制管理的职能，各国有关法规大都有明确规定，归纳起来主要有两个方面：**一是维护市场竞争秩序；二是维护消费者合法权益**。如上文所说，在历史上，广告规制最初是出于保护竞争而非保护消费者的考虑来处理有关欺骗性广告问题的。后来，随着市场经济制度的变迁完善和经济民主化进程的不断推进，广告行政管理职能才逐渐转向维护消费者权益方面。

广告规制在维护正常市场竞争秩序方面的一个重要问题就是"比较广告"如何处理。何为"比较广告"？根据1991年欧共体《比较广告议案》的定义，**任何广告，以直截了当或隐含暗指的任何间接方式，涉及或提及了自己的竞争对手的产品和服务项目，即构成比较广告**。美国法律很早就认可比较广告，每年有大约30%的广告是比较广告，而且大多是直接比较。欧共体也于1993年开始实施比较广告法案。

比较广告作为市场竞争的手段，具有促进竞争、活跃市场的作用。企业要想发布比较广告，在市场上占一席之地或获取竞争力，就必须科学地去确定自己的市场定位，客观分析自己的优势和短处，同时，消费者也能从比较广告中获益，借助比较广告，消费者可以获得更多商品信息，以便在购买时更好地加以比较和选择。但比较广告在立法上难度较大，最大的难题是如何才能保证广告主在比较时做到公正、客观，不产生不正当竞争行为。

从经济发达国家关于比较广告的规制实践来看，实施比较广告一般要求做到：对产品的特点及有关方面的比较要客观，能够提供令人信服的比较论据；比较内容必须全面，不得遗漏必要事项，其中包括对自己不利的项目；比较广告不能相互诋毁，不能造成市场混乱，更不允许利用不法手段进行不正当竞争等。但是，在实际广告规制中很多情况在法律尺度上难以判定和度量，比较广告对竞争者进行攻击、相互诽谤的情况很普遍。在我国，广告法规定："广告不得贬低其他生产经营者的商品或者服务。"而做比较广告就不能不"我高你低"，所以总的来讲是不允许实施直接比较广告的。

广告规制在维护消费者合法权益方面也具有重要意义。按照美国经济学家门瑟·奥尔森（Mancur olson）关于"集体行为的逻辑"，越是分散的、人数众多的群体就越难以形成集体行动、越没有力量。因此，分散的、人数众多的消费者显然是社会的弱势群体，维护消费者合法权益就成为政府规制的一项重要任务和职能。广告直接面向广大消费者，虚假广告或其他不正当广告往往会误导消费者，直接侵害消费者的利益。广告规制的一项重要功能就是查处不法广告活动，保护消费者免受经济损失和身心伤害。

11.1.7　我国广告的基本准则

我国广告基本准则，概括地说，广告应维护国家的尊严和利益，广告人要遵守社会公德和职业道德，广告内容应当有利于人民的身心健康，保护消费者和其他组织的合法权益。

（一）广告应维护国家尊严和利益

广告禁止使用中华人民共和国国旗、国徽、国歌。中华人民共和国国旗、国徽、国歌作为我们国家的象征和标志，一般只能用于国家的政治活动和公务活动，不得用作以盈利为目的的商业广告活动，在广告的文字和图案中，不得使用我国国旗、国徽、国歌的图案和文字，也不得使用国歌的音乐制作广告。

广告禁止使用任何国家机关和国家机关工作人员名义。国家机关是指行使国家立法权、行政权、司法权的国家权力机关、国家行政机关、国家司法机关。国家机关公务员，即根据法律的规定，经人民选举或国家委任、聘用，从事国家管理活动的人员。国家机关工作人员执行公务与一般的商业行为不同，是一种特殊公共活动，因此法律禁止任何使用国家机关和国家机关工作人员的名义做广告的行为。

（二）广告要有利于人民的身心健康

广告的内容应当活泼向上，具有一定的艺术品位和欣赏价值，符合社会主义精神文明建设的要求，从而使广告有利于人民的精神健康，有利于人民的身体健康与安全。

从事广告活动的人员应有一定的政治素质、文化素质、业务知识、工作能力，遵守公共秩序，尊重他人人格，文明礼貌，诚实守用，开拓进取，忠于职守。

禁止妨碍社会公共秩序和违背社会良好风尚。社会良好风尚是历代相沿积久而成的善良习俗，是民族精神与风貌的体现。广告不得含有妨碍社会公共秩序、违背社会良好风尚的内容。禁止含有淫秽、迷信、恐怖、暴力、丑恶的内容。禁止含有民族、种族、宗教、性别歧视的内容。禁止妨碍环境和自然资源保护。

任何公民和组织不得损害国家的、社会的、集体的和其他公民的合法权益，这是我国宪法的一项基本原则，广告的内容及广告活动不得妨碍社会安定和危害人身、财产安全，不得损害社会公共利益，不得损害消费者和其他组织、个人的合法权益。广告不得贬低其他生产经营者的商品或者服务。广告不得损害未成年人和残疾人的身心健康，禁止在广告的语言、文字、画面中以明示或暗示的方式，直接或间接地损害未成年、残疾人的形象，歧视、侮辱未成年人或残疾人，或者以其他方式损害未成年人及残疾人的身心健康。

广告不得损害未成年人和残疾人的形象。广告如果需要使用未成年人、残疾人的名义和形象，应当取得未成年人、残疾人的书面同意或者其监护人的书面同意。针对未成年人的广告应当符合其心理，对于未成年人的天真、缺乏经验、诚实应予特别的尊重，不得在道德方面冒犯未成年人；广告的内容在涉及残疾人时，不得明示或暗示残疾人的形象低人一等。广告的语言、文字、画面不得含有侮辱未成年人和残疾人的内容。适用于未成年人和残疾人的食品、用具、器械等商品的广告应当真实、明白，所涉及商品的质量应当可靠，不得有害于未成年人及残疾人的安全和健康。儿童食品、玩具、用具和游乐设施不得有害于儿童的安全和健康。酒类广告及利用非禁止媒介发布烟草制品广告不得出现未成年人的形象。此外，适合残疾人使用的日常生活用具、康复器械、交通工具等的广告也应当针对残疾人的特点来做，要保证产品的质量，广告的内容应尊重残疾人的公民权利和人格尊严，广告所涉及的产品应有安全保证，不得损害残疾人的身体健康。

（三）广告须具有真实性

广告主在制作、发布广告的过程中应当保证广告的真实性，不能误导和欺骗消费者，应当保证广告中涉及的产品和服务的质量，避免给消费者造成经济损失和身心伤害，广告应当保护消费者的合法权益。

广告使用的数据、统计资料、调查结果、文摘、用语等应当真实、准确，并表明出处。统计和调查应当具有广泛性，进行抽样统计和调查应当具有普遍性，统计和调查的机构应是具有法律资格、出具的结果具有法律证明力的机构。在广告中使用数据、统计资料、调查结果、文摘等必须要有出处，没有出处的不得在广告中使用，且出处应当真实、准确、明白、有据可查。

广告中对商品或者服务的有关表示，特别是影响消费者判断商品或者服务质量的表示应当清楚、明白，不得虚假、含混，不得误导和欺骗消费者。产品或者产品包装的标识应当符合下列要求：

（1）有产品质量检验合格证明；（2）有中文标明的产品名称、生产厂厂名和厂址；（3）根据产品的特点和使用要求，需要标明产品规格、等级、所含主要成分的名称和含量的，应予以标明；（4）限期使用的产品，标明生产日期和安全使用期或者失效日期；（5）使用不当，容易造成产品本身损坏或者可能危及人身、财产安全的产品，要有警示标志或者中文警示说明。广告中的产地、生产者、用途、质量、有效期限的表示应当与上述规定所说的产品本身、产品质量检验合格证明、产品包装上的相关记载一致，不得进行可能使人误解的省略、篡改。广告中对于商品的价格、免费、优惠和保修、退货、送货上门等允诺的表示以及服务的内容、形式、质量、价格和其他允诺也应当真实、明白，符合实际，不得误导消费者。

广告应当真实、明白，不得误导消费者；而使用最高级形容词是不实、含混广告的一个具体体现。因此，《广告法》禁止在广告中使用国家级、最高级、最佳等称号或用语。

（四）广告不得有法律禁止的其他情形

广告是一种十分复杂的社会经济活动，随着市场和社会经济环境的变化，广告准则也会有弹性调整。为此《广告法》还原则规定，广告不得含有法律、行政和法规规定禁止的其他情形，例如，注册会计师不得有对其能力进行广告宣传以招揽业务的行为，新闻、广播等宣传单位不得登载、播放非正式出版物的出版消息和广告，广告等面向社会公众的文字，都必须符合相关规范和标准等。

精要提示

广告规制，包括行政性规制，社会性规制和行业自律性规制三种基本类型。杜绝欺骗性广告，维护广告的真实性，是广告规制的基本任务和最重要内容。维护市场竞争秩序，维护消费者合法权益，是广告规制的基本职能，中国广告基本准则，概括地讲就是广告应维护国家的尊严和利益，广告人要遵守社会公德和职业道德，广告内容应当有利于人民的身心健康，保护消费者和其他组织的合法权益。

11.2　广告规制要点

《中华人民共和国广告法》（以下简称《广告法》）是广告规制中最重要的法律文件，是工商行政管理部门进一步制定广告规制细则和实施广告规制的基本依据。《广告法》中所称**广告**，是指商品经营者或者服务提供者承担费用，通过不定媒体和形式直接或者间接地介绍自己所推销的商品或者所提供的服务的商业广告。《广告法》将真实性作为广告活动的最基本原则加以强调，在此基础上规定了广告行为准则，详细规定了广告活动中广告主、广告经营者、广告发布者的行为规范，主要包括广告合同、广告中的不正当竞争行为，广告验证制度、广告收费管理等。对重点商品和专项广告活动管理进行了特别规定，主要包括对药品、医疗器械、烟草、食品、酒类、化妆品等广告的管理和审查制度，对违反广告行为准则的广告所应承担的法律责任进行了详细的规定。

11.2.1　广告审查制度

广告审查是广告审查机关依照法律、行政法规的规定，在广告发布前对广告内容是否真实、合法进行的审查。广告审查制度则是指国家以法律、法规的形式对有关必须审查的广告的范围、广告审查程序、广告审查机关等规范化和制度化的规定。它是目前世界各国普遍采用的保证广告真实性和合法性的一种重要的法律制度。

我国的广告审查包括国家有关行政主管部门的审查和广告经营者、广告发布者的审查两大类。根据《广告法》和有关法律、法规规定，由国家有关行政主管部门负责审查的广告仅限于药品、医疗器械、农药、兽药等商品的广告；广告主在委托广告经营者设计、制作和代理广告之前，对自身广告真实性与合法性的自我审查；广告经营者在承接广告业务时，对广告主主体资格、广告内容及有关证明文件或材料是否真实、合法进行审查；广告发布者在播放或刊出广告之前，对广告内容及表现形式的真实性和合法性进行审查。广告审查的主要内容如下。

——广告主的主体资格的审查，即审查客户有无做某项内容广告的权利能力和行为能力。广告审查机关在审查广告主提出的广告审查申请时，首先应该对广告主的主体资格进行审查，要求广告主提交营业执照以及其他生产、经营资格的证明文件，也就是要审查广告主是否是合法组织。

——广告的内容和表现形式的审查，即审查广告的内客和表现形式是否违反广告规制法规和其他法律、法规的规定，即对广告内容真实性的审查。其一，对广告内容的真实性的审查，主要是审查广告内容与客观事实是否相符，有无隐瞒事实真相和随意虚构、夸大的成分在内。其二，对广告表现形式的真实性的审查，是对表现广告内容的语言文字、画面、声音等广告表现形式的真实性进行审查，确保广告表现形式与广告内容真实、可信、与事实相符。

——广告的合法性的审查。主要审查广告内容及其表现形式是否与我国广告规制的法律、法规及其他政策规定相符，还要审查广告主提交的有关其主体资格和广告内容及其表现形式真实性的证明文件是否真实、合法、有效。

11.2.2 广告主体行为规制

（一）广告主行为规制

广告主是指为推销商品或者提供服务，自行或者委托他人设计、制作、发布广告的法人、其他经济组织或者个人。对广告主行为规制的主要内容是"**验证管理制度**"。

验证管理制度基本内容是：广告主申请发布广告时必须出具有关证明文件，广告经营单位必须在认真审查有关文件后才能接受广告业务，并要将查验文件留档备查，保存时间不得少于一年。文件一般包括：（1）营业执照以及其他生产、经营资格的证明文件；（2）质量检验机构对广告中有关商品质量内容出具的证明文件；（3）确认广告内容真实性的其他证明文件。

利用广播、电影、电视、报纸、期刊以及其他媒体发布药品、医疗器械、农药、兽药等商品的广告和法律、行政法规规定应当进行审查的其他广告，必须在发布前依照有关法律、行政法规由有关行政主管部门对广告进行审查，未经审查不得发布。

（二）广告经营者行为规制

广告经营者是指受委托提供广告设计、制作、代理服务的法人、其他经济组织或者个人。广告经营者依法进行广告经营登记，方可从事广告活动。

（1）广告经营者申请登记应具备的资质条件。广告经营者申请经营广告业务，除须具备企业登记、注册的一般条件外，还应该具备广告规制法规对其规定的特殊的资质条件。虽然广告经营者的组织种类繁多，其所具备的资质条件也不尽相同，但一般都须具备以下条件：

——有与广告经营规模相适应的设备和流动资金；

——有必要的专业技术人员；

——有符合国家规定的固定的经营场所；

——有健全的广告规制制度；

——有承办或代理外商来华广告或出口广告业务的广告经营者，还应有了解国家进出口政策的有关人员和翻译人员。

（2）广告经营者应当依据法律、行政法规查验有关证明文件，核实广告内容。对内容不实或者证明文件不全的广告，广告经营者不得提供设计、制作、代理服务，广告经营者应按照国家有关规定，建立、健全广告业务的承接登记、审核、档案管理制度。对法律、行政法规规定禁止生产、销售的商品或者提供的服务以及禁止发布广告的商品或者服务不得设计、制作广告。

（3）广告收费实行备案价格管理办法。广告收费应当合理、公开，收费标准和收费办法应当向物价部门和工商行政管理部门备案。广告经营者应当公布其收费标准和收费办法。

（三）广告发布者行为规制

广告发布者是指为广告主或者广告主委托的广告经营者发布广告的法人或者其他经济

组织。这里所说的发布广告的法人或者其他经济组织主要指那些兼营广告发布业务、传播经济信息的媒介单位，即报社、杂志社、电台、电视台等事业单位。

（1）**对广告发布者经营资格的管理**。广告发布者以收费的形式兼营广告发布业务，传播经济信息，属于一种广告经营行为。所以，广告规制机关必须要求广告发布者在发布广告之前，到当地县以上工商行政管理部门办理兼营广告发布业务的登记手续，并由其审查是否具备直接发布广告的条件。

（2）**发布者提供的媒体覆盖率真实性的管理**。媒体覆盖率是媒体覆盖范围和覆盖人数的总称，它随媒体的不同而有不同的名称，其中有广播电台的收听率，电视台的收视率，报纸、杂志等印刷媒体的发行量以及户外场所的位置和人流量等。真实的媒体覆盖率是确定媒体收费标准的惟一依据。媒体覆盖率越高，影响越大，传播面越广，广告效果越好，收费标准就越高。反之，收费标准就越低。对广告发布者提供的媒体覆盖率真实性的管理，对维护广告发布者的声誉，树立起自身形象，拓展广告发布业务来源和保护广告主、广告经营者的合法权益都有积极的作用。

（3）**对广告发布者利用时间、版面和篇幅的管理**。广告发布者虽拥有对媒体的使用权，但是并不是随心所欲地把全部时间、版面、篇幅都用来刊播广告。我国对媒体利用时间、版面、篇幅有明确规定。各电视台、有线广播电视台、广播电视台播放广告必须保持节目的完整性，不得随意中断节目插播广告；转播其他电视台的节目，应保持被转播节目的完整，不得插播本台的广告；各电视台、有线广播电视台、广播电视台每套播放广告的比例不得超过该套节目每天播出总量的15%，其中18：00至22：00之间不得超过该时间该时段节目总量的12%；不得在电视画面行叠加字幕广告。

11.2.3 重点商品广告规制

重点商品是指与身体健康、人身安全、社会秩序和社会经济生活关系重大的商品，主要包括医药、食品、烟酒、计量器具、锅炉、压力容器、电器产品等。企业在制作广告时必须认真查阅有关规定并认真执行。

医药广告规制 医药商品主要指药品、行医和类药品等，除《广告法》外，对药品管理的法规文件主要有《中华人民共和国药品管理法》、《药品广告管理办法》等，其中《中华人民共和国药品管理法》对药品广告做了如下规定：

——除中药材、中药软片外，必须使用注册商标，并在药品包装和标签上注明。

——医药广告的内容必须以国务院卫生行政管理部门或省、自治区、直辖市卫生行政管理部门批准的说明书为准。国家规定的应当在医生指示下使用的治疗性药品广告中必须注明"按医生处方购买和使用"。

——外商在我国申请办理药品广告，必须提供生产该药品的国家（地区）批准的证明文件、药品说明书和有关材料。

——药品广告必须经省、自治区、直辖市卫生行政管理部门审查批准，未经批准不得刊登、播放和张贴。

以上是国家卫生行政管理部门对医药广告做的一些原则性规定。此外，《药品广告管理办法》对医药广告的内容和禁止发布的医药广告做了具体的规定。药品、医疗器械广告不得含有下列内容：

——含有不科学的表示功效的断言或者保证的；

——说明治愈率或者有效率的；

——与其他药品、医疗器械的功效和安全性比较的；

——利用医药科研单位、学术机构、医疗机构或者专家、医生、患者的名义和形象作证明的；

——法律、行政法规规定禁止的其他内容。麻醉药品、精神药品、毒性药品、放射性药品等特殊药品不得做广告。

《药品广告管理办法》第12条规定，禁止发布下列药品广告：麻醉药品和国际公约管制的精神药品品种；未经卫生行政部门批准生产的药品（含试生产的药品）；卫生行政部门已明令禁止销售、使用的药品；医疗单位配置的制剂。

医疗器械广告的有关管理法规文件是《医疗器械广告管理办法》。根据该办法，其管理范围包括：凡利用各种媒介或形式发布有关用于人体疾病诊断、治疗、预防，调节人体生理功能或替代人体器官的仪器、设备、装置、器具、植入物、材料及其相关的药品的广告。根据《医疗器械广告管理办法》第11条的规定，下列医疗器械，禁止发布广告：

——未经国家医药管理局或省、自治区、直辖市医药管理局或同级医药行政管理部门批准生产的医疗器械；

——临床试用、试生产的医疗器械；

——已实施生产而未取得生产许可证生产的医疗器械；

——有悖于中国社会习俗和道德规范的医疗器械。

所谓类药品广告，是指含有药物并明确注册对某种疾病有防治效果的食品广告、化妆品广告以及其他商品广告。按照我国广告规制法规的规定，食品广告、化妆品广告以及其他商品广告均不得宣传药物疗效；如果要宣传药物疗效，必须按照《药品广告规制办法》的规定办理有关手续。与药品一样，类药品广告宣传批准文号的有效企业为两年，到期后仍需继续进行广告宣传的应重新申请换发新的广告宣传批准文号。

自1985年卫生部宣布允许私人行医后，行医广告大量增加，为了维护社会的安定和人民的身心健康，工商行政管理机关对行医广告做了一些具体的规范。其具体管理办法是：私人行医广告要经县和县以上卫生行政主管部门审查同意，具有批准行医的证明和审查批准广告内容的证明，方可刊播和张贴；在行医广告中，不能宣传未经省、自治区、直辖市卫生行政管理部门批准的药品，不能违反有关药品广告规制的规定。

兽药和农药广告应提交省一级农牧渔业行政管理机关审查批准的证明或药检或植保部门批准的文件。农药广告不得有下列内容：

——使用无毒、无害等表明安全性的绝对化断言的内容；

——含有不科学的表示功效的断言或者保证的内容；

——含有违反农药安全使用规程的文字、语言或者画面的内容；

——法律、行政法规规定禁止的其他内容。

食品广告规制 食品广告主要指食品、食品添加剂、食品容器和材料、制作食品的用具设备以及清洗食品和食品工具设备的清洗剂等。为了加强对食品广告的管理，保障消费者的权益，根据《中华人民共和国食品法（试行）》（以下简称《食品法》）和《广告规制条例》的有关规定，国家工商行政管理局于1993年颁布了《食品广告规制办法》。

根据《食品广告规制办法》，申请发布涉及食品成分、营养价值和其他具有食品卫生科学内容的广告，应持有食品卫生监督机构填发的食品广告审批表，没有该审批表的不得发布广告；食品广告必须符合卫生许可的事项，并不得使用医疗用语或者易与药品混淆的用语。

国外企业发布食品广告要办理食品广告审批手续，一般应持进口卫生许可证向省或省以上食品卫生监督机构申办。国外企业在我国举办食品展览会散发食品样品，必须事先提供所属国（地区）政府卫生部门颁发的产品质量卫生证明，经我国省一级卫生监督机构批准。

《食品广告规制办法》第13条规定，禁止发布下列食品广告：食品卫生法禁止生产经营的食品；宣传疗效的食品；母乳代用品。食品广告中不得出现医疗用语或者易与药品混淆的用语以及无法用客观指标评价的用语。

烟酒广告规制 我国对卷烟广告规制管理很严。《广告法》第18条规定："禁止卷烟企业利用广播、电影、电视、报纸、期刊发布广告；禁止在各类等候室、影剧院、会议厅堂、体育比赛场馆等公共场所设置烟草广告；烟草广告中必须标明'吸烟有害健康'。"国家烟草行业的行政管理机构是国家烟草专卖局。国家烟草生产和销售主管单位是中国烟草总公司。这两个机构负责统一领导全国烟草行业的产供销、人财物和内外贸易业务。广告主申请利用广播、电视、报纸等媒介作卷烟广告，须经省以上工商行政管理局批准。对一些卷烟企业做的变相卷烟广告，广告规制机关作了如下管理规定：

——凡是以烟草企业名称或卷烟商标名称的名义举行的赞助广告活动，必须经省以上工商行政管理机关审查批准；

——以卷烟为馈赠实物的广告必须报市以上工商行政管理部门批准；

——赞助的体育、文艺活动不能冠杯，个别的须报国家工商行政管理局批准。

国家工商行政管理局在1995年11月颁布了《酒类广告规制办法》，该办法所称酒类广告是指含有酒类商品名称、商标、制酒企业名称等内容的广告。酒类广告中不得出现以下内容：

——鼓动、倡导、引诱人们饮酒或者宣传无节制饮酒；

——饮酒的动作；

——未成年人的形象；

——表现驾驶车、船、飞机等具有潜在危险的活动；

——诸如可以"消除紧张和焦虑"、"增加体力"等不科学的明示或者暗示；

——把个人、商业、社会、体育、性生活或者其他方面的成功归因于饮酒的明示或者暗示；

——关于酒类商品的各种评优、评奖、评名牌、推荐等评比结果；

——不符合社会主义精神文明建设的要求，违背社会良好风尚和不科学、不真实的内容。

关于烈性酒的广告规制应采取限制措施。40度以上（含40度）酒除销售现场外原则上不允许做广告，国家级、省部级优质烈性酒广告须经省一级工商行政管理局批准；39度以下（含39度）酒广告，必须标明酒的度数。

此外，酒类广告应当符合卫生许可的事项，并不得使用医疗用语或者与药品相混淆的用语。经卫生行政部门批准的有医疗作用的酒类商品，其广告依照《药品广告审查办法》和《药品广告审查标准》进行管理。在各类临时性广告活动以及含有赠送的广告中，不得将酒类商品作为奖品或者礼品出现。

优质名牌和获奖商品广告规制　凡是要在广告中标明获奖的商品，必须有省一级行政主管部门颁发的证书。广告中必须明确注明获奖级别、颁奖部门和获奖年度，绝不允许使用文字游戏愚弄消费者，或把获奖产品与非获奖产品混在一起做广告，以免消费者产生误导。凡是要在广告中标明"优质"商品称号的，必须提交政府颁发的优质产品证书，并在广告中标明优质产品称号、颁发时间和部门。凡是要在广告中标明质量标准的商品，均应提交省以上标准化管理部门或质量检验部门认证合格的证明。

11.2.4 专项广告规制

专项广告是指以特定的方式举办的广告活动。主要包括赞助广告、印刷品广告、体育广告、奖券广告等。

赞助广告　赞助广告是指由赞助单位集资，为发展和兴办某种公益事业而进行的广告活动。不带广告宣传的赞助活动不属于此范围。提供赞助广告费的企业必须是在完全自愿的条件下，有计划、有目的地开展赞助活动。赞助广告的表现形式有：以实物形式赞助；以货币形式赞助；以实物、货币相结合形式赞助；以冠杯、冠队、冠名的形式赞助。

举办赞助的单位要编制赞助广告计划，其内容包括：（1）举办赞助广告活动的理由和名目；（2）赞助广告的项目、费用预算总额和用途；（3）赞助广告的收费标准；（4）赞助广告宣传的具体实施方案；（5）有关主管部门批准举办的文件。

赞助广告收费标准应本着收支平衡的原则编制，通过计划协商确定。企业经批准支付的广告费，要按编制预算，可列入销售费用。举办赞助广告活动的单位，对赞助广告费用收支要单独核算、专款专用，不得私分或用于请客送礼开支。赞助广告费中直接用于广告宣传的部分，要计入广告经营单位的营业总额中，按规定上缴税利。

印刷品广告　带有广告宣传性质的印刷品统称印刷品广告。印刷品广告按其性质，可分为经营性和非经营性两种。前者由广告经营者负责替广告主承办、印刷，以盈利为目的，带有经营性质，故为经营性印刷广告；后者则是由印刷厂印发或广告主自行印制，不以盈利为目的，属非经营性质，故为非经营性印刷广告。

印刷品广告规制的重点是经营性印刷品广告，即广告经营单位向广告主收取费用而出版、印刷的企业名录、名优产品图册，以及各种票证广告等。此类广告一般由广告公司经营，必须按规定审查广告内容，其管理办法与对其他广告的管理相同。广告兼营单位或其他企、事业单位和社会团体要经办此类广告必须向所在地工商行政管理局提出申请，经省、自治区、直辖市批准，发给《临时性广告经营许可证》，方可承办。

主办单位必须按规定审查广告内容，经营全国性或地方性企业名录或名优产品图册，必须出具国务院有关部门或省一级政府的有关证明，由工商行政管理部门审查，并核发临时性或一次性广告经营许可证。

体育广告 体育广告是赞助广告的一种独特类型。国家工商行政管理局会同国家体委于1986年11月颁发了《关于加强体育广告规制的暂行规定》。其主要内容如下：

——体育广告必须由有营业执照的体育服务公司或广告公司代理；

——体育广告内容涉及卷烟和烈性酒广告允许出现企业或商标名称，但不得出现商品和商标图案；

——企业赞助的广告性服装、体育器械、用品、纪念品等实物，只能用于体育活动，不得销售；

——体育活动结束60日内，主办单位应将广告收支结算报送财政、审计机关。

专栏11.1：实践观察

国际广告从业准则

为保护消费者利益，国际广告协会制定了相应的《国际广告从业准则》，这一准则由下列各当事人共同遵守：刊登广告的客户；负责撰拟广告稿的广告客户、广告商人或广告代理人；发行广告的出版商或承揽广告的媒体商。

◇ **国际广告基本从业准则**，包括：

——应遵守所在国家的法律规定，不违背当地固有道德及审美观念；

——凡是引起轻视及非议的广告，均不应刊登，广告的制作也不应利用迷信或一般人的盲从心理；

——广告只应陈述真理，不应虚伪或利用双关语及略语的手法歪曲事实；

——广告应不含有夸大的宣传，不使顾客在购买后有受骗及失望的感觉；

——凡广告中所刊有关商号、机构或个人的介绍，凡刊载产品品质或服务周到等，不应有虚假或不实的记载，凡捏造过时、不实，或无法印证的词句均不应刊登，引用证词者与作证者本人对证词应负同等的法律责任；

——未征得当事人的同意或许可不得使用个人、商号或机构所作的证词。亦不得采用其相片，对已逝人物的证件或言辞及其照片等，若非依法征得其关系人同意，不得使用。

◇ **广告业应普遍遵守商业的公论与公平竞争原则** 主要包括：

——不应采用混淆不清的广告使顾客对于产品，或提供的服务产生误信；

  ——在本国以外国家营业的广告商，应严格遵守当地有关广告业经营的法令和同业的约定；

  ——广告商对广告客户歪曲或夸大的宣传，应予以禁止；

  ——广告客户对于刊登广告的出版物或其他媒体有权了解其发行量，有权要求其提供确实的发行数字的证明。广告客户要进一步了解广告对象的听众或观众的身份及人数，以及接触广告的方法，广告业者应提供忠实的报告；

  ——各类广告的广告费率的折扣，应明了详实并公开刊载，并确实遵守。

  ◇ **国际电视广告准则** 是一种国际电视广告业的约定，最初由"国际广告客户联合会"于1963年在会中提出并通过。比利时、丹麦、法国、美国、意大利、荷兰、挪威、瑞典、瑞士等国派代表出席该会。依据国际商会广告从业准则的规定，所有电视广告制作的内容需真实，应具有高尚风格。符合广告发行国家的法令及同业的不成文法则。因电视往往为电视观众一家人共同观赏，故电视广告应特别注意其是否具有高尚道德水准，不触犯观众的尊严。

  ◇ **特殊广告方式准则**，如儿童节目广告准则。原则规定，在儿童节目或儿童喜爱的节目中不应做伤害儿童身心及道德的广告，亦不许利用儿童轻信的天性或忠诚心，做不正当的广告。儿童广告须注意以下几点：

  ——利用儿童节目发表广告，不应鼓励儿童进入陌生地方、与陌生人交谈；

  ——广告不应以任何方式暗示儿童必须出钱购买某种产品或服务；

  ——广告不应使儿童相信，如果他们不购买广告中的产品，则将不利于其健康和身心发展，或前途将受到危害，或将遭受轻视或嘲笑；

  ——在习惯上，儿童应用的产品，并非由儿童自行购买，但儿童仍有表示爱恶的自主权，电视广告不应促使他们向别人或家长要求购买。

  ◇ **关于虚伪或误人的广告**，准则规定：不论听觉或视觉广告都不应对某产品的价格，或其顾客的服务作直接或间接的虚伪不实的报道。具体包括：

  ——使用统计数字，科学说明或技术性文献资料时，必须对观众负责；

  ——影射及模仿不应采用使顾客对所推销的产品或服务发生错觉的广告方式；

  ——不采用不公平的比较及引证；

  ——不滥用保证；

  ◇ **诚实作证的原则**，主要内容包括：

  ——广告文字不得具有作证性质的说明及涵义。

  ——捏造、过时、不实的证词，均不得使用。引用证词者与作证者本人应负同等法律责任。

  ——未获得正式许可时，不得使用或引用个人、商号或机构所作的证词。

  ——未经当事人许可，不能以其像片为证，亦不得引述其证词。对刊登已逝人物的证件、相片或言论，须征得其关系人同意。

  ◇ **特别产品与医药广告准则**，主要内容包括：

  ——关于酒精饮料广告的规定。各国对含有酒精的饮料所做广告活动的态度各不相同。

一般而论，电视广告与其他广告相同，在发行广告国家法律范围内，不应鼓励滥用酒精饮料，亦不应以少年人为广告对象。

——关于香烟的规定。各国对香烟广告的态度颇不一致。一般而言，电视广告，与其他广告相同，在国家法律范围内，不应鼓励或提倡滥吸香烟，也不应以少年人为广告的对象。

——关于设备性产品的租用或分期付款购买广告的规定：广告对于产品的总值与其销售的条件及详细办法，应明确说明，以不致引起误信为原则。

——有关职业训练广告的规定，凡为职业考试举办的某行业或某种科目的训练班，其广告不得含有代为安排工作的承诺，或保证参加此种课程者即可获就业的保障，亦不可授予未经当地主管当局所认可的学位或资格。

——关于邮购广告的规定：推行邮购业务的广告户，须对广告业者提供证明，以证实广告中或推销的产品，确有足量的存货后，才可刊登邮购销售广告，仅有临时地址或信箱号码的商号，不得刊登邮购广告。

——与私生活有关的产品广告的规定：凡与个人私生活有密切关系的产品，其广告制作应特别审慎，宜省略不宜在社会大众前公开讨论的言词，广告应特别强调其高尚风格。

——关于药物及治疗的广告，具体有如下规定。

（1）应避免误人或夸张的宣传。除非具有充足资料证明的事实，广告中不可引用某大学、某诊疗所、某研究所、某实验室或与其类似的名称。无论是采取直接或隐含的方式，广告都不应对于药品的成分、性质、或治疗有不实的说明，亦不得对药物及治疗的适应症做不当的宣传。

（2）不允许采用恐吓手段。广告不可使患者感到恐惧，不可暗示不加以治疗则将陷于不治的境地，广告不可宣示以通讯方式诊治疾病。

（3）应避免夸大治疗效果的宣传。广告不可向大众宣示包医某种疾病。

（4）不宜引用执业医生及医院临床实验的效果。没有具体事实依据广告不得以医生或医院曾采用某种治疗方式或试验证明某药品或治疗方式有效。广告不可涉及医生或医院的试验。

（5）不得登载文辞夸张的函件样本。广告中不可采用内容过分渲染与文辞夸张的函件复印本，以作为治疗效果的佐证。

（6）禁登催眠治病的广告。广告不可提示采用催眠治疗疾病的方式。

（7）疾病需要正常医疗。广告不可对通常应由合格医师治疗的严重疾病、痛楚或症状，不经医师处方，即提供药品、治疗及诊断的意见。

（8）对身体衰弱、未老先衰及性衰弱等医药广告的规定。医药广告不可明示某种药物或治疗方法可以增强性机能、治疗性衰弱、纵欲所引起的恶疾或与其有关的病痛。

（9）妇科医药广告。在治疗妇女经期不调或反常的医药广告中，不可暗示该项药物可治疗或可用作流产。

精要提示

国家对广告行为实行"验证管理制度"。广告经营者、广告发布者依法查验有关证明文件，对内容不实或者证明文件不全的广告，广告经营者不得提供设计、制作、代理服务，广告发布者不得发布。广告主体应按照国家有关规定建立健全广告业务的承接登记、审核、档案管理制度。重点商品广告，泛指与身体健康、人身安全、社会秩序和社会经济生活关系重大的商品，主要包括医药、食品、烟酒、计量器具、锅炉、压力容器、电器产品等广告。专项广告是指以特定的方式举办的广告活动，主要包括赞助广告、印刷品广告、奖券广告、体育广告等。企业在制作广告时，必须认真查阅有关规定并认真执行。

11.3 广告规制措施

我国广告规制的法律、法规依照广告违法行为的情节轻重、危害严重程度规定了行政、民事、刑事三种法律责任，并制定了相应的处罚原则。

11.3.1 广告违法行为及其行政处罚

非法经营广告　非法经营广告是指违反《广告法》的规定，未经工商行政管理机关核发营业证照，擅自承办广告业务或超出核准的经营范围从事广告经营活动。非法经营广告的具体行为如下。

——无证经营广告，即没有办理《广告经营许可证》的单位或个人，无论是从事常年性的广告经营活动，还是从事临时性广告经营活动，都属于违法行为。

——超出经营权限范围经营广告。《广告经营许可证》对广告经营的范围有明确的界定。凡超出经营范围的广告经营活动均属非法经营。

——新闻单位内部非广告经营部门从事广告经营活动以及新闻工作者借采访名义招揽广告等。

——外国企业或组织、外籍人员未经我国具有外商广告经营权的广告经营单位的代理，直接在我国境内承揽广告。

——未经有关部门批准，承办经营性印刷品广告、赞助广告、大量发行邮寄广告等。

对于非法经营广告的单位和个人，《广告规制条例实施细则》第二十一条规定："广告经营者违反《条例》第六条规定，无证照或超越经营范围经营广告业务的，取缔其非法经营活动，没收非法所得，处五千元以下罚款。"

发布虚假广告　虚假广告是指以欺骗方式进行不真实的广告宣传。发布虚假广告的具体行为如下。

1. 广告主介绍的商品、服务本身即是虚假的。包括：

（1）广告中有关商品质量、性能、功效等的说明，不符合商品的实际质量、性能、功效等；

（2）擅自改变食品、药品、农药等特殊商品的《广告审批表》批准宣传的内容，进行虚假、夸大宣传，欺骗、误导消费者；

（3）利用虚假广告招生办学、培训技术；

（4）发布虚假的"致富信息、实用技术"广告骗取钱财；

（5）无商品可供或以次充好，以邮购为名骗取购物款，非法牟利。

2. 广告主自我介绍的内容与实际不符。

包括谎称自己已取得生产许可证、商品注册证；谎称产品质量已达到规定标准、认证合格，并获得专利等；谎称产品获奖、获优质产品称号等；假冒他人注册商标、科技成果或假冒他人名义为自己的企业或产品做广告宣传。

3. 对产品、服务的部分承诺是虚假的，不能兑现且带有欺骗性的。

根据《广告法》规定，利用广告对商品或者服务作虚假宣传的，由广告监督管理机关责令广告主停止发布，并以等额广告费用在相应范围内公开更正、消除影响，并处广告费用1倍以上5倍以下的罚款；对负有责任的广告经营者、广告发布者没收广告费用，并处广告费用1倍以上5倍以下的罚款；情节严重的，依法停止其广告业务；构成犯罪的，依法追究其刑事责任。

发布违禁广告　广告主或广告经营者违反《广告法》的规定，以国家机关和国家机关工作人员的名义作广告，即构成发布违禁广告的违法行为。

对发布违禁广告的行为，《广告法》规定由广告监督管理机关责令负有责任的广告主、广告经营者、广告发布者停止发布、公开更正，没收广告费用，并处广告费用1倍以上5倍以下的罚款；情节严重的，依法停止其广告业务；构成犯罪的，依法追究其刑事责任。

发布超越经营范围或国家许可范围的广告　超越经营范围是指广告经营者和广告客户超越工商行政管理机关核准营业证照所明确规定的营业范围而经营广告业务的行为。《广告法》第二十二条规定："广告主自行或者委托他人设计、制作、发布广告，所推销的商品或者所提供的服务应当符合广告主的经营范围。"《广告规制条例》第八条规定："广告有下列内容之一的，不得刊播、设置、张贴。违反我国法律、法规的；损害我国民族尊严的；有中国国旗、国徽、国歌标志、国歌的；有反动、淫秽、迷信、荒诞内容的；弄虚作假的；贬低同类产品的。"

工商行政管理机关在核准广告经营许可证和营业执照时就按照申请者的营业能力规定了营业范围，每个广告经营者都必须严格按被规定的营业范围从事经营活动。《广告规制条例实施细则》第二十一条规定，无证照或超越经营范围经营广告业务的，取缔其非法经营活动、没收非法所得，处5 000元以下罚款。第二十三条规定："违反《条例》第八条第（一）、（二）、（三）、（四）项规定的，对广告经营者予以通报批评、没收非法所得，处以一万元以下罚款；对广告客户视其情节予以通报批评、处以广告费两倍以下罚款。"

发布有产品获奖内容，但不标明产品获奖级别、时间、颁奖部门的广告　《广告规制条例》所指的获奖产品包括两类。一类是指获得政府有关主管部门或其授权单位授予各类奖的产品和获得国际组织授奖的产品。另一类是指获得国家质量奖审定委员会、国务院各主管部门，省、自治区、直辖市人民政府授予国优、部优、省优质产品奖的产品。

《广告规制条例》第十一条第二款规定："标明获奖的商品广告，应当提交本届、本年度或者数届、数年度连续获奖的证书，并在广告中注明获奖级别和颁奖部门。"第三款规定："标明优质产品称号的商品广告，应当提交政府颁发的优质产品证书，并在广告中标明授予优质产品称号的时间和部门。"

《广告规制条例实施细则》第二十六条规定："广告客户违反《条例》第十一条规定，伪造、涂改、盗用或者非法复制广告证明的，予以通报批评，处以五千元以下罚款。广告经营者违反《条例》第十一条第（二）、（三）项规定的，处以一千元以下罚款。为广告客户出具非法或虚假证明的，予以通报批评，处五千元以下罚款，并负连带责任。"

发布无合法证明或证明不全的广告　广告证明是指表明广告客户主体资格和广告内容是否真实、合法的文件、证件。广告主委托广告经营者和广告发布者承办广告业务时，应当依法向广告经营者、广告发布者提交和交验上述两类证明文件，并保证所提交的广告证明真实、合法、有效；广告经营者、广告发布者承办广告业务时，应当要求广告主提供相应证明，并依据法律、行政法规查验有关证明文件，核实广告内容。对内容不实或证明不全的广告，广告经营者不得提供设计、制作、代理服务，广告发布者不得发布。

根据《广告法》的规定，广告经营者代理、发布无合法证明或证明不全的广告，由广告监督管理机关责令负有责任的广告主、广告经营者、广告发布者停止发布，没收广告费用，并处广告费用1倍以上5倍以下的罚款。

广告主伪造、涂改、盗用或擅自复制广告证明　伪造广告证明是指广告主假造、制作广告证明文件；涂改广告证明是指广告主对广告证明文件证明的内容进行改动，变换其内容，以适合其需要；盗用广告证明是指广告主将不属于自己所有的广告证明窃为己有，非法使用；擅自复制广告证明是指广告主非法复制法律规定不能自行复制的广告证明。

根据《广告法》第四十四条规定，广告主提供虚伪证明文件，由广告监督管理机关处以1万元以上10万元以下的罚款。伪造、变造或者转让广告审查决定文件的，由广告监督管理机关没收违法所得，并处1万元以上10万元以下的罚款。构成犯罪的，依法追究刑事责任。

为广告主出具非法或虚假广告证明　为广告主出具非法或虚假证明是指《广告法》没有授权的机关或国家工作人员利用职务之便擅自为广告主出具无效的、虚假的证明。

对于出具非法或虚假广告证明，工商行政管理机关要依法予以严惩。凡因出具非法或虚假证明而给他人造成伤害的，要承担连带赔偿责任。《广告法》第四十五条规定："广告审查机关对违法的广告内容作出审查批准决定的，对直接负责的主管人员和其他直接责任人员，由其所在单位、上级机关、行政监察部门依法给予行政处分。"第四十六条规定："广告监督管理机关和广告审查机关的工作人员玩忽职守、滥用职权、徇私舞弊的，给予行政处分。构成犯罪的，依法追究刑事责任。"

广告经营过程中的垄断和不正当竞争行为　广告经营过程中的垄断行为是指广告活动

的当事人或经济组织对广告市场运行过程或这一过程的某些方面的排他性控制，即对其他的合法广告经营活动进行排斥、控制。其具体行为表现如下。

——两个或两个以上的广告经营者签定限制竞争的协议。包括：签订分割广告市场的协议，规定各自不进入对方占领的市场或进入后互不竞争；一致同意共同对付外来竞争或规定其他竞争者进入市场的条件等。

——在市场上占优势的企业以不正当竞争行为谋取独占地位。包括无正当理由拒绝与某一类广告经营者以外的其他广告经营者做交易；强迫对方接受不合理的交易条件，搞歧视性价格，对不同的广告经营者实行不同的收费标准。

所谓不正当竞争行为是指以欺骗性的、有害的竞争方法与同类企业进行竞争的行为。其具体表现如下。

——编造、散布有损于竞争对手的不真实的消息。
——采用贿赂或变相贿赂等非法手段招揽广告。
——违反国家广告收费标准规定，采用改变广告代理收费标准的手段争抢客户。

《广告法》第二十一条规定："广告主、广告经营者、广告发布者不得在广告活动中进行任何形式的不正当竞争。"对在广告活动中进行垄断或不正当竞争的广告主、广告经营者、广告发布者，视其情节予以通报批评、没收非法所得、处五千元以下罚款或责令停业整顿。

11.3.2 广告规制中的民事责任

广告违法行为的民事责任是指广告主、广告经营者、广告发布者因进行广告违法活动，欺骗和误导消费者，使购买商品或接受服务的消费者的合法权益受到损害或有其他侵权行为时应承担的民事法律责任。

构成民事责任的要素（1）必须有违反我国广告法律、行政法规的行为存在，即广告主、广告经营者、广告发布者有广告违法行为。（2）必须有损害事实的存在。损害包括物质损害和非物质损害。物质损害即财产的损害是指受损害后的财产减少或妨碍现有的财产增值；非物质损害多指对消费者名誉权、肖像权等人身和精神方面的损害。（3）损害事实与广告违法行为之间必须有因果关系，即损害事实直接由广告违法行为造成。（4）广告违法行为人必须有过错，即广告主、广告经营者、广告发布者在主观上有故意过失。以上四个要素必须同时具备，广告违法行为人才承担民事责任。

广告违法行为人对自己的违法行为应依法承担民事责任，除《民法通则》《消费者权益保护法》等法律的规定外，《广告法》还作了如下专门规定。

1. 违反本法规定，欺骗和误导消费者，使购买商品或接受服务的消费者的合法权益受到损害的，由广告主依法承担民事责任；广告经营者、广告发布者明知或者应知广告虚假仍设计、制作、发布的，应当依法承担连带责任。

2. 广告经营者、广告发布者不能提供广告主的真实名称、地址，应当承担全部民事责任。

3. 社会团体或者其他组织, 在虚假广告中向消费者推荐商品或者服务, 使消费者的合法权受到损害的, 应当承担连带责任。

4. 广告主、广告经营者、广告发布者违反本法规定, 有下列侵权行为之一的, 依法承担民事责任:

——在广告中损害未成年人或者残疾人的身心健康的;

——假冒他人专利的;

——贬低其他生产经营者的商品或者服务的;

——广告中未经同意使用他人名义、形象的;

——其他侵犯他人合法民事权益的。

承担民事责任的方式也就是对广告违法行为所采取的民事制裁措施。民事责任的方式如何是由民事责任所担负的职能和被损害的情况决定的。一定的责任方式, 也是与侵权情况和责任范围相适应的。各种广告违法行为的民事责任方式在实际处理中既可单独适用一种, 也可同时适用多种。根据我国《民法通则》、《广告法》等法律、法规的规定, 广告违法行为的民事责任方式包括: 停止侵害、排除妨碍、消除危险, 返还财产, 恢复原状, 修理、重做、更换或支付违约金, 赔偿损失, 消除影响、恢复名誉, 赔礼道歉。分述如下。

——停止侵害是指行为人正在实施侵害行为, 受害人有权请求其停止实施或请求人民法院制止实施, 以避免损害后果的发生或扩大的措施, 如广告主发布的广告有贬低某厂产品的内容, 则某厂可以要求该广告主停止侵害。

——排除妨碍是指权利人行使其权利受到他人不法阻碍或妨害时, 有权请求加害人排除或请求人民法院强制排除, 以保障权利正常行使的措施, 如某公司设置一户外广告, 该广告妨碍了某校正常的道路通行, 则该校有权要求该公司拆迁户外广告、排除妨碍。

——消除危险是指消除造成他人人身或财产损害的可能性, 在某广告违法行为有对他人人身或财产造成某种损害的可能时, 权利人即有权要求行为人消除或请求人民法院强制其消除, 避免发生损害后果。

以上三种责任方式都以防止或消除损害为目的, 属于防止性的责任方式。它们既适用于侵害公民、法人财产权的情况, 也适用于侵害人身权的情况, 是常见的责任形式。其中停止侵害和消除危险, 对各种广告违法行为, 侵害他人专利权、商标权、人格权、名誉权等有重要的意义。

——返还财产是指国家、集体或其他人财产被不法侵占而有返还可能时, 财产所有人或合法占有人即可请求返还原财产, 以恢复到权利人合法占有状态的保护措施。

——恢复原状是指财产被不法损坏或形状被改变而有复原的可能时, 受害人有权请求恢复原状, 以恢复到财产未受损坏或未改变时的原有状态。

——修理、重做、更换是指产品不合质量要求时, 权利人有权请求进行修补缺陷、重新制作或予以更换的补救责任措施。修理、重做、更换适用于产品瑕疵的不同情况。如有损伤瑕疵时，可请求修理损伤，除去瑕疵，保证达到质量合格状态；如不能达到合格状态，可请求重新制做或在具备更换条件下请求更换。

——支付违约金是指当事人依照法律规定或约定，在违约行为发生后，由违约方向对方支付一定数量的金钱。违约金是违反广告合同民事责任的重要形式，其特点就在于它既有赔偿性又有惩罚性。它的给付以存在违约的事实为前题。这也是它同赔偿损失的重要区别。违约金可由法律规定或在广告合同中约定，其数额一般根据违约金的性质来确定，赔偿性违约金的数额应与实际损失数相适应。惩罚性违约金则不以损失多少为限。但是，如果双方约定违约金数额高于实际可得利益，则应依公平与诚实信用原则认定无效。

——赔偿损失是指广告违法行为给消费者造成财产损失时，应补偿给受害人以相应数额的财产的责任方式。它是广告违法行为的民事责任的主要方式，是保护消费者合法权益的重要手段。它既适用于造成有形财产损失的责任，也适用于造成精神损害的责任；既适用于广告违法行为的侵权损害赔偿，也适用于广告主、广告经营者、广告发布者之间违反广告合同的责任、赔偿损失数额的确定，一般以赔偿权利人所受的实际损失为准。当广告主、广告经营者、广告发布者确实经济状况较差、无力赔偿全部损失时，可以根据损害发生的原因及受害人经济状况等情节，给予适当的减免。

——消除影响、恢复名誉是指公民或法人在人格权受到不法侵害时，有权请求广告违法行为人在造成影响的范围区域，以公开形式承认侵害过错，澄清事实，以恢复未受损害时社会对其品行、才能和信誉的良好评价。这种责任方式不具有经济补偿的性质，而是一种非财产责任方式。如广告中未经同意使用他人名义、形象的，受害人有权请求消除影响、恢复名誉。

——赔礼道歉是指公民或法人的人格权受到广告违法行为的侵害。其情节轻微的，权利人可请求广告违法行为人当面承认错误，表示歉意，以保护其人格尊严的责任方式，它是将道德责任法律化，是一种非财产责任方式。

以上非财产责任方式一般适用于广告违法行为人对人身权（主要是对人格权）的侵害，但对专利权、商标权或违反广告合同情况轻微的也可适用。

根据《广告法》第三十八条的规定，发布虚假广告欺骗和误导消费者，使购买商品或者接受服务的消费者的合法权益受到损害的，应依法承担民事责任。赔偿损失是一种主要的民事责任方式。因此，正确确定损害赔偿的标准、原则有着重要的意义。广告违法行为损害赔偿应遵循以下原则。

1. 对财产损失全部赔偿原则。对因广告违法行为给受害人造成财产上的损失应予以全部赔偿，这是由民事责任的性质决定的，民事责任主要是财产责任，其目的在于对造成的损害给予经济上的补偿，使受害人的损失得以偿还。因此要以补偿全部损失为原则。财产损失包括财产的直接减少和可能得到的利益丧失。可得利益是指按照合理预见的原则，当事人已经预见或应当预见到的必然能够得到的预期收益。

2. 对人身损害，实行赔偿由此引起的财产损失的原则。人身损害是一种非财产的损害，它包括对人的生命、健康以及人格权的损害。这些损害有时只引起无形损害，即精神损害，而有时会伴随引起财产损失。凡因人身损害而造成的财产损失，则应赔偿全部损失。如赔偿医疗费、住院费、营养费、护理费、误工工资、交通费等。凡致人残疾，除赔偿上述费用外，还应赔偿生活补助费。

3. 对精神损害，实行财产责任与非财产责任并用的原则。《广告法》第二十五条规定，广告主或广告经营者在广告中使用他人名义、形象的，应当事先取得他人的书面同意；使用无民事行为能力人、限制民事行为能力人名义、形象的，应当事先取得其监护人的书面同意。根据《民法通则》规定，公民的姓名权、肖像权、名誉权、荣誉权受到侵害的，被侵害人有权要求停止侵害、恢复名誉、消除影响、赔礼道歉，并可以要求赔偿损失。广告违法行为给受害人造成精神损害，根据受害人的请求，行为人应承担财产责任和非财产责任。

广告违法行为的连带责任是指由共同侵权损害，即两个或两个以上单位或个人共同给他人造成损害，共同致害人就负连带赔偿责任。如广告主制造虚假广告，广告经营者、广告发布者不严格审查、制作、发布虚假广告，致使消费者的权益遭到损害即负连带赔偿责任。《广告法》第三十八条第一款、第二款规定了广告违法行为应承担连带责任的情况，即"广告经营者、广告发布者明知或者应知广告虚假仍设计、制作、发布的，应当依法承担连带责任"，"社会团体或者其他组织，在虚假广告中向消费者推荐商品或者服务，使消费者的合法权益受到损害的，应依法承担连带责任。"

广告活动中的侵权行为是指广告主、广告经营者、广告发布者违反广告法律、行政法规的规定，不法侵害公民、法人的民事权利的行为。它可以分为以下几类。

——侵犯他人财产所有权。在广告活动中，广告主、广告经营者、广告发布者利用广告对商品或服务作虚假宣传，欺骗或误导消费者，刺激消费者购买商品或者接受服务，从而使消费者的合法财产遭受损失。这是广告活动中的一种常见的侵权行为，广告主、广告经营者、广告发布者应依法赔偿消费者的财产损失。

——假冒他人专利。专利权是公民、法人对其发明创造所享有的专有权，受法律保护。在广告活动中假冒他人专利的，即构成侵害他人专利权的行为，应依法承担侵权的民事责任。

——侵害公民身心健康。侵害公民身心健康是指侵害公民的健康权和生命权的违法行为。侵害公民身体，造成伤害的，即为侵害公民的健康权；造成死亡的，即为侵害公民的生命权。《民法通则》规定，侵害公民身体，造成伤害的，应当赔偿医疗费以及因误工减少的收入、残疾者生活补助费等费用；造成死亡的，还应支付丧葬费、死者生前抚养的人必要的生活费等费用。《广告法》对未成年人和残疾人的身心健康还予以特殊保护，第四十六条规定："凡在广告中损害未成年人或者残疾人的身心健康的，广告主、广告经营者、广告发布者必须依法承担民事责任。"

——侵害他人人格权。《广告法》第四十六条第三、四款规定，在广告中贬低其他生产经营者的商品或者服务的，以及广告中未经他人同意使用其名义、形象的，即构成侵权行为，广告主、广告经营者，广告发布者应当依法承担民事责任。

11.3.3 广告违法刑事惩罚

广告违法行为造成的危害达到一定的严重程度，触犯了刑法就构成犯罪。广告行为人违反广告规制法律、法规规定，情节严重，构成犯罪时所给予的刑事处罚，即广告违法行为的刑事责任。

我国《刑法》规定，一切危害国家主权和领土完整，危害无产阶段专政制度，破坏社会主义革命和社会主义建设，破坏社会秩序，侵犯全民所有制的财产或者劳动群众集体所有制的财产，侵犯公民私人所有的财产，侵犯公民的人身权利、民主权利和其他权利，以及其他危害社会的行为，依照法律应当受到刑法处罚的，都是犯罪。《广告法》第三十七条、第三十九条、第四十六条分别规定，广告违法行为情节严重，构成犯罪的，依法追究刑事责任。

破坏社会主义经济秩序罪是指违反国家财政经济管理法规，破坏国家经济管理活动，使社会主义国民经济遭受严重损害的行为。在此类犯罪中，涉及广告的犯罪行为主要是假冒商标罪。假冒商标罪是指以营利为目的，违反商标法，利用广告假冒其他企业注册商标，情节严重，构成犯罪的行为。

侵犯财产罪是指行为人以非法占有为目的，攫取公私财物，或者故意毁坏公私财物的行为。在此类犯罪中，涉及广告的犯罪行为主要是诈骗罪。诈骗罪是指以非法占有为目的，利用虚假广告，骗取数额较大的公私财物的行为。如利用招生广告骗取报名人学费，数额较大，而其根本不具备办学能力等。

妨害社会管理秩序罪是指妨害国家机关对社会的管理活动，破坏社会秩序，情节严重的行为。在此类犯罪中，涉及广告的犯罪行为主要有利用征婚广告对应征妇女进行调戏、侮辱，构成流氓罪；伪造、复制虚假广告证明或其他有关证件，如公文、证件、印章等，构成妨害社会管理秩序罪。

侵犯公民人身权利、民主权利罪是指故意或者过失地侵犯他人的人身和与人身直接有关的权利以及他人依法享有的民主权利的行为。在此类犯罪中，涉及广告的犯罪行为主要有利用广告散布故意捏造的某种虚构的事实，损害或贬低他人人格，破坏他人名誉，情节严重、构成侮辱、诽谤罪的行为。

此外，《广告法》第四十六条还规定："广告监督管理机关和广告审查机关的工作人员玩忽职守、滥用职权、徇私舞弊的，给予行政处分。构成犯罪的，依法追究刑事责任。"

精要提示

广告规制行政措施包括行政处罚和行政处分。广告主、广告经营者或广告发布者如有违法行为，将由有关行政主管机关给予一定行政处罚，包括罚款、没收广告费用、责令停止广告业务、责令停止发布广告、责令公开更正、责令改正和没收违法所得七种。在广告规制中，如果广告活动发生主观损害事实，存在民事违法行为，损害事实与违法行为之间存在因果关系，则要依法要求违法者承担民事责任。广告违法行为造成的危害达到一定严重程度，触犯了刑法，就要依法承担刑事责任。

❑ 复习思考问题

（1）广告规制的含义是指什么？

（2）广告规制的基本任务和主要内容是什么？

（3）我国广告规制的基本准则有哪些？

（4）欺骗性广告的实际表现有哪些？

（5）我国广告法律对广告主、广告经营者和广告发布者的行为有哪些约束规范？

（6）有关重要商品广告和专项广告有哪些法律规范？

（7）对于违法广告行为有哪些行政处罚措施？

（8）广告规制中一般有哪些民事责任？

❑ 综合案例演练

明星代言虚假广告问题

近年来，我国明星代言广告泛滥早已是一个不争的事实。电影演员、导演、运动员、教练、电视台主持人，甚至房地产开发商都成了广告明星。一些名人明星为了追求丰厚的报酬，或者出于其他动机和原因，在对商品的性能和功效没有亲身体验、没有调查甚至未做基本核实的情况下完全按照广告商的要求，言之凿凿地向大众宣传产品的神奇作用，称其使用效果如何如何好，严重误导了消费者，造成很多纠纷、麻烦和恶性事件。

研讨提示：其实，明星代言并非法律盲点。早在1997年，国家工商行政管理局发布的《广告活动道德规范》第二条就规定，广告活动道德规范是广告活动的基本道德准则。其中适用范围中提出"其他参与广告活动的单位和个人"应该包括了现在的代言人，其也应该按照该规范规定的准则参与广告活动，如果违反，工商管理部门同样有权处理。2009年2月16日，国家广电总局、国家工商总局、卫生部等五部委联合下发通知，严禁演员和社会名人主持医疗、健康类节目。2009年"3.15"前夕，国家工商总局局长周伯华就名人代言现象接受采访时指出，不管是谁，只要做了虚假广告就要承担法律责任。那么，为什么近年来明星虚假代言广告会泛滥成灾呢？你是怎么看待这一问题的？难道对此就没有广告法律规制管理方面的问题吗？请给出你的综合评价和判断。

本章主要参考文献

Rajeev Batra, John·G·Myers, David·A·Aaker著．广告管理．北京：清华大学出版社，1999

张龙德主编．广告法规案例教程．上海：上海大学出版社，2001

周茂君编著．广告管理学．武汉：武汉大学出版社，2002

第 12 章

国 际 广 告

□ **学习目标引导**　国际广告是指广告主通过国际性媒体、广告代理商和国际营销渠道对进口国家或地区的特定消费者所进行的有关商品、劳务或观念的信息传播活动。国际广告是在开放性的市场经济条件下，一国广告业适应国际贸易发展和经济全球化要求而向国际市场自然拓展的结果，但它具有一系列不同于一般国内广告运作的规律和机制。本章分两节：首先概要说明国际广告的基本特性和发展概况，特别是我国广告业近年来所面临的国际化机遇和挑战；然后重点讨论国际广告的业务操作问题，包括国际广告调查、国际广告代理、国际广告策划和国际广告策略等。通过本章的学习，读者可以明确国际广告的特殊性问题，基本了解国际广告的发展状况和趋势，并能够结合实际辨别有关国际广告业面临的机遇和挑战，熟练掌握国际广告业务操作原理和方法。

□ **逻辑架构图示**

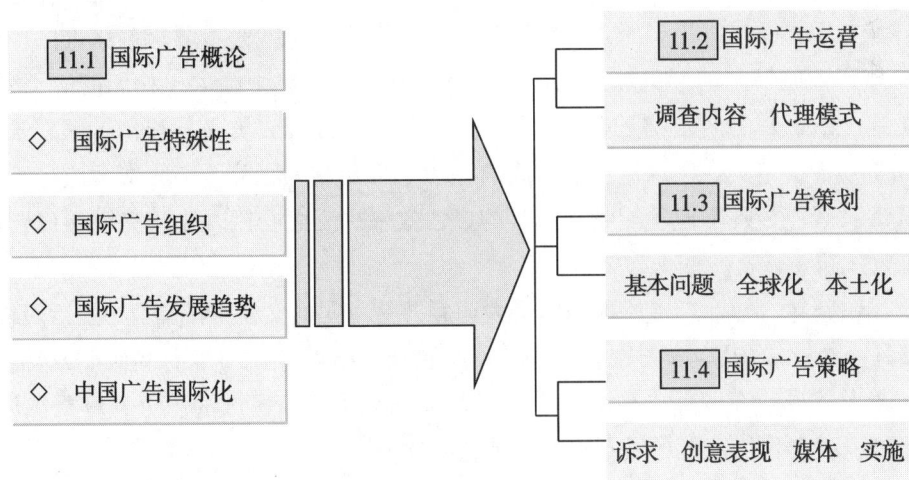

11.1 国际广告概论		11.2 国际广告运营
◇ 国际广告特殊性		调查内容　代理模式
◇ 国际广告组织		11.3 国际广告策划
◇ 国际广告发展趋势		基本问题　全球化　本土化
◇ 中国广告国际化		11.4 国际广告策略
		诉求　创意表现　媒体　实施

12.1 国际广告概论

12.1.1 国际广告特殊性

国际广告是指广告主通过国际性媒体、广告代理商和国际营销渠道对进口国家或地区的特定消费者所进行的有关商品、劳务或观念的信息传播活动。

从广告内容来看，国内广告直接宣传产品功能较为普遍，而**国际广告在广告重点上则更加注重宣传企业形象**。这是因为外国人对国际广告主的国情了解不多，对跨国经营企业情况更是不了解，而且往往存在偏见或误会；为此，国际广告主要使其商品被外国消费者所接受，首先需要在广告宣传上重点塑造企业和品牌形象，使外国人了解跨国企业及其国家的基本情况。

从广告对象来看，**与国内广告以一般消费者为主不同，国际广告主要以工商业者为对象**。因为，无论生产资料还是日用消费品，首先必须由外国的进口商、代理商、经销商等采购后，直接消费者才能购买，所以应先向工商业者广告。

国际市场与国内市场有很大差别。在国际市场上，由于不同的国家和地区在社会制度、政策法令、消费水平和结构、风俗习惯、自然环境、宗教信仰以及由此形成的消费观念及市场特征等方面都存在着极大差异，这些差别决定了国际广告具有不同于一般国内广告的特殊性。

语言沟通问题 **语言文字是开展国际广告活动最主要的信息传播障碍**。世界各国语言种类繁杂，例如，西欧地区就有十余种语言，要想在此地全方位运作广告至少需精通这些国家的语言文字，而要写出"感人肺腑"的广告文案来，即使是世界最高水准的广告代理商也很难办到，如果向地域更加广泛、方言更加复杂的发展中国家（如印度等）做广告，那么所遇到的语言障碍问题就更难以克服了。广告文案翻译人员必须透彻了解广告地区的习惯语言和方言，尤其要注意惯用语、成语、暗示语和双关语等，广告文案应尽可能符合当地的风俗民情；否则不但不能收到应有的广告效果，反而会因发生歧义而酿成营销传播和企业经营危机事件。

传统习惯差异 **国际广告所面临的更大问题乃是各国的文化传统差异、生活习俗不同**。风俗习惯是一个民族国家在较长的历史演变过程中形成的文化传统、行为倾向或社会风尚，往往存在很大差异。在国际广告实务中，必须详细地了解该民族的历史，尊重民族情感，了解目标市场的文化传统，尽量不要涉及敏感问题。

宗教信仰冲突 **宗教信仰是一种强硬的意识形态，它在根本性做人原则上决定人们的思想行为，而且切实影响着人们的消费观念和偏好**。由于宗教信仰不同，不同国家的人们对广告表现和商品使用价值持有不同甚至相反的态度，这是国际广告要特别加以注意的。

政策法规各异 国际性共同的广告法规，主要是指国际商会1973年通过并修改的《国际商业广告从业准则》。但是，**国与国之间的广告政策和法规差别相当大，国际广告经常涉**

及"国境"难题；国际广告必须尊重对象国的独立主权和政治制度，受其政策法规限制。这些限制包括：对虚假广告、证人广告的特别界定；对于食品、饮料、药品等类商品广告、标签特别规定要标明其主要内容成分等。例如，在德国，百事可乐饮料的广告上必须写上"内含咖啡因"。在法国，药品广告只准刊登在医药学杂志上；威士忌和白兰地等烈酒不得做广告，只有酒精含量很低的开胃佐餐酒才可以发布广告，但必须标明酒精含量。另外，世界大部分地区严禁使用比较广告，否则就要被指控；有些国家对报纸、广播、电视等广告媒体的使用均有严格的限制性规定，例如日本法律规定一则电视广告不能超过15秒。除政府法规政策的差异外，发达国家的行业自律规范体系也有各自的特殊性。

制作和发布国际广告一定要对进口国有关广告的政策法规和自律规范有全面、系统的了解，否则一旦违反东道国政策法规，轻则会被处以罚款或其他处罚，重则会引发国际政治矛盾和民族纠纷。

此外，**国际广告还涉及各国的自然环境条件、人民收入水平和国民文化教育水平等方面的问题或障碍**。在国际广告实务中，一定要认真研究上述因素，综合考虑方方面面的背景知识，要立足于目标市场本土，从当地人的角度出发思考问题，一定要避免自以为是、不进行深入切实的思考，不能简单地套用自己的思维模式，落入定势思维的陷阱。

专栏12.1：实践观察

丰田汽车广告风波

两则丰田公司汽车广告在我国引起了不小的波澜。

《汽车之友》杂志2003年第12期上刊登的"丰田霸道"广告：一辆霸道汽车停在两只石狮子面前，一只石狮子抬起右爪做敬礼状，另一只石狮子向下俯首，背景为高楼大厦，配图广告语为"霸道，你不得不尊敬"；另一则是"丰田陆地巡洋舰"广告：在可可西里无人区的崎岖山路上，一辆丰田"陆地巡洋舰"迎坡而上，后面的铁链上拉着一辆笨重的、军绿色的、看似"东风"的大卡车，在画面左侧还挂着追捕盗猎者所用的军大衣、冲锋枪等。

很多华人认为，石狮子有象征中国的意味，"丰田霸道"广告却让它们向一辆日本品牌的汽车"敬礼"、"鞠躬"，"考虑到卢沟桥、石狮子、抗日三者之间的关系，更加让人

愤恨"。"丰田陆地巡洋舰"图中被拖拽的卡车很多人认为系国产东风卡车，绿色的东风卡车与我国的军车非常相像，用丰田车拉着 "东风"的大卡车跑，有贬低我国落后之嫌。众多网友在新浪汽车频道、tom以及xcar等专业网站发表言论，认为丰田公司的两则广告侮辱了中国人的感情，伤害了中国人的自尊。

2003年12月1日上午，北京市工商行政管理局责成负责《汽车之友》杂志社所在辖区工商行政管理的西城区工商行政管理局广告科对有关《汽车之友》该广告的材料进行收集整理，《汽车之友》杂志社广告部负责人也表示会积极配合工商部门的工作，鉴于该广告引发的强烈反响决定停止该广告的刊登。2003年12月3日，新华社对"问题广告"进行了报道，随后，国内的许多媒体都不同程度地对此事进行了追踪。在日本颇有影响的报纸《朝日新闻》也用"有两盒香烟大小的版面"报道了此事，并带动了其他日本媒体的关注。

《北京青年报》在题为"丰田霸道广告事件是无心还是有意"的报道中指出："霸道——现代汉语词典解释为：蛮横，不讲理。丰田的两则广告则正是准确传达了这样蛮横不讲理的信息：在恶劣条件下，东风卡车只有被丰田车拖着才能前进；在城市中，丰田驶过，连石狮子也'不得不尊重'"；"丰田公司这两年在中国汽车市场表面看起来动作很大，事实上将中国视为出口车市场的战略从未改变。丰田从未用心去了解中国汽车市场"；"霸道广告的背后，其实是一种恶俗的价值取向，是一种浅薄的自夸，也是丰田对中国汽车市场的无知"。

2003年12月3日晚上9点，丰田公司在紧急磋商之后启动了危机公关程序。4日，丰田汽车中国事务所及其合资公司——一汽丰田汽车销售有限公司召开座谈会，就"丰田霸道"和"丰田陆地巡洋舰"两款汽车的广告向中国消费者致歉。丰田汽车中国事务所理事、总代表服部悦雄、代表杉之原克之、一汽丰田汽车销售有限公司总经理古谷俊男、副总经理董海洋、藤原启税等出席了座谈会。古谷俊男代表丰田公司通过到会的新闻媒体向中国消费者道歉："虽然我们在投放广告之前没有任何意思，但由于我们表达的不妥贴，在中国消费者中引发了不愉快、不好的情绪，对此我们表示非常遗憾。公司在事件发生后首先停发了这两则广告，并在一些媒体发布致歉信，同时也在丰田网站上登出。为了防止类似事件发生，公司正在采取相应措施，以坚决杜绝类似事件的发生，我们希望在最短的时间内取得消费者的谅解和信任。"从12月5日起，丰田在全国30家媒体上刊登致歉信，并就此事向工商管理行政部门递交了书面解释。

让丰田这样的大公司低头道歉并不是一件容易的事。据说，在其正式道歉之前，曾有人建议其先向外界辩解，理由是：狮子并非中国独有，是从西方传来的，所以用狮子这个百兽之王来象征霸道车质量没有问题；陆地巡洋舰拉的并不是东风卡车，而是一辆虚构出来的假车。在征求了外界意见后，丰田还是采取了"道歉"的做法，而没有去做一些无谓的辩解。

在丰田公开道歉的前后，刊登这两则广告的杂志《汽车之友》和这两则广告的制作公司盛世长城国际广告公司也公开致歉，均表示将坚决杜绝此类事件的再次发生。

资料来源：tom.com网站，新浪网。

12.1.2 国际广告组织

为协调、促进各国广告界的合作与发展，提高广告业务水平，国际广告界相继成立了一些行业性协会组织。

国际广告协会（简称IAA），**它是最大的和最有权威的国际广告组织**，创建于1938年，总部设在美国纽约，是由各国广告界知名人士组成的非营利性组织，会员遍及世界近80个国家和地区。国际广告协会的会员有个人会员、团体会员、组织会员、准会员、院校会员、资深会员和名誉会员七种。拥有15名会员即可以提请国际广告协会理事会批准成立一个分会，分会一般是由一个城市或一个城市以上的地区或者一个国家为单位组成。中国于1987年5月12日以"国际广告协会中国分会"的名义参加国际广告协会。

国际广告协会每两年召开一次全体会议，其最高权利机构是世界委员会，每逢单年选举代表参加世界委员会。世界委员会选任产生40名理事、世界委员会主席和担任协会地区理事的副主席。在协会理事会休会期间，协会的日常事务由世界委员会主席、作为地区理事的副主席、秘书、财务和理事会主席组成的执行委员会负责。**国际广告协会的宗旨是，在一定范围内，满足广告和市场营销中的行业和消费集团的不同需要，把广告界品质优良、富有声望的人士团结起来**。其具体目标如下。

——按惯例约定把广告、公共关系、销售促进、发行物、广播、市场调查等有关的从业者及有兴趣的人们联合起来，探讨广告与各种商品或劳务市场以及传播方式与构想；

——在会员之间交换构想、经验与情报，彼此增进广告专业技能；提高广告以及有关业务活动的水平，总结实际经验，执行与鼓励所制定的特别广告方案；

——促进目标相近的机构相互合作，为整个传播界谋取福利。

亚洲广告协会联盟 它是由亚洲地区的广告公司协会，与广告有关的贸易协会和国际广告协会在亚洲各国、各地区的分会组成。各个分会按国家和地区先组成亚洲广告联盟委员会，然后以"亚广联国家委员会"的名义加入亚洲广告联盟，亚广联会议每两年召开一次。首届会议于1958年在日本东京召开，其后曾在亚洲和大洋洲的许多国家和地区召开，每次参加会议的人数均有数百人，会期一般为五天。

亚洲广告协会联盟是一个松散型的组织，会议期间共同研讨一些感兴趣的问题，交流广告活动经验。其宗旨是团结亚洲从事广告专业或业务的协会，提高广告从业人员的道德规范和业务水平；促进各国对广告作用的认识，收集地区性的广告和市场的资料和信息；提高广告业的自我调节能力；制订和实施关于广告的教育计划，协调开发亚洲广告人才。中国在1987年6月14日以"亚洲广告协会联盟中国国家委员会"的名义加入亚洲广告协会联盟。

世界广告行销公司（简称WAM） 它是一个颇具影响力的世界性的广告行业组织，由世界各地著名的广告公司组成，总公司设在伦敦。凡参加WAM组织的会员，均可获得业务上的实际帮助，例如协助开拓国际市场，会员可以直接在世界各地驰名的广告公司受训，举办各种讲习会，定期提供世界各地最新的广告佳作及经济动向。

该组织会员囊括了世界著名的厂商，它们的产品一旦在某一会员国内销售，参加该组织的会员则自然成为其广告代理商。这样，会员不但在广告业务方面能得到提高，而且在营销国际化方面也可以获得有力的帮助。

12.1.3 国际广告业发展格局

20世纪70年代进入国际营销和国际广告的时代，国际市场亦形成所谓大量生产、大量消费、大量传播三大支柱。在国际市场上，所谓"大量传播"的支柱就是国际广告的大规模发展。随着政治、经济和关税壁垒的消除，全球贸易更加简便可行。市场扩大化、贸易自由化和经济集团化发展对于国际广告的传播技术和代理经营水平要求也越来越高，因此，国际广告业逐渐走向集团化，规模激增，发展速度突飞猛进。

20世纪90年代以来，世界政治经济格局发生重大变化。欧洲主要国家组成共同体，北美经济联合态势已经形成，亚洲经济正在崛起并将成为世界经济重心。虽然北美、西欧和日本的市场仍很大，但已开始显示出饱和以及增长缓慢的势头；成熟市场中的主要品牌越来越趋向于价格竞争，越来越多的消费者更倾向于购买物美价廉的产品。与之相反，亚洲许多国家的经济增长率很高，例如我国近10年间经济增长率高达9％以上且没有减缓的迹象，亚洲市场上的消费者更看重品牌知名度，以满足不断变化的社会时尚。

随着全球卫星和有线电视频道等全球性媒体的发展，经济全球化浪潮滚滚而来，世界各国消费者的品位开始趋同。尽管"全球化"完全形成还有待时日，但一些消费者群体，例如青少年和年轻商界人士等，更愿意早些成为"地球村"的村民。麦当劳、可口可乐、百事可乐、耐克、佳能、摇滚乐、希腊沙拉、好莱坞电影、索尼电视、列维牛仔服等，都成为流行于世界各地的国际品牌。市场、媒体和消费品位的全球化使得国际生产营销越来越重要，许多国际性公司通过标准化的全球广告活动使其品牌逐渐为全世界的消费者所认同。

在经济全球化的大背景下，20世纪80年代以来国际大广告公司尽力在国外寻求代理或合作，许多广告公司也开始建立全球分支和网络，新的跨国广告公司不断涌现，公司兼并重组活动日益频繁，广告公司经营将向综合信息服务型方向发展，广告规模呈爆炸性增长，信息传递速度加快。

国际广告公司巨型化、垄断化发展势头明显。例如，1980年世界前10家巨型跨国广告公司在美国的营业额全部超过五亿美元，高居榜首的杨·罗必凯在美国的营业额达13.3亿美元。1987年世界前13家广告公司的全球营业额全部超过了20亿美元，其中七家超过30亿美元，而居前三名的杨·罗必凯、萨奇兄弟、贝茨环球都超过了40亿美元。1999年世界前三大广告集团（WPP集团/扬·罗必凯，奥姆尼康集团，Interpublic集团）的全球营业总额均超过450亿美元，总收益均超过50亿美元；WPP集团/扬·罗必凯的全球营业总额为538.3亿美元，总收益为66.9亿美元。1999年世界前五大广告公司（电通，麦肯环球，BBDO环球，智·威·汤逊和欧洲RSCG环球）的全球营业总额均超过1.27亿美元，全球资产总额均超过8.77亿美元；排名第一的电通广告公司全球营业总额为2.1亿美元，全球资产总额为14.9亿美元。国际广告业进入了全球化和垄断的时期。

公司兼并重组活动日益频繁。1986年4月27日，巴腾·巴顿·德斯坦暨奥斯本公司

（BaIten Barton Durstine Osborn，BBDO）、多丹尔·丹·伯恩巴克公司（Doyle Dane Bernbach，DDB）和尼德汉姆·哈泼（Needham Harper）三家跨国广告公司合并，组建了奥姆尼康（OMNICOM）集团，年营业额达50亿美元；两周后，总部设在英国的萨奇兄弟公司并购贝茨环球公司。1960年首开国际广告业集团化先例的英特普布利克集团（Interpublic）于1987年进一步与林达斯环球、坎贝—爱华合并，成立了新的林达斯环球集团。1989年初，总部设在英国的跨国传播集团WPP以8.64亿美元的巨资购并了巨型跨国广告公司奥格威集团（Ogilvy Group），WPP的年营业额因此陡然上升到135亿美元。这是WPP集团继1987年以5.66亿美元并购具有百年历史的巨型跨国广告公司智·威·汤逊（J.Walter Thompson）之后，又一次轰动国际广告界的大兼并。

特别值得一提的是，2002年3月，总部在法国巴黎的Publicis集团收购了总部在芝加哥的Bcom3集团（1999年由达美高、李奥贝纳合并成立），造就了具有47.7亿美金营业额和在全球五大洲107个国家拥有37 000员工的全球第四大广告传播业控股集团。2003年1月，达美高分布在全球72个国家和地区的121家公司彻底停止运营，其客户分别转入Publicis集团旗下另外三家广告公司：阳狮、盛世和李奥贝纳；原服务团队也随品牌分流，当地各分支机构则并入阳狮。

国际广告业发展速度加快。这一结果的重要原因之一是全球性客户，例如宝洁、联合利华、强生、雀巢、飞利浦等公司在本国市场外大力扩展其业务，从而带动广告代理业务范围相应地拓展。例如，1991年BBDO为百事可乐公司在全球40多个国家和地区提供服务。另一个原因是，广告主为谋求利润开始扩展北美和欧洲以外的市场，广告支出增加。首先是日本成为美国以外的第二大广告市场，随后是中国香港特别行政区、德国、加拿大、法国、意大利、西班牙、澳大利亚、巴西、荷兰、瑞士、芬兰、瑞典和丹麦。全球性广告客户要求广告公司为其提供全方位服务，全面负责其创意、协调和实施全球广告宣传活动。

国际广告公司朝着综合信息型方向发展。许多国际公司，如WPP、WCRS、萨奇兄弟公司及罗威公司等，目前都在快速横向多元化发展，并同时与几个客户在不同领域进行业务合作。此外，广告信息呈爆炸性增长，信息传递速度加快，广告媒体日新月异，广告空间不断扩大，使国内市场与国外市场逐渐融为一体，发展为"世界市场"，全球营销和广告在当今社会中越来越具有决定性意义。

总之，国际广告总体发展趋势表现为：为适应世界经济贸易新格局及全球一体化趋势，朝着大广告托拉斯方向发展；伴随着全球经济贸易一体化与信息传播全球化发展，国家、地区、民族与人种之间的价值观念及生活方式等的差异逐渐缩小，为国际广告一体化发展提供前提条件和广阔空间；世界市场扩大化和一体化，使全球性广告市场竞争日趋激烈；以卫星传播为代表的信息传播手段以及以国际互联网为代表的信息传播网络高速发展，将使国际广告从运作方式到传播内容与形式发生深刻变革，国际广告业将面临全方位挑战。如何消除国家或地区间广告业发展的不平衡，如何防止由于发展不均衡所造成的发达国家对发展中国家伴随广告传播而来的文化浸染，是未来国际广告发展需要关注和研究的重大课题。

12.1.4 我国广告国际化

从目前情形看，我国广告业已趋向成熟，广告市场利润摊薄，价格竞争机制初步形成，品牌效应显现。据艾瑞咨询集团《2008全球广告行业发展报告》数据显示，2007年，我国广告业市场规模在全球处于第五位，到2010年将取代德国达到第4位（如表12-1所示）。近年来，随着国际企业的大批进入，具有综合服务实力的本土广告公司将有机会面对更多高素质的客户群体，从而使广告业务操作进一步规范化、国际化；同时，各行业市场竞争的全面加剧将迫使企业更加重视品牌竞争，越来越多的企业要借助广告手段进入国际市场，这无疑给我国广告业发展提供了巨大商机和发展空间。

但是，应该看到，相对于西方广告业的规模和水平来说，我国广告还处于"婴儿期"。2007年，我国广告营业额规模为1 741亿元，仅为美国的8.4%，日本的38.7%。由于人口基数巨大，每年人均广告费只有18美元，远远低于世界平均水平的70.4美元，而美国和日本年人均广告费分别为921美元和485美元；我国广告公司平均营业额只有100多万美元，而美国大广告商如恒美集团年营业额为100多亿美元。在世界贸易市场竞争格局中，我们任重而道运。

表12-1　全球主要广告国家市场规模变化

TOP10	2007年		2010年		2010年vs2007年增长
	排名	市场规模（亿美元）	排名	市场规模（亿美元）	
美国	1	1 792.51	1→	1 940.63	8.3%
日本	2	415.28	2→	438.75	5.7%
英国	3	233.2	3→	278.61	19.5%
德国	4	216.76	5↓	226.78	4.6%
中国	5	150.23	4↑	242.66	61.5%
法国	6	128.81	8↓	134.86	4.7%
意大利	7	112.27	9↓	123.19	9.7%
西班牙	8	98.47	–	–	–
巴西	9	97.03	7↑	142.23	46.6%
韩国	10	97.01	10→	117.96	21.6%
俄罗斯	14	89.56	6↑	172.05	92.1%

外资广告公司创意和设计专业水准明显领先，再加上周到的服务和品牌声誉，已赢得了大量的优质客户。目前已进入中国的众多有实力的广告客户，例如可口可乐、联合利华、摩托罗拉等跨国集团的广告，现都由它们所控制。究其原因，首先，外资广告公司非常注重广告案例的创意，设计的广告新颖别致，加上周到服务和固有品牌声誉，吸引了众多有实力的广告客户；其次，其代理制度趋于合理，外资广告公司采用国际通行的广告代理费外加制度是一种市场认可的方式，比较公平透明；第三，外资广告公司拥有比较雄厚的资金实力、一流的专业人才和先进的设备，为广告从创意到全面实施提供了有力的保证。

　　内资广告公司的基本状况是"多、小、散"，行业协调能力差。据统计，目前上海共有各类广告企业二三千家，其中50%是国有广告企业，分属轻工、商业、外贸、广播电视、新闻出版等数十个行业和部门，有些广告公司是大企业、大集团行政隶属的产物，经营管理先天不足；除极少数拥有比较雄厚的专业人才和设备优势外，相当数量的广告公司专业力量薄弱、设备差，有的只是"二传手"、"三传手"，拉来业务再转给其他广告公司，自己从中赚取差价。业内人士一致认为，国外广告公司的自身优势与国内广告公司的天然差距成就了外资公司在中国的一番"霸业"。一位4A广告公司总监曾表示："不客气地说，我们已经进入工业化生产阶段；而大部分内资公司，充其量也不过是小作坊式的生产方式。"

　　目前，在国内存在的广告代理费"内扣"制度直接造就了一批能力低下、靠"关系"发家的广告公司，它们以"高额回扣"招揽生意、维持生计；其所谓的广告业务，实际上就是对那些握有广告投放权的部门、个人进行"公关"和追逐；企业方面也不以传播效果为标准，而是按"回扣"高低来投放广告。这样的机制造成了内资广告公司不以追求设计创新、服务创新为己任，而是在恶性竞争中追求短期利润。更深层的根源还在于媒体垄断的制度安排。我国目前相当多广告公司的经营模式，首先是以拥有或承包某一种媒体作为利润来源，然后去发展自己的创意部、策划部，最后再向全方位服务的广告公司发展。长期以来，媒体广告公司一直占据了广告市场的垄断优势，这些媒体广告公司凭借垄断权利，严重扭曲和损害了正常的代理关系，造成广告运作中的暗箱操作和不公平竞争，这显然与国际市场公平竞争原则相悖，开放推动下的制度变革将成为我国广告业走向国际化和现代化的必由之路。

　　近年来，国内消费者的视野将继续拓宽，广告鉴别力以及接受广告的审慎度会更高，表现不力、粗制滥造的广告作品将会被更迅速地淘汰；消费者的消费需求更接近于国际消费流行时尚，消费者将在广告中更多地寻求包括品牌消费、个性消费、绿色消费、健康消费、审美消费等产品以外的消费类型，为满足自身心理诉求而追逐市场潮流。同时，随着市场竞争深化、竞争方式细化以及市场进一步细分，广告主的广告投放更有针对性，可能同一产品需要面对不同消费群体分别投放广告，也有可能因为地区差异对同一产品执行"一个主题多个版本"的广告表现。另外，注重市场细分的广告主必然要求广告公司对相关领域要有透彻的了解，这便会引起广告公司的经营形态多样化、多元化。

　　我国在全球广告市场中前景看好，商机无限。全球100强广告企业中，有一半以上已经进入我国市场，外资的大举进入给我国广告业带来了前所未有的发展机遇和挑战，不少国内广告公司把本土文化和西方理念充分融合起来，形成了自己的独特优势，而这也是外资公司急于寻求与内资合作的重要原因。同时，我国广告公司的零散化运作问题使整个广告行业缺乏重型企业，为了应对跨国广告公司和专业媒介购买公司的竞争，一批规模小、效益差、专业水平低的中小广告公司有可能通过兼并或联合的方式扩大自身的规模和竞争实力，从原有的零散运作转向集约运作，这样既有利于与国际广告巨头抗衡以保存并壮大自己的实力，也有利于本土广告行业避免自身资源的进一步浪费和实现规模经济效应，更有利于在市场中培养广告业的本土人才力量，及时吸收国际广告理论、经营理念和实务经验，不断促进我国广告行业的突破式发展。

总之，我国国际广告业面临的问题多多，机遇与挑战并存。随着合资广告公司数量的增加和外商独资广告公司的出现，行业专项服务型广告公司将会崛起，广告公司之间的竞争势必加剧，广告专业人才缺乏的矛盾更加突出，中小广告公司将会受到冲击，一大批经营管理落后、实力较弱的广告公司将被淘汰，而部分中小广告公司有可能通过兼并或联合的方式扩大自身规模和竞争实力，从原有的零散运作转向集约运作。

精要提示

国际广告是指广告主通过国际性媒体、广告代理商和国际营销渠道对进口国家或地区的特定消费者所进行的有关商品、劳务或观念的信息传播活动。相对而言，国际广告在广告重点上更加注重宣传企业形象，其广告对象主要是工商企业组织而非个人，国际市场的极大差异性决定了国际广告具有不同于一般国内广告的特殊性。国际广告组织有IAA、WAM等。近数十年来，国际广告公司经营正向巨型化、集团化、综合信息服务化方向发展。面对此时代背景，中国广告业商机无限，但同时也面临严峻挑战。

12.2 国际广告运营

国际广告运营是一项相当复杂的业务工作。它的困难在于，面临着一系列不同于国内广告的运作规律和机制，广告代理商进入的是一个完全不同的陌生领域，在其他国家和地区取得的成功经验不能简单地移植到新的市场，只能摸着石头过河。这对于任何一家国际性运营的广告公司而言都是一个巨大的挑战。

12.2.1 国际广告调查特点及内容

在国际市场调查中，一般性的信息可从国外政府机关或民间调查机构获得，如果要做某一特定外国市场的广告，还必须深入当地进行特殊的市场调查。在方法上，国际市场调查与一般国内市场调查没有什么区别，但在调查技巧上必须因地制宜、随机应变。对于被调查地区人们的宗教信仰、民族性格等，调查人员均应了如指掌。

一般而言，日本和欧美等发达国家的市场调查较易进行，但发展中国家例如非洲国家、南美国家、印度等国则较困难。有些地区连人口统计等基本资料、电话簿和市区行政图都没有，所以不易用随机抽样法进行调查。在印度，所谓"普鲁达"制度把女性隔离起来，使其不得与人接触尤其是与外来男性接触，所以想从家庭访问中获得消费者资料非常困难。一些文盲率较高的国家，完全无法开展文字问卷调查。此外，复杂的语言也成为国际市场调查的最大障碍。有些国家通过多种语言，例如，瑞士的德、法、意语，新加坡的英、中及泰米尔语，加拿大的英、法两种语言，在印度方言多达数十种，这给国际市场调查员增加了沟通上的困难。

开展国际广告调查工作，应对所在国的市场进行全面、系统的调查研究。包括所在国的政治、经济、社会、文化、法律、科学技术、竞争机制等各个方面。归纳起来调查内容一般有三大类信息：一是国情，二是民情，三是商情。

国情调查主要包括如下内容。

——政治情况，如政治制度、行政机构、政局、政治信仰和意识形态；

——法规情况，如海关法、国内对进口商品的管理条例与法规、广告管理法规、税收制度等；

——经济情况，如进口国近期宏观经济形势及其发展趋势，进口国货币币值的稳定度及金融保险情况；

——商业情况，如进口国人口、购买水平、生活水平、消费模式、竞争情况等；

民情调查主要包括如下内容。

——风俗习惯情况，如进口国对颜色、商品、语言等的忌讳，进口国人们在颜色、商品造型、装饰、语言等方面的偏好特点，宗教信仰情况，民族性格，购买习惯和消费习惯等；

——自然环境情况，如进口国经济地理资料、自然资源分布情况、主要城市和商业分布情况以及气候和季节变化情况。

商情，即商业广告条件情况，主要包括如下内容。

——所在国的广告传播媒体情况，如所在国有什么媒体、常用什么媒体、最易被接受的媒体是什么、所在国对媒体的使用有何限制等；[1]

——所在国广告代理业发展情况，应特别重视国际广告代理公司的经营水平、价格及广告费用以及调查广告媒体发行情况的公共机构信誉等；

——所在国广告普及程度及国民的文化教育水平。

国际广告调查一般有四种形式：广告主自设国际市场调查机构，通过长期调查较准确地把握市场趋势；广告主委托国外分支机构调查；委托经办本企业广告业务的专业广告公司调查；委托专门的调查机构针对一两个国家和地区进行调查。

12.2.2　国际广告代理模式

在实施国际广告时，发展中国家的一些企业往往采取直接对外国媒体发布广告，或委托自己在国外当地的代办处或销售代理做广告，他们以为这样没有中间环节，操作简单方便，其实是不经济、不可行的办法。不要说广告主自己亲自制作发布广告，就是其在国外的代办处或销售代理，也往往受狭隘的知识或特殊偏好局限，不可能运用有效的公共媒体如杂志、报纸、电台等作广告，只偏爱进行赠奖等特别广告活动；各地代办处个别实施广

---

① 例如，在美国，国际互联网广告、电子广告、投影广告、飞船广告、卫星广告、电视报纸、闭路电视、有线电视、激光广告、电话广告等正在融入人们的生活；在法国，海报广告特别讲究，并为大众所喜爱；在西欧，无线电广播广告十分重要，卢森堡广播广告可同时用5种语言播放，听众达4 000万人以上。

告，不易形成整合营销系统，不易形成规模经济。此外，广告主也不易对当地广告费或折扣率审核监督，导致广告成本增高。因此现在市场经济发达国家的厂商，大都委托广告代理商全盘代理其国际广告业务。

国际广告代理商主要有两大类型：一是本国的广告代理商；二是国外当地广告代理商，二者合作博弈形成了不同的广告代理模式（如图12-1所示）。实际选择时，也可以是合作性的代理形式。对国际广告代理商的选择，是关系到国际广告活动成败的关键，企业应根据自身的情况及广告代理商的情况充分研究，谨慎选择。

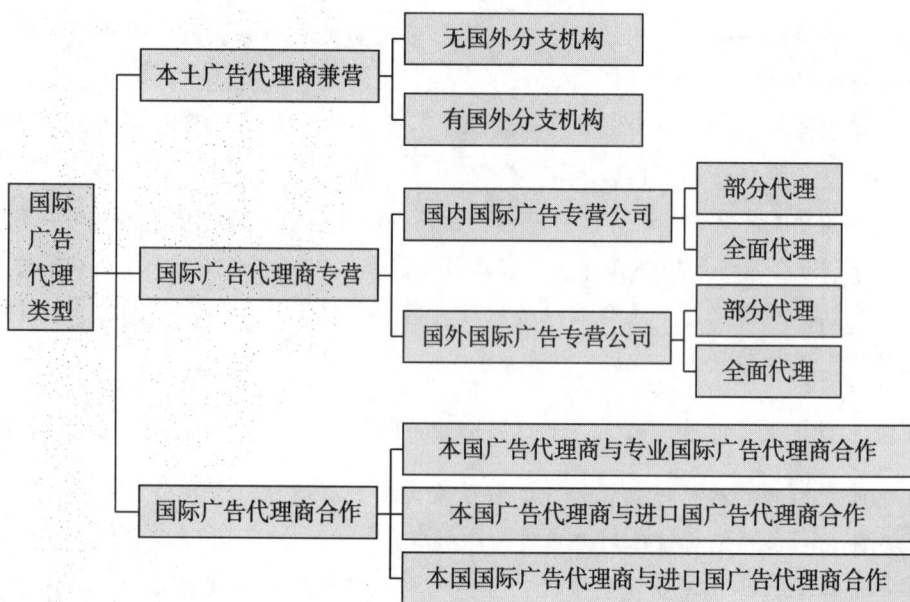

图12-1　国际广告代理模式

本国广告代理商兼营国际广告业务　包括无国外分支机构的本国广告代理商和有国外分支机构的本国广告代理商直接代办国际广告业务。

无国外分支机构的代理商必须具有强有力的国际广告策划能力、创作能力与发布能力，在国外有熟练服务人员、拥有足够的当地商情、广告媒体、广告费等资料以及外国语能力、国外汇兑知识等，否则就无法胜任国际广告业务。有国外分支机构的广告代理商也必须具有雄厚的财力、人力和设备，而且必须具备丰富的国际广告经验。

国际广告专门代理商办理国际广告　包括本国专业国际广告代理商和国外当地专业国际广告代理商、部分国际广告业务代理商和全面国际广告业务代理商。

本国部分国际广告业务代理商和进口国部分国际广告代理商，其人员、资金及设备一般有限，只能承担企业国际广告中的部分业务，例如代购媒体、承担部分广告制作或部分国家与地区的广告业务。

本国全面国际广告业务代理商和进口国全面国际广告代理商，一般具有实施国际广告的较充分条件、经验和能力，能为企业提供全面的广告代理服务；大多数有国外广告的分支机构，并和国外的广告代理商、经销商有着经常性的业务联系，这很有利于开展国际广告业务。这类广告代理商规模庞大、资金雄厚，其营业额在国际广告总额中占有绝大部分份额，是现代国际广告代理业的主力军。

广告代理商合作进行国际广告业务 广告代理商合作进行国际广告业务包括本国广告代理商与专业国际广告代理商合作，以及本国广告代理商或本国专业国际广告代理商与进口国广告代理商合作。

本国广告代理商与专业国际广告代理商合作。这种代理形式是以本国广告代理商为主体，而将专业国际广告代理商作为本国广告代理商的"国外部"从事广告活动。这种合作具有优势互补的作用，既可为企业提供国际广告的专门技术与知识，又不必负担设立在世界各地分公司的经费，是一种对广告主经济有利的代理形式，深得工商业界青睐。

本国广告代理商或本国专业国际广告代理商与进口国广告代理商合作。在开展国际广告业务活动中，两国代理商通过契约达成短期或长期的合作关系，互相代办各自的广告业务。一些专业国际广告代理商无国外分支机构，或国外分支机构不够健全尚需进口国广告代理商配合工作，也常采用与进口国广告代理商合作的形式。但实际上，即使是具有强大分支机构的国际广告代理商也多与进口国广告代理商实行合作，以便互惠互利。

> **精要提示**
> 在国际广告运营中，应对所在国国情、民情和商情进行全面系统的调查研究，并审慎选择国际广告代理模式。

12.3 国际广告策划

12.3.1 国际广告策划基本问题

在国际广告中，所要解决的一个基本矛盾和核心问题是如何兼顾国际一体化市场与跨文化沟通和交流，简单地说，就是全球性与本土化的矛盾。

全球标准化理论认为，随着科技和交通的发展，世界已经成为一个相同的市场，全世界消费者都需要同样的产品和生活方式，各国的消费群都是相似的；因此，在营销实践中，全球化公司应将自身的运作标准化；而采用本土化战略的公司则把每个国家都作为一个不同的市场单独对待；决策的权力并不集中在本部，而是分散在各个分支上，每个分支都拥有极大的自主权；公司总部制定营销战略，并通常对某些特定市场进行用户差异定制。

显然，**全球标准化看重的是成本优势，本土化战略则看重差别优势**，两者各有利弊。全球标准化能够实现规模经济，提高产品和服务的质量，促进生产、分销、营销及管理成本的下降；而本土化则能够减弱消费者的抵触心理，降低市场进入壁垒，使生产要素得到适用于目标市场的合理配置，降低交易成本和信息成本，同时能够更好地满足不同市场的需求，还能够缓解国际商务人才的匮乏问题。

如何才能找到二者之间的平衡点呢？解决这一矛盾的基本原则是：**在立足全球化战略进行国际广告全面策划的同时，要将那些能造成品牌差异的最有效活动本土化**。在具体实施时要按照本土化的要求针对当地市场进行局部修正和调整，但在多重市场间要尽可能保持一致性，公司要尽可能形成整合营销系统对有关活动进行统一管理和协调，以便在广告推广中寻求某种潜在的全球性规模经济效应。

具体运作中，应立足企业自身实际情况，在价值链形成的各个环节（如原材料采购、产品开发、生产制造、市场营销、售后服务），根据自己的竞争优势合理设置标准化和本土化的程度。产品开发是价值活动的上游环节，与产品的技术特性密切相关；与此相反，下游环节价值活动的中心是顾客，各种价值活动如促销、售后服务都与消费者的特性密切相关：由于不同地区、不同种族、不同文化背景的顾客有着不同的需求，这些环节往往要求带有明显的地方特色。因此，如果企业的竞争优势处于价值链的上游，采用标准化营销策略就能够实现规模效益、降低成本；如果企业的竞争优势处于价值链的下游，就应该采用本土化营销策略。

实际中，在完全标准化和完全本土化之间时常存在一系列折中形式，例如地区性标准化、国家群体标准化或细分市场标准化等。国际性的市场调查显示，世界各国的富人之间的共同需求要比国内贫困阶层的共同需求多得多；无论哪个国家，其12~19岁的青少年对软饮料、运动鞋和口香糖的需求都大体相似；另外，对于功能性强的产品，消费者也有着相似的需求，例如洗衣粉在任何情况下都要能够干净地清洗衣物，这便是广告营销的核心。要引起注意的是，产品规格与广告策略要有所改变和调整，以便与不同地区、国家群体和细分市场的具体情况相匹配，但品牌形象和广告传播的基本理念在该地区、国家群体或细分市场间仍要保持一定程度的一致性，一般可以利用地理便利条件、人口统计特征、建立消费者群体的共同需要等来解决协调问题。

许多全球性广告公司在制定广告时，首先邀请各地创意小组到总部来参与广告策划；然后将在总部统一制作的广告在各地区市场上进行检测（甚至像万宝路香烟广告中的西部牛仔也要在世界各地经过仔细的检测）；最后，当地区性测试表明需要对广告做适当调整时，广告公司就会召集地方创意人员来帮助改进广告。

无论实际战略遵循什么准则，全球市场营销方案都要充分考虑当地营销部门的意见和经验，允许当地子公司经理具有充分的自主权实施与所在国相适应的营销传播方案。例如，宝洁公司在中国台湾地区进行的潘婷香波广告定位非常成功，但这一定位是否也在委内瑞拉起作用，则应由在委内瑞拉的当地经理来自主决定；像雀巢这样的全球性公司，大都精心建立了跨区协调机制和系统，以确保在某个市场使用的营销传播理念和策略能迅速传递给其他市场的经理，但是否采用及何时采用，其最终决策通常掌握在当地经理手中。

12.3.2　全球性广告标准化程度

现实问题并不是一种品牌的广告活动能否完全全球化，而是全球性品牌广告传播活动能在世界范围内实现标准化的程度。如果将一个广告活动分成**信息战略**（Message Strategy）和**实施战术**（Tactical Execution）两部分，那么，一个极端情况是，广告商能在广告战略战术上完全标准化，这意味着广告要实现非文字语言的符号化表现形式（以克服语言障碍）；另一端**将战略和实施全部本土化**（Totally Localized Strategy and Execution），这种情况也是很少发生的。通常情况是介于这二者间，有所谓**转移实施**（Translated Executions）的标准化战略，**修正实施**（Modified Executions）的标准化战略等，即在同样的战略或修正的战略下转移或修正战术实施。

有调查研究显示，国际广告商中只有9%宣称在所有市场上使用了完全标准化的广告，37%宣称使用了完全本土化的广告，而大多数（54%）利用当地广告公司来修正标准战略，以适应当地市场的习俗、价值观和生活方式；有40%以美国为本部的跨国公司在广告宣传中采用标准化主题和创造性背景（即实施要素）。

实际中，不同国际广告活动的标准化程度存在如下差异。

——电视广告、高技术产品广告（例如，计算机、音像设备、汽车）和以情绪、形象和时尚定位的高度接触产品广告（例如，香水、服装、珠宝），采用标准化表现手法的较为普遍。

——当产品以实用为主且广告词有信息含量时，或者当品牌的形象和优良性与一种特定国家标志（例如，可口可乐和麦当劳）联系在一起时，标准化战略更为合适和有效。而食品和饮料产品的广告活动通常是最难标准化的，因为饮食习惯通常有较强的民族文化特性。

——新品牌的广告标准化比老品牌更容易，因为老品牌可能已经在世界各地具有多重的且难以协调的形象，也可能在不同市场处于不同的生命周期阶段，难以实行营销整合。

——此外，将西方市场（例如，美国和德国）广告标准化比将西方和东方市场（例如，美国和日本）广告标准化更容易。

随着市场和大众传播媒体不断向全球化方向发展，不同国家消费者文化趋同程度不断提高，以及为了削减市场研究和广告制作成本费用，全球性企业具有一种在世界范围内获取创造性思维能力的商业优势。许多国际品牌均开始在全球范围内整合自己的品牌。例如，2003年年7月21日，伴随着松下电器全球第一款Panasonic品牌冰箱在上海的亮相，松下电器（中国）有限公司新任董事长伊势富一宣布，松下的全球单一品牌战略全面启动。这意味着中国消费者已经熟悉和使用了近20年的带有National商标的松下产品即将退出市场，被Panasonic品牌全面代替，而为统一品牌，松下在中国地区耗资近五亿元人民币。据业内人士分析，松下不惜代价重塑形象，是期望通过品牌战略恢复海外市场，保持其在中国市场的优势。但是研究发现，当公司和广告主试图标准化时，国际广告的信息传播策略与媒体策略是最难标准化的。

麦当劳全球启用统一新包装

2003年9月25日，麦当劳开始在全球推出"我就喜欢"（I'm loving it）的全新标志。不要以为这只是一个简单反映生活风尚的小标志，据麦当劳相关人士介绍，到2004年底，全球的麦当劳店中都将飘动"我就喜欢"的身影。

美国时间2003年12月16日，从麦当劳总部伊利诺伊州橡树溪传出消息，公司将在全球启用新的包装标志体系。麦当劳表示，包含"我就喜欢"的包装标志倡导简洁明快的生活方式，意在向消费者传递清新自然的生活格调。从2004年1月起，美国、加拿大和拉美诸国麦当劳店中的成人纸袋和冷饮杯将换用新包装。2004年3月，"我就喜欢"快乐餐包装将全部启用，到2004年年底，有大M标志、1/4红色衬底和食品目录的纸杯和包装袋将全面登陆119个国家和地区的三万多家麦当劳汉堡包店。

麦当劳叔叔是否又在借新包装行新品牌战略呢？麦当劳常务副总裁兼首席市场运营官拉里·赖特在芝加哥揭开谜底，"标志不是策略，我们并不认同是在传递一个品牌信息，它只不过是个产品载体而已。不过我们的包装倒成为了一种流动的户外广告。"拉里·赖特坦言，此举标志着麦当劳的新变化，特别是在与消费者之间的沟通上传递出不同以往的新声音和新态度。"以单一品牌包装、单一品牌信息的方式亮相在麦当劳历史上尚属首次，我们将在全球恒定推广。"

如果说麦当劳早期推出的包装标志只是想得到更多人的认知，如今即将在全球刮起的新包装旋风更注重与消费者之间的双向交流，"这种一对一的双向交流更有诱惑力。"

想像一下，听音乐，踢足球，给孩子念书，这种美满的生活方式是多少人的梦想。如今，麦当劳就要在全球倡导这样的生活方式，一个有着不同语言的全球麦当劳社区服务理念初显轮廓。

资料来源：中华广告网，北京青年报

12.3.3 全球性品牌的广告定位及塑造

由于全球性营销战略的标准化和本土化矛盾，因此**即使是一个"全球性品牌"，也不可能在全世界范围内都采用同样的产品、包装、名称、定位和广告组合。实际上，在整合营销传播中往往有几种不同的组合模式，包装、名称和广告活动的具体组合依国家或地区不同而有所调整。**例如，同样的帕尔摩丽芙肥皂，在世界范围以三种不同形状、七种香味、一种核心包装设计，以及分别为发达国家和发展中国家确定的两种定位。

所谓"全球性品牌"大多集中于美国。据英特布兰德咨询公司调查，世界顶级十个品牌中有七个是美国的：可口可乐、凯洛格、麦当劳、柯达、万宝路、IBM和美国运通。但另一项研究表明，起源于美国的国际品牌在国际市场上的渗透能力和传播在实际中相当有限，一些"明星"国际品牌如可口可乐等，其市场销售仍然主要集中在北美地区；当品牌向其他市场渗透时，文化相似性起着非常重要的作用。可见塑造一个全球性品牌，显然是一项极有挑战性的传播任务。

无论在哪一个国家或地区，品牌塑造的一般原则都适用，如创造强烈的品牌意识，积极建立强有力、一致的品牌联系，注意品牌形象的强烈视觉冲击力等；然而，**对于一个追求全球化的国际品牌来说，一项艰巨任务是在全球范围内保持品牌核心形象的一致性，同时还应当为当地市场消费者所接受和认可。**要将某个国家的著名品牌推向全球化市场时，首先须明确该品牌在母国的商誉究竟如何，其中哪些可以转移到新的目标国家去；而后要确定在新市场中这些商誉如何才能在广告宣传和营销传播中发挥杠杆作用，因为并非所有在母国的强大品牌商誉都能在其他市场起到杠杆作用。此外，在将品牌全球化时，还面临着其他一些挑战，例如，如何获得国际分销渠道、人力资源及其他资源等。一旦建立起国际品牌形象，还必须时刻关注它，以保护品牌商誉不受侵害。

从国际品牌本土化的内容来看，首先要实现人力资源的本土化，再进一步实现设计和开发的本土化，最后利用广告品牌营销策略的本土化全面实现本土化目标，这是全球性品牌本土化策略的普遍做法。"没有比当地人更了解当地人的了"，人力资源本土化是品牌本土化的前提。文化差异的本质是人的差异，人力资源的本土化可以消除品牌管理中的沟通障碍，理解当地的消费文化，制定出有效的营销策略。因此，全球性品牌本土化策略的普遍做法是，首先寻找能理解本品牌理念的地地道道的当地人作为合作伙伴，通过合资、合作等形式实现人力资源本土化；然后实施设计和开发的本土化以及品牌营销策略的本土化；在充分考虑品牌国际化总体目标要求的基础上，在推广方式、文案写作、形象表达等具体广告策略上艺术地排除品牌国际化的文化障碍。

另外，**国际广告营销不仅要强调与本土的文化相适应、融合，还应该考虑发挥主动性，引导目标国家或市场消费观念的转变。**广告应该，并且也可以刺激需求、创造时尚、改变消费观念，引导文化价值观。国际营销的实践也证明，当人们发现一种新的消费观、新的产品符合需要并且特别有吸引力时，民族文化的优越感就会让路。日本的家电产品在美国市场上深受欢迎便是一个明证。

国际广告如何做到这一点呢？一种方法是让该国消费者意识到新产品符合他们的需求，并且能够比本土的传统产品给他们带来更多的效用，否则文化差异的壁垒便会激发消费者的抵制心理和行为。日本汽车在我国的广告策略能够取得成功便说明了这一点。另一种方法是让消费者感到当地的环境条件能使新产品有效地发挥作用，或让消费者感到新产品并不复杂，能够很方便地使用。国外的高档化妆品在我国的促销便抓住了这一点。此外，还可以通过广告让消费者感到新产品、新技术并不与当地的文化价值观发生直接冲突，并且新产品的附加价值、新的消费观念能提高他们的社会地位和形象，满足他们潜在的心理需求。大量的国际名牌服装能够风行我国本土市场，靠的就是这些策略。

近年来，在中国市场上，"国际品牌本土化，土得掉渣"成为越来越引人注目的现象。例如，2002年春节期间，可口可乐在包装上印上国人熟悉的阿福；麦当劳身着唐装的吉祥物"小猫"；马爹利"人人更显面子"的礼盒套装的广告采用四张颜色不同的京剧脸谱；还有世界级大饭店中一直排在第二位的喜来登苏州连锁店在中秋、国庆两节期间的广告中用的是一位头戴红盖头的新娘形象。福特汽车安全检查服务广告"经络图篇"（如图12-2所示）是另一个成功的案例。原本平凡无奇的汽车诊断，原本属于中医范畴的经络图，在智威汤逊广告团队巧妙的连接下，为国际品牌福特汽车注入了中华文化的内涵。这则汽车经络图广告成为国际品牌本土化广告的创意佳作。这些跨国品牌极力用中国文化符号，试图勾起深藏在每个中国人心中的文化情结。

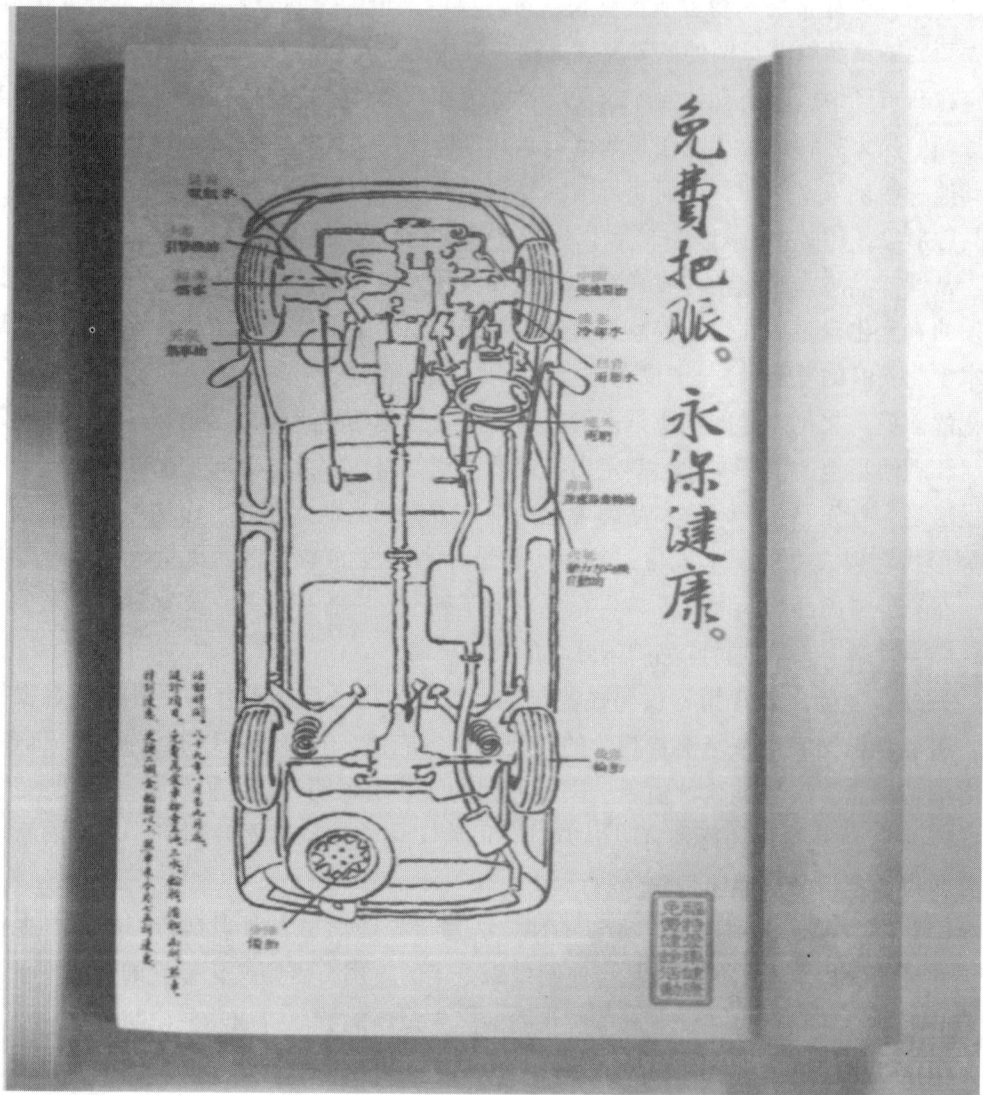

图12-2　福特汽车安全检查服务广告：经络图篇

精要提示

　　全球性与本土化是国际广告策划要解决的基本矛盾和核心问题，基本解决思路如下：立足全球化战略进行国际广告全面策划，同时将造成品牌差异的最有效的活动本土化。

12.4 国际广告策略

12.4.1 国际广告诉求策略

国际广告信息诉求策略要研究确定的核心问题是：选取哪一细分市场，以怎样的利益点进行广告定位和宣传。

在开发推广某个全球性品牌时，如果产品能满足人们某种共同的"基本需要"，那么信息战略可以选择把品牌的核心定位在全世界范围内标准化，但同时允许品牌其他要素适当本土化，有可能使用同样的信息战略和诉求策略。

例如，福特汽车公司广告片"福特全球颂歌篇"（如图12-3所示），利用一曲悠扬的颂歌贯穿全剧，通过传统文化、民族典仪与现代生活的交汇，亲情、爱情的情感交流，喜悦欢欣场景的展现，突出表现了福特汽车已融入全世界人们生活的广告主题。

歌词大意：黎明带来新的一天，阴影迅速消失不见，出发的时刻已来临，让梦想展翅飞翔，让我们出发吧，不论去向何方。

剧情简介：福特各种品牌汽车交替出现，多种场景不断变换，古代历史遗迹，中国天坛，印度泰姬陵，古罗马角斗场。

图12-3　福特汽车公司广告"福特全球颂歌篇"

又如，玉兰油是一种女性用的面霜，其广告宣传在世界范围内运用了同样的核心定位，只是在名称、成分和包装方面针对不同市场有很小的变化；宝洁在不同国家以不同名称出售其具有相同"BC-18"配方的香波产品，但在所有市场使用同样的广告词（"wish-and-go"）；香奈尔香水在世界范围以"看上去漂亮"这一人类同样需要为广告宣传的核心定位；斯沃奇手表的国际广告宣传则向人们诉求"娱乐"这一基本需要。

如果市场的经济发展水平、产品生命周阶段或品牌的竞争地位不同，同样的产品或服务有时可能需要在不同市场进行差异较大的定位策略。

例如，花旗银行在中国香港特别行政区和德国采用"方便性"来定位其24小时全球自动网络服务系统，但在希腊和一些发展中国家则作为较高社会地位和高贵生活方式的标志来定位；类似地，本田车在美国定位于中档轿车，但在亚洲和东欧地区则作为高档轿车来宣传。

再如，仅仅由于饮食习惯不同，通用食品公司的橙汁饮料在法国是作为一种在"任何时间都能使人精神爽畅"的冷饮料出售的，而不是像美国那样作为一种早餐饮品，因为在法国没有用橙汁作早餐饮品的传统。同样地，在20世纪70年代，美国的汽车广告主发现，对消费者的最恰当诉求是强调"空闲和回归大自然"这一利益点；但在巴西，消费者却对"利用汽车在城市兜风"这一诉求更动心。

在欧洲，海内肯啤酒是作为一种"大众啤酒"发展起来的，但是当将它引进美国市场时，广告策划者通过高价将其定位在上层消费市场，从而使其避免与美国的"百威"大众品牌啤酒竞争。

即使同样的目标市场、同样的核心定位被用于世界许多不同的市场，在这些市场间做些变化和调整也是必要的。例如，苏格兰威士忌品牌约尼·沃克黑牌，在世界各地以其四方形瓶子、中心斜线交叉标签上的黑金色彩等塑造了一种"优质与奢侈"的强大品牌形象，但各个国家的人们对其他方面的看法却大相径庭，有人认为它"旧式传统"，也有人认为它"现代优雅"。

12.4.2 国际广告创意表现策略

国际广告表现策略涉及广告信息的形象化、理性化、情感化等诉求创意表现形式。由于文化传统、法律约束等方面的差异，不同国家的广告人对广告创意中所采用的表现方式有不同偏好。一些国家的广告注重信息内容的传播，而另一些国家则非常注重信息的表现形式。据实证研究显示，就广告所包含的信息量而言，欧洲国家最大，其次是亚洲国家，最后是美国。

在表现形式上，相对美国广告而言，日本和中国的广告表现形式更间接含蓄，更有象征意义，更有人情味和幽默感，更注重强调社会地位和树立公司形象，但较少进行对比；英国的电视广告在表现方式上更温柔、更有娱乐性；法国广告侧重戏剧化表现而不像美国那样更多地采用演说形式，特别是印刷广告所传达的信息量较少，但吸引力却更强，且更幽默、更具人情味。

不同国家对广告表现形式的不同偏好以及在广告媒体的表现力及成本上的差异，迫使许

多国际性公司为迎合实际需要而修改和调整其广告策略。当然，某些国家的既定广告模式并不是一成不变。即使一个创意表现形式可以适用于多个国家，也要注意一些特定表现要素的微妙变化。例如，同样是表现"幽默"、"情感"，西方和东方有明显的差异。在广告中，理性诉求表现不必告诉印度消费者某品牌茶叶的质量如何，但却要颇费口舌告诉欧洲消费者茶叶的质量标准。同样地，恐惧性诉求、名人、美人诉求等表现策略的运用也都应依国家而改变，应针对不同国家和地区人们的看法和感觉的不同而有所变化。早几年曾让广告人拍案叫绝的麦当劳广告，一个黄色的"M"标志在窗口时有时无，使得摇篮里的孩子时笑时哭，这就是全球统一的广告创意，但在各国制作发布时都选本国的孩子来充当"演员"。在中国，麦当劳公司还考虑到本土文化的因素，特意在婴儿的摇篮边增添了一位母亲的身影。

尽管不同国家和地区的消费者在文化、宗教信仰等社会生活的各个方面存在着巨大的差异，但在一些方面却显示出了人类共有的某些特性，如越来越强调理性，重视科学的力量，对别人发自内心的情感表示认同和接受等。在实践中，很多国际企业在广告营销中均采取感情和理性兼顾，以其中一种为主的策略。美国甘普公司在推销其浪峰牌牙膏是，所用的广告语是"浪峰牙膏是美国牙医学会推荐产品"。这一广告既体现了理性宣传的特点，又强调了该产品的防病功能，能有效引导消费者。在我们生活周围也有这种形式的广告。又如，在竞争激烈的国际航空业市场上，大多数航空公司都想树立自己独特的形象以吸引顾客，但只有少数几家公司做到了这一点，其中新加坡航空公司最为成功。该公司在世界各地的广告宣传中有一个不变的主题，即以新加坡空中小姐的微笑来吸引顾客，这是以感情取胜的最成功的一例广告。这些成功案例也应该引起我们的注意和思考。

广告表现形式的标准化程度越高越节省时间和成本；主要依赖于图像和音乐的广告比使用文字和口语的广告更易于推广。一些全球性公司试图创作在全球或尽可能多的市场上有最大成功机会的广告，然后让各地分支机构尽量使用全球性广告，除非在某些地区有特别修改的必要。许多公司在某个中心地点或主机构制作图片、电视镜头和音乐带，然后要求地区分支机构尽可能遵循指导标准推广应用，地方性的局部修改或扩展则要通过上层机构的批准。许多国际广告主在世界各地市场使用同样的定位、主题和创意，而在广告的表现形式上却充满地方色彩。例如，使用动物形象进行国际广告创意表现，但在不同的市场上使用不同的动物；同样表现消费者使用产品后所产生的浪漫效果，但广告画面在不同国家和地区却变换了地点和背景，这样可以将统一性与灵活性兼顾起来，较好地解决全球化、标准化的低成本与本土化、差异化的高成本之间的矛盾。

12.4.3 国际广告媒体策略

在国际媒体市场上，一般以报纸为主要媒体，很少做杂志广告。但在美国，有很多发行量庞大的杂志可作国际广告媒体。在欧盟各国，妇女杂志成为最大的广告媒体——因为欧盟一般没有专门性的商业电台，主妇掌握购物大权，因此妇女杂志就成为极重要的广告媒体。在某些国家只需选用几份广告报纸即可影响整个目标市场；但在另一些国家则不同，要选用更多的媒体才能向多数消费者传播信息。

广播电视广告在拉美国家是最强有力的媒体；但在欧洲国家，除英国外一般没有专门性的商业电台，只有德国和意大利公立电视台接受有偿播映广告，但广告时间限制极严，多数广播电台广告活动受政府严格控制，广告不易推广。

此外，户外广告如印刷的海报、油漆海报、霓虹招牌、广告塔等，是购买力低、文盲多的国家最有效的广告形式，但有些国家禁止实施。公共汽车广告或车厢广告仅在部分国家可行。电影广告和幻灯片，除欧洲一部分国家尚未视其为重要媒体外，大多数国家对此种广告极为重视，其中法国的电影广告制作技术堪称世界第一。向家庭分发广告宣传小册对报纸发行量不多的国家比较有效。

国际广告媒体的差异性很大。不同国家的不同媒体，其绝对和相对费用、可接触目标受众数目、竞争品牌的费用水平和广告方式等等，都有很大差别。例如，20世纪90年代初，每千人（15岁以上成年人）的30秒电视黄金时段的广告费用，在日本大约为五美元，在瑞士将近24美元，在美国和英国大约为七美元，在西欧的大部分地区为12美元左右。全球性公司在国际市场上的广告预算以及预算在各媒体之间分配的策略在不同国家和地区的市场上可能极不相同。

国际广告媒体分国际媒体和当地媒体两种，从国际广告费所占比例来看，当地媒体更大。实际上，在国际广告中，任何市场可提供的媒体和媒体组合都具有明显的区域性。各国各种媒体可接触受众以及从这些媒体可获得的广告时段和空间的多少存在很大差异。由于许多市场缺乏媒体数据资料，除非策划人深入当地市场调查，否则根本无从了解当地媒体的相对成本和效率。因此，诸如目标受众、到达频次等媒体策划的核心问题可能由总部决定，或至少在总部的指导下进行，但媒体和媒体组合的具体策划和购买方案通常要在当地进行和完成。

必须注意到，近20多年来，卫星电视频道、有线电视等全球性及地方性媒体数量获得惊人增长。例如亚洲的卫星电视、欧洲的超级频道、拉丁美洲的有线电视以及音乐电视和遍及世界的有线新闻网（CNN）等。据专家们估计，其年增长率预计在5%~10%。在这种情况下，大型跨国广告商就比较容易实施一些更集中、更节约成本的跨国媒体策略。例如，尤尼利佛公司就曾在中国香港特别行政区以特殊的优惠价格（由于购买的媒体数量大）买下了卫星电视广告时段，可以覆盖该公司亚洲分支机构所在的许多国家。但真正的全球媒体组合策略，即在多个国家使用完全标准化的广告仍然是非常少见的。

12.4.4 国际广告实施策略

在国际广告实施过程中应注意如下几个方面的策略问题。

首先，**在国际广告推广过程中，为了适合当地市场特性，应注意广告实施细节。**例如：展示价格应以当地货币为单位；要研究了解当地节日如母亲节、情人节等，以便确定送礼日期；气候潮湿的热带市场，广告应当用玻璃、金属、塑胶等耐潮、耐热材料制作；统一印制的直邮广告（DM）要多留空白，以便根据需要重新印刷当地代理者的应酬语句；不断派遣广告人员出国考察，对当地代办处或总代理的推销活动予以督导；广告打出后，接到消费者反映或询问时，最好能派推销员专程访问消费者，做出及时的反馈。

其次，**要建立全球分市场的信息通信系统，以便有效整合协调各自的广告营销行动**。广告的校对稿、广播用的脚本资料、销售点广告资料等信息资料最好能寄给各地的广告代理商、公司总代理和经销商，供他们在广告传播和营销活动中参考借用。例如美国的菲尔考公司用英语和西班牙语发行名叫《菲尔考世界》（*Philco World*）的公司报，分发给世界各地的经销商，内容包括新产品、销售状况、推销教育、广告、营销研究等，有利地促进了其国际广告的开展和实施。荷兰的飞利浦公司，在全世界拥有60多家分公司，公司总部收集了各地市场所用的广告创意、广告活动、推销活动等资料，将其编辑整理，分发给所有分公司。

在世界各地市场有分公司、特约代理商的公司，多将国际广告事宜委托给当地代理机构或分支机构进行。这是国际广告中的所谓"地方分权"。其基本指导思想是："每个市场都有其本身的独特问题，解决问题的最佳方法自然是接近问题的当事者最清楚。"例如，美国的雪佛钢笔公司，把90%的国际广告费委托国外当地代理商支配，总公司只保留10%的广告费支配权。可口可乐公司也把用于广告以及推销活动的一半以上费用分配给国外的分公司。

此外，**要注意广告文案创作的实施细节**。在国际广告文案创作中，一般不宜将用于甲国的文案直接译成乙国文字，而须顺应该国当地的文化和市场特性，另外专门撰写有针对性的广告文案。撰写时要特别注意各国语言中的习惯语、成语、暗示语、幽默语、俚语、笑话、双关语，应尽量符合当地民俗民情。

精要提示

　　国际广告诉求策略要研究确定的核心问题是：选取哪一细分市场，以什么样的利益点进行广告定位和宣传。国际广告媒体及表现策略要注意媒体和媒体组合都具有明显的区域性以及广告信息形象化、理性化、情感化等诉求创意表现形式的国际差异性，提高广告表现形式的标准化程度主要依赖于图像和音乐。在国际广告推广过程中应注意广告文案创作、代理运营及全球分市场信息通信系统建设等实施细节。

❏ 复习思考问题

（1）简要说明国际广告的特性？

（2）国际广告的行业性协会组织主要有哪些？

（3）试述近年来我国广告业面临的国际化机遇和挑战？

（4）国际广告调查的主要内容有哪些？

（5）国际广告代理模式主要有哪几种？

（6）应怎样处理国际广告全球性战略和本土化实施策略之间的关系？

（7）试简要说明国际广告诉求、创意表现及媒体策略。

（8）在国际广告实施过程中应注意哪些问题？

❑ 综合案例演练

国际广告创意跟着行销走遍全世界

一个具有历史的品牌要想持续在市场上赢得消费者的瞩目，不但要有冲击人心的创意，并且要不断创新，维护品牌形象。

"ABSOLUT VODKA"是一个瑞典伏特加酒品牌，该品牌在市场上已经存在140余年，但做广告的历史不过是近20多年来的事。在当初要将其打进美国市场前，该品牌厂商针对美国的酒类市场做了市场调查，结果不尽理想。有人认为该品牌来自瑞典，不是伏特加的正统（传统观念中总认为伏特加是俄罗斯的好）；有人认为该品牌瓶子不好看，不像高级酒，反而像药罐子，更不如一般洋酒瓶般精雕细琢、非尊即贵。该品牌厂商并没有就此打退堂鼓，而是把广告创意任务交给了美国TBWA。第一张ABSOLUT VODKA的广告就是以它独特的瓶身造型作为视觉诉求，在创意上大受好评，且"瓶身造型"成为日后ABSOLUT VODKA的注册商标、品牌识别以及所有ABSOLUT广告创意的起点。

相信许多广告人都曾被该品牌将其酒瓶造型藏在广告中的创意折服。不能否认ABSOLUT的广告运作是将其品牌年年擦亮的功臣，创意人员深知这些，从1987年开始负责ABSOLUT的AE理查·路易士就曾说，运作式的广告能年年变化，并使品牌个性显得清新。因此美国TBWA广告从1981年开始，在长达20年内持续有活力地经营这个品牌，并且在之后的20多年持续延用这个创意。他们不断用新的方式来画瓶身，用园林、棕榈滩游泳池，用城市的地标来画；他们还找过20世纪80年代波普艺术的大师安迪·沃荷（Andy Warhol）、纽约画家凯思·赫林（Keth Haring）以及20世纪90年代当红的服装设计师约翰·夏里安诺（John Galliano）、马汀·斯彭（Matin Sitbon）、海缨特·梁（Helmut Lang）为这个品牌量身设计概念式广告创意。

尤其是该品牌的城市系列广告，至今已持续14年，随着品牌的营销策略环游世界70多个城市。这个系列的广告是广告史上延续最久的广告创意。当把该广告14年来的城市系列作品排列在一起，可以一举将世界各大城市的风俗民情搜罗殆尽。

城市系列广告的创意与该品牌营销策略是密不可分的。每当市场拓展到一个新的城市，就产生了一篇城市创意。1987年，第一幅城市系列为《ABSOLUT L. A. 篇》，其创意来自美国TBWA的两名年轻创意人汤姆与戴夫，一天他们与公司的AE在闲聊时谈道："嘿，听说ABSOLUT在洛杉矶卖得正火呢！""那我们就来为L.A.写篇稿子吧。"就是这么简单的动机开创了宏大的城市系列广告。在当时计算机还未普及的年代，创意人员找了一个模型高手做出好莱坞豪宅级的棕涧滩游泳池（当然酒瓶身就是游泳池的轮廓），经过摄影师的精心拍摄才呈现出了逼真的场景。其后几年，美国各大城市都"走进"了城市系列广告。该品牌行销所到之处几乎都出现了城市系列作品。

自1992年起，随着在欧洲的营销推广脚步，该品牌在广告行销上运用美国的成功经验继续发展城市系列，ABSOLUT广告中瓶身的轮廓一再现身：布鲁塞尔的"尿尿小童"、伦敦唐宁街10号的首相官邸大门……巴黎新艺术派的工艺曲线、阿姆斯特丹等城市也重新在广告中被诠释。自1999年起，该品牌广告开创亚洲系列，新加坡的一尘不染，东京、京都的传统印象，北京则是以京剧脸谱呈现，欣赏这个系列的作品就如同观赏世界各地的城市风景。

中国香港篇

中国台湾篇

布鲁塞尔篇

伦敦篇

曼谷篇

阿姆斯特丹篇

◇《中国香港篇》：很惊讶创意人用雀仔街的鸟笼来代表香港，真乃深入当地生活的神来之笔。

◇《中国台湾篇》：精神抖擞的舞龙表演展现了中国台湾的活力，画面取自百年古迹龙山寺。

◇《布鲁塞尔篇》：尿尿小童也有休假的时候，总得有个代班人员吧？

◇《伦敦篇》：ABSOLUT选中伦敦最有名的住宅——唐宁街10号的首相官邸。

◇《曼谷篇》：湄南河摆渡的小船，无意中的巧合。

◇《阿姆斯特丹篇》：典型的西欧式山墙建筑，ABSOLUT悄然进驻其中。

　　城市系列发展至今，拥有70余篇系列广告，有人因为迷恋ABSOLUT的广告组成俱乐部，经典的广告被纳入收藏家的口袋。人们以在ABSOLUT广告中找酒瓶造型为乐，这可能是当年的市场分析师、客户以及广告人所料想不到的。

资料来源：郑雁雯，《国际广告》，2001年第九期。

研讨提示：瑞典"ABSOLUT VODKA"牌伏特加酒广告在创意表现上是如何将全球标准化
营销传播战略与本土化实施策略有机结合的？其成功秘诀何在？

本章主要参考文献

樊志育著．广告学原理．第十二章，上海：上海人民出版社，1999

Rajeev Batra，John·G·Myers，David·A·Aaker著．广告管理．北京：清华大学出版社，1999

参考文献

1. Rajeev Batra, John·G·Myers, David ·A·Aaker著. 广告管理. 北京：清华大学出版社，1999

2. 大卫·奥格威著. 一个广告人的自白. 北京：中国物价出版社，2003

3. 艾·里斯著. 广告攻心战略：品牌定位. 北京：中国友谊出版社，1991

4. 艾·里斯，杰克·特劳特著. 定位. 北京：中国财政经济出版社，2002

5. 杰克·特劳特，史蒂夫·瑞维金著. 新定位. 北京：中国财政经济出版社，2002

6. 蒙勒·李，卡拉·约翰逊著. 广告原理：一种全球性的广告和营销视觉. 北京：延边人民出版社，2003

7. 米切尔·舒德森著. 广告：艰难的说服. 北京：华夏出版社，2003

8. 约瑟夫·塔洛著. 分割美国：广告与新媒介世界. 北京：华夏出版社，2003

9. 朱里安·西沃卡著. 肥皂剧·性与香烟：美国广告200年经典范例. 北京：光明日报出版社，2001

10. 丹·舒尔茨等著. 整合营销传播. 呼和浩特：内蒙古人民出版社，1998

11. 特伦斯·A·辛普著. 整合营销传播. 北京：中信出版社，2003

12. 约翰·威廉姆斯赫尔斯特，阿德利安·马克著. 当代广告运作. 北京：企业管理出版社，2001

13. 詹姆斯·韦伯·扬著. 广告传奇与创意妙招. 呼和浩特：内蒙古人民出版社，1998

14. 汤·狄龙著. 怎样创作广告. 北京：中国友谊出版社，1991

15. 乔治·贝尔齐等著. 广告促销. 大连：东北财经大学出版社，2000

16. 菲利普·科特勒等著. 营销管理：计划，分析与控制. 上海：上海人民出版社，1998

17. 杰克·Z·西瑟斯，林肯·布巴著. 广告媒体企划. 北京：企业管理出版社，2000

18. 仁科贞文，田中洋，丸冈吉人著. 广告心理. 北京：中国友谊出版社，1991

19. 陈培爱著. 中外广告史. 北京：中国物价出版社，1997

20. 陈培爱编著. 广告学原理. 上海：复旦大学出版社，2003

21. 陈刚等著. 新媒体与广告. 北京：中国轻工业出版社，2002

22. 陈刚，单丽晶等. 对中国广告代理制目前存在的问题及其原因的思考. 广告大观（理论版），2006（01）.

23. 丁邦清，程宇宁著. 广告创意：从抽象到具体的形象思维. 长沙：中南大学出版社，2003

24. 东方出版中心，上海广告协会. 中国广告，2000—2009（各期）.

25. 樊志育著. 广告学原理. 上海：上海人民出版社，1999

26. 樊志育，姜智彬著. 广告制作. 上海：上海人民出版社，1997

27. 樊志育著. 广告效果研究. 北京：中国友谊出版社，1995

28. 高中羽编著. 视觉表现28谈. 哈尔滨：黑龙江美术出版社，1991

29. 黄合水编著. 广告心理学. 厦门：厦门大学出版社，2003

30. 黄升民，王冰，黄京华著. 广告调查（第2版）. 北京：中国物价出版社，2002

31. 何佳讯著. 现代广告案例：理论与评析. 上海：复旦大学出版社，1998

32. 何海明著. 广告公司的经营与管理：对广告经营者的全面指引（第2版）. 北京：中国物价出版社，2002

33. 纪华强著. 广告战略与决策. 大连：东北财经大学出版社，2001

34. 雷鸣雏主编. 顶尖策划：中国企业著名策划全案. 北京：企业管理出版社，2000

35. 刘林清著. 现代广告学. 北京：经济管理出版社，2002

36. 刘友林著. 平面广告实务. 北京：中国广播电视出版社，2002

37. 李世丁，周运锦编著. 广告文案写作. 长沙：中南大学出版社，2003

38. 廖道政著. 广告传播技巧研究. 北京：国防科技大学出版社，2002

39. 罗云斌，吴永新. 规范中国的广告代理制. 中国广告，2000（5）

40. 苗杰主编. 现代广告学（第2版）. 北京：中国人民大学出版社，2000

41. 苗宇主编. 公司广告规范. 昆明：云南大学出版社，2001

42. 马谋超著. 广告心理：广告人对消费行为的心理把握. 北京：中国物价出版社，1997

43. 孙有文主编. 广告学. 北京：世界知识出版社，1991

44. 祁聿民，许之敏著. 世界著名广告作品分析. 北京：经济科学出版社，1998

45. 王诗文主编. 电视广告. 北京：中国广播电视出版社，2001

46. 王肖生编著. 现代广告设计. 上海：复旦大学出版社，2002

47. 于刃刚，魏超编著. 网络广告. 石家庄：河北人民出版社，2000

48. 徐小娟编著. 100个成功的广告策划. 北京：机械工业出版社，2003

49. 夏琼编著. 广告媒体. 北京：企业管理出版社，2002

50. 姚曦编著. 广告概论. 武汉：武汉大学出版社，2002

51. 陶应虎主编. 广告理论与策划. 北京：清华大学出版社，2007

52. 余明阳，陈先红主编. 广告策划创意学（第2版）. 上海：复旦大学出版社，2003

53. 余虹，邓正强著. 中国当代广告史. 长沙：湖南科学技术出版社，2000

54. 张翔，罗洪程，余明阳编著. 广告策划. 长沙：中南大学出版社，2003

55. 张龙德主编. 广告法规案例教程. 上海：上海大学出版社，2001

56. 张金海著. 20世纪广告传播理论研究. 武汉：武汉大学出版社，2002

57. 张金海著. 广告经营学. 武汉：武汉大学出版社，2002

58. 张彬编著. 广告经理手册. 北京：企业管理出版社，1999

59. 赵海凤，蒋艳君编著. 广告目标与效果测定. 北京：中国商业出版社，2007

60. 赵宁主编. 广告学. 大连：东北财经大学出版社，1996

61. 周建梅，路盛章，董立津著. 电波广告·平面广告：四大媒体广告的实际创作. 北京：中国物价出版社，1997

62. 周茂君编著. 广告管理学. 武汉：武汉大学出版社，2002

63. 国际广告. 中国对外贸易经济合作企业协会，中国对外经济贸易广告协会. 2000~2003（各期）

64. 现代广告. 中国广告协会. 2003~2009（各期）

教辅产品及教师会员申请表

申请教师姓名				
所在学校		所在院系		
联系电话		电子邮件地址		
通信地址				
教授课程名称		学生人数		
您的授课对象	本科□　研究生□　MBA□　EMBA□　高职高专□　其他□			
教材名称		作者		
书号		订购册数		
您对该教材的评价				
您教授的其他课程名称			学生人数	
准备选用或正在使用的教材 （教材名称　出版社）				
您的研究方向		是否对教材翻译或改编有兴趣?	是□　否□	

您是否对编写教材感兴趣?　　是□　　否□

您推荐的教材是：＿＿＿＿＿＿＿＿＿＿＿＿＿＿＿＿＿＿＿＿＿＿＿

　　推荐理由：＿＿＿＿＿＿＿＿＿＿＿＿＿＿＿＿＿＿＿＿＿＿＿

为确保教辅资料仅为教师获得，请将此申请表加盖院系公章后传真或寄回给我们，谢谢！

教师签名：

院/系办公室公章

地　　址：北京市丰台区成寿寺路 11 号邮电出版大厦 1108 室
　　　　　北京普华文化发展有限公司（100164）
传　　真：010-81055644
读者热线：010-81055656
编辑邮箱：daixinmei@ puhuabook. com
投稿邮箱：puhua111@126. com，或请登录普华官网"作者投稿专区"。
投稿热线：010-81055633
购书电话：010-81055656
媒体及活动联系电话：010-81055656　　　　　　　　　　邮件地址：hanjuan@ puhuabook. com
普华官网：http://www. puhuabook. com. cn
博　　客：http://blog. sina. com. cn/u/1812635437
新浪微博：@普华文化（关注微博，免费订阅普华每月新书信息速递）